日本鉄道史の研究

政策・経営/金融・地域社会

野田正穂
老川慶喜　編

八朔社

まえがき

一九六〇年代までの日本の鉄道史研究の重点は、鉄道国有化の意義をどのように理解するかという点に置かれていた。その後、八〇年代にはいると、一次資料の発掘が進み、鉄道史研究は実証的に深まりをみせるとともに、研究の領域も著しく拡大した。そして、近年は実証研究の深まりに支えられて、分析視角の点でもきわめて斬新な研究がみられるようになった。こうして、これまでの日本鉄道史像は現在かなり修正されつつある。

このような研究動向の中で、本書は日本の鉄道史を政策（第Ⅰ編、第一〜三章）、経営・金融（第Ⅱ編、第四〜六章）、地域社会（第Ⅲ編、第七〜九章）という視点から再検討を試みたものである。

第一章「井上勝の殖産興業論と鉄道構想」（老川慶喜）は、これまで「鉄道官設官営主義者」とやや一面的に評価されてきた鉄道局長官井上勝の鉄道構想を再検討し、従来の評価に修正をせまったものである。井上勝の鉄道構想をトータルに検討し、その力点が官設か私設かといった経営形態よりも、鉄道ネットワークの速成という殖産興業のためのインフラ整備という点に置かれていたとしている。第二章「明治中期における鉄道政策の再編――井上勝と鉄道敷設法――」（小風秀雅）は、一八九二年に制定された鉄道敷設法についてのこれまでの議論を整理し、鉄道国有化（一九〇六〜〇七年）を射程に組み込みながら再検討を試み、鉄道敷設法を井上の鉄道国有化論が最終的に否定されていく契機と位置づけている。第一章と第二章では、分析視角が異なることもあって井上勝の鉄道政策論に対する評価に差異がみられるが、いずれにしても一貫した鉄道官設官営主義者という井上のイメージは修正をせまられつつあると言えよう。第三章「都市交通における社会資本の客・貨利用分担の形成――明治-大正期の大阪市を事例として

――」（三木理史）は、都市内の貨物輸送や国有鉄道も都市交通の概念の中に組み込んで都市交通史研究の視角を拡大し、客・貨間における社会資本の利用分担関係を明らかにしようとしたものである。本章は大阪市を事例とした研究であるが、従来旅客輸送のみで語られる場合が多かった都市交通を、旅客輸送と貨物輸送の両面から総合的に捉えようとした点に新しさがみられる。

第四章「明治期鉄道企業における経営組織の展開――日本鉄道株式会社を中心として――」（中村尚史）は、これまであまり顧みられることのなかった日本鉄道会社の経営組織の生成・発展のプロセスを明らかにしたものである。日本鉄道が分権的事業部制を採用するに至った経緯を、同社の経営発展に即して解明し、日本の鉄道経営史研究に新たな課題を提供した。第五章「播但鉄道の資金調達」（小川功）は、明治期の中規模私鉄である播但鉄道の社債引受について検討したものである。播但鉄道の社債引受については、これまでにも若干の研究はあるが、「引受」関与銀行の動機や背景については必ずしも明らかにはされてこなかった。本章は、当該期の新聞や雑誌、年鑑類を駆使し、「引受」の実態を明らかにしようとしたものである。第六章「鉄道企業の資金調達と資本コスト」（片岡豊）は、明治期における鉄道業の資金調達を株式投資収益率と資本コストとの関連で検討したものである。一八九〇年代における鉄道会社の資金調達は株式発行が中心で、これを社債が補うという様相を呈していたが、これをもう少し詳細に検討するとつぎのような状況がみてとれる。すなわち、株価が低迷している鉄道会社では資金調達の手段が高利の社債発行以外に選択肢がなかったが、高株価を実現した鉄道会社では資金調達にいくつかの選択肢があり、その中で資本コストが短期的にも長期的にももっとも有利な方法を選んでいたと言える。数量的な分析にとどまっているが、明治期の鉄道会社の資金調達の問題の所在を明らかにした研究と言える。

第七章「北海道鉄道（函樽鉄道）設立の前提」（渡邉恵一）は、日本鉄道と北海道炭礦鉄道を結び、日本列島を縦貫する幹線鉄道の一部をなす北海道鉄道（函樽鉄道）の設立過程を検討したものである。北海道鉄道について、従来の研究は五大私鉄のひとつである北海道炭礦鉄道＝「特恵鉄道」に対して「非特恵鉄道」と位置づけられてきた。しかし、北海道鉄道は、開業距離、建設費、利子保証、政府保護からみて五大私鉄につぐ位置にあるとみられる。したがって、本章は北海道鉄道について多くの新しい知見を提供するばかりでなく、これまで五大私鉄とその他の中小私鉄という「二分法」にもとづいて進められてきた明治期の私鉄経営の研究史についても再検討をせまっている。第八章「川越鉄道の展開と地域社会」（野田正穂）は、川越鉄道を対象に、明治中期の地方鉄道と地域社会との関連を検討し、あわせて地方鉄道存立の条件を明らかにしようとしたものである。川越鉄道は設立当初から甲武鉄道の主導下にあったという「通説」を批判し、その経営を検討している。そして、川越鉄道が、多くの競争線の出現にもかかわらず、存立していく条件を地域社会の産業発展とのかかわりで明らかにしている。第九章「京阪電気鉄道の展開と地域社会の動向――沿線守口地域の動向を中心として――」（武知京三）は、日露戦後の電鉄ブームの中で誕生した京阪電気鉄道の成立と展開を、①京阪電鉄の特質、②守口地域の人びとの対応、③京阪電鉄と守口地域のかかわりに留意しながら検討している。鉄道の開通が沿線の地域社会をどのように変容させたかという研究はこれまでにも数多くみられたが、やや比喩的に言えば、本章は地域社会で生活する住民が鉄道の開通にいかにかかわっていったかという問題意識から電鉄経営を検討しているところに斬新さがみられる。

＊

このように、本書は必ずしも課題や方法で統一されているわけではないが、各章の論文はいずれも従来の通説に対して新たな見解を提起したり、これまでほとんど検討されてこなかった論点を提示したりしている。その意味では、本書は日本鉄道史像の再構成のためのひとつの試みとも言える。しかし、その試みはまだ着手され始めたばかりで、それがどこまで成功しているかは読者の判断に委ねざるを得ない。

なお、本書は一九九七年度から九九年度にかけての文部省科学研究費補助金基盤研究B（「明治期鉄道業の総合的研究」研究代表者・野田正穂、課題番号09430015）の成果をまとめたものである。本書の執筆にあたっては、多くの資料所蔵者および機関・大学などに一方ならぬお世話になった。いちいちお名前を挙げるのは控えさせていただくが、心からの謝意を表したい。また、八朔社の片倉和夫氏には出版事情の厳しい中、本書の出版を引き受けていただいた。執筆者一同、心からの謝意を表したい。

二〇〇三年二月

編者　野田正穂
　　　老川慶喜

目次

第II編　鉄道経営と金融

第Ⅲ編　鉄道と地域社会

装幀　高須賀優

第Ⅰ編　鉄道政策の展開

第一章　井上勝の殖産興業論と鉄道構想

はじめに

井上勝[1]は、一八四八年八月二五日（天保一四年八月一日）、長州藩士で代官の井上勝行の三男として生まれ、幼名は卯八であったが、六歳の時に野村家の養子となり野村弥吉と称した。父の勝行は、長崎の長州藩邸に勤務しており、洋学を身につけ進取の気性に富んでいた。

そうした父の影響を受けながら育った井上勝は、一八五八（安政五）年に長崎に出てオランダ士官から兵学を学び、翌年には江戸に出て砲術を学んだ。一八六三年六月（文久三年五月）、井上は長州藩の井上聞多（馨）、伊藤俊介（博文）、遠藤謹助、山尾庸三らとともに、同藩の鉄砲買入御用金を引当てに横浜の御用商人から五〇〇〇両を借り出してイギリスに密航し、ロンドン大学で「初めは語学、算術、理化学等を研究し、後には鉱山及び鉄道の実務を専修した[2]」のである。井上は、こうした留学体験を踏まえて幕藩体制下の交通運輸システムの不備を指摘し、「馬車、人力車のみにて汽船の快速力と内外相応ずべきものにあらず、必ずや鉄道の布設あり、然る後に始《ママ》めて海陸交通機関の完備すべきもの[3]」と、汽船と鉄道を軸とした交通体系の形成を構想するにいたった。

井上勝は一八六八（明治元）年一一月に帰国したが、翌年一〇月には木戸孝允の招きによって上京、大蔵省造幣寮造幣頭兼民部省鉱山司鉱山正となった。そして、一八六九年一二月七日の大隈重信・伊藤博文らの政府首脳とイギリス公使パークス（Sir Harry S. Parkes）の第一回目の非公式会談で通訳を務め、「親しく其説を聞くを得」[4]ることになった。この会談で、大隈と伊藤はイギリス人ネルソン・レー（清国税関総裁）との間に、「東京、兵庫間鉄道布設費概算三百萬磅の内先づ一百萬磅を起債する事、及び工師、職工の傭入、材料の購入等悉くレー氏の意見に一任して處辨せしむる事」[5]などを条件とする契約を結んだ。井上によれば、これが「予が鉄道に関係するの始め（ママ）」[6]であった。なお、井上勝を名乗るのは帰国後であった。

その後井上勝は、一八七〇年五月に民部権大丞を兼任し、同年一二月一二日の工部省の設置とともに工部権大丞兼鉱山正となり、翌年七月には工部大丞となった。一八七一年九月二八日に工部省に寮制が施行されると工部省鉱山寮鉱山頭兼鉄道寮鉄道頭となったが、翌年八月七日には鉄道頭専任となり、東京―横浜間鉄道の開業を鉄道行政の責任者として迎えることになった。

井上勝は、一八七三年七月、鉄道寮の大阪移転などをめぐって山尾庸三と対立して退官するが、七四年一月には復職し、大阪―神戸間鉄道の建設工事を急いだ。井上が鉄道寮の大阪移転を主張したのは、「鉄道の事業は今方に関西地方に旺んなり、我々晏然として東京に起臥すべき時にあらず」[7]と考えたからであった。そして、一八七七年一月一一日の工部省の機構改正によって鉄道寮が鉄道局となると、工部少輔鉄道局長に就任し、七九年三月には工部省技監を兼任、八二年八月には工部大輔兼鉄道局長となった。

一八八五年一二月二二日には内閣制の実施にともない工部省が廃止され、鉄道事務は内閣直属となり、二六日に鉄道局官制が公布されると（内閣達第七九号）、井上勝は伊藤博文内閣総理大臣のもとで鉄道局長官兼技監となった。一八八七年五月二四日、造幣局の創設および鉄道建設の功により子爵を授けられ、九〇年七月には帝国議会の開会を控えて貴族院議員となった。そして、一八九〇年九月六日に鉄道業務が内務省に移管されて鉄道庁が創設されると（勅令第一九八号)、井上は鉄道庁長官に就任し、翌年七月には「鉄道政略ニ関スル議」を品川弥二郎内務大臣に提出、鉄道敷設法公布(一八九二年六月二一日)後の九三年三月二六日に鉄道庁長官を退任した。

鉄道庁を退任したのち、井上勝は一八九六年九月に汽車製造合資会社を起こして社長となり、一九〇五年五月には帝国鉄道協会会長に就任した。そして、一九一〇年五月一四日、鉄道院顧問として欧州鉄道事業を視察するため、長崎から乗船し南満州鉄道、東清鉄道、およびシベリア鉄道を視察しながら六月中旬にロンドンに入った。ロンドンに渡った井上は、精力的に各方面の視察を行ったが、七月上旬になって持病の糖尿病を発し、八月二日午前一時五分、ついに不帰の人となった(8)。

井上勝の死後二カ月ほどすると、「故井上子爵銅像建設同志会」が組織され、一九一〇年一〇月七日に建設資金の募集が開始された。募金活動を開始するにあたって作成された「故井上子爵銅像建設趣意書」は、井上の事跡を「故子爵井上勝君の本邦鉄道創開に際し萬難を冒して克く経始の功を奏し爾来二十有余年重きを雙肩に荷ひ一意専心其の擴張普及の道を籌画し以て斯業発達の基礎を建て延ひて国家の進運に貢献し」たと紹介し、井上は「實に本邦鉄道の開祖元勲」であると評価した(9)。

この募金は一九一四年一一月三〇日まで続けられ、募金総額は五万六五六九円七四銭五厘に達した。井上の銅像は一九一四年一二月に竣成し、六日には除幕式が挙行され、開業したばかりの東京駅丸の内口に皇居に向かって建てられた。こうして井上勝は、「鉄道創業期において、鉄道建設の当初から一八九二(明治二五)年の鉄道敷設法が公布された段階にいたるまで、いわば鉄道の基礎固めの作業を推進した中心人物(10)」として、日本の鉄道史上にその名をとどめることになった。

中西健一は、かつて井上勝を「明治四年八月以来二〇余年の長きにわたって(途中六年七月~七年一月の間辞職していたが)創業時代の鉄道行政を主宰した代表的鉄道官僚であり、剛直な性格に加えて創成期官僚たるに似合しい抱負と信念に満ちた人物で、鉄道官設論者として一貫し、爾後もしばしば機会をとらえては私鉄排撃論を開陳している[11]」と評価している。また、原田勝正も、井上勝を「鉄道専門官僚」と規定し、一八八三年三月の工部卿に対する意見書、一八八七年三月の「内陳書」、同年度の「鉄道局概況報告」、九一年七月の「鉄道政略ニ関スル議」などの検討を試み、井上が「私設鉄道否認論」ないし「私設鉄道不信論」を展開していた鉄道官設官営主義者であったとしている[12]。

中西と原田の井上勝に対する評価は、井上が徹底した私鉄批判を展開しながら鉄道敷設法の成立を導いていったとしている点でも共通している。たとえば、原田はこの点について「井上は徹底的に私鉄危険説をとった。そして、一八九〇（明治二三）年最初の資本主義恐慌によって私設鉄道が大きな打撃を受けると、翌年『鉄道政略ニ関スル議』を、当時管轄官庁となっていた内務省の品川弥二郎大臣に提出、建設計画における政府の主導権確保、政府資金の裏付け、私鉄買収方策の実施を主張した。一八九二（明治二五）年六月二〇日公布の鉄道敷設法は、即時買収を決定することはなかったが、おおむね井上の提案を活かすこととなった[13]」と述べている。

そして、こうした中西や原田の井上勝に関する評価がいわば通説としての位置を占めてきた。しかし、松下孝昭の近年の研究は、鉄道敷設法成立過程を詳細に検討しながら、私鉄排撃論者としての井上のイメージに修正をせまっている[14]。また、星野誉夫[15]によって先鞭を告げられ、小風秀雅[16]や中村尚史[17]らによって深められてきた明治初年の鉄道政策史研究も、明治初年における井上勝の鉄道政策史上の役割を相対化している。

いうまでもなく井上勝は、日本の鉄道創業期における代表的な鉄道官僚である。したがって、井上の鉄道構想を明らかにすることは明治初年の鉄道政策を考える上できわめて重要な課題であると思われる。したがって、これまでの鉄道史研究の多くが井上勝について言及してはいるが、意外にも井上の鉄道構想をトータルに検討したものはほとんどみられない。そこで本章では、鉄道官僚としての井上勝の言論を具体的に検討しながら、その鉄道構想の形成過程を追跡し、井上の鉄道官設官営主義および私鉄排撃論の内実を明らかにすることを目的としたい。

第一節　一八六九年廟議決定路線の速成

維新政府は、一八六九（明治二）年一二月一二日の廟議で「幹線ハ東西両京ヲ連絡シ枝線ハ東京ヨリ横浜ニ至リ又琵琶湖辺ヨリ敦賀ニ達シ別ニ一線ハ京都ヨリ神戸ニ至ル[18]」という鉄道建設計画を決定した。井上勝によれば、この廟議決定こそが「本邦鉄道経営の紀元[19]」であり、以後井上は鉄道官僚としてこの廟議決定になる鉄道建設計画をいかにして早期に実現するかを課題とし、その実現のために尽力していくことになった。

一八七〇年、租税権正前島密が『鉄道臆測』を著わし、「十箇年間ニ東京ヨリ西京ヲ経テ大阪ニ至ル幹線ト東京横浜間、大阪神戸間ノ二支線ヲ落成スルモノ[20]」として、鉄道建築費・営業収支の「推算書」を作成し、鉄道建築資金の調達方法を示した。それによれば、建築費一一〇二万五〇〇〇両、営業収入は六〇〇万両でその三分の一にあたる二〇〇万両が営業費と見込まれていた。したがって、前島によれば一二％の利息を支払っても二六七万七〇〇〇両の利益が生じ、原資は五年間で償却できるというのであった[21]。

さらにこの『鉄道臆測』は、「富商豪農ニシテ篤実方正人望アル者ヲ選テ会主トナシ鉄道会社ヲ結ハシメ[22]」と、鉄道会社を設立して鉄道建設を進めるべきであるとしていたが、興味深いのは井上勝がこれを次のように評価していることである[23]。

当時の設計予算は固より外国人の立つる所にして、到底本邦人の能くする所にあらざるは当然なれども、先づ予算の形式として見るべきものは、前島密氏の編成せられし鉄道臆測論なるものならん。其概要にして予が記憶に存するものを述べんに、十年計画を以て東京より京都、大阪に至る幹線と、東京、横浜間、及び大阪、神戸間の支線を布設する事、其布設費は若干、営業費は若干、収入は若干と、逐一計算したるものにして、明治三年の夏頃隈氏を訪問せしに、此の如きもの出来せりとて示されたりと覚ゆ、当時前島氏は大蔵省の高等官なりき、将来時勢の変遷もあれば、其予算果して適中せしや否やは之を知らずと雖、以て鉄道予算の鼻祖と称するも不可なきが如し

『鉄道臆測』は、明治初期の鉄道政策を検討する際にたびたび取り上げられているように、株式発行による資金調達の必要を説いており、政府による私設鉄道計画勧奨の事例と考えられている(24)。実際、前島がのちに語っているように「政府の鉄道に対する方針は、最初から国有と決して居たのでも何でも無く当時は却つて私設主義の方に傾いて居たのであった(25)」。そして、井上勝も「国有」か「私設」かといった問題にはまったく触れずに、前島の『鉄道臆測』を「鉄道予算の鼻祖」として高く評価しているのである。井上にとっては、一八六九年一二月一二日の廟議で決定された鉄道建設計画を早期に実現することこそが重要な課題であって、前島の『鉄道臆測』はそれに資金的な見通しを与えたものとして評価しているのである。いずれにしても、井上勝はこの段階では私設鉄道会社の設立に、必ずしも否定的ではなかったと言える。

東京—横浜間鉄道は一八七二年一〇月に開業したが、その後は一八七四年五月に神戸—大阪間鉄道が開業したとはいえ、創業当初に計画された鉄道建設は遅々として進まなかった。そうしたなかで、井上は大阪—京都間の鉄道開業をまじかに控えた一八七六年二月、伊藤博文工部卿に提議し、「今コノ鉄道ヲシテ琵琶湖ヲ懐ニスルノ業ヲ全フシ続々原野ヲ通シ山岳ヲ穿チ終ニ全国ヲ網羅シ大ニ国ノ辨利交通ヲ成スニ至ラハ膏地以テ開クヘク鉱山以テ柘クヘク人民則業ニ就クヘシ(26)」と琵琶湖岸から敦賀に至る敦賀線速成の決断を迫り、さらに全国的な鉄道網を形成して日本の殖産興業をはかるべきであるとした。井上によれば、鉄道は「世ヲ開化ノ域ニ進メ国勢ヲシテ一振セシムルモノ(27)」にほ

かならなかったのである。

一八七六年一二月、井上勝は何も返答をしない伊藤に「何ソ夫レ機ニ応スルニ敏ニシテ事ニ処スルニ勇ナル面シテ独リ鉄道ノ一辺ニ向ツテ一首肯シテ之ヲ振起セシムル能ハサルハ抑又何故ソ[28]」と、再び京都以東における鉄道建設の決断を迫り、翌七七（明治一〇）年二月に京都―神戸間鉄道が全通すると、太政大臣三条実美にあてて次のように鉄道事業の不振を訴え、鉄道建設の速成を主張した[29]。

熟々創業ノ始《（ママ）》ヲ推考スルニ維新ノ後未夕日ナラ（ズ……欠カ）シテ廟謨夙ニ鉄道創工ノ議ヲ定ム其規画ノ略ニ云東京ヨリ兵庫ニ至リ別ニ横浜ニ至ルノ枝線アリ又一線ハ琵琶湖ヨリ敦賀ニ至ル是ヲ期スルニ三年乃至五年ニシテ成功ヲ得ヘシト嗟呼盛ナリト云ハサルヘケンヤ今茲十年丁丑ニ至リ凡ソ年ヲ経ル八年纔ニ京浜間ト京神間ノ業成ルノミ豈ニ微々ト言ハサル可ケンヤ廟堂素ヨリ統御ノ術ニ富ミ向背ノ機ニ敏ナルヲ以テ千緒百般意ノ如クナラサル無シ而シテ特《（ママ）》リ鉄道ノ一辺ニ向テ振起セシムル能ハサルハ抑又何ノ故ソ

このように、井上勝は廟議決定になる鉄道建設計画の実施の遅れを非難し、もしもその要因が巨額な資金にあるのであれば「巨万ヲ貸与シテ惜マサルモノアリ[30]」としている。なぜならば、鉄道は「仮令数十万ノ巨費ヲ費スモ茲ニ幾数里ノ築造ヲ成シ許多ノ国益ヲ興スニ非ズヤ[31]」と考えられるからであった。こうして、井上は鉄道建設をなによりも殖産興業の手段として捉え、一八七七年一月の工部少輔鉄道局長への就任を機に改めて鉄道事業を「盛且大ニシ不肖勝等ヲシテ大ニ尽ス所アラン[32]」と決意するのであった。

井上勝の熱心な主張が奏功して、一八七八年四月には一二五〇万円の六分付内国債の募集が決定され、募集実額一〇〇〇万円のうち京都―大津間鉄道建築費に一三三万三九一四円、米原―敦賀間鉄道建築費に八〇万円、東京―高崎間鉄道線路測量費に六〇〇〇〇円が振り向けられることとなった。[33] 京都—大津間鉄道は一八八〇年七月に開通したが、同鉄道の開業はこの地方の旅客・貨物の運輸に大きな影響を与えた。すなわち、大津は「従来脈絡ヲ遠ク北海ニ通シ又沿湖各地ヨリ美濃尾張ト相応スルノ好位置」にあったが、「接続ノ陸運便ナラザル[34]」ために物資の集散地としての発展には限界があった。井上は、大津の位置をこのように捉え、「今マ既ニ鉄道ヲ此ニ通シ又現ニ米原敦賀線ニ着手シ尚ホ続ヒテ中山道ノ部分ニ及ホサバ物貨ノ運輸極メテ自由ヲ得従テ湖上運輸ノ形勢モ必ス一変スベキヲ信ス[35]」と、京都—大津間鉄道の意義をみるのであった。

ところで、敦賀線の建設は一八八〇年四月に長浜—敦賀間として着工された。井上勝は、大津—長浜間の連絡は琵琶湖の湖上水運を営む太湖汽船会社を利用することとした。太湖汽船会社は、一八八一年一〇月一〇日に下付された規約に基づいて八二年五月に設立され、「堅牢安全ナル船舶ヲ以テ琵琶湖上ニ於テ陸地鉄道ト連絡ヲ通シ大津長浜間ノ航路ハ殊ニ速力充分ナル船舶ヲ以テ汽車ニ代リ旅客貨物ヲ運送[36]」することを目的としていた。頭取は藤田傳三郎で設立時の資本金は五〇万円であったが、一八八三年六月、船舶の改良、小船渠の築造を目的に一〇万円の増資を断行した。

太湖汽船会社は「長浜大津間ノ汽車ニ代用スル[37]」ものとして設立をみたが、営業上の収益は必ずしも良好とは言えなかった。一八八三年六月から八四年三月までの「実際勘定収支計算概算表」によれば、一二万五二四六円二九銭九厘の収入高に対して、営業費六万七七二五円二九銭一厘、改造・新造船積立金六五二五円八八銭二厘、平常船舶修繕費・非常積立金一万一五〇四円二〇銭で、純益金は三万九四九〇円にすぎなかった。[38] 太湖汽船会社は、同社の営業成績の不振を「営業ノ利潤ニノミ汲々ト」することなく「勉メテ湖運ノ振興公衆ノ便益ヲ先務トシ営業」してきたためであるとした。[39] そこで、太湖汽船会社は、同社が「専ラ公衆ノ便益ヲ企図スルノ組織ニ御座候得ハ従来大津長浜間毎日二回ノ航湖ナルヲ今後鉄道ニ列車毎ニ両地ヨリ発船ナシ乗客ノ多寡ニ不拘航湖為致度就テハ航湖費モ多額ヲ要」するので、政府が資本金六〇万円の四分、すなわち二四万円を株金として下付し、「其株数ニ対スル純益配当金ハ其配当高ノ半額ヲ上納被仰付残半額ハ人民持株へ割増ニ被仰付」と、政府による保護を請願した。[40] それに対して井上勝は、太湖汽船会社の営業不振は必ずしも同社が鉄道との連絡輸送を営んでいるからではなく「其帰因スル所ハ寧ロ昨年（一八八三年……引用者）来世上一般ニ蒙ムル所ノ不景気」にあるとし、太湖汽船会社が大津―長浜間の鉄道連絡輸送を営み、積立金六%、配当一〇%に満たざるときには、一万二〇〇〇円を超えない範囲で不足額を政府が補助するとした。[41] こうした井上の主張が入れられ、政府は一八八四年一〇月一八日、太湖汽船会社に命令書を交付した。

一八六九年一二月の廟議決定になる鉄道建設計画の実現を自らの課題とした井上勝は、敦賀線の建設を急ぎ、琵琶湖上の水運をも利用しながら敦賀と東西両京間の幹線鉄道との連絡をはかるという、きわめて現実的な対応をとった。敦賀線の建設資金には起業公債があてられたが、井上によれば、琵琶湖の湖上運輸と敦賀線の連絡は、「此線路にして竣工せば、湖上は汽船を使用し、南北両海の運輸を連絡するを得て、今次割当の金額に対しては、先づ適度にして、最も有利の線路」[42] と考えられていた。

敦賀線の建設がほぼ見通しを得ると、井上勝は敦賀線の関ヶ原までの延伸と東京―高崎間の建設を主張し、東西両京間の幹線鉄道を中山道経由で実現しようとした。井上によれば、東海道は「第一ニ函領ノ険アリ第二ニ富士阿部大井天龍等ノ大河アリ之ニ向ヒテ工事ヲ施スハ実ニ容易ノ事ニ非ス且経由スル所ノ地大半海浜ニ沿ヒ幷ニ土地平坦ナレハ舟楫馬車ノ利共ニ相通セサルナシ」という状況で、「鉄道ヲ要セスシテ所在ノ便利既ニ達」していたのである。[43] 一方、中山道は「縦ニ内地ノ中間ヲ通シ其行程海浜ニ接セサルヲ以テ若シ鉄道ニシテ之ヲ敷クアラハ沿線左右ノ数国ハ為メニ運搬ノ便ヲ拡ムル僅少ナラスシテ其利其益随テ起ルモノ必ス夥多ニ及フヘシ」[44] と考えられていた。したがって、高崎―大垣間の建設が一八八三年八月に政府部内で内決されると、井上はこれを「小官ノ喜雀踊啻ナラサルナリ」[45] と喜びを露にして迎えた。そして、中山道鉄道は「工事煩重ニ渉ルヲ以テ費用亦多額ヲ免カレス即全路凡ソ百里ト算シ経費ハ一里ニ付大略拾五万円ヲ要スルモノトス而シテ此巨額ノ費用ニ対シ其中間ノ地位ニ在テハ或ハ直下ノ得失相償フ能ハサルモノ無キニ非ルヘシト雖其両京ヲ直接連絡スルノ効用ニ至リテハ至大至洪」であると評価し、「私立会社ノ利ヲ目前ニ攫マントスルカ如キモノ、得テ施シ能フヘキ非ス必スヤ全国ノ利害得失ニ関シ其如何ニ注目スル所ノ政府ニ於テ宜シク之ニ当ルヘキノ務メト云フヘシ」と、中山道鉄道は政府が建設すべきであるとした(46)。こうして井上は、中山道鉄道の建設にあたって「間接の利益」を重視することになったが、さらにこれを敷衍して鉄道の効用一般について次のように述べた(47)。

鉄道ノ事タル規模重大ニシテ経費モ亦巨額ヲ要セサルヘカラス然レトモ国家経倫ノ事ニ関シテハ其利用ノ莫大ナル之ヲ措ヒテ他ニ求ムルナシト云フモ敢テ虚称ニ非サルナリ而シテ其利益ノ如キ目前ニ現シテ其形跡ノ以テ之カ計算ヲ為シ能フモノハ反テ其小ナルモノニシテ其大ナルモノニ至リテハ多クハ常ニ間接ニシテ容易ク計算シ能ハサルモノニ於テ存スルハ又更ニ小官ノ喋々ヲ俟タスシテ明カナリ

このように井上は、鉄道の効用は多くの場合間接的なものであるとし、「直ニ収入ノ利益ノミヲ以テ鉄道ノ利益トシ其間接ノ大利ニ至リテハ措テ顧ミ(48)」ない政府の鉄道政策を批判する。井上によれば、一八七九年以来の「鉄道事業ノ萎靡不振」は「鉄道収入ノ利益ノミヲ以テ其利益ト」考えて、「大ヒナル間接の利益ハ措テ之ヲ問ハサルノ主義ヲ取」り、「既設鉄道ヨリ得ル所ノ純益ヲ挙テ線路拡充ノ費ニ充」てるという政策を採ってこなかったからであった(49)。したがって、高崎―大垣間の中山道幹線を敷設するにあたっては、その「間接の利益」に注目し建設を進めなければならないのであった。高崎―大垣間の中山道幹線鉄道は、一八八三年一二月の太政官布告第四七号中山道鉄道公債証書条例をもって建設されることになった。

また井上勝は、一八八二年二月一七日、野田益晴（工部権大書記官）および飯田俊徳（権大技長）らと連名で工部卿佐々木高行に宛てて提出した「建白書」の中で、当時の鉄道敷設政策を「只是流行ヲ趁テ然ルノミ真ニ鉄道ノ功用ヲ辨シテ其暢達ヲ冀フモノニ非ルナリ」[50]と批判し、自らの鉄道構想について次のように述べた。すなわち、日本の地形は東西に長く南北に短いので、交通・運輸においては「尤船舶ヲ用ルニ利アルノ国」[51]と言うことができる。鉄道は「運輸ニ利ナル船舶ニ倍スル数層ナル」といえども、「資本モ亦十数倍ノ巨額ヲ要ス」るのであった。[52]したがって、鉄道はまず「廣袤寛闊ノ原野物産充実スルモ水運ノ便ニ乏シキカ或ハ水利足ルト雖ドモ尚其運搬ヲ飽足セシムル能ハサルカ若クハ海ヲ環リテ周航スレハ数百里ヲ迂回スヘキモ之ヲ陸地ヨリ横通セハ僅ニ数十里ニシテ往来搬運スヘキノ土地ニ」[53]建設されなければならない。「沿海ノ地方船舶ノ利未タ其用ヲ極メサル所」に鉄道を建設したり、「山間渓曲産業ノ繁殖スヘキ無キ所」などに汽車を通じさせるのは、「鉄道ヲ濫用スルモノ」と言わざるを得ないのである。[54]井上は、こうした立場から「廣謨夙有見于此テ神戸ヨリ起テ琵琶湖浜ニ至リ湖浜ヨリ敦賀ニ達スルノ線路」、すなわち敦賀線の建設を計画し、また長浜―関が原間および東京―高崎間の鉄道を建設すべきであるとしたのであった。[55]

第二節　日本鉄道会社の設立と路線建設計画

１　東京―高崎間鉄道

日本鉄道会社は、池田章政ら旧華士族層が発起人となり、東京―青森間の鉄道建設を目的として設立された日本で最初の私設鉄道会社で、同区間を第一区（東京より高崎を経て前橋まで）、第二区（第一区線中より白河まで）、第三区（白河より仙台まで）、第四区（仙台より盛岡まで）、第五区（盛岡より青森まで）の五区に分けて建設することになっていた。[56]それでは、井上勝はこのような日本鉄道会社をどのように認識していたのであろうか。以下では、日本鉄道会社に対する井上の論評を手がかりに、若干の検討を試みたい。

井上勝は、日本鉄道会社は「我国開明ノ浅キ電信鉄道等ノ稍宏大ナル事業ハ咸ク之ヲ官設ニ委シ一モ私立ノモノアルナシ」という状況の中で設立されたとし、その設立自体については「勝等曩ニ鉄道会社ノ創立アルヲ聞クヤ窃カニ相慶シ」と歓迎していた[57]。しかし、同鉄道が東京―青森間の鉄道建設を計画していることについては、「会社ハ何ノ見所アリテ遽ニ青森線路ニ従事セント企シヤ奥羽ノ景況タル農桑鉱山ノ利源ナキニ非スト雖ドモ土地ノ廣袤ニ比スレハ物産多シト為ニ足ラス苟モ目ヲ国勢ニ注クモノハ莫有余裕ノ資力ヲ傾テ遽ニ鉄道ヲ設ク可キノ地位ニ非サル」と批判的であった[58]。このように井上は、私設鉄道である日本鉄道会社の設立は歓迎しているが、同鉄道が東京―青森間の路線建設を計画していることについては厳しく批判していた。井上が日本鉄道会社を評価したのは、一八七九年一二月に測量しながらも政府の財政的理由からなかなか着工できないでいた東京―高崎間の鉄道を建設しようとしていたからであった。

ところで日本鉄道会社は、「本社創立ノ際技術人ニ乏シク器械未タ備ハラス直ニ建築ニ着手スルニ由ナシ」とし、第一区線の建設工事については「挙テ之ヲ政府ニ依頼センコトヲ議決シ」、一八八一年六月二二日に願書を提出して一一月一一日に創立許可とともに允可を得た[59]。井上勝は、この件に関して「今ヤ幸ニ彼ノ鉄道会社（日本鉄道……引用者）ノ発起アリテ其工事ヲ我局ニ委託セラル、ニ付テハ直チニ之ヲ実施スルヲ得べク実ニ好都合」としていた[60]。しかし、井上は、日本鉄道会社の社長および理事委員と工部省で会談をもち、次のように述べた[61]。

第一区工事ヲ挙テ之ヲ本省ニ委スルハ予之ヲ了セリ然レドモ支出金出納ヲ併セテ之ヲ官ニ委シ会社ハ殆ト局外ニ立ツカ如キハ会社ノ為ニ得策ニ非サルナリ聞ク会社ハ第一区ニ於テ工事実際ノ実験ト熟練トヲ博取シ第二区ヨリ以往ハ自ラ事ニ従ハント欲スト果シテ然ラハ会社何ニ由テ其実験ヲ買ハントスルカ之ヲ会社ノ為ニ計ルニ支出

金ノ如キハ会社自ラ其出納ヲ掌リ建築主任者ノ検印ヲ以テ直ニ之ヲ支弁スルニハ如カス然レハ則チ官ニ於テ別ニ担任ノ属官ヲ増置スルヲ要セス且ツ其出納タル官ニ於テスレハ官ハ自ラ官ノ制規アリテ建築ノ模様ニ因リ幾分ノ急不急アルモ之レカ運用活動ヲ為ス能ハス空ク手数ヲ煩スノ患ナキヲ得ス会社ニ於テハ乃チ然ラス運用其機ヲ失ハス工事随テ其度ヲ誤ラス会社又タ実験ト熟練トヲ獲テ之ヲ第二区以往ニ施スヲ得ヘシト因テ其議ニ決シ嚮ニ工部省ニ納付セシ建築費金ノ支払残金ヲ本社ニ領収シ其出納ヲ掌ルニ及ヘリ

このように、井上は日本鉄道第一区線の建設工事を工部省で引き受けることは了解したが、その会計事務については同社が自ら実施すべきであるとしている。なぜならば、そうすることによって工事も進捗するし、なによりも日本鉄道会社が私設鉄道会社として自立していくことができると考えられるからであった。井上は、日本で最初の私設鉄道会社である日本鉄道会社を批判するどころか、むしろ私設鉄道会社として自立していく道を示唆しているかのようである。また、井上が日本鉄道会社の敷設工事一切にあたることにしたのも、「当時敦賀線も柳ヶ瀬隧道工事を残せるのみなれば、予は官私を論ぜず、兎に角鉄道の延長其事は何よりも慶事なりと思惟し」[62]たからにほかならなかった。井上は、このように認識して早速東京に移転し、「（鉄道……引用者）局員を率ゐて敷設事業一切に当」ったのである。[63]

一八八三年七月、井上勝は工部卿佐々木高行にあてて「東京高崎間鉄道建築事業報告書」を提出している。同報告書は、一八八二年六月一日に着工された東京—高崎間鉄道の工事の概況を報告したものであるが、この報告書の最後で井上は「此ノ報告ヲ了ルニ臨ミ遺憾満肚黙スルニ忍サルモノアリ」として、「第一部（東京—川口間……引用者）建築ノ未タ着手ヲ得サル一件」について次のように述べた。[64]

日本鉄道会社の第一区線東京—高崎間は、全体を第一部（東京—川口間）、第二部（川口—熊谷間）、第三部（熊谷—高崎間）の三部に分けて、まず第二部から着工することになった。というのは、「第二部ハ経路平坦建築施シ易ク経費モ巨額ヲ要セサレハ資本ノ都合ト営業ヲ急クノ都合トヲ察シ一時ノ便宜ヲ以テ之ヲ第一着ト為シタ」からであった。[65]

第二部および上野枝線の建設工事は、一八八三年の春初にほぼ完成し「第二着ノ時機ニ臨ミタレハ即チ…第一部ニ着手セン」ことになった。[66] しかし、日本鉄道会社では「線路已ニ上野ニ達セリ即チ東京ニ達セシナリ縦令新橋トノ間隔ハ有之トモ更ニ第一部ヲ興セハ重複ノ業ニ俤シ寧ロ其資ヲ転シテ前途ノ延長ヲ図ルニ如カス」として第一部の着工は「不急」であるとした。[67] 井上は、こうした日本鉄道会社の姿勢を「此論タルヤ能ク小数ヲ知レトモ未タ其大数ヲ辨セサルモノト謂フヘシ」として、次のように痛烈に批判した。[68]

すなわち、井上によれば、「海外何レノ国ヲ観ルモ其鉄道ノ首尾ハ海港ニ接セサルモノナシ是レ海陸継続セサレハ十分ノ功用ヲ尽ス能ハサレハナリ」と、鉄道建設においては海陸連絡の実現こそが肝要であった。[69] したがって、日本鉄道会社も「既ニ尾端ヲ青森港ニ達スト為セハ其首端ハ東海ノ一港湾ニ起スノ本旨タルヤ明ナリ」のであって、「東京横浜間ハ業已ニ官線ノ在ルアリ之ニ東京ニ接続スレハ早ク已ニ其希望ハ満足スルヲ得レハナリ」と、日本鉄道第一区線東京―高崎間鉄道と東京―横浜間官設鉄道との連絡を主張するのであった。[70]

日本鉄道第一区線東京―高崎間鉄道と東京―横浜間官設鉄道との連絡には、「市街ヲ貫穿スルモノト外郭ヲ迂回スルモノト」の二つの路線が考えられるが、政府は「市街ヲ貫穿スルハ目下言フ可クシテ行フ可ラサルノ事タルヤ亦タ疑ヲ容レス」として、すでに「品川ニ於テ接続スルノ計較ヲ是認」していた。[71] 日本鉄道会社もこうした政府の計画を採り入れていたが、井上によれば、いまだそれが実現しないため、以下のように信州、上州および武州と横浜との間を来往する貨物の輸送ばかりでなく、熊谷以北における鉄道建設資材の輸送にも大きな不便を蒙っていた。[72]

旅客ノ直接海港ニ趨ントスルモノ、不便ハ暫ク閣キ此線路ニ於テ最モ望ヲ屬スルモノハ信上武ヨリ横浜ニ来往スル貨物ナルヘシ此等ハ上野ヨリ新橋ニ転送スルノ手数ノ煩冗ト時日ノ曠過ト其不便ナル言ニ勝ヘサルヘシ荷主既ニ其不便ヲ蒙ル鉄道焉ゾ其全利ヲ享ルヲ得シヤ加之鉄道間断セル距離ニ於テノ賃銭ヲ他手ニ収メラル、ノ不利ハ之ヲ連続シテ自他ノ効用ヲ完タカラシムルノ便利ニ孰與ゾヤ且ツ自家眼前ノ損失ハ最モ熊谷以往建築ノ上ニ在ルベシ其故他ナシ早ク官設線路ト連絡スルヲ得ハ鉄條等船載品ノ如キハ横浜ニテ一度搭車セハ暫時ニシテ建築所ニ達スヘシト雖然ラサレハ之ヲ一旦新橋ニ卸シテ船或ハ車ニ移シ又川口或ハ上野ニ於テ再度搭車セサルヲ得ス形体ノ軽小ナルモノハ猶處シ易キモ其大且重ナルモノニ至テハ冗費計ルニ堪ヘズ殊ニ時日ヲ曠フスルカ為ニ間接ニ建築ニ受ル損害ハ尠カラス

井上は、このことを一八八三年三月八日および二八日に日本鉄道会社に対して反復説明したが、同社の回答では「已ニ春季総会ニ於テ議決シタル事ユエ次後総会マテハ復タ動カス可ラス」ということであった(73)。こうした状況のなかで井上は、幹線との連絡の件については六月一四日の諭達もあるので「此度ノ総会ニ於テハ無論着手ノ議決ニ可及筈ト存候」(74)としながらも、次のように同社への政府保護についても斟酌しなければならないと、かなり強い姿勢で第一区線の品川への延長を主張するのであった(75)。

万一ニモ頑然其所見ヲ主張シテ真実利害ノ在ル所ヲ察セス工事監査ヲ職任トスル我省ノ諭達并ニ拙官ノ解説モ馬耳東風ノ聴ヲ為ス如キアラハ於政府ハ之ヲ如何処分セラルヘキ歟其保護ノ点ニ向テ多少斟酌セラレサルヲ得サル儀ト存候於拙官モ已ニ該社ノ為ニ不利タルコトヲ確信シ尚其我意ヲ主張スルニ任放候テハ工事ノ実際ヲ監督スル職任ニモ乖キ可申ニ付遂ニ黙従難致候其内第二区ノ建築ニモ着手可致時機ニ及フヘク若シ其工事モ依然我局ニ依頼セントナレハ従前ノ振合ニテハ又々半途ニシテ建築ノ手順頓ニ齟齬シ予算計画モ其効力ヲ失ヒ候場合ニ可至ハ必然ニ付其権限ヲ斟酌変更スルニ非レハ工事引受候コトハ難相成ト存候

このように井上勝の日本鉄道会社に対する批判は、同社が私設鉄道であるということに向けられているのではなく、同社の路線建設のあり方に向けられていた。井上は、日本鉄道の経営形態ではなく、海陸連絡を重視するという自らの鉄道構想のもとに、東京―横浜間の官設鉄道との連絡を早期に実現すべきであると主張して止まなかったのである。なお、日本鉄道は一八八五年三月に品川線（品川―新宿―赤羽間）を開業し、第一区線と東京―横浜間官設鉄道との連絡を実現した。

2　日本鉄道第二区線の路線選定問題

日本鉄道会社第一区線（上野―高崎・前橋間）は一八八四年八月に開業するが、その間第二区線の路線選定が日程に上っていた。日本鉄道会社は第二区線の線路測量を工部省に稟請し、一八八二年六月二日に許可を得た。井上勝は、早速同年六月二〇日から埼玉、栃木、福島などの諸県を巡回し、第二区線の路線測量に着手した。一八八二年一〇月に井上が佐々木高行工部卿に提出した「東京青森鉄道線路第二区測量之儀ニ付具申書」によれば、東京―宇都宮間は「利根、渡（良……欠カ）瀬等ノ巨川アルモ土地大略平坦ナレバ之レニ鉄道ヲ敷設スルモ施行容易ニシテ其収入ノ利ハ其建築ノ費額ヲ償フニ足ルベキモノト認ム」[76]と記されていた。

一八八三年一二月二八日、栃木県足利町の織物買継商木村半兵衛や同じく機業家の市川安左衛門らは、「日本鉄道会社第壱区落成既ニ近キニアルヲ以テ其第弐区ハ則チ熊谷ヨリ足利佐野栃木鹿沼宇都宮ヲ経テ白河ニ達スル線路モ不日着手之レアルコトト企望罷在候」[77]と、日本鉄道第二区線を両毛機業地帯の中心地足利へ誘致しようという願書を提出した。この願書は、「抑々鉄道ヲ敷設スルノ要旨ハ運輸交通ヲ便ニスルノ一点ニアルヘ」きであり、「之ヲ敷設スル幹線ノ如キハ最モ物産貿易交通ノ市場及ヒ衆庶往復ノ繁劇ナル地ヲ貫通セシムルハ必要ノ儀ト被存候」と述べ、群馬県の桐生、大間々、および栃木県の足利、佐野、栃木、鹿沼、宇都宮を経由すべきであるとしていた[78]。なぜならば、これらの地域は「商業最盛ニシテ物産貿易及ヒ車馬往来輻輳ノ要地」であるからであった[79]。すなわち、この願書によれば足利・桐生の一カ年移出額は織物だけでも約一〇〇〇万円に及び、移入額は洋糸・生糸・染料などで約七〇〇万円であった。また、佐野・栃木・鹿沼の一カ年移出額は、麻苧・繭・生糸・水油・酒・醤油・薪炭・穀類・石灰・足尾銅など約六五〇万円、移入額は製茶・陶磁器・漆器・洋品・砂糖・石油・酒・醤油・肥料・食塩・生魚・塩魚・紙類・織物など約五〇〇万円であった。

こうして、市川・木村ら足利の織物関係業者は、「故ニ私共同心協力シテ五拾万円余（即チ拾万株余）ヲ募集致シ置候間之ヲ該社ノ株金トナシ熊谷ヨリ足利町佐野町栃木町鹿沼駅ヲ経テ宇都宮ニ達スル線路ニ決定セラレ右各所へ停車場設置相成度私共懇望ノ至リニ耐ヘス[80]」と、日本鉄道第二区線の足利町への誘致を請願するのであった。ここには、日本の産業革命の一翼を担った両毛機業地帯への鉄道導入の構想としてきわめて興味深いものがある[81]。

しかし、井上勝は一八八四年二月から熊谷分岐案および大宮分岐案の実地調査に着手し、両者を比較検討した上で「日本鉄道会社第二区線路ノ儀ニ付上申」を提出した。井上によれば、熊谷分岐案は「甚タ迂回ヲ極メ縦令一地方ニ利アリトスルモ大ニ他ニ損失ヲ被ラシムヘク到底幹線敷設ノ主旨ニ適セサルモノ[82]」であったが、表１-１のように実地測量の結果も建築費は大宮―宇都宮間一六九万五〇〇〇円、熊谷―宇都宮間二一二万円で、大宮―宇都宮間の方が低く見積もられた。また、工期や営業収支をみても大宮―宇都宮間の方が有利であった。こうして、井上は日本鉄道第二区線においては足利の織物関係業者が主張した熊谷―宇都宮間ではなく、大宮―宇都宮間を主張したのであるが、そこには以下のような井上自身の鉄道構想があった[83]。

更ニ一歩ヲ進メテ鉄道布設ノ本旨ニ就テ論スレハ此線路ハ固ヨリ宇都宮ニ達シテ止モノニ非ス乃チ東京青森間

表1-1　大宮・宇都宮間および熊谷・宇都宮間鉄道建築費比較

費　目	大宮・宇都宮間（48哩1/4）	熊谷・宇都宮間（43哩）
土地(1)	74,720	74,120
土　工	102,964	128,766
道路及河付替	4,545	4,300
土　樋	2,014	2,370
溝　渠	10,125	25,650
橋　梁	276,622	621,343
砂利敷	94,463	85,001
路線(2)	584,753	535,770
車　類	240,000	320,000
停車場	62,500	62,500
停車場及沿村柵	14,860	13,760
諸材運送費	4,000	4,000
官　舎	15,323	14,190
新橋工場予備費	40,000	40,000
諸器具	60,000	60,000
輸入税	28,000	28,000
俸給及庁中費	80,645	100,988
総　額	1,695,534	2,120,758

注）「土地(1)」は線路敷地代・家屋等移転料，「路線(2)」は本線測線用品類・坑材．
出典）日本国有鉄道『工部省記録』第7冊．

ヲ連絡スルノ幹線ニ非スヤ今数百里ヲ進行セントスル幹線ノ初程ニシテ一小地方ノ得失ヲ顧慮シ右旋左回佇望躊躇シテ前途ノ大計ヲ誤ル可キ者ニ非ラス若シ夫レ足利地方ハ従来ノ道路ニ安スル能ハストセハ鉄道幹線ニ最モ接近セル所ヨリ別ニ馬車道或ハ鉄道支線ヲ開設シ他ヲ傷ハスシテ自ラ便利ヲ得ルノ方案無キニ非ルヘシ

鉄道官僚としての井上勝にとっては、あくまでも日本の幹線鉄道網を速成することが重要であった。したがって、井上にとっては両毛機業地帯への鉄道建設も「一地方ノ得失」のみにかかわる問題にすぎず、全国的な鉄道構想の観点からは先送りされるべき鉄道であったのである。井上は、かの田口卯吉が展望したような地方産業の発展を基底に据えた鉄道構想は持ち得なかったのである。(84)

第三節　第一次鉄道熱期の私鉄認識

一八八五（明治一八）年一二月一二日、工部省の廃止にともなって内閣に直属し、鉄道事務は内閣に管理されることになった（二六日に官制公布）。鉄道局を内閣直属としたのは、「該工業上事務の未だ充分整理ならさる處もあるを以て当分内閣にて管轄」するためであったが、その背後には「追て整頓の上は華族或は不日設立なるべき興業銀行等へ払下げの上日本鉄道会社と合併せしめ工部技監井上勝氏を非職として其の長を襲かしめ奈良原日本鉄道会社長を同副社長となさん」という構想があった(85)。つまり、官設鉄道の事務を整理して華族ないし興業銀行に払い下げ、日本鉄道会社に合併させるというのである。そして、日本鉄道の社長には井上勝（鉄道局長官）を、同副社長に奈良原繁（日本鉄道社長）を据えようというのであった。また、この改革には鉄道事業の面目を一新して、「明治二十三年を期して三府五港の如き全国中の要地には線路を十分に延長せらるべし」という目論見もあった(86)。

内閣直属となった鉄道局は早速創業以来の財政報告を求められ、長官の井上勝は一八八七年六月二五日に内閣総理大臣に対して創業以来一八八七年三月までの鉄道局財政について報告した。官設鉄道および日本鉄道の創業以来の純益金・利益率を示せば表1-2のようである。井上によれば、一般的に「鉄道ハ運輸ノ便ヲ開キ交通ノ利ヲ起シ軍国施政上ヨリ殖産興業ノ事ニ至ルマテ之ニ由テ旧観ヲ改メ開新ノ実効ヲ期スヘク之ヲ要言スレハ富強ノ一大利器ナリ」と言われるが、問題は「鉄道の利用如何」にあるのであった(87)。そして、各線の営業収入の増減を「鉄道ノ利用如何ヲ測ルノ一標準トスルニ足ルヘキモノ」として、次のように述べた(88)。

創業ノ当初ニ予想セシ如キ好結果ヲ見ル能ハスシテ各線トモ概ネ運輸開通ノ初メニハ新奇ヲ喜フノ通情ヨリ一

表1-2　私設鉄道会社の設立出願状況（1886-89年）

年次	鉄　道　会　社
1886年	伊豫鉄道・日光鉄道・両毛鉄道・甲武鉄道・武蔵鉄道・山陽鉄道 南勢鉄道
87	水戸鉄道・九州鉄道・大阪鉄道・北越鉄道・常総鉄道・讃岐鉄道 山形鉄道・甲信鉄道・群馬鉄道・武総鉄道・総州鉄道
88	関西鉄道・別子鉄道・総武鉄道・北陸鉄道・筑豊興業鉄道
89	上越鉄道・山梨鉄道・播丹鉄道・舞鶴鉄道・摂丹鉄道・紀泉鉄道 京鶴鉄道・豊州鉄道・両都(奈良)鉄道・北海道炭礦鉄道・参宮鉄道 南和鉄道・北総鉄道・両総鉄道

出典）中西健一『日本私有鉄道史研究――都市交通の発展とその構造――（増補版）』ミネルヴァ書房，1979年，34～35頁，他.

時乗客多数ニシテ収入稍多額ナルモ連年逓増セサルノミナラス或ハ之ニ反シテ低減セシモノアルハ一ハ明治一五六年以来一般商況ノ不景気其影響ヲ運輸上ニ及ホシタルニ因ルヘシト雖ドモ各線ノ延長僅ニ数十哩ニ過スシテ人民ヲシテ鉄道利用ノ便ヲ感セシムルニ足ラサルニ職由スヘシ是レ旅客賃金ノ収入概ネ収入総額ノ三分二ヲ占メ貨物賃金ノ収入甚タ小額ニ止マリシヲ以テモ之ヲ知ルヘシ然ルニ近来各線漸次ニ延長連絡シテ貨物運輸ノ量随テ増加シ薪炭ノ如キ賤価ノ物品モ亦之ヲ汽車ニ搭載シ百哩以外ノ市場ニ出スモノアルニ至リタルヲ以テ鉄道利用ノ実効ヲ見ルノ日ハ蓋シ期シテ竣ヘキカ

鉄道の収入が伸びないのは、一八八二年以来の松方デフレ下の不況にもよるが、最も大きな理由は各鉄道の路線が短いことである。その証拠に、近年鉄道路線が延長されてくると、薪炭などの運賃負担能力の小さい貨物も鉄道で輸送されるようになっているというのである。こうした井上の主張は、その後の『鉄道局年報』の中でも繰り返し語られている。たとえば、一八八八年度の『鉄道局年報』では、「元来鉄道ハ資本薄ク線路短キモノヲ孤立セシムルハ損多ク之レニ反シテ資本大ニ線路長キモノヲ延長スルハ利多キモノナルハ詳論ヲ要セス」[89]と、少数の大規模鉄道による経営がもっとも効率がよいとしている。そして、しばしば少数の鉄道会社による経営

表1-3　官設鉄道の営業成績

年度	平均営業路線	営業収入(a)	営業費(b)	差引益金	営業係数(b/a)
1873年	18哩22鎖	441,615円	232,830円	208,785円	52.7%
74	31・08	592,671	346,803	245,868	58.5
75	38・27	644,459	403,823	240,636	62.7
76	62・61	1,284,466	434,001	850,465	33.8
77	65・11	910,536	526,248	384,088	57.8
78	65・11	1,011,739	555,117	456,622	54.9
79	72・17	1,243,531	512,674	730,857	41.2
80	76・27	1,555,797	608,224	947,573	39.1
81	83・72	1,713,980	677,586	1,036,394	39.5
82	102・69	1,840,394	926,548	913,846	50.3
83	116・11	1,564,910	631,132	933,778	40.3
84	125・51	1,362,686	612,148	750,538	44.9
85	139・32	1,194,815*	589,628*	605,187*	49.3
86	194・77	1,301,119	622,995	678,124	47.9
87	235・52	1,698,873	677,124	1,021,749	39.9
88	335・27	2,313,811	967,585	1,346,226	41.8
89	534・50	3,771,630	1,663,417	2,108,213	44.1
90	550・49	4,213,804	2,001,273	2,212,531	47.5
91	550・49	4,110,141	2,426,900	1,683,241	59.0

注）*は1カ年度に換算した数字.
出典）鉄道院『明治四十年度鉄道局年報』1909年3月(野田正穂ほか編『明治期鉄道史資料』第1集―12，日本経済評論社，1981年3月).

は独占の弊害をもたらすという主張に対しても、「鉄道ハ其性質固ヨリ独占ノ状アルモノ」であって、「線路ノ長短」によって独占か否かが決まるものではない[90]。また、独占の弊害としてしばしば挙げられるのは運賃の高騰であるが、欧米では小規模鉄道が合併し独占的な大規模鉄道会社が誕生してからの方が運賃が低下していると反論している。

松方財政が終息すると企業勃興を迎え、一八八六年から九九年までのわずか四年間に、表1-3にみるように多くの私設鉄道会社の設立が企てられた。井上勝は、この企業勃興期における私設鉄道会社の設立出願に対して、「徒ラニ多数ノ会社ヲ設立シ孤立ノ短線ヲ敷設スルノ計画ヲナスハ寔ニ得策ニ非ス[91]」としている。

ここで注意を要するのは、井上が私設鉄道一般を否定しているのではなく、多数の私設鉄道会社の設立によって小会社分立の状況に陥ることに警告を発しているということである。井上は、一八八七年度の『鉄道局年報』において、八六年以来の鉄道企業熱について、さしあたり「鉄道布設ノ工事ハ大ニ其歩ヲ進メ運輸営業ノ収益ハ頗ル其額ヲ増シ新線起業ノ企図ハ続々踵ヲ接スルノ実況ヲ概見スルニ足ルヘシ実ニ本年度ハ鉄道ノ豊年ト称スヘキモノニシテ其局ニ当ルモノハ宜シク公衆ト共ニ之ヲ慶賀スヘキ[92]」と歓迎の意を表していた。

しかし、井上は「鉄道ヲ以テ有利無損ト信スルモノ」や「投機ノ要具トナスモノ」を厳しく批判した[93]。井上によれば、鉄道事業は「独リ直接ニ其布設資金ニ対スル収利ノミヲ目的トスヘキモノニ非ス間接ニ起ルヘキ殖産興業等遠大ノ利益ヲ考察スヘキモノ」であることを十分承認しながらも、「布設企業者ノ最モ意ヲ注クヘ（キ……引用者）モノハ第一ニ其果シテ資金ニ対シ相当ノ利益ヲ収穫スルノ目途如何ニ在り」と、個々の鉄道が経営的に成り立ちうるか否かを決定的に重視するのである[94]。

こうした観点から井上は、私設鉄道会社の小会社分立を批判し、少数の大規模鉄道（官設も含む）による全国的な鉄道網の速成を主張するのであった。それでは、次にそうした井上が、企業勃興期に計画され出願された諸鉄道会社をどのように認識し、どのように対処してきたかを検討することにしたい。

まず、一八八六年に出願された両毛鉄道（小山・前橋間）および水戸鉄道（小山・水戸間）については、「共ニ各其一端ヲ日本鉄道会社ノ既成線路小山駅ニ起シ東京ニ連絡スルノミナラス東海浜ヨリ西北両野各地ニ交通スルモノニシテ日本鉄道会社ノ線路トハ幹支一体離ルベカラサル事実有之候[95]」として設立を認可すべく内閣総理大臣伊藤博文に伺を提出した。また、関西方面でも、一八八七年一月に大阪から今井町に至り、さらに以東は伊賀を経て四日市、以南は五條を経て和歌山、以北は奈良に達する路線の敷設を出願した大阪鉄道に対して、「如此規模ノ大ナル線路ハ坂堺間小鉄道ノ如キモノニ異ナリ将来運輸上ノ便利ヲ謀リ必ス神戸大津間ノ幹線ト連絡スルヲ要スヘキ[96]」と幹線鉄道との連絡を重視していた。こうしたなかで井上勝は私設鉄道条例の制定を準備し、「私設鉄道条例ヲ制定セラレ私設ヲ許可スベキノ主義ヲ工事セラレタル上ハ強チニ其出願ヲ圧止スルノ條理ナキノミナラス大体運輸ノ利便ヲ増進スルノ点ニ於テハ或ハ奨励ヲ加フヘキ場合モアルヘシ[97]」と、私設鉄道の敷設を奨励する姿勢を示した。私設鉄道条例は一八八七年五月に公布された。

私設鉄道条例公布後も、日本鉄道につながる路線をもつ私設鉄道会社の設立は認可されていった。井上によれば、甲武鉄道の出願は「同線路ノ義ハ其一端ヲ日本鉄道会社既成線路ニ連絡スルモノ」で、「資本及損益等経済上ハ素ヨリ独立ニ有之候得共運輸営業等ノ点ニ至リテハ相離ルヘカラサル関係有之殆ント日本鉄道会社ノ支線同様ノ者」であった[98]。したがって、甲武鉄道は「水戸及両毛鉄道会社ノ例ニ倣ヒ日本鉄道会社ノ一部ト見做シ」て認可されたのであった[99]。

井上の私設鉄道の出願に対する許認可には、幹線鉄道の敷設を優先するという方針が貫かれていたように思われる。たとえば、神戸―下関間の山陽鉄道会社に対しては「官設ナリ私設ナリ早晩必ス布設ヲ要スヘキ幹線」であるとして、次のように述べていた[100]。

其運輸営業上直接ノ利益最モ多カルヘキ部分ノミヲ布設シ所謂肉ヲ食シテ骨ヲ残サシムルカ如キコトアル時ハ他日全線ノ布設着手ノ期ニ至リ甚差支可申且如此幹線中ニ数個ノ所有者ヲ並立セシムルハ運輸営業上ニ於テ常ニ支障多クシテ動モスレハ鉄道ノ便益ヲ缺クノ虞アルモノナルヲ以テ山陽鉄道会社ニテ一部分ノミヲ布設シ半途ニシテ其残部ノ布設工事ヲ躊躇シ予定期限内ニ竣功セサル場合ニ当リ政府又ハ他ノ一大会社ニ於テ其残部布設ニ着手セムトスル時買上ケ又ハ合併ニ便ナルノ方法ヲ予備シ置クニ外ナラス

井上によれば、山陽鉄道会社の神戸—下関間の路線は、官設であれ私設であれ早晩敷設しなければならない幹線鉄道であった。したがって、山陽鉄道会社が全路線を敷設しなかった場合には、政府が買い上げるか他の一大私設鉄道会社が合併をし、いずれにしても数社によって路線が分割されるようなことがあってはならないとした。井上は、山陽鉄道会社に対する政府保護も、このような観点から認めたのであった。また、九州鉄道に対する政府保護についても「鉄道事業ノ拡張ヲ幇助スルノ御趣意ヲ貫徹セシムルニ適切ニシテ本局ノ如キ鉄道ノ局面ニ当ル者ノ希望スル所ニ有之候」[101]としていた。そして、筑豊五郡で産出される石炭の輸送を目的に出願された筑豊興業鉄道に関しても「九州鉄道線路ト並行セス之ヲ横行シテ若松港ニ達セムトスルモノ」[102]として許可をしている。

しかし井上は、幹線ルートからはずれる地方的な私設鉄道の計画に対しては、かなり現実的な判断を下し、出願を却下していった。たとえば、千葉県の安井理民ら五名の出願になる東京—千葉—佐倉—銚子間鉄道の設立計画に対しては、次のように述べて却下すべきであるとした。

第一に、同鉄道の敷設計画路線は全長七〇哩余、敷設資金総額は二〇〇万円、年間の運輸収入は三六万余円であったが、「此鉄道ハ両毛若クハ水戸鉄道ノ如ク他ノ鉄道幹線ニ連絡スルモノニ非ス全ク独立ノ線路」であるため、たとえ「線路ノ経過スル土地ハ平坦工ヲ施シ易キ部分」が多いとしても、車輛や「器械」はいうまでもなく、その製作や修繕を行う工場を独自に設備するならば必ず資金が不足する[103]。第二に、運輸収入には「目下水運ニ依テ輸出入スル貨額ヲ其儘鉄道ノ収入ト算」しているが、この地方では「概ネ水運ノ便頗ル完全ナルト其貨物ノ性質必スシモ鉄道ノ如キ迅速輸送ヲ要セサルモノ多数ヲ占ル」ため、水運貨物のすべてが鉄道貨物に転移するとは考えられない[104]。こうして、「資金ハ不足ヲ告ケ収入ハ予算ヨリ減スル時ハ此鉄道事業ハ単ニ株主等利益上ノ点ニ於テモ決シテ十分ノ見込ヲ立テ難キ」のであった[105]。そして、さらに井上は、両総地方に鉄道を敷設する場合でも「一二局部ノ便ヲ謀ランカ為メニ故ラニ非常ニ迂回スルモノヲ取ラサル方得策ナルヘシ」[106]と、地方的な利害よりも幹線鉄道の早期敷設を優先すべきであるとしている。

小鉄道会社の出願却下は、一八八八年に三重県三重郡菰野町小川義郎ほか一四名によって計画された南勢鉄道（安濃津―宮川間）の計画に対してもみられた。すなわち、井上はこの鉄道計画に対して「殆ント遊覧旅行者ニ便宜ヲ与フルノミニシテ絶ヘテ殖産興業ノ急務ニ応スルノ効能ハ無之」もので、「鉄道濫設ヲ憂フル今日ニ在テハ経済上ヨリ論スルモ急遽布設ヲ計ルヘキ要用ノモノニ有之間敷将タ該線路ハ既ニ許可相成タル関西鉄道会社線路ノ接続地ニシテ果シテ鉄道布設ヲ要スル時ハ該社ニ於テ経営スヘキモノニ可有之」として却下したのであった[107]。井上によれば、このような「小区域ニ於テ独立営業ノ鉄道敷設ヲ許可相成候テハ曽テ具陳セシ鉄道切売ノ弊害ヲ受ケ可申ニ付寧ロ関西会社ニ於テ可布設時期ヲ相待チ長距離ノ線路ニ相連ネテ経営セシメ候方得策ニ可有之候」と考えられるのであった[108]。

こうして企業勃興期の井上勝の私設鉄道の出願に対する対処の仕方をみると、地方的な利害にかかわる小鉄道は出願を却下し、幹線鉄道については官設か私設かを問わずに敷設を急ぎ、私設鉄道については日本鉄道、山陽鉄道、九州鉄道および関西鉄道のような大私鉄による小鉄道の合併を勧めているかにみえる。一八八九年四月に横浜―大府間、同年七月に湖東線（大津―長浜間）が開通し、新橋―神戸間の東海道官設鉄道が全通した。当初、東西両京間鉄道は中山道ルートで構想されていたが、一八八六年四月に東海道ルートに変更するという閣令が発せられ、一八八九年に東海道線が全通したのであった。東西両京間鉄道を中山道ルートから東海道ルートに変更したのは、「一年有余の間屢々木曾渓谷の測量を重ねたる結果……略……中仙道線の竣工は実に容易ならさることを極め得た」ため、井上勝が路線距離、工事期限、建設費、所要時間、運転費、沿線の輸送状況などにわたって検討した結果、「何れの点より考察すれども、刻下の急務として東海道に変更せざるを得ざるに帰著」したからであった[109]。

こうして井上勝によれば、一八八九年は「実ニ二十年前ノ廟謨ヲ実施大成セシメラレタルモノニシテ国家ノ福利洪鴻ナルハ固ヨリ論ヲ俟タサルナリ」[110]と言われるほどの重要な画期で、井上がめざした一八六九年の廟議決定による鉄道網の計画は一応達成された。こうしたなかで井上は、さらに全国的な鉄道網の形成をめざすのであるが、そうした井上の鉄道構想の萌芽は一八八九年四月八日の「北陸鉄道ノ儀ニ付第二回答申書」にすでにみられた。北陸鉄道は、富山―金沢―武生間の鉄道敷設を出願したものであるが、井上はこの北陸鉄道の計画に関して次のように指摘した。(111)

今ヤ東海道鉄道ハ全線開通シ湖東横須賀両線ノ如キモ亦数月ヲ出スシテ竣工ヲ告クルニ至ルヘク官設鉄道ノ延長ハ総計五百五十余哩ニ達シ其運輸営業上ノ益金ハ毎年金凡百八拾万円ニ上ルノ見込略確定セルヲ以テ中山道鉄道公債及鉄道補充公債額面弐千弐百万円ノ利子年額金百五拾万円ヲ支弁スルモ尚殆ト三拾万円ノ余裕アルハ疑ヲ容レサルモノトス而シテ右ノ内利子七朱ノ公債ヲ五朱ノモノニ漸次変換スルヲ得ルモノトスレハ其余贏ハ金七拾万円ニ上ルヲ得ヘキヲ以テ更ニ進ムテ資本ヲ増額シ鉄道事業ノ拡張ヲ謀ルハ目今ノ急務ナリ

このように、井上の認識によれば、官営鉄道の経営にはかなりの余裕が出てきた。したがって、北陸鉄道は「之ヲ孤立セシメテ利用完全ナラス維持鞏固ナラサルモノトスルヨリハ寧ロ敦賀線ヨリ延長シテ其経済ヲ官設鉄道ト一ニスルノ方法ヲ取ルヲ得策ナリ」と判断されるのであった。(112)また、山形鉄道についても、これを大石田以北に延長し秋田を貫いて弘前を経て青森に達すれば「其両端ニ於テ日本鉄道会社ノ線路ニ連絡スルモノ」となる。(113)したがって、北陸鉄道と同様に山形鉄道も両羽鉄道とともに「孤立セル短線路トナサス日本鉄道会社ニ於テ当初予定資本ノ外ニ別ノ方法ニ據リ資本ヲ増加シ」て企業化すれば、「鉄道事業拡張ノ真面目ヲ完備スルニ至ル」(114)というのであった。こうして井上勝は、「官私鉄道事業ノ全体上ニ於ケル政略上取ルヘキ方針」を構想しつつあったのである。(115)

第四節　「鉄道政略ニ関スル議」の構想

井上勝が、一八九一（明治二四）年七月に内閣総理大臣伊藤博文に宛てて提出した「鉄道政略ニ関スル議」は、以上に述べてきた井上の全国的な鉄道網構想のいわば帰結であったと言える。そこで、ここでは「鉄道政略ニ関スル議」の内実について若干の検討を試みたい。

井上勝の「鉄道政略ニ関スル議」は、「鉄道ヲシテ可及的全国枢要ノ地ニ普及セシメ首尾環連幹支接続シ其利用ヲ完全ナラシムル」[116]ことを目的にしたものであった。井上によれば、北海道を除いて五二〇〇哩の鉄道線路を必要とするが、既成鉄道および竣工見込みの鉄道が一六五〇哩に及んでいるので、今後は三五五〇哩の鉄道を建設しなければならない。一哩当たりの工費を六万円とすれば合計二億一三〇〇万円となる。これに官私鉄道一六〇〇哩に要する費額七八〇〇万円を加算すると、約三億円という莫大な金額となるが、当面は八王子―甲府間、三原―馬関間、佐賀―佐世保間、福島―青森間、敦賀―富山間、直江津―新発田間などの第一期線八〇一哩を、三五〇〇万円の公債を発行して七カ年の継続事業（単年度五〇〇万円）で敷設するというものであった。

これまでの井上勝の鉄道網構想は、私設鉄道の建設を必ずしも排除するものではなかったが、ここではこうした全国的な鉄道網の形成を私設鉄道に委ねることなく、官設鉄道によって実現すべきであるとしていた。というのは、「此鉄道拡張ノ完成ハ其資本ノ巨額ナルト相伴随シテ容易ナラサル大業ナルノミナラス線路ノ大半ハ固ヨリ直接ニ資本ニ対スル収益ハ甚タ小額ニシテ専ラ間接ノ便益ヲ主眼トスヘキモノ」であって、「之ヲ私設会社ノ経営ニ放任シテ其成功ヲ望ムカ如キコトアラハ所謂木ニ縁テ魚ヲ求ムルノ迂ニ類スルモノト」考えられるからであった[117]。したがって、この鉄道網の形成を「国家的事業トシテ政府自ラ其施設ノ責ニ当ルヲ当然ノコト」とし、もし「単一ニ営業ヲ目的トスル私設会社ノ経営ニ委ヌル時ハ或ル一小局部ニ在テハ稍鉄道ノ便ヲ得ルノ状ヲ呈スルコトアルモ決シテ首尾環聯幹支接続ノ大成ヲ期ス可カラス」のであった。[118]

こうした井上勝の官設鉄道による鉄道網構想の背後には、次のような事情があった。官設鉄道は表1-3にみるように営業路線が五五〇哩を超え、四〇〇万円以上の営業収入を挙げるようになっていた。井上は、これまでにも小規模な私設鉄道が乱立することには否定的で、鉄道事業がいわゆる「規模の経済」に適合的であることを繰り返し主張してきたが、ここでも「況ヤ孤立短線ノ鉄道ハ建設営業共ニ費用ハ之ヲ長大ノモノニ比スレハ常ニ割合ニ多キノ不利ヲ免レスシテ一小局部ノ利用スラ亦完全ナルヲ得サル」「長大ナル線路ヲ延長合併スレハ其管理経営上総テ供救流用ノ便ヲ得テ甲乙線ノ余裕ハ以テ丙丁線ノ欠損ヲ補ヒ孤立シテ維持スル能ハサルモノモ亦鉄道タルノ利用ヲ完クスルヲ得ヘシ」と指摘していた。[119] このように、官設鉄道は井上が主張する「規模の経済」を実現し得る条件を備えるようになっていたのである。

一方、鉄道経営における「規模の経済」を私設鉄道で実現しようという議論もみられた。まず、官設鉄道を払い下げて一大鉄道会社を設立するという構想、ないし鉄道会社制限論ともいうべき議論があった。当時の新聞によれば、官設鉄道を払い下げ、資本金七〇〇〇万円の鉄道会社を設立するというのである。資本金の七〇〇〇万円のうち三五〇〇万円から四〇〇〇万円を第十五国立銀行（華族銀行）が負担し、一五〇〇万円を帝室財産とし、残りの二〇〇〇万円を広く公衆から募集するという計画である。[120] また、全国の鉄道を三社に制限し、官設鉄道も場所によっては私設鉄道に払い下げるという計画もあった。[121] 官設鉄道を華族銀行に払い下げるというのは、国会開設までに「政府が華族銀行より借上げたる一千万円を償却し財政を整理すると同時に華族の基礎を将来に堅ふせん」ことをねらったからであるが、[122] 鉄道局では全国鉄道の費用、財産価格、収益などを詳しく取り調べて払い下げの方策を探っていた。[123] このような官設鉄道払い下げ論は、単純に民営化というのではなく、全国の鉄道を一社ないし数社で経営するという構想で、鉄道事業における「規模の経済」をめざしたという点に関しては井上勝の「鉄道政略ニ関スル議」に通じるものがある。

ところで、私設鉄道の経営は一八九〇年恐慌を経る中で著しい悪化を来し、井上勝によれば「吾邦ニ於テ当初計画ノ目的ヲ誤ラス布設ノ功ヲ竣成シ運輸ノ利用上略ホ鉄道ノ真面目ヲ具備スルモノト称スヘキハ官設鉄道ト日本鉄道会社ノ二者アルノミ」で、その他の私鉄は概ね当初の目的を達成し得ずに「全ク工事ニ着手セサルモノ」や「布設工事半途ニシテ逡巡敢テ進ム能ハサルモノ」などが多くみられたのであった。[124] 井上が構想していた第一期線のうち、三原—馬関（下関）間は山陽鉄道が敷設権を得ていたが、「同社ハ三原以西ノ工事ヲ中止」[125] していた。佐世保—佐賀間も九州鉄道が敷設権を得ていたが、同社も「佐賀以西ノ工事ヲ中止」[126] していた。敦賀—富山間も北陸鉄道に仮免許を下付したが、それも「到底私設ヲ以テ成功スルノ望ナキ」[127] と思われていた。福島—青森間の一部も山形鉄道に仮免許状が下付されていたが、「既ニ其有効期限ヲ経過」[128] してしまっていた。その他の鉄道も、「総武甲信両鉄道ノ如キハ未タ工事ニ着手セス大阪鉄道ハ官線ト連絡ノ工事ヲ起スノ景況ナク関西鉄道ハ桑名線ヲ無期限ニテ遷延シ讃岐鉄道ハ営業ノ収得甚タ少クシテ将来維持ノ見込殆ント立チ難キ」[129] という状況にあった。

井上勝によれば、このような私設鉄道に依拠しながら全国的な鉄道網を実現するのはまったく不可能であった。そこで井上は、「今政府ニ於テ鉄道ノ拡張ヲ実行セントスレハ第一ニ此私設鉄道ヲ利用完全ナルモノトスルノ処分ヲ施サヽル可ラス」[130] として、政府による私設鉄道の買収を主張するのである。こうして、井上は自らが構想する鉄道網を実現するために、一八九〇年恐慌に喘いでいた私設鉄道の買収を主張したのであった。井上が私設鉄道の買収にあたって、「政府ト会社トノ間ニ合意契約ヲ結ヒテ之ヲ買取ル事」を条件とする「最モ穏当ナル道」[131] を選んだのも、その目的が鉄道の国有化そのものにあったというよりは、「鉄道拡張ノ一着手」[132] として考えていたからであると言えるように思われる。実際、井上は一八九六年から九九年までの鉄道熱をも「此趨勢の効果として、国内主要の地には幹支線殆ど普及し」という点で評価し、鉄道国有論の趣旨についても「多数の会社分立せる為、其間には玉石混淆し、……略……区々分立して統一する所なく、往々鉄道効用の完全なり難き場合」があるからであると説明していた。[133] こうして井上は、統一的な幹線鉄道網を形成するために、山陽（神戸—三原間）、九州（門司—熊本間、鳥栖—佐賀間）、大阪（湊町—桜井間、奈良—四日市—草津間）、関西（亀山—津間、四日市—桑名間）、両毛（小山—前橋間）、甲武（新宿—八王子間）、讃岐（丸亀—琴平間）、筑豊興業（若松—直方間、飯塚—伊加里間）の八鉄道の買収を主張したのであった。ただし、日本鉄道については、買収価額が三〇〇〇万円という巨額にのぼるため当面の買収対象からははずされていたが、同社は「東北ノ縦貫線ニシテ重要ノ位置ヲ占ムル」[134] ため将来的には買収するという含みが残されていた。

おわりに

鉄道官僚としての井上勝の課題は、当初は一八六九年一二月一二日の廟議決定になる鉄道建設計画を早期に実現することにあった。しかし、それが一八八九年の湖東線および東海道線の開通によって一段落すると、井上は新たに全国的な鉄道網を構想し、それはやがて「鉄道政略ニ関スル議」の鉄道構想に帰結した。こうした井上の鉄道構想に一貫して流れている思想は鉄道拡張論であったと言える。それは、三フィート六インチの狭軌を採用した際に、井上が「当時の勢にては、広軌にて百哩を造らんよりは、寧ろ狭軌にて百三十哩を造らんこと国利最も多からん」[135] と考えていたことからも明らかである。こうした観点から、井上は私設鉄道に対してはあくまでも収益（「直接の利益」）を重視し、中山道鉄道など幹線鉄道の建設にあたっては鉄道建設の「間接の利益」に注意を促しながら全国的な鉄道網を構想していったのである。

ところで、井上勝の鉄道構想が殖産興業論によって特徴づけられていたことは言うまでもない。それは、井上が一八八七年七月に有栖川一品親王に宛てた「鉄道改正建議ニ対スル上陳書」において、鉄道の経済的効用と軍事的意義との関係について「抑軍備ノ整否ハ鉄道ノ得失ニ従フトハ固ヨリ格言ナリト雖モ鉄道ノ得失ハ軍備ニ適スルト否トヲ以テ論定スヘキモノニ非ルハ亦論ヲ俟タス」とし、「鉄道ヲシテ十分ニ殖産興業富国ノ実用ニ当ラシメ其富国ノ結果ハ進ンテ之ヲ軍備ニ利用スルノ外策ノ実行シ得ヘキモノアラサルナリ」と述べていることからも明らかである。(136)

井上勝の鉄道拡張論は、同時期に『東京経済雑誌』や『東海経済雑誌』などのジャーナリズムの間で展開された鉄道論争にも反映されていた。(137) そして、この鉄道拡張論は議会や財界、さらには言論界などを巻き込みながら鉄道敷設法や鉄道国有法をめぐってその後も展開されていくのである。(138)

このようにみてくると、冒頭で紹介した中西や原田による井上勝に関する通説的な評価は若干の修正をせまられているように思われる。井上は、首尾一貫した鉄道官設官営主義者や私鉄排撃論者というわけではなく、鉄道網の拡張を最優先してその時々の状況に応じてかなり柔軟で現実的な対応を示しながら、鉄道の拡張を遂行していたのである。こうした結論は、井上勝が鉄道国有法案が成立した一九〇六年三月に自らの半生を回顧して語った、次のような表現からも傍証されるように思われる。(139)

我国鉄道創業後の十年目即ち明治十二三年頃には唯官線の七十哩程あるのみなりしか次の十年目には官私併せて一千哩有りと云ふは一大進歩なり赤子も三年を経れは三歳児となる冀くは諸君と共に此の三歳児を早く大人と致し度きものなりと云ひて祝し合しか果せるかな其後十五六年間に於て四千哩も成功せしことは實に非常の進歩と謂はさるを得す洵に喜ふ可きの現象なり併し多数の会社分立する為め其中には玉石混淆し稗糠と目する会社線路も少なからす又区々分立して統一を缺き鉄道効用の完全なり難き場合もありて在職中會て鉄道国有説を主唱せしこともありしも当時其議は公衆の容る、所とならさりし然るに近来は却て其説か先つ輿論と云ふ傾きになりたり

是亦進歩の現象と謂ふへきか

これによれば、井上勝は官私鉄を問わず鉄道路線の延長を「非常の進歩」と高く評価しており、鉄道国有論を主唱したのも「多数の会社分立する為め」に鉄道路線の「統一缺き鉄道効用の完全なり難き」を恐れたからにほかならなかった。

（1）井上勝の略歴は、基本的には井上勝「鉄道誌」（副島八十六編『開国五十年誌』開国五十年史発行所、上巻、一九〇七年）によっているが、適宜、上田廣『井上勝傳』（井上勝銅像を再建する会、一九五九年）を参照している。なお、井上勝については Olive Checkland “BRITAIN'S ENCOUNTER WITH MEIJI JAPAN, 1868-1912”, 1989（杉山忠平・玉置紀夫訳『明治日本とイギリス——出会い・技術移転・ネットワークの形成——』法政大学出版局、一九九六年）にも興味深い叙述がみられる。

（2）前掲「鉄道誌」五七一頁。

（3）同前、五七六頁。

（4）同前、五七七頁。

（5）同前、五七八頁。

（6）同前、五七七—五七八頁。

（7）同前、五八二頁。

（8）「井上勝子薨去」（『東京経済雑誌』第一五五四号、一九一〇年八月、三二頁）。

（9）「井上子爵銅像除幕式」（『帝国鉄道協会報』第一六巻第一号、一九一五年一月二五日、四八頁）。なお、この銅像は戦時下の金属回収運動によって一九四四年に撤収され鋳潰されたが、一九五九年一〇月に再建された（井上勝銅像を再建する会「鉄道の父　井上勝銅像を再建するに当つて」、前掲『井上勝傳』二〇一—二〇三頁）。

(10) 原田勝正『鉄道史研究試論――近代化における技術と社会――』日本経済評論社、一九八九年、六二頁。
(11) 中西健一『日本私有鉄道史研究――都市交通の発展とその構造――（増補版）』ミネルヴァ書房、一九七九年、一七頁。
(12) 原田勝正『前掲書』（第二章「鉄道技術の自立過程における技術官僚」）五九―八七頁。
(13) 原田勝正『鉄道の語る日本の近代』そしえて、一九七七年、九八頁。
(14) 松下孝昭「鉄道敷設法の成立と井上勝」（朝尾直弘教授退官記念会編『日本国家の史的特質　近世・近代』思文閣出版、一九九五年）。なお、同「鉄道敷設法の成立と矛盾」（『日本史研究』三七七、一九九四年）も参照のこと。
(15) 星野誉夫「明治初年の私鉄政策」（『武蔵大学論集』第二七巻第三・四・五号、一九七九年一二月）、同「明治初年の私鉄政策と関西鉄道会社(一)(二)」（同第二九巻第一号、第五・六号、一九八一・八二年）。
(16) 小風秀雅「明治前期における鉄道建設構想の展開――井上勝をめぐって――」（山本弘文編『近代交通成立史の研究』法政大学出版局、一九九四年）。なお、同「鉄道敷設の進展と物流――本州横断鉄道ルートと敦賀港――」（高村直助編著『明治の産業発展と社会資本』ミネルヴァ書房、一九九七年）も参照のこと。
(17) 中村尚文『日本鉄道業の形成――一八六九年～一八九四年――』日本経済評論社、一九九八年。
(18) 日本鉄道省『日本鉄道史』上篇、一九二一年、一八三頁。
(19) 前掲「鉄道誌」五七七頁。
(20) 前島密「鉄道臆測」一八七〇年（前掲『日本鉄道史』上篇、三四頁）。
(21) 同前、三四―三五頁
(22) 同前、四一頁。
(23) 前掲「鉄道誌」五七九―五八〇頁。
(24) 星野誉夫前掲論文「明治初年の私鉄政策と関西鉄道会社（一）」六―九頁。
(25) 前島密談「帝国鉄道の起源」（『鉄道時報』第三四八号、一九〇六年五月二〇日、一二頁）。
(26)(27) 井上勝「（鉄道進業につき建議）」一八七六年二月（前掲『日本鉄道史』上篇、一八六頁）。
(28) 井上勝「（鉄道進業につき再建議）」一八七六年一二月（同前、一八七頁）。

(29)〜(31)　井上勝「(鉄道速成につき建言)」一八七七年二月（同前、一八八頁）。
(32)　同前、一八九頁。
(33)　前掲『日本鉄道史』上篇、三四三—三四四頁。
(34)(35)　井上勝「京都大津間鉄道景況演説控」一八八〇年七月（『工部省記録・鉄道之部』巻二［日本国有鉄道復刻版、第一冊、一九六二年、二二七頁］）。
(36)　藤田傳三郎［頭取］ほか五名「(水陸連絡大湖汽船会社保護につき上申)」一八八四年六月二〇日（『工部省記録・鉄道之部』巻三〇［日本国有鉄道復刻版、第七冊、一九七七年、七二三頁］）。
(37)　井上勝「(大湖汽船会社保護につき意見上申)」一八八四年七月（同前、七四〇頁）。
(38)　前掲、藤田傳三郎［頭取］ほか五名「(水陸連絡大湖汽船会社保護につき上申)」（同前、七二四頁）。
(39)　同前、七二三頁。
(40)　同前、七二五頁。
(41)　井上勝「(大湖汽船会社保護につき意見上申)」一八八四年七月（同前、七四一頁）。
(42)　前掲「鉄道誌」五八四頁。
(43)(44)　井上勝「(大垣より高崎迄幹線鉄道敷設の議内決につき具状)」一八八三年八月（『工部省記録・鉄道の部』巻二七［日本国有鉄道復刻版、第七冊、一九七七年、五五頁］）。
(45)　同前、五六頁。
(46)　同前、六〇—六一頁。
(47)　同前、五九頁。
(48)　同前、五九—六〇頁。
(49)　同前、六〇頁。
(50)(51)　井上勝［技監鉄道局長］・野田益晴［工部権大書記官］・飯田俊徳［権大技長］「建白書」一八八二年二月七日（『工部省記録・鉄道之部』巻二四［日本国有鉄道復刻版、第六冊、一九七七年、一〇四頁］）。

(52)(53)　同前、一〇五頁。
(54)　同前、一〇五―一〇六頁。
(55)　同前、一〇五頁。
(56)　日本鉄道会社の設立の経緯については、さしあたり前掲『日本鉄道史』上篇、三九五―四〇六頁を参照のこと。
(57)(58)　前掲「建白書」(『工部省記録・鉄道之部』巻二四［日本国有鉄道復刻版、第六冊、一九七七年、一〇六頁］)。
(59)　日本鉄道会社「第一回実際報告」一八八二年七月(『工部省記録・鉄道之部』巻二六、第六冊、一九七七年、四九七頁］)。
(60)　井上勝「(東京高崎前橋間鉄道線路実測図面并建築経費予算表出来候に付具申)」一八八一年一二月一二日(同前、四〇一頁)。
(61)　同前、四九八―四九九頁。
(62)　前掲「鉄道誌」五八八―五八九頁。
(63)　前掲「鉄道誌」五八九頁。
(64)～(71)　井上勝「東京高崎間鉄道建築事業報告書」一八八三年七月(『工部省記録・鉄道之部』巻二八［日本国有鉄道復刻版、第七冊、一九七七年、四五七―四五九頁］)。
(72)　同前、四五七―四五八頁。
(73)(74)　同前、四五八頁。
(75)　同前、四五八―四五九頁。
(76)　井上勝「東京青森鉄道線路第二区測量之儀ニ付具申書」一八八二年一〇月(『工部省記録・鉄道之部』巻二六［日本国有鉄道復刻版、第六冊、一九七七年、五四〇頁］)。
(77)～(80)　木村半兵衛ほか一四名「鉄道線路之儀ニ付御願」一八八三年一二月二八日(『鉄道省文書・日本鉄道往復書類』)。
(81)　両毛機業地における鉄道建設については、さしあたり老川慶喜『産業革命期の地域交通と輸送』日本経済評論社、一九九二年、を参照のこと。

(82)(83)　井上勝「日本鉄道会社第二区線路ノ儀ニ付上申」一八八四年一一月(『鉄道省文書・日本鉄道往復書類』)。

(84)　田口卯吉の鉄道論については、内田義彦「明治経済思想史におけるブルジョア合理主義」および杉原四郎・内田義彦「対談・鼎軒田口卯吉を考える——田口卯吉の現代的意義——」(『内田義彦著作集』第五巻、一九八八年)を参照されたい。

(85)　「鉄道事務」『東京横浜毎日新聞』一八八五年一二月二四日。

(86)　「鉄道事業」『朝野新聞』一八八五年一二月二四日。

(87)(88)　『明治十九年度鉄道局年報』。

(89)　『明治二十一年度鉄道局年報』四〇頁。

(90)　同前、四一頁。

(91)　同前、四二頁。

(92)　『明治二十年度鉄道局年報』四一頁。

(93)　同前、四二頁。

(94)　前掲『明治二十一年度鉄道局年報』三八頁。

(95)　井上勝「(水戸・両毛鉄道会社設立出願につき伺)」一八八七年七月二六日(『公文類聚』第一一編第三六巻、明治二〇年、2A-11-類323)。

(96)　井上勝「(大阪鉄道会社設立鉄道敷設出願の件審按)」一八八七年四月六日(『公文類聚』第一一編第三五巻、明治二〇年、2A-11-類323)。

(97)　井上勝「私設鉄道條令草案進呈ニ付上申」一八八七年三月二二日(『公文類聚』第一一編第三四巻、明治二〇年、2A-11-類321)。

(98)(99)　井上勝「(甲武鉄道会社設立出願につき伺い)」一八八八年一月一七日(『公文類聚』第一二編第四二巻、明治二一年、2A-11-類377)。

(100)　井上勝「山陽鉄道会社免許状ノ儀ニ付副申」一八八七年一一月一日(『公文類聚』第一二編第四二巻、明治二一年、

2A-11-類377）。

(101) 井上勝「九州鉄道会社発起人出願特別保護等ノ件答申」一九八八年五月八日（『公文類聚』第一一編第三五巻、明治二一年、2A-11-379）。

(102) 井上勝「（筑豊興業鉄道敷設出願の件審按）」一八八八年七月一七日（同前）。

(103)～(106) 井上勝「千葉県安井理民外五名ヨリ出願東京ヨリ千葉佐倉ヲ経テ銚子港ニ至ル鉄道敷設之件」一八八八年一月一六日（『公文類聚』第一二編第四二巻、明治二一年、2A-11-類377）。

(107)(108) 井上勝「（南勢鉄道設立出願につき答申）」一八八八年八月一八日（『公文類聚』第一二編第四四巻、明治二一年、2A-11-類379）。

(109) 前掲「鉄道誌」五九一―五九二頁。

(110) 井上勝「（東京神戸間鉄道線路全通につき上申）」一八八九年七月六日（『公文類聚』第一三編第四六巻、明治二二年、2A-11-類431）。

(111)～(115) 井上勝「北陸鉄道ノ儀ニ付第二回答申書」一八八九年四月八日（『公文類聚』第一三編第四七巻、明治二二年、2A-11-類432）。

(116) 井上勝「鉄道政略ニ関スル議」一八九一年七月（前掲『日本鉄道史』上篇、九一七頁）。

(117)～(119) 同上、九一八頁。

(120)「官設鉄道払下の議決す」（『下野新聞』一八八九年五月一日）。

(121)「鉄道会社の減数説」『下野新聞』一八八九年五月二三日。

(122)「官設鉄道の払下方案」（『下野新聞』一八八九年七月一二日）、「官有鉄道の払下」（『下野新聞』一八八九年七月一八日）。

(123)「官設鉄道払下」（『下野新聞』一八八九年九月五日）。

(124) 前掲「鉄道政略ニ関スル議」（前掲『日本鉄道史』上篇、九二六頁）。

(125)(126) 同前、九二一頁。

(127)(128)　同前、九二二頁。
(129)　同前、九二六頁。
(130)　同前、九二七頁。
(131)　同前、九三一頁。
(132)　同前、九二九頁。
(133)　前掲「鉄道誌」五九五―五九六頁。
(134)　前掲「鉄道政略ニ関スル議」（前掲『日本鉄道史』上篇、九三三頁）。
(135)　前掲「鉄道誌」五八〇頁。
(136)　井上勝「鉄道改正建議案ニ対スル上陳書」一八八七年七月一六日（前掲『日本鉄道史』上篇、六五七―六五八頁）。
(137)　たとえば、老川慶喜「『東海経済新報』の鉄道論」（『立教経済学研究』第三九巻第三号、一九八六年一月）を参照のこと。
(138)　さしあたり、松下前掲論文「鉄道敷設法の成立と井上勝」「鉄道敷設法の成立と矛盾」、および老川慶喜「産業革命期の鉄道問題と『東京経済雑誌』」（杉原四郎・岡田和喜編『田口卯吉と東京経済雑誌』日本経済評論社、一九九五年）などを参照されたい。
(139)　前掲「鉄道誌」五九六頁。

第二章　明治中期における鉄道政策の再編

――井上勝と鉄道敷設法――

はじめに

日本の鉄道政策において、その初期から国有化を原則としていたとする説は、現在なお通説的位置を占めている。なかでも、一八九二（明治二五）年に制定された鉄道敷設法は、鉄道官設の原則を確認し、「鉄道国有を目標におく政府側の一歩前進」であったとして、一九〇六年の鉄道国有法につながる政策として位置づけられている(1)。

しかし、日露戦後の国有化にあたって主張された、私鉄は一時的変態とする見解は、国有化の論拠を歴史的系譜に求めようとするロジックであり、その言説・表現をそのまま歴史的実態であったとすることには慎重であるべきであろう。また、鉄道政策を主導した井上勝が鉄道国有論者、ないしは鉄道建設は国の業務であるとする意見の持ち主であり、私設鉄道に対する不信をたえず表明して峻烈な批判を展開してきたことは明らかであるが、鉄道政策決定過程における井上の位置ないし立場の検討なしに、井上の見解を政策の基調であったとすることもまた早計である。たとえば、明治中期における鉄道政策の骨格を明示したものは、井上勝の「鉄道政略ニ関スル議」であるが、そこで示された幹線官設の推進と私鉄買収による鉄道国有化という二つの方針のうち、鉄道敷設法によって立法化されたのは前者だけであったのである。

筆者は、明治一〇年代における鉄道政策の「動揺」を解明するなかで、一八八三年における井上勝の鉄道国有主義と井上馨と幹線官設主義との対立について分析し、井上勝の鉄道論は、つねに官設官営（国有）を主張していたのではなく、事実上の官設主義というべき私鉄資本容認論を内包したものであることを明らかにした。[2]本章では、その後の鉄道政策を分析することにより、国有化をめぐる政策基調の変化について、分析したい。

第一節　井上勝と私鉄認可問題

1　一八八三年

私設鉄道に関する井上勝の見解の変化のなかで、もっとも興味深いのは、一八八三年における井上馨との対立において示された変化である。

井上勝は一八八二年二月一七日、建白書を内閣諸公宛に提出し、東京—高崎—前橋間および長浜—関ヶ原—大垣間の着工が急務であると指摘した。そのなかで日本鉄道、東北鉄道を「大ニ国勢ヲ弁セサルモノ」[3]として批判し、「政府ハ政府ノ力ニ頼リ会社ノ成ト不成トニ拘ハラス別ニ肝要ノ地ニ就テ順次布線ノ方法ヲ建テラルヘシ」[4]と官設方針を貫くことを主張している。

一八八三年六月に提出された山県有朋の高崎—大垣間鉄道建設建議書[5]は、この主張を基礎として作成されている。この建議が、中山道鉄道の建設理由として軍事的理由を強調したものでないことは再三指摘したとおりであるが、[6]本章では、この意見書が「鉄道ノ如キハ其用固ヨリ国道ト異ナラス之ヲ私社ニ委ス可ラサルノ原則アルノミナラス之ヲ私社ニ委スルハ弊害実ニ甚シキ者アリ」として、八点にわたって私設鉄道の弊害を列挙し、鉄道官設を強く主張している点に注目したい。この指摘は一八八三年三月に工部卿に提出された稟請のなかで井上鉄道局長が展開した私設鉄道批判と文章まで同一であり、実質的に井上勝によって作成されたものと考えられるのである。

しかし、これに対して同年七月、井上馨から疑問が提出された。井上の主張は、建設財源を公債に依存することへの反対、中山道鉄道のルートに対する疑問、および山県建議書の私鉄否定論に対する反論であった。とくに最後の点について、井上馨は次のように記している。

又鉄道幹線ヲ定ムルニ就テハ当時既成ノ線路一ハ神戸ニ起テ関ヶ原ニ至リ一ハ横浜ニ起テ東京ニ至リ東京ヨリ高崎ニ至ル（東京ヨリ高崎迄ハ私立ニ属ス）此両線路ヲシテ何地ニ達セシムルカ又何地ヲ経テ接続セシムルカ又東北鉄道会社ノ企挙アリテ両越間ニ鉄道布設ノ業将サニ起ラントス此線路タルヤ一ノ幹線ト為サヽルヲ得ス亦タ何地ニ起テ何地ニ達シ以テ何レノ幹線ニ接続セシムルカ要スルニ幹線ノ全体ヲ定ムルニ就ヒテハ先ツ第一ニ其測量ニ着手スベシ而シテ右幹線一定ノ上ハ其線路上ハ私立会社ヲシテ起業セシメサルヘシ又要用ノ港ニシテ支線ヲ延線セサルヲ得サルノ場所ハ凡テ幹線ト定メサルヘカラス然リト雖モ要用ノ場処ニ達スルノ目的ナク又幹線ニ接続スルニ難キ場処ハ私立会社ヲシテ起業セシムルモ妨ナカルヘシ故ニ此際併セテ御議定アラン事ヲ企望ノ至ニ勝ヘス(7)

山県意見書および井上勝稟請に見られる私鉄批判、鉄道国有主義に対し、井上馨の意見は、幹線は官設とする基本方針は認めるものの、むしろ私鉄を鉄道建設の主体として認めることを主眼とした幹線官設主義すなわち非幹線私鉄容認主義であった。

これに対して井上勝は、井上馨の意見書が出された同じ七月に、工部卿代理の山県参事院議長に提出した伺いにおいて、日本鉄道方式による私鉄を容認する方針を打ち出したのである。

元来鉄道布設ノ儀ハ一ツニ之ヲ政府ノ業務ト為シ国道ト見做シ布設可致ハ不待論儀ニ候得共其着手ノ順序其布延ノ位置方向等ニ等差緩急アリテ一概ニ洩サス余サス総テ之ヲ網羅致候儀ハ難相成……若シ夫某地方ノ人民ニシテ私設鉄道ノ工業ヲ起シ並ニ其営業ヲ願ヒ出ツルモノアルカ如キ政府ニ於テ其運輸ノ便否並ニ其線路ノ位置ヲ詳査シ果シテ欠クヘカラサルモノト認ムル時ハ乃チ其請求ヲ允可シ其鉄道ヲ興スカ為メ募集シ得タル所ノ資本金額ハ一切之ヲ政府ニ管掌シ其線路布設ノ事業モ亦総テ之ヲ政府ニ負担シ以テ鉄路ノ布設ニ従フモノトシ其功ヲ竣フルヤ営業事務モ亦同シク之ヲ管掌シ以テ其計算ヲ査理シ之レカ利潤ヲ配当スルノ原則ニ相定メ置度(8)

井上勝がここで主張しているのは、鉄道敷設は「政府ノ業務ト為シ国道ト見做」すのは当然としつつも、政府の建設計画になく鉄道を必要とする地域に私鉄を認めることを「黙止」することはできない、として私鉄認可に踏み切ること、しかしその資本、建設、営業、財務は政府が管掌するとして事実上の官設方針を維持すること、の二点である。

工部省が幹線に私鉄を認可しない理由について、やや後のことになるが一八八三年一二月の工部卿佐々木高行は「幹線若シ其私設ヲ差許候モ建築上運搬上渾テ官衙ノ保護ヲ仰カサレハ到底実施シ能ハサルヲ以テ私設之義ハ断然排絶可然(9)」と説明している。つまり、政府に主導権を保持できる日本鉄道型の「事実上の官設方式」であれば、建設予定線以外の地域では私鉄を容認することを、七月の段階で井上勝は示していたのであった。これを受けて工部卿代理参事院議長山県有朋は、七月一一日に「全ク私設ノ儀ヲ許可不致候事ニ相成候テハ政府ノ鉄道布設方行届兼候地方ニ於テハ遂ニ其便益ヲ享有スル能ハサルノ場合ニ立至リ可申是又公私ノ為メニ取ラサル所ニ有之(10)」として、九州鉄道の認可を求める伺いを太政大臣三条実美に提出した。

すなわち、井上勝は、井上馨意見書とほぼ同時に鉄道国有主義の原則とは別に「事実上の官設」を条件に私鉄を容認する姿勢を示したのである。その意味で、一八八三年七月は工部省すなわち井上勝の鉄道政策の転機であったということができよう。

同年一一月一九日、私鉄認可の方針が政府部内で確認された。具体的には次の建議が参議の回議で確認されたのである。

今般上州高崎ヨリ濃州大垣ニ至リ以テ東京及ヒ関ヶ原ニ開設セル鉄道線路ニ接続スヘキ一大幹線ヲ造設スルノ議既ニ決定セラレ候処鉄道ノ幹線タルモノ必ス官設ノ事業ニ帰スヘシトスルハ廟謨確定敢テ渝ル事ナキ筈ニ付此他ノ幹線モ逐次其計画下有之蓋シ鉄道ノ国家ヲ利益スルヤ今後弁説ヲ俟サル義ニ付各地ニ於テ共同結社以テ之カ起業ヲ謀ルモノ不少即チ北ハ越後西ハ九州ノ如キ既ニ其計画ヲ為シ追々出願セントスル趣ニ相聞ヘ候ヘトモ該地方ハ共ニ幹線ヲ布設スヘキ要地タルニ付是等ハ篤ト実地ヲ査定ノ上政府ニ於テ着手下相成義ト存候然ルニ右等幹線ノ外各処ニ開設スヘキ支線ニ於テハ必シモ官設ノ限ニ在ラサルモノ有之現ニ大阪ノ堺ニ於ケル静岡ノ清水港ニ於ケル如キ専ラ其地ノ便宜ニ供スルモノニテ官設ノ普及スヘキニアラサルノミナラス利害ノ関係モ亦幹線ノ比ニ無之ニ付如是支線ニ至テハ人民ノ私設ニ委セラレ可然就テハ向後此類ノ出願アルニ当テハ政府ニ於テ詳ニ其地ノ形状及ヒ線路ノ位置ヲ稽査シ以テ幹支線ノ関係如何ヲ考察シ其起業果テ要用ト認ルモノニシテ且幹線ノ計画上ニ障碍ヲ及ホサヽルノ支線ニ在テハ之カ私設ヲ允可セラレ而テ其施設方法ノ如キハ其実況ニ依リ適宜御詮議ノ事ニ御定メ相成度近来大阪静岡等既ニ出願ノ向モ有之候間此段申白候也(11)

ここでは、幹線の官設方針とともに、支線および非幹線の私設を原則として認可していくことが主張されている。

この建議は井上馨のものと推測されるが、即日決定された。この段階で、私鉄も鉄道建設の主体として認める幹線官設主義が採用されたとすることができよう。

ただ、ここで重要なのは、この決定は必ずしも井上勝の「事実上の官設方針」を排除するものではなかったことである。井上馨の幹線官設主義は、幹線を建設する限りにおいては井上勝の官設方針と合致しており、両者の間に相違はない。違いは非幹線の私鉄についてであるが、私鉄に対する政府の管理監督の具体策については、この回議においても、未定のまま残されていたのであった。

2　一八八六年

とはいうものの、この回議の段階では、政府には両京間鉄道以外の幹線網構想が欠如していたため「幹線」の実態が曖昧となり、私鉄認可の申請が出されるたびに、そのルートが幹線であるかどうかを個別に検討しなければならなかった。一八八四年二月に阪堺鉄道が出願され、[12]「一地方ニ関ル支線」として五月に許可されたが、工部卿佐々木高行は、私鉄請願が続出してくる状況となったため「是迄一定ノ内訓無之頗ル其措置ニ苦ミ候」として私鉄に対する「大体ノ」方針を求めたところ、太政大臣三条実美は七月二日、「向後私設出願ニ付テハ全国幹支線ノ計画上ニ障碍ナク事実要用ナル場所ニ於テハ詮議候条取調ノ上伺出候儀ト心得ヘシ」との回答を示した。[13]

この回答は、「計画上ニ障碍ナク事実要用ナル場所」においては門前払いとせず私鉄請願を詮議するとの方針として受け取られた。たとえば山陽鉄道では、「側ニ聞ク鉄道ノ布設ハ民間有志者ノ之ヲ計画スルアレハ政府之ヲ許可スルノ廟議アリト」[14]との情報がもたらされたため明治一八年に発起人の勧誘が強化されているが、ここでいう「廟議」とは八四年七月の回答を指すものであろう。

一八八五年一〇月八日、山形県令折田平内から、日本鉄道に接続し南置賜郡から酒田に至る鉄道敷設計画と実地測量に関する上申が提出された。[15]これについて、井上勝は、「幹支ノ間ニ画線ヲ引キ官設私設ノ鴻溝ヲ穿チ之ニ依テ断定スルヲ得サルナリ左レハ山形地方ノ線路ハ単ニ其支線アルノ故ヲ以テ民設範囲ノ内ニアリト為スヲ得ス」として、前述した一八八三年一一月の回議に反対する姿勢を示すとともに、「我邦現時ノ状況ヲ以テ考按スルニ民設ノ義ハ特ニ政府ノ保護ヲ受ルアルニ非サルヨリハ到底興業ニ営業ニ一モ其事ニ従フ能サルノ実況アルモノ」と述べて、中山道鉄道建設に忙殺されている鉄道局にはこうした支線の建設を担当することはできないとしている。この上申は、翌八六年一月一二日に、日本鉄道の敷設が福島仙台地方に達するまでは「詮議ニ及ヒ難」いと指令することに決定されている。

しかし、一八八六年七月六日、八三年七月に稟請されていた九州鉄道の設立請願に対し、内閣総理大臣は福岡県令安場保和に対して、「其筋ニ於テ調査ヲ遂ケ不都合無之ニ於テハ許可スヘシ」[16]との指令を下した。九州鉄道については、一八八三年一二月二五日に「幹線ニ属シ政府ニ於テ諸事管理ノ見込ヲ以テ測量等実地ノ調査ヲ遂ケ」とする指令が出されており、[17]ここに幹線においても私鉄を認可するとの方針が打ち出されたのであった。すなわち、政府の方針は、井上馨の幹線官設主義をこえて私鉄容認政策に大きく踏み出したことを意味していたのである。こうして九州鉄道への認可が下りたことにより、各地の私鉄設立請願に拍車がかかった。表2-1に示すとおり、一八八六年以降増加した鉄道出願数は、八七年には倍増したのである。

ここで注目したいのは、井上勝が私鉄に対する不信をあからさまにし、官設方針に固執するようになったのはこの時点からであったと思われることである。六月二二日、伊藤首相は「鉄道民設ノ件ハ許可ニ可及ト存候処本件ニ関シ意見有之候ハハ可被申出候」と井上勝に照会している。これに対して六月二八日に、

表2-1　鉄道出願数の推移

年次	出願数	許可数
1884	2	
1885	1	
1886	6	5
1887	12	8
1888	3	2
1889	17	8

出典）『鉄道局年報』各年による．

井上はつぎのように述べている。

今般御下問ノ文面ニ依レハ已ニ民設許可御内決ノ様ニ見受候果シテ然ルトキハ最早本局ニ於テ此点ニ付異議ヲ可容儀モ無之候併シ茲ニ一言致度儀ハ民設許可ノ御主意下達候トキハ独リ該県ノミナラス他ニモ続々出願ノモノモ可有之然ルトキハ略同轍ニ依テ之ヲ処セサルヘカラス其軌道橋梁ノ建築車両機関ノ構造等ハ申ニ及ハス列車運転ノ速度機関ノ取扱等総テ危険ノ虞ナカラシムルノ方法ヲ設ケ及ヒ乗客貨物運賃ノ程度モ公衆ニ対シ専権ノ圧制ヲ蒙ラシメサルノ定規ナカルヘカラス而シテ之ヲ実際ニ管理監督スルハ則チ本局ノ主管ニ属スルコトナルヘシ尤是迄ニ日本鉄道会社アリト雖モ是ハ其名ハ民設ナレトモ其実殆ント官設ト異ナルコトナキモノニシテ当初政府特別ノ勧奨ニテ創立セラレ爾後建築其他悉皆本局ニテ負担従事セシハ畢竟不得止情勢ノ結果ナレハ今后民設卿アリトモ之ヲ以テ其例トナス可ラス且ツ此レヲ例トナスハ決シテ得策ニ非スト信ス故ニ果シテ民設許可ノ上ハ右管理監督ノ標準トナルヘキ条例ヲ制定セサルヘカラス且ツ目今本局負担事業ノ眼目タル中山道幹線建築ノ儀其計画ニ於テ猶苦心焦慮ノ央ニシテ今仮リニ九州地方ノ如キ隔絶ノ地ニ鉄道布設ヲ下命セラル丶モノトスルモ先ツ事業ノ順序緩急ヲ計リ容易ニ手ヲ下スヲ得サルベシ故ニ民設鉄道許可相成候共本局ニ於テハ之カ為ニ一臂ノ力ヲ貸与候事モ不相成ハ論ヲ竢タサル義ニ付此儀モ予メ具申致置候(18)

一月の山形鉄道では却下されたはずの私設鉄道認可方針が九州鉄道という幹線において是認され、持論の官設方針を覆されたことに対するいらだちに満ちた文章であり、一読して井上の憤懣が伝わってくるような激烈な伺である。とくに日本鉄道の場合は私鉄の前例にならないとし、また「一臂ノ力ヲ貸与候事モ不相成ハ論ヲ竢タサル義」というくだりは、八三年に主張していた事実上の官設方針すなわち条件付き私鉄容認論を放擲して、私鉄容認の政府方針に対する協力を完全に拒絶することを表明していると解釈することができよう。

さらに、「最早本局ニ於テ此点ニ付異議ヲ可容儀モ無之」として、私鉄批判を展開しないとしておきながら、同日同じく伊藤に提出した「民設鉄道ノ件ニ付別啓」において、つぎのように述べている。

（前略）近来鉄道拡張ノ論一タヒ世ニ出シヨリ各地ニ布設ヲ望ムモノ踵ヲ接シ候ハ主トシテ鉄道トサヘ云ヘハ非常ニ直接ノ利益有之モノト妄信スルト鉄道ノ事業ヲ容易視スルトノ二因ニ起リタル結果ニシテ其狂態愍笑ニ堪ヘサルモノアルニ至レリ業ヲ経営スル実際ノ難易ニ至テハ本局ノ外ハ概ネ所謂素人ニシテ漫ニ之ヲ喋々スルモ殆ント痴人説夢ト一般ナリト謂モ誣言ニ非サルベシ（中略）

故ニ緩急順序ヲ遂ケ延長スルノ事業ナレハ東西懸絶シ或ハ幾百千里ノ長キニ渉ルト雖トモ固ヨリ本局ノ望ム所ニシテ官設民設ヲ問ハス全副ノ熱汗ヲ濺キ之ニ従事スヘシト雖トモ徒ニ風潮ニ趁テ狂奔シ一時ニ各処ニ事業ヲ挙ケント企ツ如キハ独リ本局ノ望ム所ニ非ルノミナラス決シテ行ハル可キノ良図ニ無之ト存候此等ノ辺篤ト御深議ヲ被遂異日噬臍ノ悔ニ及ハサル様致度婆心ノ余茲ニ添申致候也謹言(19)

その後『鉄道局年報』で連年のように繰り返された私鉄批判が凝縮された文章である。なぜ、伊藤博文が井上勝の方針を無視する形で、九州鉄道の認可を決定したのかについては、今後の解明をまたなければならないが、井上勝の私鉄批判の原点はここにあり、その批判の矛先は私鉄の経営当事者というよりは、むしろ伊藤をはじめとする政策決定者に向けられていたと考えられるのである。

さらに井上勝は、幹線としての規格を維持するため、一八八七年三月二二日に私設鉄道条例を策定して伊藤博文首相に提出した。その草案の進呈にあたって井上はこう述べている。

近来私立会社ニ於テ鉄道布設ヲ企図スルモノ各地ニ起リ逐々出願セルモノモ有之候処其線路ノ位置及建築ノ方法等公衆ノ便益ニ可相成モノハ御許可有之事ニ御決定ノ上ハ之ヲ待マノ条規モ亦略一定致居不申テハ差支不少ト被存候ニ付日本鉄道会社特許条約書ニ準拠シ更ニ之ヲ取捨増補シ私設鉄道条例及此条例中ニ掲記セル書類図面ノ調製様式ヲ示スカ為ニ之ニ属スル細則数条ヲ起草シ茲ニ進呈致候御詮議有之度候(20)

同条例は、私鉄の鉄道建設の技術水準の確保と鉄道経営の安定化をはかったものであったが(21)、前述の「民設鉄道ノ件ニ付別啓」に照らして、井上の政策意図は、私設鉄道条例は私鉄建設の促進策ではなく、むしろ私鉄経営に対する管理監督を強化しようとする政策であったのである。

こうして、幹線官設方針はなし崩し的に崩壊して明治一九年の鉄道熱を迎え、企業勃興期に設立された私鉄は、自力建設、自力経営を求められるのである。

第二節　鉄道敷設法の成立

1　「鉄道政略ニ関スル議」

一八九〇年から九一年にかけての時期は、種々の局面で鉄道建設上の転機であった。

井上勝が九一年七月に提出した「鉄道政略ニ関スル議」が前提としていた状況は以下のようなものであった。

第一は、東海道線の全通による両京間鉄道の完成後、政府は新たな官設鉄道の青写真を持っていなかったことである。鉄道局からいくつかの計画は出されていたが、財源問題などから保留されたままであった。官鉄の開業距離数は、一八八九年から九二年まで数年の間変わっていない。明治初期以来の目的を達した鉄道局は、新たな鉄道建設計画の樹立に迫られていた。

第二は、私鉄経営が一八九〇年恐慌によって大きな打撃を受けていたことである。西日本では、明治一〇年代後半の松方デフレ期にすでに、鉄道敷設の動きが起きていたが、鉄道局は、東海道線の建設のほか、日本鉄道をはじめとする東日本の私鉄の建設も請け負っていたため、西日本への路線の延長の余力はなかった。それを補ったのが、私鉄であった[22]。

しかし、西日本の私鉄は東日本の私鉄に比較して、より自立的な鉄道経営を政府から要請されていた。また、各社の当初の建設予定路線が短小であるとして、認可にあたって計画路線の延長が条件とされた。たとえば山陽鉄道は、出願の神戸―姫路間では短いとして姫路以西馬関までの路線の延長が課せられた。これは、収益の多い区間のみ私鉄が建設し、収益の低い区間を官鉄が敷設するという事態を避けるためであったが、そのことは、建設負担の増加として、直ちに私鉄経営にはね返った。西日本の私鉄は長大な未成線を抱え込み、一八九〇年ころには、ほぼ路線網を完成させていた東日本の鉄道に対し、西日本の開業路線は計画のなかばにも達していなかった。

一八九〇年恐慌により、企業勃興は冷水を浴びせられ、ブームの中心にあった鉄道業も大きな影響を受けたが、すでに路線建設を終えて開業にいたっていた私鉄に対する影響はあまり大きくはなく、打撃がひどかったのは、未開通路線を抱え、その建設費の調達に苦心していた山陽、九州、関西の三社であった。一八九二年度における路線完成率は、日本鉄道、北海道炭礦鉄道が完成していたのに対し、山陽四八％、九州五〇％、関西八八％であり、とくに九州、山陽の停滞が著しい。当時路線建設を支えた資金はもっぱら株式であったが、恐慌下に株価が低落すると、株式徴収は困難となり、建設工事の中止に追い込まれる、という悪循環に陥ったのである。こうして、幹線のうちほとんどが免許失効という事態に追い込まれた（表2-2）。

こうした時期に打ち出されたのが、井上勝が九一年七月に提出した「鉄道政略ニ関スル議」である。井上は、東海

表2-2　第一期線の免許下付状況

路線区間	免許私鉄	免許年	24年現在
八王子―甲府	甲信鉄道	20年	免許失効
三原―馬関	山陽鉄道	21年	工事中断
佐賀―佐世保	九州鉄道	20年	工事中断
福島―青森	山形鉄道	20年	免許失効
敦賀―富山	北陸鉄道	22年	免許返却
直江津―新発田			

道線の全通、建設を代行していた日本鉄道の青森全通により、新たな鉄道建設計画を樹立することを目指し、今後の敷設計画として、六線、八〇〇哩の建設計画を立案した。それと同時に、恐慌に際会して株式募集が困難となった企業から提出された免許期限の延長請願を却下して、私鉄に下付した路線建設免許を回収するとともに、既成私鉄の買収方針を打ち出したのである。

井上は同建議で、こう述べている。

（鉄道の）利用ノ完全ヲ期スヘキ鉄道件路ヲ考察スルニ（北海道ヲ除キ）其延長概計五千二百哩ニシテ既成官私設鉄道及ヒ目下布設竣工ノ見込確定ノ分合計千六百五十哩ヲ控除スルモ今後布設ヲ要スル線路ハ三千五百五十哩ノ延長ニシテ其工費ハ一哩金六万円トスレハ合計金二億千三百万円ナリ……此鉄道拡張ノ完成ハ其資本ノ巨額ナルト相伴随シテ容易ナラサル大業ナルノミナラス線路ノ大半ハ固ヨリ直接ニ資本ニ対スル収益ハ甚タ小額ニシテ専ラ間接ノ便益ヲ主眼トスヘキモノナルヲ以テ之ヲ私設会社ノ経営ニ放任シテ其成功ヲ望ムカ如キコトアラハ所謂木ニ縁テ魚ヲ求ムルノ迂ニ類スルモノト謂フヘシ故ニ国家的事業トシテ政府自ラ其施設ノ責ニ当ルヲ当然ノコトナリトス(23)

この三五五〇哩のうち第一期線として挙げられたのは六線、八〇一哩であり、直江津―新発田間を除いて、いずれも私鉄にいったん免許が下付された路線であった。

井上はそれまで機会あるごとに、両京間鉄道建設後の新路線の候補を挙げてきたが、九〇年恐慌による私鉄の経営難を好機として、私鉄に与えられてきた免許を回収し、それらを新たな鉄道建設計画として集大成して、鉄道局の手による新たな鉄道網建設に着手しようとしたのである。

また井上は、鉄道網の普及と同時に、私鉄を「鉄道の真面目を具備するは殆んど望み難きもの」として、その国有化を強く主張した。井上は、私鉄買収の対象となる企業として、当時存在した私鉄主要十社のうち、「特別ノ保護」[24]がある日本鉄道および「植民政略トノ関係」がある北海道炭礦鉄道を除いた、山陽・九州・大阪・関西・両毛・甲武・讃岐・筑豊興業の八社を挙げている。[25]建設候補路線の第一期線と照合するならば、買収の主対象が山陽・九州の二社であったことは、容易に推測される。「官鉄と異ならず」とされた東日本の二社を買収の対象とせず、重点を関西を含む西日本の三社に置いている点からも、井上はこの買収により、「事実上の官設」主義の復活を狙っていたことは明白であろう。

2　鉄道二法案の審議

政府は井上案を基に、鉄道公債法案、私設鉄道買収法案を立案し、第二議会に提出した。九一年一二月一七日、内務大臣品川弥二郎は、鉄道公債法案の提案理由の説明のなかで、

日本全国ノ枢要ノ地ニ鉄道ヲ布設シ、各線ノ聯絡ヲ全フシマスルニハ、幾哩ノ鉄道ヲ要スルカト云フ事ヲ調査シテ見レバ、ドウシテモ大約五千二百哩ヲ要スル計算ニナリマス……是程ノ大事業ヲ完成スルニハ、二億余万円ノ費用ヲ要スル事デ、迚モ私立会社ノ経営ニ放任シテ、其成功ヲ空ク待ッテ居ル事ハ、到底出来ヌ事ト云ハナケレバナリマセヌ、夫故政府ハ国家ノ事業トナシ、国庫ノ費用ヲ以テ更ニ三千六百哩ノ鉄道ヲ敷設シ、兵商二途ニ就イテ鉄道ノ効用ヲ収ムルノ今日ノ急務ナルヲ察シ、茲ニ公債ヲ募集シテ、事実ノ許ス限リ、成ヘク速ニ其成功

ヲ期スル訳デゴザリマス

と述べ、鉄道建設が国家の事業であることを明言するとともに、私設鉄道買収法案の提案理由の説明では、

（鉄道事業は）国家ノ事業トシテ行ハレナケレバナラヌモノデアリマスカラ、随ッテ私設鉄道ヲ買収シテ、従来成立チタル鉄道ヲ公平統一ヲ付ケナケレバナリマセヌ……鉄道ハ郵便電信等ノ事柄ト同ク、公共一般ノ利益ヲ主眼トスルモノデアリマスカラ、之ヲ国有トスル事ハ、尤モ其性質ニ於テ適合スル事デアリマス

として、国家による鉄道経営の一元化の必要性を主張した[26]。松方首相も、「鉄道は国防上及び経済上の点に於いて之を国有と為し以て其延長及び完成を図ることは今日の時勢に最も適切なるものと認め[27]」と述べて、この法案の主眼が国有化にあることを明らかにしている。

だが、一二月一七日に開かれた第一読会において早くも国有方針の動揺が指摘された。自由党はすでに一〇月一二日の代議士総会において買収法案に対して反対することを全会一致で決議していたが[28]、末広重恭（愛媛県第六区）は、私設鉄道条例公布後わずか四年で、私設鉄道を否定するような方針が盛り込まれたことに対して、また高津仲次郎（群馬県第三区）は、この国有方針は一八八九年に幌内鉄道を北海道炭礦鉄道に払い下げたことと撞着するとして、それぞれ政府を批判した。とくに加藤平四郎（岡山県第七区）は、

鉄道抔ノ事業ニ取ッテ、政府ノ従来執ッタ方針ガ果シテ何レノ点ニアルカ、今日ハ東、明日ハ西スルト云フ有様デアッテ、或ハ官設デヤラナケレバナラヌト云フテ、俄ニヤッタモノガ、最早明日ハ払下ゲヲスルト云ヒ、又

明日官設ノ鉄道ヲモ、将ニ不用トシテ、政府デ持テ居ルヨリハ、人民ニ任セタ方ガ宜シイ……今マデノ官設鉄道ヲモ、尽ク華族ニデモ払渡サウト云フ程ノ議ノアッタ事モ、前日ノ事デゴザリマス(29)

として、政府の国有方針の一貫性のなさを痛烈に批判したのである。

第二議会は、藩閥政府と民党との全面対決の場と化し、政府提案の重要案件はことごとく否決された。そのなかで、一二月二一日、私設鉄道買収法案は特別委員会において全会一致で否決された。その理由は、(1)「政府ハ屢国有民有ノ方針ヲ変スルヲ以テ本案亦確定不動ノ方針ナリトハ信セス、其必ス再ヒ民有ニ転スルトキアルヘキヲ信ス」(30)、(2)軍事上の不便は有事の際には徴発令の規定があり、平時にはまた特別の法令があり不便ではない、(3)不採算企業を買収するのは、国民の負担を重くすることになる、というものであり、政府の国有化方針の動揺に対する不信感が第一に挙げられている点は、政治的に政府との対決姿勢を示したものであると同時に、国有化の必要性が議会内であまり理解を得られていなかったことを反映していよう。この報告を受けた衆議院は二四日に本会議を再開して議決し、圧倒的多数で否決したのである。

しかしこれに対して、鉄道公債法案の審議は遅れた。私設鉄道買収法案が本会議で否決された翌日の二五日になって漸く委員会は実質的な審議に入り、一八名中一六名の反対で否決した。しかし、その主たる理由は、買収法案が否決された以上政府の政略は達成できなくなった、というものであり、私設鉄道買収法案とは異なって、必ずしも法案の趣旨そのものに対する反対ではなかった。

鉄道拡張に対しては自由党においても賛成者が多く、鉄道期成同盟の圧力を受けて、混迷していた。一二月一六日の自由党の代議士会では、所属議員の思惑が食い違いをみせたため、結局買収案と拡張案ともに認めるか、ともに否決するか、という二者択一の選択となり、議会対策上ともに否決することに決したのであった。その後同法案の審議が遅れたのも、政党側が否決の結論を正式に出すことを躊躇したためであろう。もし、同法案が本会議に上程されたならば、論議が蒸し返されて議事が混乱したであろうことは容易に予測される。しかし、第二議会は一二月二五日に解散され、鉄道公債法案は本会議に上程されなかったのである。

その後政府は、両案が否決された理由として、法案が二本出されたため、政府の方針が「鉄道の拡張に在るか将私設鉄道の買収に在るかを明瞭ならさらしめた」点にあるとして、「政府の主義専ら国有鉄道の拡張を企図するに在りて私設鉄道買収の如きは拡張するに当りて勢い巳むを得さるに出つること」[31]を明確にするため、法案の一本化を試みた。結局、解散との関係から政府の立場を明確にするため二法案は第二議会の提出案のまま再提出されたが、当初から修正に応ずる意図を有していたのである。

政府案を否定しさった政党側でも、地域における官鉄誘致熱を背景に、鉄道拡張政策を求める運動が盛り上がりを見せ、両者の利害は、鉄道拡張を進める点で一致した。第三議会においては、政府案と自由党案など五本の鉄道関係法案が提出されたが、委員会においてこれらの諸法案が一本化され、五月二六日、鉄道拡張を目指す鉄道敷設法案が委員会で可決された。六月六日の本会議において、鉄道敷設法案は鉄道公債法案修正案として、二九九名中二三一名の賛成により、可決成立した。その一方で、前議会で議会解散理由のひとつとなった私設鉄道買収法案は、一名の賛成もなく否決されたのである。

政府においてもこの結果は歓迎すべきものであった。六月一一日の貴族院本会議において、松方首相は、こう述べている。

衆議院の修正案に拠りますれば実際政府の目的は大抵貫徹し得られますから政府は此修正案に同意を致します。願はくは諸君御賛成あつて速に可決せられむことを望みます[32]

この結果、あらたな鉄道政策の基調は、鉄道建設の促進におかれ、国有化の指向は大幅に後退したのである。

3　鉄道敷設法と私設鉄道条例

鉄道敷設法により、従来個別的に処理されてきた路線建設を、統一的な計画、運営の下で推進することが可能となり、幹線網建設における政府の主導権が確立された。鉄道敷設法に基づき、第一期線九線が決定され、うち五線において建設ルートの選定が進められ、九三年二月に決定した。翌年に二線が追加されて、ここに官設鉄道の新しい建設網が確定した。その後九七年には、北海道鉄道敷設法の施行とともに、第一期建設路線として五六二哩が追加され、国有化にいたる官鉄の計画路線網がほぼ確定した。この意味で、鉄道敷設法は、井上が「鉄道政略ニ関スル議」で示した新たな鉄道敷設計画を実現したという役割を果たした。

だが鉄道敷設法は、幹線の建設権を国家に回収し、幹線官設主義を復活させたものとは言えない要素を含んでいた。一八九三年二月一六日、鉄道敷設法第九条に山陽予定線のうち三原―赤間関間の工費・成効期限は別に定めるとの但し書きを付すことを含む鉄道敷設法中改正案が衆議院に上程された。法案理由書案によれば、すでに山陽鉄道に許可した同区間を敷設するためには、敷設法第一三条の規定に基づいて処分する必要があるが、「該会社ノ意向ハ会社自ラ之ヲ敷設セントスルニ在ルヲ以テ姑ク該会社ノ経営ニ任スヘキ」[33]とし、山陽鉄道の意向を尊重して、同区間は鉄道敷設法第九条から除外することとしたのであった。

だがこの問題は、その後さらに私鉄の敷設既得権容認の方針へと発展していった。同年二月一六日に鉄道比較線路決定に関する法律案が衆議院に上程され、七路線が第一期敷設線路として提案されたが、これに関連して同一七日、予定線路中山陽山陰連絡線の姫路―生野間について、私鉄（播但鉄道）に建設を許可する法律案が「緊急事件」として黒田逓信相から伊藤首相に提出され、二月二一日に衆議院に上程された。これは、私設鉄道条例に基づいて仮免状が下付された路線においては会社の先得権があり不都合のないかぎり会社に敷設許可を与えねばならないのに、鉄道敷設法第一四条には、議会の協賛を得られなければ予定線路の敷設を私鉄に許可することはできないとされているため、予定線のうち私鉄の仮免状取得区間については、その先得権を優先させることで解決しようとしたのであった。ちなみにこの法律案は二三日に衆議院を通過、貴族院でも二五日に可決されている。

さらに二月二〇日、黒田逓相は

敷設法発布以前ニ於テ仮免状ヲ有スル鉄道線路ハ既ニ其線路ニ就キ優先権ヲ得有スルモノニシテ後ニ制定セラレタル敷設法ニ依リ其既得権ヲ侵害セラルヘキノ理ナキヲ以テ若シ政府ニ於テ之ヲ敷設セント欲セハ敷設法第十三条ノ規定ニ従ヒ処分セサルヲ得サルモノタルヤ明カナリ

右ノ理由ナルヲ以テ敷設法発布以前ニ仮免状ヲ有シ未タ効力ヲ失ハサル線路ニ在テハ帝国議会ノ協賛ヲ要セス政府ハ直チニ本免許状ヲ下付スヘキモノト思量候(34)

との請議を行い、翌日の閣議において認められたのである。

こうして私設鉄道条例においてすでに仮免状が下付された路線においては私鉄に敷設権が留保されることとなり、鉄道敷設法は、私設鉄道条例の既定路線を変更する効力を有せず、幹線官設主義の実現の上ではその政策効果は限定的なものとなったのであった。

以上、鉄道敷設法は、両京間鉄道建設に続く第二の鉄道網建設計画を実施する契機となったが、同時に井上が追い求めてきた鉄道の官設官営主義を最終的に圧殺し、鉄道国有化の指向性は弱まったのであった。

4　国有化への道

では、一九〇六年に実現する鉄道国有化は、どのような論理に基づいていたのであろうか。これは、その後の私鉄の発展をどのように評価するかにかかっている。

私鉄経営の危機的状況は、九三年頃にはひとまず収まっている。その理由の第一は、政府の二法案が第三議会で鉄道敷設法に変容し、政府の私鉄買収構想が挫折したことであった。西日本の大私鉄では、恐慌を機に鉄道ブルジョアジーが台頭した。山陽鉄道では、恐慌後に岩崎久弥を筆頭とする三菱財閥の所有株式が急速に増加し、大阪の今村清之助らの鉄道ブルジョアジーも新たな株主として台頭した。鉄道事業の発展性に高い評価を与えていた彼らの進出により、経営崩壊の危機を乗り越えた私鉄は、景気の安定とともに、株式にかわって社債を建設資金として路線建設を再開し、九三年には再び私鉄ブームが到来した。

私鉄熱は日清戦争後に再び過熱した。一八九五年から九七年にかけて、株式会社の新設ならびに増資の計画資本高は一四億円を超えたが、その六割は鉄道会社が占めていた。また、九六年における株式会社の払込資本総額は三億六千万円余であったが、その三分の一が鉄道会社によって占められていた。

第二次鉄道熱は、往々にして投機的性格が強調されるが、その一方で、既設鉄道会社が、巨額の増資をあいついで行っていたことを、見逃してはならない。五大私鉄の開業哩数は、この間五三一哩六一鎖（うち一〇二哩一三鎖は合併による）と四一・七％延びているが、建設費は五三四一万円と二・〇四倍の増加を示し、開業哩一哩当たり建設費は、四万〇一八六円から五万七九四五円に増加した。つまりこの時期の投資は、路線の延長よりも、鉄道網の充実に充てられていた。たとえば九州鉄道は、線路の改修、列車運転の安全、停車場の拡張と車両の増加、機関車の牽引力を増加するなどの改良投資を積極的に行っている。私鉄全体でも、開業哩数の伸びが資本金増加額に比して低い。鉄道投資は、路線網の外延的拡大から内包的充実に向かいつつあった。

鉄道経営は転換点にさしかかっていた。鉄道網が広がっていくなかで、ネットワークとしての鉄道の機能が重視されるようになり、私鉄では、隣接鉄道の合併による路線網の強化の動きが目立ってきた。企業合同の目的は、連続線の併合による鉄道網の一元化と輸送効率の向上にある。合併の目的について、今西林三郎はこう述べている。

> 関西鉄道は独り西成のみならず、参宮、南和、紀和、南海、奈良、阪鶴までも買収して、コヽに近畿に於ける統一を仕たいのです、一体此の位のところまで漕ぎつけねばホントではありません(35)

一九〇一年、逓信省総務長官田健治郎は、鉄道国有化の必要についてこう述べている。

> 予の鉄道国有を主張するの本旨は一に鉄道の統一に在り、統一の結果に依り運輸機関の疎通活動を致さしめ依て以て生産力の発達を促し併せて将来国庫財源の一要素たらしめんと欲するに在り(36)

田は、鉄道の分立による弊害を、連帯輸送、輸送力の偏在、設備の不統一の点から指摘し、効率的な統一的鉄道輸送の実現により、「公衆の便益を増進し物貨の流通を円滑ならしめ生産力の発達を促」すことが可能であると主張した。この国有論は、ちょうど一〇年前に、井上勝が「鉄道政略の議」で主張した国有論と比較すると、大きな違いがある。井上が、主に鉄道建設の必要から国有化を主張したのに対し、田は鉄道輸送の統一を理由に国有化を主張しているのである。

井上の時代の鉄道総延長は一四〇〇哩（一八九〇年度末）、それに対して田の時代には四〇〇〇哩（一九〇一年度末）

に達している。鉄道の輸送密度も一層濃さを増し、とくに私鉄の列車回数の増加、貨物の輸送量の増大が著しかった。鉄道網が膨張するなか、官鉄と四〇以上もの私鉄が分立していることは、輸送効率上しだいに障碍となってきたのであった。これを解決するため、官鉄と私鉄、あるいは私鉄相互に輸送を連絡する連帯輸送が次第に進展したが、各社の運賃体系の違いから計算が複雑となり、運賃率も割高で、列車の直通運行もなかなか増加せず、連帯輸送の拡大には限界があった。

鉄道輸送の一元化を進めるためには、企業合同が必要と考えられるようになってきた。私鉄でも、前述した近畿地方鉄道大合同のほか、九州鉄道と山陽鉄道、日本鉄道による東武、総武の合併などの大合同計画が提案されているが、最大の合同計画が、鉄道国有化、つまり国家による鉄道大合同だったのである。

おわりに

一八八三年以来、なし崩し的に崩壊してきた鉄道官設方針を、明治二三年恐慌を機に再び復活させようとした「鉄道政略ニ関スル議」は、明治前期に鉄道国有化を主張し続けた井上勝にとって、その総決算とも言うべきものであった。しかし、議会という井上にとって新たな政敵となった勢力により、その国有化構想は打ち破られた。政府も、第三議会において、国有化と鉄道拡張という政策の二者択一を迫られた時、拡張を選択し、幹線建設構想のみが鉄道敷設法として、立法化されたのである。議会という新たな政策決定に重要な影響力を及ぼす政治主体の登場により、鉄道政策は大きく左右されることになるとともに、井上勝の国有化論は最終的に生命を断たれることになった。その意味で、鉄道敷設法は井上に代表される明治前期の国有化政策の墓標であった。

新たな国有論は、日清戦後の鉄道建設熱を経て、内国鉄道網が実現した後に、新たな論拠を以て登場したのである。

（1）原田勝正「鉄道敷設法制定の前提」（『日本歴史』二〇八号）。原田説に対し、松下孝昭「鉄道敷設法の成立と井上勝」（朝尾直弘教授退官記念会編『日本国家の史的特質　近世・近代』思文閣出版、一九九五年）、中村尚史『日本鉄道業の形成』（日本経済評論社、一九九八年）が敷設法と井上勝との関係について施行された同法と井上案との乖離を指摘しているが、鉄道政策全体の文脈のなかで国有方針の動揺を論じてはいない。本章は、鉄道国有化との関係で同法を再評価しようとするものである。

（2）拙稿「明治前期における鉄道建設構想の展開」（山本弘文編『近代交通成立史の研究』所収、法政大学出版局、一九九四年）。

（3）『工部省記録』第六冊、一〇七頁。

（4）同一〇九頁。

（5）国立公文書館所蔵「自明治十五年至明治十六年　公文別録」太政官一、一一上「山県参議建議幹線鉄道布設ノ件」。

（6）拙稿「明治前期における鉄道建設構想の展開」（前掲『近代交通成立史の研究』）一九四頁、「起業公債事業で内陸交通網の整備」（高村直助編『道と川の近代』山川出版社、一九九六年）五三頁。

（7）「自明治十五年至明治十六年　公文別録」太政官一、一一上。

（8）『工部省記録』第七冊、六七六頁。

（9）『工部省記録』第九冊、八五頁。

（10）「自明治十五年至明治十六年。公文別録」工部省、一一「民設鉄道処分之儀ニ付伺」、『工部省記録』第七冊、六七七頁。

（11）「自明治十五年至明治十六年　公文別録」太政官一、一一下「鉄道幹線ノ計画上ニ障碍ヲ及ホサヽル支線ハ私設ヲ允可セラルヘキヤノ事」。

（12）『日本鉄道史』上、七六一頁。

（13）『工部省記録』第七冊、八二〇頁。

（14）「山陽鉄道会社創立史」（『明治期鉄道史資料』〔日本経済評論社、一九八〇年〕第二集（三））。

(15)「公文類聚」第一〇編巻之三四、「山形県鉄道ノ儀ニ付伺」。
(16)『日本鉄道史』上、八四九頁。
(17)『工部省記録』第七冊、六七八頁。
(18)『百年史』二、五九二頁。
(19)「公文類聚」第十編巻之三四、「九州鉄道布設之義上申」。なおこの文章は前掲『百年史』二には引用されていない。
(20)「公文類聚」第一一編巻之三四、「私設鉄道条例ヲ定ム」。
(21)『日本鉄道史』上、一八五頁。
(22)拙稿「交通資本の形成」（高村直助編『企業勃興――日本資本主義の形成――』ミネルヴァ書房、一九九二年）を参照。
(23)『日本鉄道史』上、九一七―九一八頁。
(24)同上、九三二頁。日本鉄道と北海道炭鉱鉄道は半官半民（事実上の官鉄）の企業であったことは、前掲「交通資本の形成」を参照。
(25)同上。
(26)『帝国議会衆議院議事速記録』（東京大学出版会）第三巻、二三四、二三八頁。鉄道敷設法の審議過程については、和田洋「初期議会と鉄道問題」（『史学雑誌』八四―一〇）を参照。
(27)徳富猪一郎『公爵松方正義伝』坤巻（一九三五年）、四〇八頁。
(28)「自由党党報」第一号明治二四年一〇月二五日、三〇頁。
(29)『帝国議会衆議院議事速記録』（東京大学出版会）第三巻、二三八頁。
(30)『日本鉄道史』上、九五一頁。
(31)『陸奥宗光関係文書』所収。
(32)『大日本帝国議会誌』第一巻、一七四二頁。
(33)「公文類聚」第一七編巻之三四。

(34)「公文類聚」第一七編巻三四、五「私設鉄道仮免状効力ノ件」。
(35)『鉄道時報』明治三五年七月二六日。
(36)田健治郎「外資と鉄道」鉄道時報局編纂『拾年紀年日本の鉄道論』(『明治期鉄道史資料』補巻一)一五八頁。

第三章　都市交通における社会資本の客・貨利用分担の形成

――明治―大正期の大阪市を事例として――

はじめに

1　鉄道史研究と都市交通

第二次世界大戦後の日本鉄道史の研究に影響を与えた先駆的著作の一つに、中西健一『日本私有鉄道史研究――都市交通の発展とその構造――』[1]がある。同書は鉄道国有化と交通統制を二大柱として私有鉄道史を総観したが、副題に見られる都市交通も同書において大きな比重をもつ課題であった。しかし、以後の研究史では鉄道国有化に収束する私設鉄道に議論が集中し、交通統制や都市交通に関する議論は低調にとどまっているのが現状であろう[2]。

同書は、研究史的に見るなら、鉄道国有化という柱を島恭彦と富永祐治から[3]、交通統制という柱を大島藤太郎から[4]、各々継承したことになる。これらの先学が主に国有鉄道に視点を据えたのに対し、中西は私有鉄道に視点を据えて研究史に新地平を開いた。その一つが副題にある都市交通という研究対象への注目であろう。もっとも、大島が研究の重点を置いた恐慌期の小運送問題の中心舞台も都市であり、そこからも都市交通への展望の可能性は開かれていたはずだが、国有鉄道に視点を据える限りにおいて、そうした展望は閉ざされた。なぜなら、国有鉄道は幹線鉄道経営に重点を置くため、単位距離輸送量の多い都市交通といえども、局地的問題として片付けてしまいがちだからである。

中西の提起した私有鉄道への注目という視角は、折からの地方史研究志向とも調和して一九七〇―八〇年代の地方鉄道史研究の隆盛として開花した。[5] また、この時期には、近代の商品流通史研究への関心が高まり、貨物輸送の実証レベルが向上した。[6] しかし、それらの研究も、全般的には一九六〇年代までの農村史志向や産業革命研究の影響ゆえか、生産市場として農村を対象とすることが多く、消費市場としての都市への関心は低かった。

ところが、一九八〇年代後半以後、近代都市史研究の影響[7]に加え、消費市場への関心の高まりも相互に作用して都市商品流通史研究が増加し、[8] 鉄道史研究も都市交通と接点を求めようとする機運が高まってきた。かつて大島が都市交通とは意識しなかった小運送問題を、東京市場とのかかわりから問題とした老川慶喜の研究視角がそれを示している。[9] そうした視角は中西以来私有鉄道に比重のかかった日本鉄道史研究が再び国有鉄道と接点を生じる契機ともなろう。なぜなら、都市といえども貨物輸送の主力が国有鉄道にほかならないからである。

2　都市交通史研究に関する課題と視角

しかし、一方で都市交通とは、一般に都市旅客輸送を指し、[10] その都市内輸送と郊外輸送を包括する概念として用いられることが多い。したがって、鉄道史研究と商品流通史研究の接点で生み出されつつある論点を、都市交通史研究へと導くには、都市貨物輸送を都市交通という概念の中に組み入れる若干の方法論的議論が必要と考えられる。

ところで、都市、農村を問わず、近世までの輸送は原則的に旅客が陸上、貨物が水上で分離し、両者を共に取り扱う交通機関は特殊であった。[11] つまり、近世までは旅客と貨物の各輸送は、担い手となる交通機関はもちろん、それらが移動する交通路も峻別されていた。それには、車両輸送の禁止政策[12]が、貨物の陸上輸送量を抑制し、水陸間の輸送分担を均一化するよう作用していたことも一因であろう。その結果、車両を用いない陸上の移動量は限定的にならざるをえず、貨物輸送は必然的に水運中心となった。また、例外的に車両通行の許可された三都のうち江戸と大坂は、河口デルタに立地して水運利用条件に恵まれ、水陸の機能分担が必然化してもいた。

そのため、日本における旅客・貨物を同一交通機関で、かつ同じ交通路を利用して輸送する（以下、同一機関・路輸送）実質的契機は、幕末開港期に開設された汽船定期航路と考えられる。[13] それは、旅客輸送の希求する速達性と貨物輸送の希求する大量輸送を同時に満たすことが可能となったからである。さらにそれらは通信の輸送をも担っていた。[14] ついで一八七二（明治五）年の鉄道開業は、旅客・貨物の同一機関・路輸送を陸上へと拡大した。すなわち、日本の旅客・貨物の同一機関・路輸送は、交通機関の近代化と共に進行したと考えられる。同一機関・路による客貨輸送は、明治以後水陸双方において進行したが、鉄道の登場によって水運は再び旅客輸送の比重を低下させた。

そうした同一機関・路による客貨輸送という問題を、都市交通という限定された空間的広がりの中で考察する場合、つぎのような課題設定が可能であろう。近世都市を代表する城下町では商業と交通が不離の関係にあったが、[15] 都市外と都市内の間の交通の集散地点（以下、都市内・外結節点）が人と荷物では各々異なっていた。江戸ならば、人は日本橋、荷物は本所、大坂ならば人は道頓堀・千日前、荷物は安治川、といった区分があった。明治以後の客貨の同一機関・路輸送によって、それら都市内・外結節点の区分には変化が生じたのであろうか。本章は、この問題意識に基づき、①その位置や機能がどのように変化し、②その変化が都市内輸送経路や方法にどのような変化をもたらし、加えて③それらの変化が同一機関・路輸送において、都市内の各交通機関の間に新たな機能分担関係を生じさせたのか、という三つの課題を設定する。そして、これらの課題は内容的に都市交通に関する社会資本の利用分担関係の考察としてまとめることができる。

本章は①〜③の課題を踏まえ、都市貨物輸送を都市交通概念に組み込み、都市交通史研究の視角を拡大することを意図している。そうした問題意識に基づく本章の考察は、明治―大正初期の大阪市を事例に展開するが、[16] その前提となる当該期の大阪市の都市交通にかかわる社会資本の形成過程については既に別稿[17]で明らかにした。それを踏まえた本章ではその利用状況の考察に重点を置き、前述の課題の解明を目指すことにする。

第一節　都市内・外結節点における旅客・貨物輸送

1　大阪をめぐる旅客・貨物輸送の概観

大阪は大阪湾に面して瀬戸内海の終着点に当たることから、古代の難波津は遣唐使船等の出発する湊として栄えた[18]。中世以後、難波津は次第にその機能を失いつつも、後年の大坂湊の発展を基礎づけた。大坂湊の経済的機能が本格化したのは、近世に江戸―上方間航路および西廻り航路が整備され、全国的な物流拠点となったことによる[19]。

ところで、都市としての大阪では市街地を南北に分ける考え方があり、現在も繁華街に対してキタとミナミの呼称を充てている。しかし、その範囲は厳密に規定されるものではなく、梅田を中心とした界隈をキタ、難波（場合によっては天王寺を含む）を中心とした界隈をミナミと通称しているに過ぎない。そして、キタとミナミは時代によってその範囲が変化しており[20]、さらに近・現代のキタとミナミの成立に鉄道駅の立地とのかかわりを示唆する研究もある[21]。しかし、近代大阪におけるキタとミナミの成立に関する実証的検討はなされておらず、通説的にミナミが近世以来の伝統を継承するのに対し、キタがミナミに劣らぬ古い伝統を保持しつつも新開地的と指摘されるにとどまっている[22]。本章は、前述の課題を解明する過程の中で、近代大阪のキタとミナミの成立についても、都市交通史の視角から一つの手がかりを提示することにしたい。

さて、近世大坂湊の物流拠点性については詳細な研究が見られるが、その旅客利用については不明な点が多い。また、幕末期より幕府は大船建造を解禁し、幕府および各藩の汽船所有が増加したが、それらは外国人所有船舶と共に大阪周辺航路にも就航し、貨物に加え旅客の輸送も行っていたと思われるが、やはりその輸送実態は不明である。

近世から明治期への移行過程において、大阪をめぐる貨物輸送は、近世の代表品目であった蔵米はもちろん、その他の品目でも化政―天保期に減少し、明治一〇年代でも輸入の増加した砂糖等の少数の例外的商品を除けば、全般的に減少傾向にあったことが指摘されている[23]。また、明治期大阪の都市内・外結節点における貨物輸送の大勢[24]は、海運で入貨した貨物をそのままあるいは加工して鉄道で各地に出貨する形態を基本とした。鉄道と海運の勢力比率は、鉄道国有化を挟んだ一九〇〇年代以後の出貨では両者の勢力が伯仲したものの、入貨は海運優位がその後も継続しつづけていた。貨物の都市内・外結節点は、航洋船の発着する川口をはじめとした安治川沿岸が中心で、鉄道は各路線の起点駅であった。貨物内容では、価格に基づく集計で綿関係品の出入貨と銅の出貨が多く[25]、重量では石炭と木材の出入が顕著であった[26]。しかも同一品が共に出・入貨の上位を占めることが多く、それは大阪の中継地機能の大きさを反映していた。

このように貨物輸送の大勢が経年的に把握できるのに対し、旅客輸送についてはその傾向すら明らかではない。大阪における旅客輸送は、まず鉄道の乗降客数で判明する。大阪における鉄道乗降客数の初出[27]は管見の限り一八八七年で、各駅共に乗客数が降客数を上回り、その傾向は大阪市域各駅の集計にも概ね継続的に共通していた[28]。一方、水運の旅客輸送量の掲載はさらに遅く一八九九年が初出[29]で、主に航洋旅客船は川口に、淀川水運は八軒屋に、各々発着していた（各々の位置は図3-7を参照）。大阪市の鉄道と水運の旅客利用比率の判明する初年の一八九九年には入・出共に鉄道一六対水運一で、旅客では明らかに鉄道優位にあった。

2　港湾・河岸の利用状況

(1)　大阪港

明治期の淀川改修と大阪築港の両工事は一体化した計画で[30]、一九〇九（明治四二）年の新淀川竣工まで、淀川は大阪市内を経て川口付近で安治川、尻無川、木津川に分流して大阪湾に注ぐ流路が本流であった（図3-11参照）。一九〇三（明治三六）年大桟橋完成を機に築港地区が開放されると、それら「航洋汽帆船の出入する築港、安治川、木津川及尻無川の四者を総称して大阪港と見做」[31]すようになった。これらの大阪港域が水運における都市内・外結節点の中心として、陸揚げや都市内水運[32]への積み替えを担っていた。

築港工事前後の時期の大阪港への航洋船出入船舶噸数を見ると（図3-1）、築港以前から安治川、木津川の順で、尻無川の出入は少なかった。船種に注目すると、一八七〇年代には依然和船が主力であったが、安治川ではいち早く汽船の出入があり、汽船は西洋型風帆船を伴いつつ次第にその勢力を拡大した。一方、木津川や尻無川への出入は依然和船が主力であった。それら汽船海運が安治川や築港に偏ったのは、和船よりも喫水高を要して、護岸工事や浚渫等の設備を必要としたためである。

航路別に見ると、汽船では内地航路（朝鮮以外の植民地を含む）が約四〇三万噸、朝鮮航路が約三二万噸、外国航路が約五一万噸であった。帆船では西洋型風帆船が約一〇五万噸、和船が約五〇万噸で、これらは内地航路が中心で、外国航路はわずかに西洋型風帆船で約〇・二万噸の取扱が見られた（『一斑』四六―五二頁）に過ぎない。一九一〇年代初頭では、内地・朝鮮貿易貨物が大阪本船積卸、一方外国貿易貨物が神戸本船積卸、を各々原則とし、後者の大半は艀で大阪に廻送されていた[33]。そのため阪神間艀船輸送は相当な活況を呈し、前述の帆船輸送の最上位は阪神間艀輸送が占めていた（『一斑』五〇頁）。

また、大阪港域から市内河川への航行は、安治川を筆頭にして和船が中心であったが、木津川と共に汽船利用も見られた（図3-2）。河川遡航の汽船として計上された数値は、大半が百噸未満の小型船で、実際は曳舟用小型蒸気船を意味していた（『一斑』五二―五三頁）。それでも安治川では一割程度百噸以上の蒸気船の遡航があったが、木津川や尻無川では僅少であった。しかし、出入船舶の多寡とは対照的に、河川航行船舶数では尻無川が木津川を上回った。

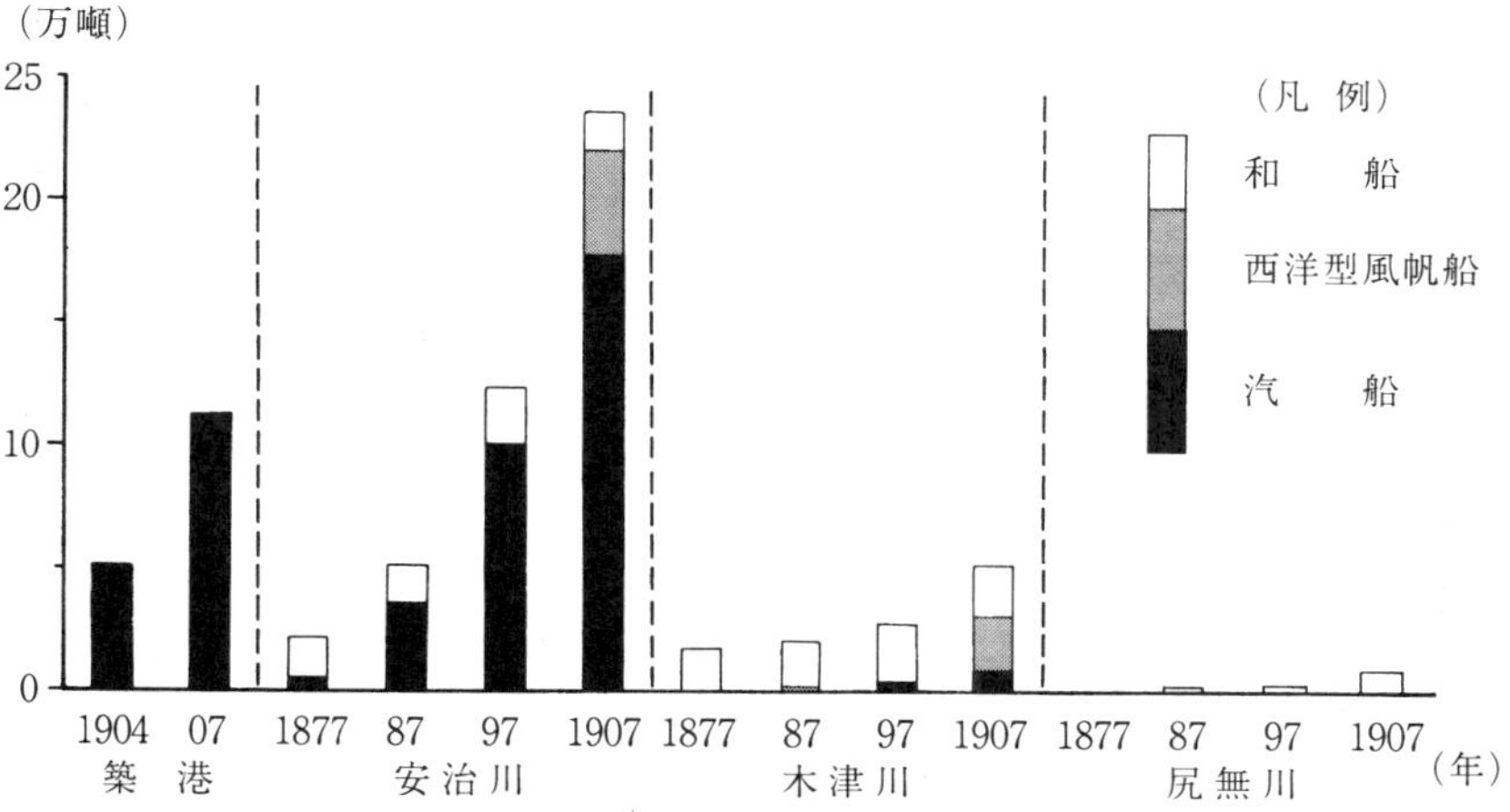

出典）大阪市役所港湾課編『明治45年・大正元年　大阪港勢一斑』36～38頁によって作成.

図3－1　大阪港域各地区への出入航洋船舶の噸数推移

各河川航行船舶一隻当たりの噸数を比較すると、安治川二〇・七、木津川一八・八、尻無川一八・八で（『一斑』四四頁より算出）、木津川・尻無川の航行船舶の規模はほぼ同じで、航洋船入港の少ない尻無川も河川航行では一定の機能を果たしていた。旅客については十分な資料を得ることが困難ではあるが、大阪港では築港・安治川の利用が中心で、特に汽船出入の少ない木津川や尻無川での旅客利用はわずかであった。

(2) 八軒屋河岸　京阪間を結ぶ淀川水運は、近世の三十石船以来例外的に旅客輸送が盛んな区間であり、その伝統は一八六八（明治二）年に運航を開始した淀川汽船にも継承され[34]、同汽船は旅客・貨物双方の輸送を担って、七六年の京阪間官設鉄道開通後は徐々に旅客を減じつつも、運行を維持しつづけた（図3-3）。時間的には、官設鉄道の京阪間は急行で約六〇分、普通で約八〇分であったのに対し、汽船が大阪行で約三時間、伏見行で約七時間を要した。料金的には鉄道の普通三等四〇銭に対し、汽船一五銭の格差があった[35]。

淀川汽船は、一九一〇年四月の京阪電気鉄道の開通が契機となって廃止にいたった。京阪開業後の汽船の時刻や料金は不明ながら、一九一二年に京阪間は国鉄線で三等四五銭、京

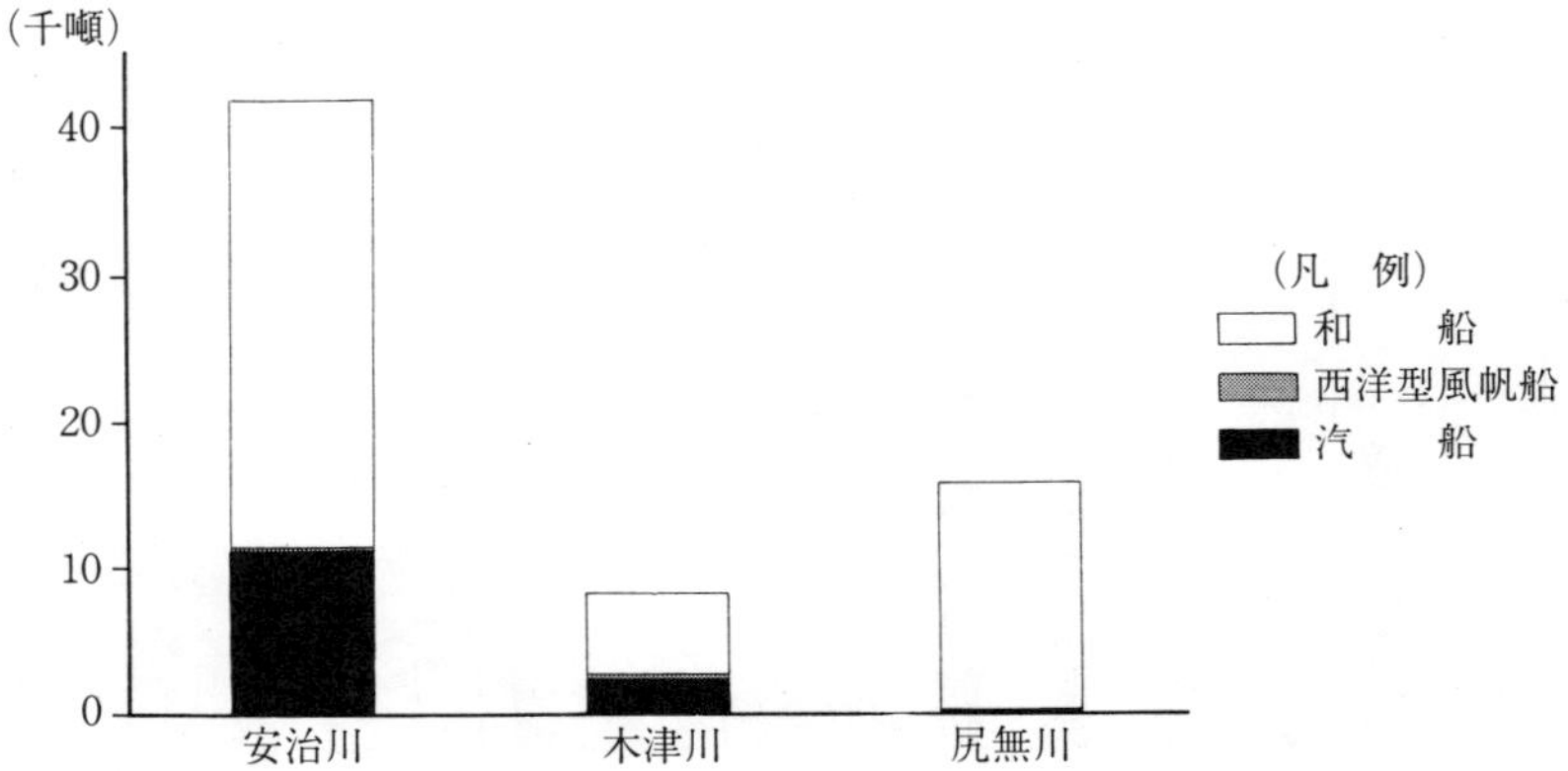

出典）大阪市役所港湾課編『明治45年・大正元年　大阪港勢一斑』44頁によって作成.

図 3－2　大阪港域各河川の曳船用小蒸気船
およひ築港―河川間航行船舶の種別構成（1912年）

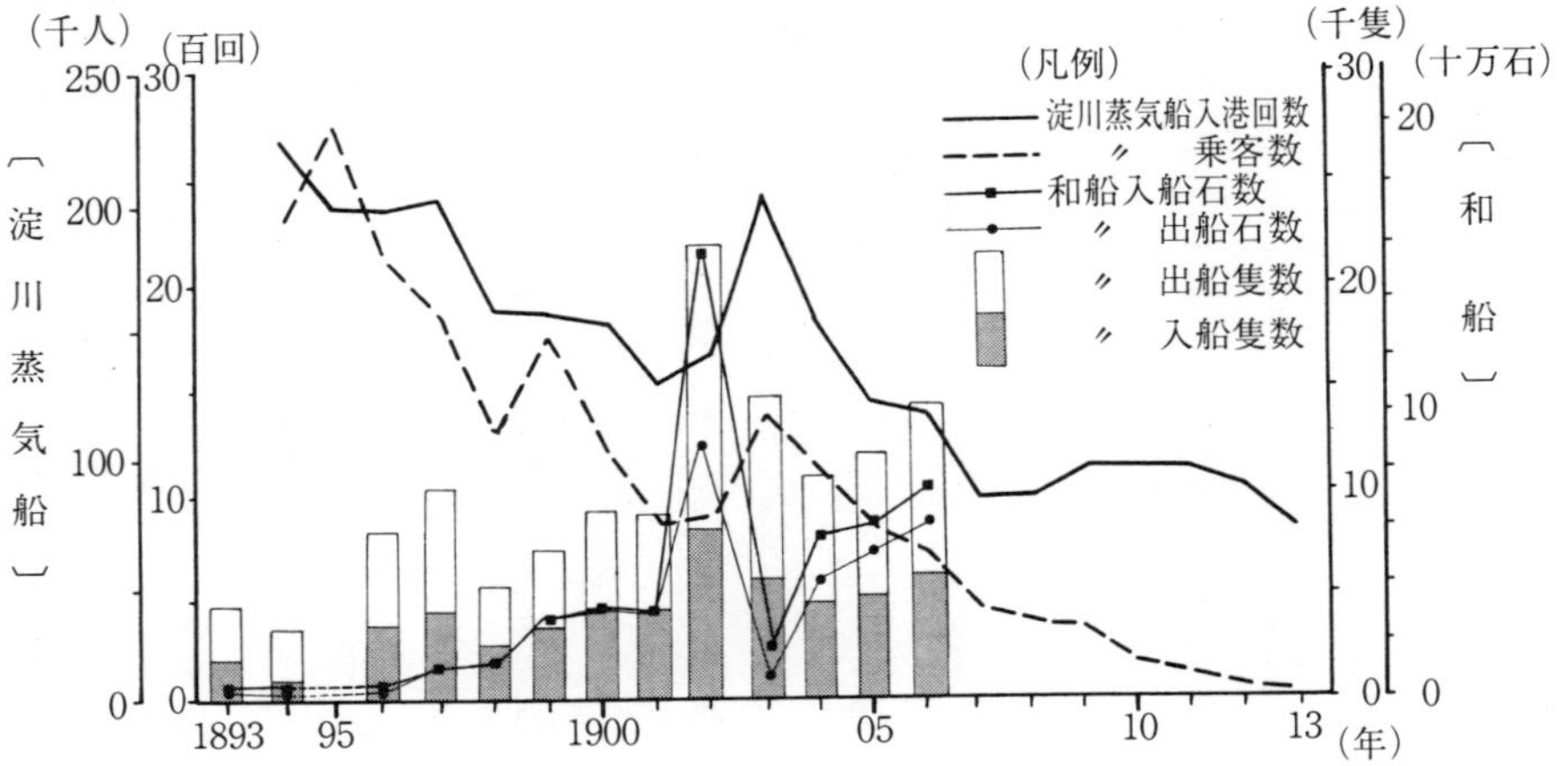

注）和船は八軒屋河岸における入出港数に基づいている.
出典）淀川蒸気船の 1894 ～ 1900 年は『大阪府統計書』（各年次），1901 年～は『大阪市統計書』（各回）によって作成.
和船の 1893 ～ 1900 年は黒羽兵治郎『近世交通史研究』日本評論社，1943 年，390 ～ 391 頁，1901 ～ 06 年は『大阪府統計書』（各年次）によって作成.

図 3－3　淀川水運の盛衰

阪は五条まで所要時間一〇〇分で四〇銭であった[36]。京阪は、料金では汽船に、時間では国鉄線に、各々及ばなかったにもかかわらず、京阪開通が汽船の衰退を促進したのには京阪が頻発運転によって利便性を向上させたことが要因と考えられる。

八軒屋河岸の貨物取扱量は概ね入超、逆に金額で概ね出超傾向にあった。出荷では輸移入品・工業製品等が、入荷では茶・呉服が、各々中心で、あまり一貫性はなかった（表３-１）。

３　鉄道駅の利用状況

⑴　官設鉄道大阪駅

阪神間官設鉄道の大阪停車場（以下、大阪駅）は西成郡曾根崎村に設置され、市街地からも商品流通路としての水路からも隔たっていた（「前稿」二九―三〇頁）。大阪駅利用状況の初見は、京阪間開業後の一八七八（明治一一）年であり、同年の営業収入の客・貨比率は約八対二で、それは同年度の京神間鉄道の収入比率にほぼ等しかった[37]。さらに京浜間鉄道の収入比率もほぼ同じで、草創期の鉄道輸送は総じて旅客偏重であった。

その後大阪駅の客・貨収入の比率は、経年的に貨物の比重が高まり、一八八五年には約六対四になった。それは、東海道線の延伸による沿線貨物の集散の進展が要因と考えられる。草創期大阪駅の営業収入を見ると、一八八二年を頂点に八六年まで減少した[38]。その間の東海道線延伸の成果が利用に反映されなかったのには、当時の東海道線に培養線が少なかったことや、大阪駅の曾根崎村への孤立的立地に起因する。逆に明治二三年恐慌から日清戦後期の営業収入増加は、東海道線自体の全通（一八八九年）はもちろん、山陽鉄道（八八年開業）、摂津鉄道（九三年開業、のち阪鶴鉄道）、奈良鉄道（九五年開業）、京都鉄道（九七年開業）等の培養私設鉄道の開業の相乗効果であろう。

大阪駅は、こうして全国的な幹線鉄道網が次第に有機的な結合を示し、全国規模[39]の地域交通体系における枢要性を確立した。しかし、それは同駅が大阪府域という地方規模や、さらには大阪市域を中心とした局地規模の地域交通体

表3-1　淀川水運八軒屋河岸における出入品目　（上位5品目）

項目／年次	出荷			入荷		
	品　目	金額(円)	仕向先	品　目	金額(円)	仕出先
一八八六年	出荷　計	331,596	—	入荷　計	706,169	—
	茶	168,700	—	茶	360,000	—
	蠟	116,549	—	蠟	149,405	—
	塩	23,843	—	酒	69,544	—
	醤油	11,000	—	醤油	65,000	—
	油	7,536	—	塩	34,802	—
一八九〇年	出荷　計	675,858	—	入荷　計	635,170	—
	木綿	433,920	—	茶	289,498	—
	薬種	162,516	—	呉服	180,405	—
	支那米	23,751	—	雑品	103,797	—
	古着	15,500	—	木綿	37,500	—
	石油	6,427	—	醤油	8,325	—
一八九二年	出荷　計	2,628,090	—	入荷　計	1,313,717	—
	呉服	669,900	伏見	茶	499,510	伏見
	洋反物	426,500	〃	呉服	302,010	〃
	雑品	334,142	伏見・枚方他	木綿	186,000	〃
	繭	222,000	〃	雑品	79,932	伏見・枚方他
	古手	210,000	〃	古手	53,000	伏見
一八九八年	出荷　計	2,316,725	—	入荷　計	114,645	—
	雑品	1,642,038	伏見・山城他	紡績糸	14,685	伏見・山城
	文庫綿	137,176	伏見	艾	5,280	山城
	米	51,490	〃	米	5,250	摂津・河内
	生糸	48,000	〃	醤油	2,748	—
	紡績糸	35,100	伏見・摂津他	薬絵具	2,356	伏見・摂津

注）品目名は史料用語として原史料のままとした．
出典）『大阪府統計書』（各年次）によって作成．

系においても、枢要性を確立したことを意味するわけではない。阪堺鉄道開業翌年の一八八六年度の難波駅と大阪駅は貨物噸数にこそ大きな開きがあるが、旅客数では逆に難波駅が上回っていた。[40] 政府が阪堺鉄道や大阪鉄道等に対し、大阪駅乗り入れをしきりに勧奨していた（「前稿」三〇―三三頁）のは、逆に同駅が地方規模や局地規模において枢要性を確立しえなかったからにほかならない。そうした政府の勧奨が奏功した一八九五年の大阪鉄道梅田線開業は、地方規模あるいは局地規模における大阪駅の枢要性確立の契機として重要であろう。

(2) 私設鉄道各駅　一九〇〇（明治三三）年前後の大阪府下における各鉄道路線の平均駅間距離を見ると（表3-2）、つぎの三類型に区分される。駅間距離約七キロにも及ぶ全国的な幹線鉄道である東海道線、つぎにその約半分の約三キロの駅間距離で一八八〇年代に開業した都市―郊外間輸送を担う私設鉄道阪堺鉄道と大阪鉄道（後に関西鉄道）、そして後年市域に含まれる範囲に敷設された約一・五キロの駅間距離で九〇年代開業の大阪鉄道梅田線と西成鉄道、である。すなわち、大阪鉄道梅田線と西成鉄道は、それ以前の私設鉄道路線とは異なり、都市内輸送という局地規模の輸送への対応をある程度意識した路線であったことが、駅の配置状況からもうかがえる。

表3-2　大阪府下各鉄道路線の駅間距離

鉄道名	路線区間	平均駅間距離
官設鉄道東海道線	大阪－高槻間	7.2 km
阪堺鉄道	難波－堺間	3.2 km
大阪鉄道	湊町－奈良間	3.2 km
	天王寺－大阪間	1.8 km
西成鉄道	大阪－安治川間	1.4 km

注）阪堺鉄道は1897年，その他は1902年時点を基準に，大阪府下区間の駅間距離を哩で平均し，1哩＝約1.6 kmで計算.

出典）石野　哲『停車場変遷大事典　国鉄・JR編』ＪＴＢ，1998年，阪堺鉄道は統計局編纂『第十六回　日本帝国統計年鑑』によって作成.

一八九九年の市内各駅の利用状況を見ると（図3-4）、旅客以上に貨物は駅間取扱量にばらつきがある。当時、すでに旅客も大阪駅が随一で、関西鉄道湊町と南海鉄道難波の合計値が大阪駅のそれにほぼ相当し、旅客・貨物共に大阪駅への一極集中傾向の端緒が見られた。また、梅田線各駅は西成鉄道各駅に比べて相対的

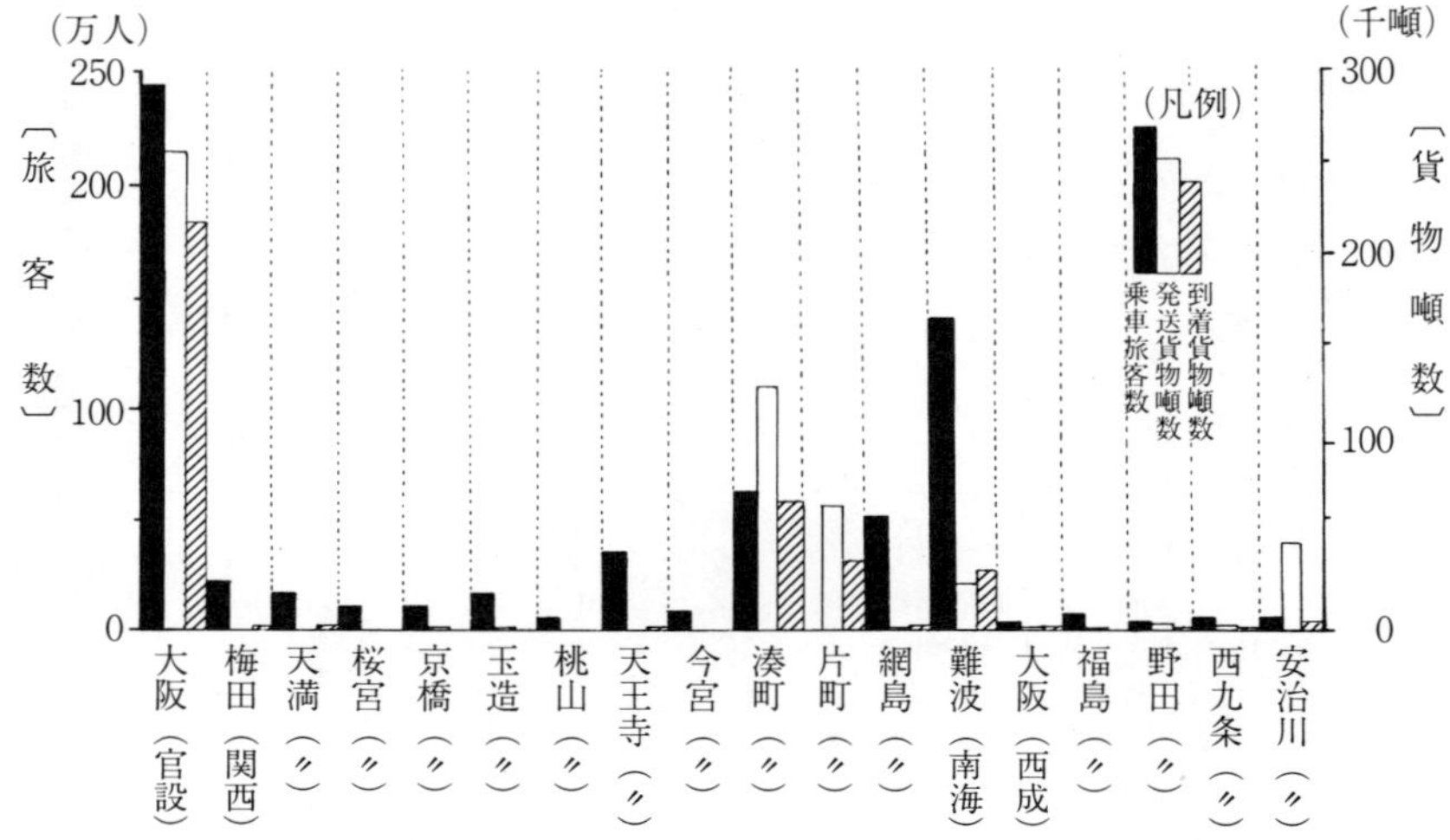

注）駅名の（　）内は鉄道名を表している.
出典）『明治32年度　鉄道局年報』によって作成.

図3－4　大阪市内各鉄道駅における取扱旅客・貨物の状況（1899年）

に利用が多い。当時の市街地は、西成鉄道側で発達していたが、旅客列車の運行は梅田線が西成鉄道の約二倍の本数であった(41)。

つぎに貨物でも大阪駅の利用は随一であったが、旅客と異なり市域途中駅との取扱量の格差は顕著で、終端駅に取扱が集中する傾向にあった。個々の貨物発着地では最寄りの途中駅を利用するのではなく、小運送(42)によって直接終端駅へ集散する傾向にあったことから、大阪駅への一極集中傾向が助長された。旅客と異なり難波・湊町両駅と大阪駅の開きは大きく、旅客以上にネットワーク形成が重要な貨物輸送では、市街地近接性よりも幹線鉄道網への直結がより重要な意味をもっていたと考えられる。また、関西鉄道の旧浪速鉄道区間は、旅客が網島に、貨物が水路に近接した片町に、各々機能分離していた(43)。

4　大阪をめぐる貨物輸送の展開

大阪の海運による出入貨物の大勢は、原料品を入貨し、工業製品を出貨する加工型を基本とした（図3-

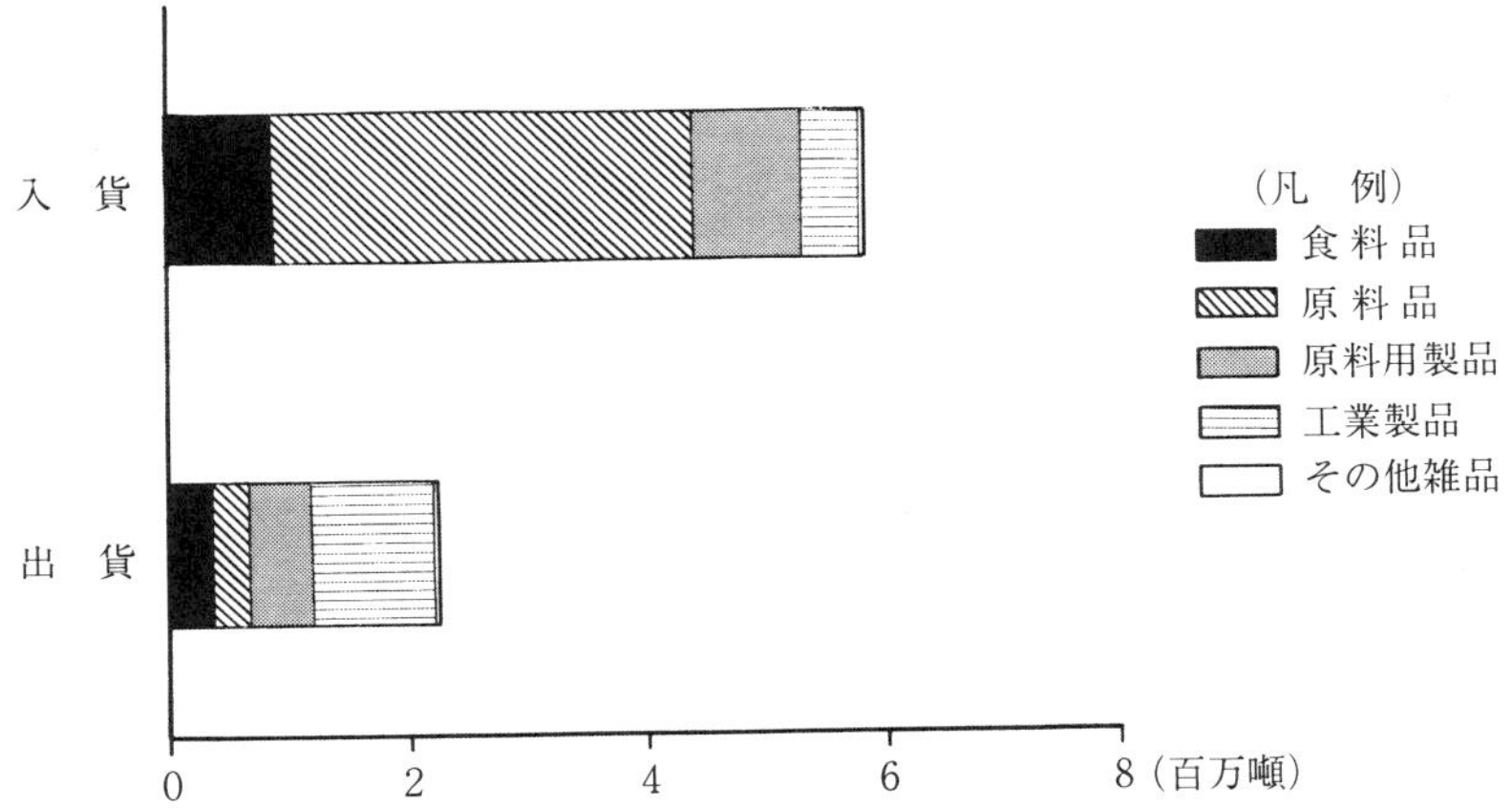

出典）大阪市役所港湾課編『明治45年・大正元年　大阪港勢一斑』57～58頁によって作成.

図3－5　大阪港海運取扱貨物の品目構成（1912年）

5）。そのため、入貨では原料、原料用製品（半製品）と食料品が、出貨では工業用製品と原料用製品が、各々中心であった。各主要品目の輸送状況を考察する(44)。

まず、入貨の中心であった原料品の首位は、「大阪集散貨物中、噸量の最も巨大なるもの」（『一斑』四九一頁）とされた石炭で、噸数比で全体の約五三％を占めた。大阪の各工場消費分を中心に、京都・奈良等へ鉄道で継送されるものもあった。石炭は海運到着貨物噸数の約三分の一を占め、入貨の海運への依存度が高く、主に九州および山口県から瀬戸内海経由の帆船を利用していた(45)。逆に大阪からの発送は九八・三％が鉄道で、そうした流通形態は前述の大阪の貨物輸送の大勢に一致していた。そして、その発送は西成鉄道線安治川口駅からが大半を占めた（表3－3）。

石炭につぐものは木材（約一二％）、薪炭（約九％）、綿花（約七％）であったが（以下、括弧内は噸数比）、いずれも石炭の取扱量には及ばなかった。「木材は大阪に於ける重要集散貨物にして関西に於ける中心市場」（『一斑』四九九頁）とされ、到着木材は主に吉野からの発送で、取扱量は関西鉄道湊町駅が多かった。薪炭入貨は主たる産地が四国であったため

取扱貨物噸数（1905年度）

鉄道名	駅名	発着別	合計	上位3品目
関西	天満	発	2,124	雑貨988，煉瓦等309，鉄金物・銅269
		着	9,830	雑貨2,274，石灰等2,016，米1,417
	大阪	発	608	雑貨525，米19，石材・鉱石18
		着	1,093	雑貨570，火薬・兵器112，生菓・野菜94
	片町	発	41,856	肥料8,737，雑貨7,831，石炭等5,220
		着	39,126	雑貨12,785，米8,768，陶器・土管5,404
西成[2]	福島	発	106	雑品42，粉類34，鉄物類17
		着	61	雑品44，粉類17
	野田	発	20,672	肥料19,981，染料691
		着	3,453	雑穀及菜種2,070，米1,004，木材244
	西九条	発	4,858	肥料3,808，鉄物類715，雑品288
		着	5,253	米3,493，雑品1,214，木材240
	安治川口	発	271,093	石炭183,872，食塩26,571，セメント12,275
		着	30,539	雑品25,715，油類3,197，木材1,557
	桜島	発	22,224	雑品9,570，酒類5,250，綿花等3,044
		着	1,203	木材857，煙草231，綿花等67
南海	難波	発	44,401	雑貨18,898，綿糸12,491，肥料3,750
		着	52,842	雑貨18,662，木綿5,815，綿ネル4,325

表3−3　大阪市域における各鉄道駅の

鉄道名	駅　名	発着別	合　計	上位３品目
官設	大阪[1]	発	186,627	雑品91,770，砂糖14,812，綿糸10,777
		着	209,589	雑品47,097，米32,443，煙草21,193
山陽	大　阪荷扱所	発	26,534	綿花等5,635，雑品3,860，砂糖・菓子2,640
		着	98,079	米16,796，綿花等15,051，軍用品11,865
関西	天王寺	発	1,445	雑貨464，肥料375，麦128
		着	5,343	米1,825，雑貨1,437，陶土等572
	今　宮	発	4,329	雑貨2,940，綿実・菜種599，肥料456
		着	18,878	陶土等6,060，雑貨5,522，生菓・野菜2,271
	湊　町	発	181,415	雑貨37,406，石炭等34,485，綿花等24,812
		着	130,693	雑貨30,225，木材等28,218，米10,891
	網　島	発	567	雑貨561，陶土等6
		着	928	雑貨783，薪炭等126，木材等7
	桃　谷	発	208	火薬・兵器106，雑貨102
		着	1,875	火薬・兵器1,504，煉瓦等106，雑貨89
	玉　造	発	1,323	肥料588，雑貨391，馬糧・干草145
		着	22,975	馬糧・干草13,850，石材・鉱石1,884，雑貨1,724
	京　橋	発	22	雑貨22
		着	28	雑貨28
	桜ノ宮	発	30	石炭等12，馬糧・干草7，木材等6
		着	741	雑貨312，木材等195，石材・鉱石156

注1）大阪駅は『大阪市統計書　明治38年』所載の年中集計値を表示.
　2）西成鉄道は，『第十回　大阪市統計書』所載の1910年集計値を表示.
　主要３品目の略記内容は以下の通り．綿花等は綿花・綿・綿糸布，陶土等は陶土・白土・磨砂・砂利，石炭等は石炭及びコークス，木材等は木・竹材・板・竹皮，煉瓦等は煉瓦・瓦・硝子類，石灰等は石灰・石粉及びセメント．

出典）特記の項目以外は『明治38年度鉄道局年報』によって作成.

に海運への依存度が高く、「棉花は大阪に於ける主要工業の原料品として、輸入の最も顕著なるもの」（『一斑』五〇四頁）とされ、原料品の中で中継性が高かった。出貨の海運比重の高さは朝鮮への移出によるもので（『一斑』五〇五頁）、鉄道では湊町、難波両駅から中河内・泉北・泉南地域に分布した紡績工場へ輸送されていた。

ついで、原料用製品では、鉄材（約三二％）、煉瓦（約二一％）、肥料（除・人造肥料、約一三％）が上位を占めていた。鉄材は、外国輸入が「総量の六割八分を占め」[46]、輸入先は欧米が中心であった。第一次世界大戦前の日本鉄鋼業の輸入依存度の高さを反映して中継性が高かった[47]。重量品のため海運の比重が高く、入貨鉄材を主に利用した砲兵工廠や大阪鉄工所、汽車製造等の工場も水運至便の地に立地した。煉瓦は大阪市および周辺の消費中心で中継性は低く、逆に肥料は出・入貨の比率がほぼ同じで中継性が高かった。

一方、出貨は全般的傾向として鉄道利用の比重が高い。海運では工業用製品は雑貨（二二・五％）、硝子及同製品（八・九％）、綿布類（七・二％）、が上位を占めた。雑貨は鉄道貨物でも大半の駅で上位を占め、大阪の都市雑貨工業[48]の製品発送を反映している。綿布は鉄道入貨と海運出貨が多く、それは綿布が主要輸出品であることの反映であり、南海難波駅に見られる木綿や綿ネルの到着は周辺地域での産品を大阪市へ輸送し、そこから他地域へ継送されていたことを示していた。海運出貨の原料用製品では、人造肥料（二四・二％）、鉄材（一八・四％）、綿糸（一六・九％）が上位を占めた。人造肥料の出貨は、日露戦争前後の人造肥料市場が関東と関西で二分されていた状況を反映して[49]、中部以西が中心であった。肥料発送の多い野田駅付近には摂津製油の工場が、西九条付近には大阪硫曹の工場が、各々存在し、これらからの製品発送が多量に及んでいた。また、鉄材は前述のように中継性と海運依存の高さが特徴であったが、西九条駅で鉄物類の発送が多く、それは大阪鉄工所安治川本工場の（半）製品発送と思われる。綿糸は一般に鉄道利用が高いが、出貨での海運の高比率は海外輸出が約三九％（『一斑』五二三頁）を占めたためであろう。綿糸が大阪駅や難波駅の発送貨物の上位を占めたのは、大阪紡績をはじめ市内工場からの発送によると考えられる[50]。

取扱量の巨大な海運貨物の中では目立つ存在でないが、鉄道取扱品の中で注目されるものに、砂糖の発送と米、煙草の到着がある。砂糖は、台湾・沖縄から大阪港へ粗糖を入貨して精糖を出貨する構成で、北海道・四国・中国各地方へ海運で、それ以外は鉄道で発送された。米の入・出貨構成は大阪での都市消費の多さを反映していた。入貨輸送機関の比率は海運七、鉄道三で、海運では九州および朝鮮から、鉄道では津山、伊賀上野から大量入貨し、後者は大阪荷扱所と湊町、天王寺、片町の各駅での取扱量が多かった。煙草は、発送と到着の比率がほぼ均等で、また利用機関も発送で海運が鉄道を上回るが、ほぼ同比率であった（『一斑』四八一―四八二頁）。野田駅到着貨物の上位に雑穀及び菜種があり、同駅近くの摂津製油工場は当初近隣菜種を原料としていたが、一八九七年頃から菜種不足解消のため北海道産菜種の大量買付を行い(51)、陸揚後に安治川口から鉄道輸送された。

第二節　都市内における旅客移動

1　市電以前の都市内旅客移動

(1)　人力車

大阪市は、後年六大都市となる各都市の中では市域面積が狭く、市電開通まで長らく都市内旅客移動は徒歩と人力車に依存しつづけていた（「前稿」二六―二九頁）。一八七一（明治四）年に乗合馬車の市中乗り入れが許可されてはいたが、道路の幅員が狭いため、馬車台数はきわめて僅少で、人力車がほとんど唯一の路面交通機関であった(52)。明治初期に東京で製作された人力車はいち早く大阪にも導入されたが(53)、その利用内容を実証する適当な方法はない。ただし、大阪市の人力車台数の変化を見ると、一九〇〇年を頂点に以後減少に転じるが、全国あるいは東京市との比較においてつぎのような特異性があった（図3-6）。人力車登録台数のピークが一九〇〇年になることは全国や東京市にも共通するが、大阪市は一八九〇年を起点にした九〇年代の人力車増加率が二・七倍という高率に及ん

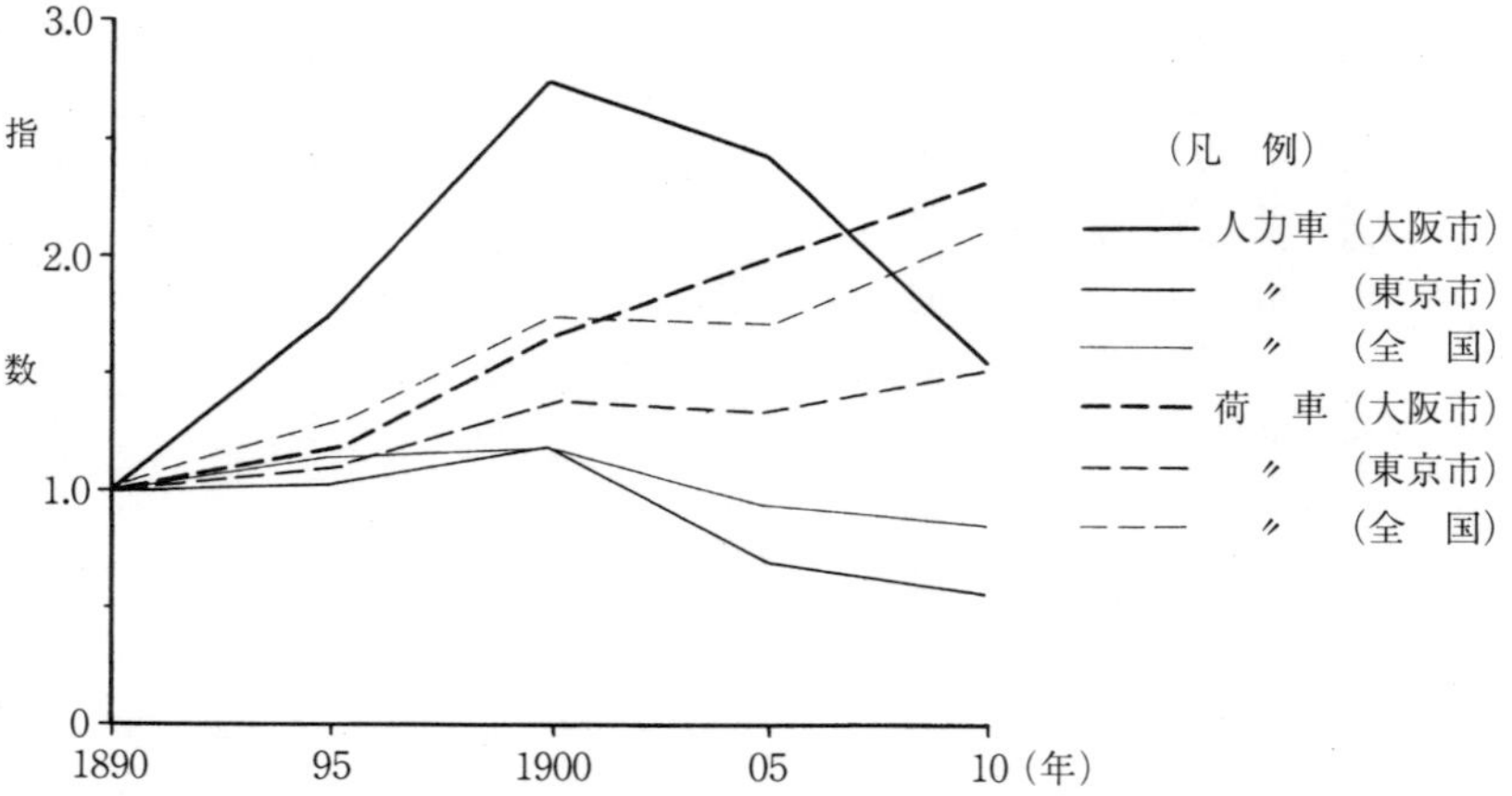

注）各々1890年の数値を1.0とした場合の指数.
出典）大阪市は『大阪市統計書』（各年次），東京市は『東京府統計書』（各年次），全国は『日本帝国統計年鑑』（各年次）によって作成.

図3－6　人力車および荷車の増加指数

だが、一方東京市と全国はその時期においてすでに横ばいに近い増加率に過ぎなかった。それは一九〇〇―〇五年にも共通し、大阪市は増加率として減少を見ながらも、依然対一八九〇年比で一・五倍を上回る数値を示したが、東京市と全国はすでに一・〇を割り込んでいた。

こうした大阪市の特異な人力車増加率は、都市内旅客交通機関整備の遅れの影響と考えられ、馬車鉄道がいち早く敷設され、さらに私設鉄道の市街線が開通していた東京市とは対照的であった。また、人力車には一人乗と二人乗があり、原則的には前者が後者を上回るが、東京市の両者の比率に比べて大阪市では概ね両者の格差が大きかった。そこにも都市内道路の幅員の狭さが反映されているように思われる。つぎに人力車台数の区別分布を経年的に見ると、一八九〇年には船客利用と主要行政機関の立地した西区が圧倒的に多く、その後一八九五年には南区が急増して一九〇〇年には首位に立った。南区の急増は阪堺鉄道に加え、大阪鉄道や高野鉄道等が南区を起点に相次いで開業したことが一因と考えられる。北区も一九〇〇年以後に増加し、一〇年には南区に接近するまでに増加した。それは大阪駅の乗降客利用増加に対応したものといえよう。

(2) 巡航船

大阪市の都市内交通機関の近代化は、市電に先立ち巡航船で始まった。それは、人口増加に加えて一九〇三（明治三六）年の第五回内国勧業博覧会の来観者輸送への対応を目的とした。一九〇三年三月から市は大阪巡航合資会社と報償契約を結び、市内河川に運行を許可したが、市電開通までの暫定的交通機関が実態であった（「前稿」三六―三八頁）。巡航船は、開業当初、西横堀川の新町橋（14）―日本橋（10）間のみの営業であったが、道頓堀川、東・西両横堀川、土佐堀川、木津川、西道頓堀川へと拡大し、原市域の縦横と中央の水路へと運行範囲を拡大した（括弧内の番号は図3-7に対応する。以下、同じ）[54]。さらに一九〇四年四月に浪速巡航株式会社が設立され、大川、堂島川、安治川、木津川等の市の管理外河川で営業を開始し、一部区間で大阪巡航と競合したが、大阪巡航合資会社は浪速巡航株式会社を合併し、一九〇六年八月に新たに大阪巡航株式会社が組織された。

巡航船の利用は[55]、市電第二期線が一部開業した[56]一九〇八年まで増加をつづけ、以後減少に転じた。一九〇七年[57]の巡航船乗降場別乗客数を六階層に分けて見ると（図3-7）、第Ⅰ階層の天満橋南詰（5）は八軒屋河岸に、戎橋（11）は南海難波駅に、大黒橋（12）は国鉄湊町駅に、千代崎橋（32）は市電第一期線の起点花園橋に、各々近接し[58]、乗換客の多さを反映したものであろう。第Ⅱ階層の上大和橋（9）、日本橋（10）、および第Ⅲ階層の本町橋（7）、安堂寺橋（8）は、共に人家密集地で、特に第Ⅱ階層の二地点はミナミの中心繁華地の一つであった千日前に近く、遊興者や周辺人家からの利用と推定される。第Ⅳ階層のうち、木津川橋（29）は大阪府庁舎、市庁舎、警察署等の主要行政機関の集中した江之子島に、汐見橋（34）は高野鉄道の起点地に各々近く、新町橋（14）、京町橋（16）、肥後橋（26）は共に原市域内の枢要地と見ることができる。第Ⅴ階層の各地点はかなり分散的になるが、留意すべきは浪速巡航から継承した区間の多くがここに属し、市の管理外河川区間は管理河川区間に比べ利用が少なかった。堂島川の各乗降場（17～23）はキタに近いが、ミナミの各乗降場と、比較すると旅客数に大きな開きがあった。

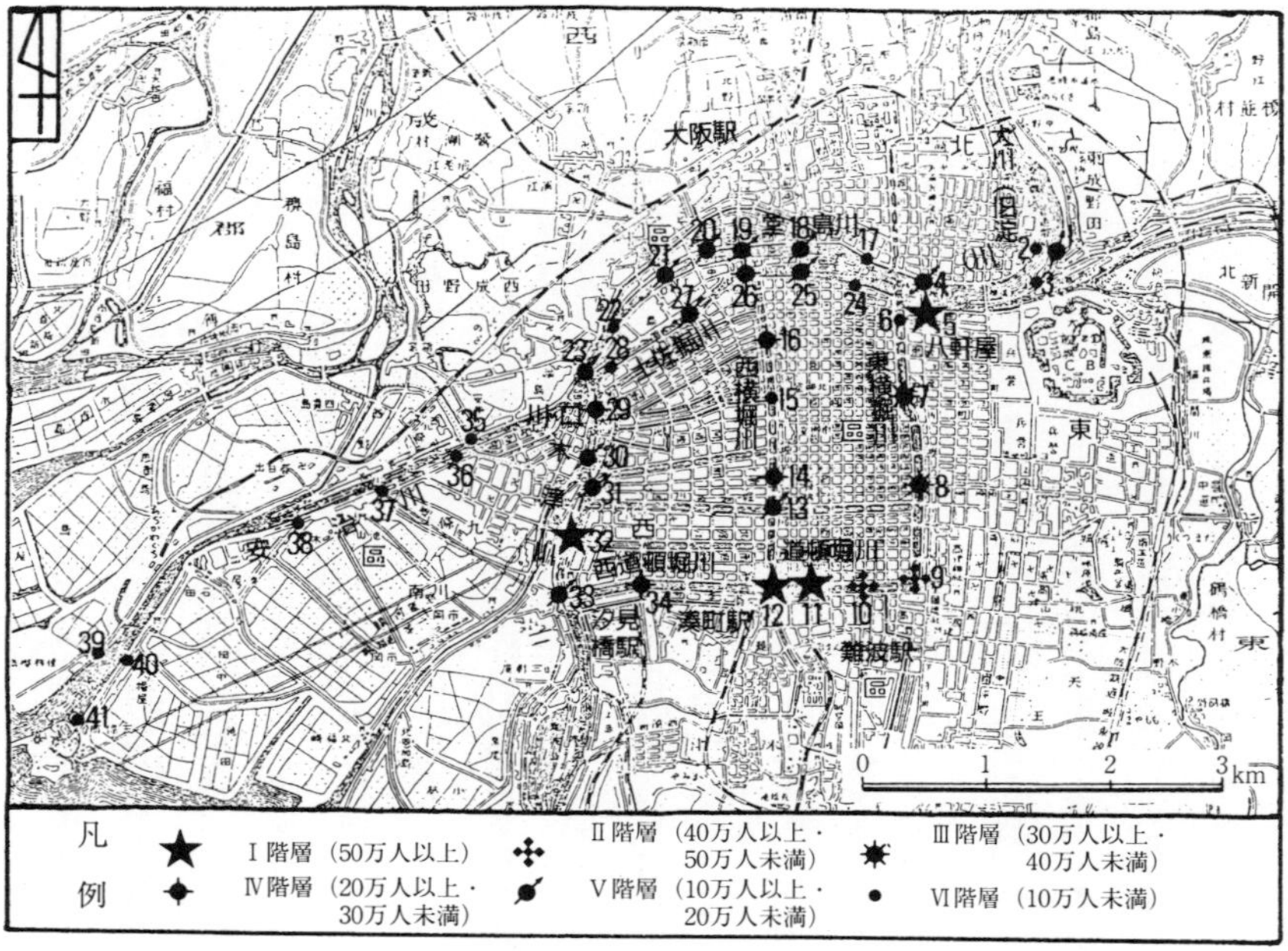

注）地図は「大阪市地図（1900年）」（『第1回大阪市統計書』所収）
各乗降場の場所は本文に対応.
出典）『第8回大阪市統計書』531～534頁によって作成.

図3－7　大阪市内巡航船各乗降場の年間乗客数（1907年）

当時すでに鉄道駅の乗車旅客数では、大阪駅と難波駅の間に格差があったが(図3-4参照)、都市内交通機関利用から見ると依然ミナミの利用が卓越していた。それは、前述の人力車台数の区別分布において当初は南区が北区の台数を上回っていた点にも合致する。当時のキタは、市民の往来の多い繁華地という点ではミナミに及ばなかった。

ところで、安治川区間の利用は少なかったが、木津川区間では相当な利用が見られた。この付近は後述の貨物取扱の輻輳区間でもあり、道頓堀川も同様であった。鉄道以外に陸上貨物輸送機関が未発達な当時、貨物と旅客の輻輳区間の重複を回避するには、旅客輸送を陸上に移行させざるをえない。都市中心部への市電敷設が急務であったことはこれらの点からも説明できる。巡航船は、市電開通後利用が減少し、市電開通区間を順次閉鎖しつつ営業を継続したものの、一九一二年七月で営業を休止し、九月には会社を解散した。

2　市電の開通と都市内旅客

大阪市電は、一九〇三（明治三六）年九月に花園橋―築港間で開業した。第一期線は郊外線的性格が濃く、乗客数も少なかった。その後、一九〇八年度の第二期線開業によって、乗客数が大幅に増加すると同時に収益性も向上し、市電は市財政への貢献度を高めた（「前稿」三九―四二頁）。その後、一九二〇年代まで市電乗客数は順調に増加したが、その利用状況の詳細を分析できる最も早期の資料は管見の限り一九二一（大正一〇）年二月に市役所電気鉄道部の実施した「電気軌道乗客交通調査」[59]である。一九二一年は、市電の建設過程において第三期線各線が全線開業し、第四期線や期外線の一部が開業した段階に相当する。本章の対象時期とは約一〇年ずれるが、この調査に拠りながら当時の市電を用いた都市内旅客移動状況を考察しよう。

(1)　乗降客の分布状況

まず、一日間乗降客数一万人以上の停留所の分布を見ると（図3-8）、いずれも都市内・外結節点あるいは市電相互の乗換場所に当たり、巡航船時代以上に市内の交通結節点の比重が高まった。各地点を乗降客数に基づいて六階層に分けると、第一階層には梅田(C)のみが該当した。ただし、ここでの梅田は梅田駅前、阪神電車前、梅田車庫前の三停留所の合算値で、難波に属する日本橋一丁目(Q)、難波新川(R)、難波(S)を合算すると、梅田を若干ながら上回る（括弧内の記号は図3-8に対応する。以下、同じ）。しかし、巡航船時代のミナミとキタの利用者の格差を比較すると、確実に両地の差は縮まっており、キタの利用者が増加したことがうかがえる。

第二階層の恵美須町(U)は、第五回内国勧業博覧会の跡地利用として計画的に創設された[60]盛り場「新世界」や南部に延びる南海鉄道軌道線の起点地に近接した。第三階層の各地点は、いずれも市電路線相互の結節点であり、また大

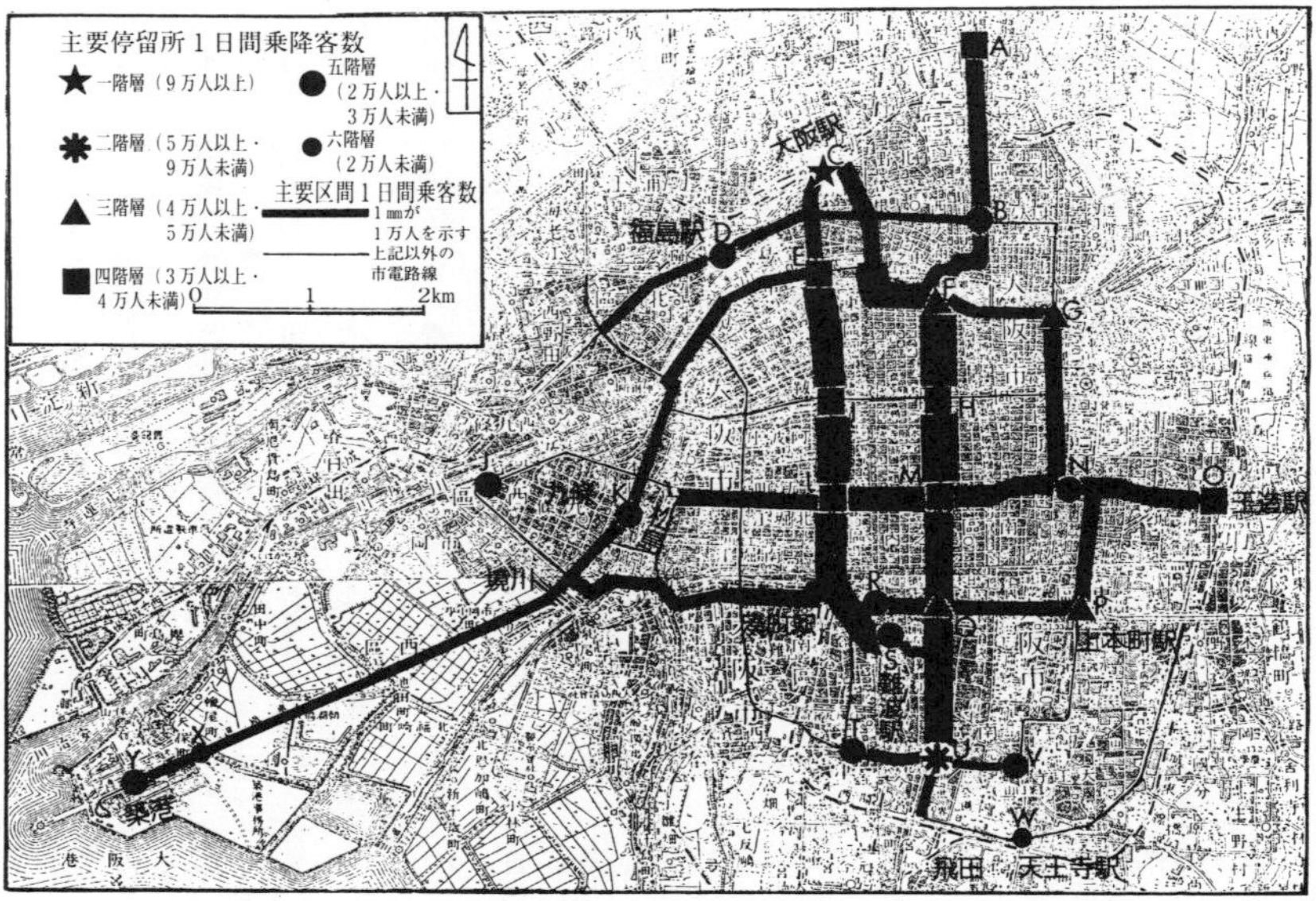

注）地図は大日本帝国陸地測量部5万分1地形図「大阪西北部」,「大阪東北部」,「大阪東南部」,「大阪西南部」を接合.
主要区間1日間乗客数は1日当たりの最大値と最小値を平均して算出.
出典）大阪市役所電気鉄道部『大阪市電気軌道乗客交通調査実施報告書』によって作成.

図3－8　大阪市営電気軌道の主要停留場乗降客数と主要区間乗客数（1921年）

阪株式取引所が所在した北浜二丁目(F)を除くと、各停留所はいずれも都市内・外結節点でもあった。第四階層の地点の多くは、いずれも市電路線相互の結節点であると同時に商業中心でもあり、それらは巡航船の同階層の各地点にほぼ対応していた。例外の天神橋六丁目(A)、玉造(O)は市街地末端の終点地で、それらは第五階層の福島(D)、安治川(J)、九条(K)にも共通した。玉造は国鉄線、福島は国鉄線と阪神電気鉄道線との、安治川は安治川渡船との、築港は海運との、各々結節点であった。第六階層の天王寺(W)も市電相互の結節点、千舟橋(X)は築港地区市街地の東端に当たった。

(2)　区間利用状況　つぎに重要地点間の一万人以上の利用区間を図示すると（図3-8参照）、「南北主要線ニ依リ全線総乗客ノ半数以上ヲ輸送シ東西主要線ニ於テハ約四分ノ一ヲ輸送セルガ如シ」（『報告書』

九四頁）と指摘されるように、全般に南北間利用が東西間利用よりも多い。キタとミナミを結ぶ梅田と難波各地区間が首位にあるが、特に土佐堀川と長堀川に囲まれた地域の南北間利用が多く、中でも都心部に近い四ツ橋筋と堺筋の利用が突出していた。一方、東西方向の移動でも、都心部を横断する長堀通と千日前通の利用が多かった。当時、市電路線は、南北方向四線、東西方向七線であったが、「乗客流動ノ方向ハ南北ヲ主トシ其通過量ハ東西横断線ノ約二倍ト云フベキ状態ニアリ是レ南北縦貫線ノ著シク雑沓ヲ極ムル所以ナリ」（『報告書』九四頁）とされていた。

そうした市電利用を各系統別に時間帯ごとの乗客数で見ると（図3-9）、各系統をつぎのように類型化できる。①通勤・通学時の七―九時と一七―二〇時双方に山が明確に形成される、「ろ・に・ほ・る・わ・た及ら・つ・な」の各系統、②七―九時にのみ山が形成される「と・ち・へ・ね」の各系統、③一七―二〇時に山が形成される「い及は・か」の各系統、④九―一七時に山が形成される「れ・そ」の各系統、⑤七―二〇時に山が形成される「り及を・ぬ」の各系統、⑥通時的に変化の少ない「よ」の系統である。

①・②に属する各系統は、南北縦貫線を中心に、東西横断線の主要区間を経由する系統で、都市内・外結節点を相互に結んでおり、都市外からの旅客の多くはこれらの系統を利用して市内中心部に移動していたと考えられる。これらは系統数も多く、いずれも利用者が多いが、一日の中に朝・夕に二つのピークが形成される利用状況は一九二〇年代初頭においてすでに通勤・通学利用が相当存在していたことを示唆している。③・⑤に属する系統は南北縦貫線や東西横断線にも乗り入れるものの、市内縁辺部、特に築港地区に至る路線が中心であった。築港（Y）は、航路利用者はもちろん、付近には築港潮湯や市立運動場のような娯楽施設が設けられ、歓楽・娯楽利用も多かった。加えて安治川対岸の桜島方面から市中心部への移動も、渡船を介してこれらの市電路線を用いることが多かったという[61]。また、これらの系路上には松島や飛田等の他の歓楽地区も存在し、それを反映して利用の時間帯も遅めが多かったと考えられる。④は梅田―湊町―天王寺の三拠点を直通する系統のため昼間利用が中心で、また⑥は上本町―湊町―境川を結

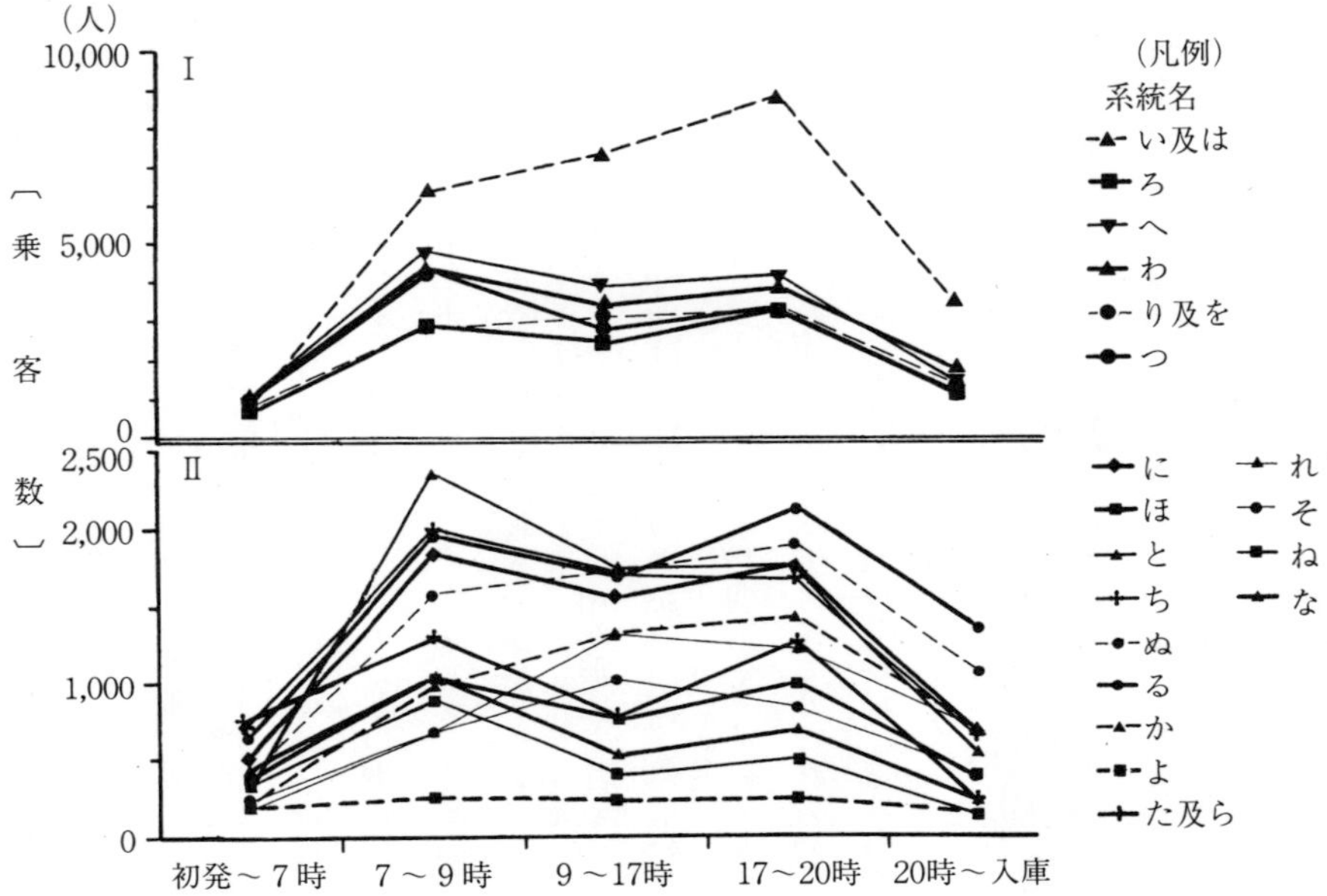

注）図示の関係から，乗客数の多い系統をⅠに，少ない系統をⅡにまとめて表示した．
出典）大阪市役所電気鉄道部『大阪市電気軌道乗客交通調査実施報告書』78～79頁によって作成．

図3－9　大阪市営電気軌道各系統の1日当たりの乗客数推移（1921年）

び市内南部を東西方向に横断し、通時的に乗客が少なかった。

一九二〇年代の東京市電においても通勤・通学路線の系統と行楽地や興業地を結ぶ系統との間で、時間帯別の利用状況に差のあったことが指摘されている[62]。大阪市電における①・②の系統と③・⑤の系統の差もそれに相当するものと考えられる。

巡航船の開業によって、都市内輸送における旅客・貨物は共に同一機関・路輸送されることになった。ところが、市電第二期線の開通によって巡航船はわずかの期間で淘汰され、都市内輸送は再び旅客を陸上、貨物を水上に分離して行われることになった。このように大阪市内における旅客・貨物の同一機関・路輸送が短命に終った原因は、次節の貨物輸送の分析を経て「おわりに」において考察する。そして、市電第二期線開業による南北間旅客移動の円滑化はキタのミナミに比肩した発展を促すことになった。

第三節　都市内における貨物移動

1　荷　車

荷車等の車両輸送は、西欧社会では鉄道網形成までの前史の一部と見なされるが、日本では鉄道開通との並行関係にあった。それは、鉄道輸送を補完する小運送の増加のためで、特に都市部では早期にそれらの導入と普及が一定程度進行し、以後は小運送への需要増大を近郊郡部での車両増加によって補塡する傾向が指摘されてきた。(63)

そうした都市部の特徴は、東京市の車両台数の推移にはよく当てはまるが、大阪市のそれは一九〇〇（明治三三）年以後に全国の増加指数を上回る増加を続け（図3-6参照）、人力車ほどではないにせよ、特異な増加傾向を示していた。大阪市内の区別分布では、やはり当初西区が首位にあったが、一九〇〇年から南区が首位に立ち、また当初最低であった北区が急増するという構成も、人力車のそれに類似していた。

水運貨物の長所は海運との積み替えの少なさや容易さにあったため、荷車は主に鉄道小運送に用いられ、水運との継送での利用はかなり限定的であったようである。当時の鉄道駅は客貨未分離であり、それが鉄道利用の旅客継送を担う人力車と、貨物継送を担う荷車の都市内分布を類似させた要因と考えられる。一方で、それは同時に両者が都市内道路で錯綜して混雑をもたらしていたことも示唆していた。

2　都市内水運

大阪到着貨物の大半を占めた海運利用貨物は、小運送区間もまた水運によって担われていた。市内河川の取扱貨物

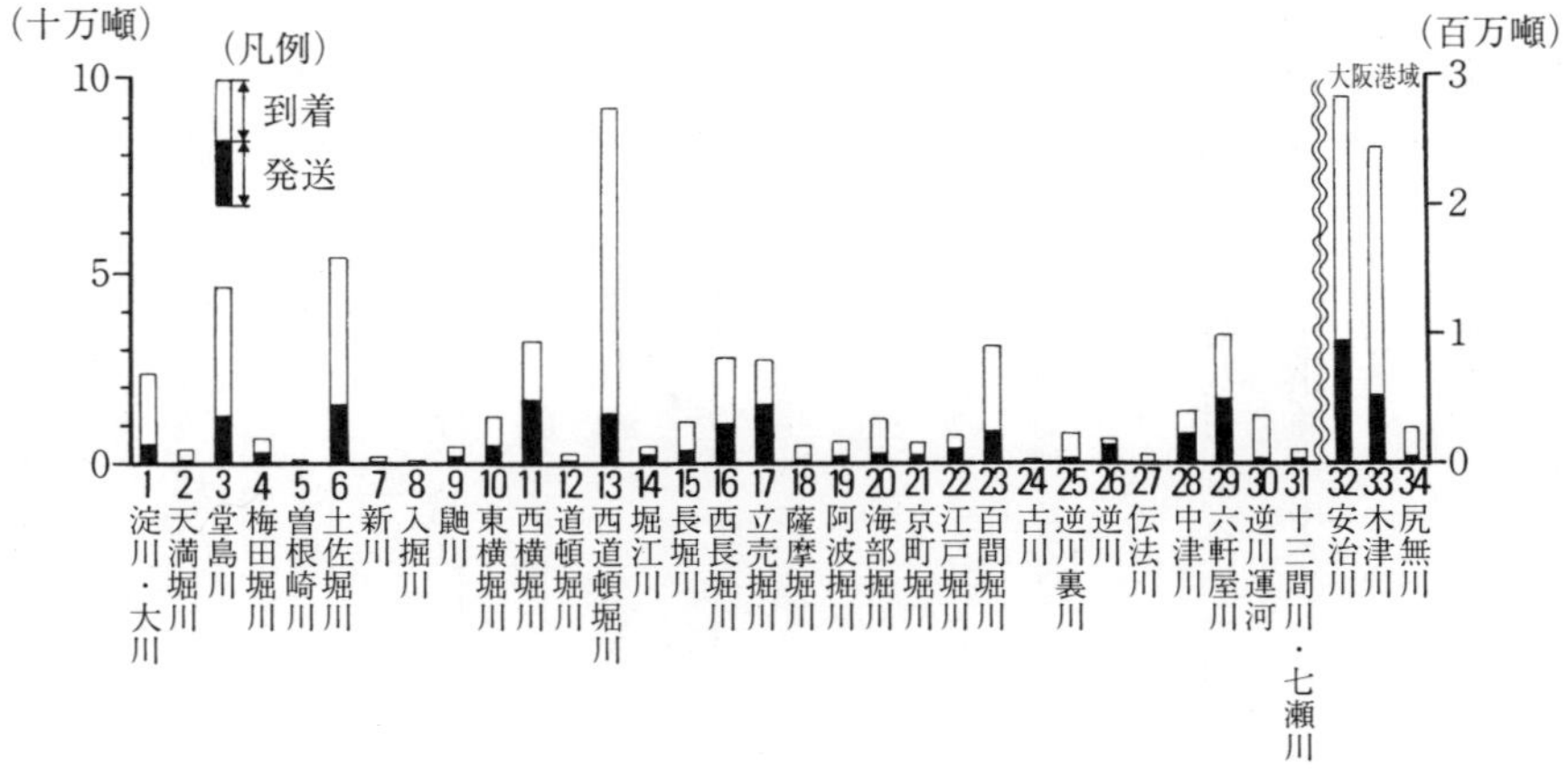

注）各河川の番号は図3－1に対応している．
出典）大阪市役所港湾課編『明治45年・大正元年　大阪港勢一斑』572～573頁によって作成．

図3－10　大阪市内各河川の貨物取扱噸数（1912年）

噸数は、概ね到着噸数が発送噸数を上回る状況にあり（図3-10）、それは大阪全体の貨物輸送の大勢にも合致していた。特に大阪港域に属する安治川、木津川沿岸での取扱が卓越し、これら以外では、淀川・大川、堂島川、土佐堀川、西横堀川、西道頓堀川、西長堀川、立売堀川、百間堀川、六軒屋川等の取扱が多かった（図3-11参照）。大阪港域河川のうち、安治川は石炭をはじめとした原料品および鉄材、煉瓦等の原料用製品の到着と、石炭、綿花、人造肥料、鉄材、燐寸等の発送が多く、中でも石炭は到着・発送共に大量であった。木津川は木材を筆頭に石炭、石材等の原料品および煉瓦、鉄材等の原料用製品の到着と、綿布、綿糸、肥料、煉瓦等の発送を担った。これらの河川には、航洋船の入港に加え、市内中心部を連絡する船舶が加わり（図3-1・2参照）、相当な混雑を来していたと見られる。市内中心部の淀川、土佐堀川、堂島川等は、「内務省及大阪府に於て断へす浚渫を施しつゝあ」り、取扱噸数の多い各河川のうち道頓堀川、西横堀川は「大型艀船及各種小廻船」（『一斑』、六頁）が通航可能であった。

一九一〇年代の大阪市内の工場分布を見ると（図3-11）、比較的大規模な工場は大阪港域沿岸部に多いが、それにも増

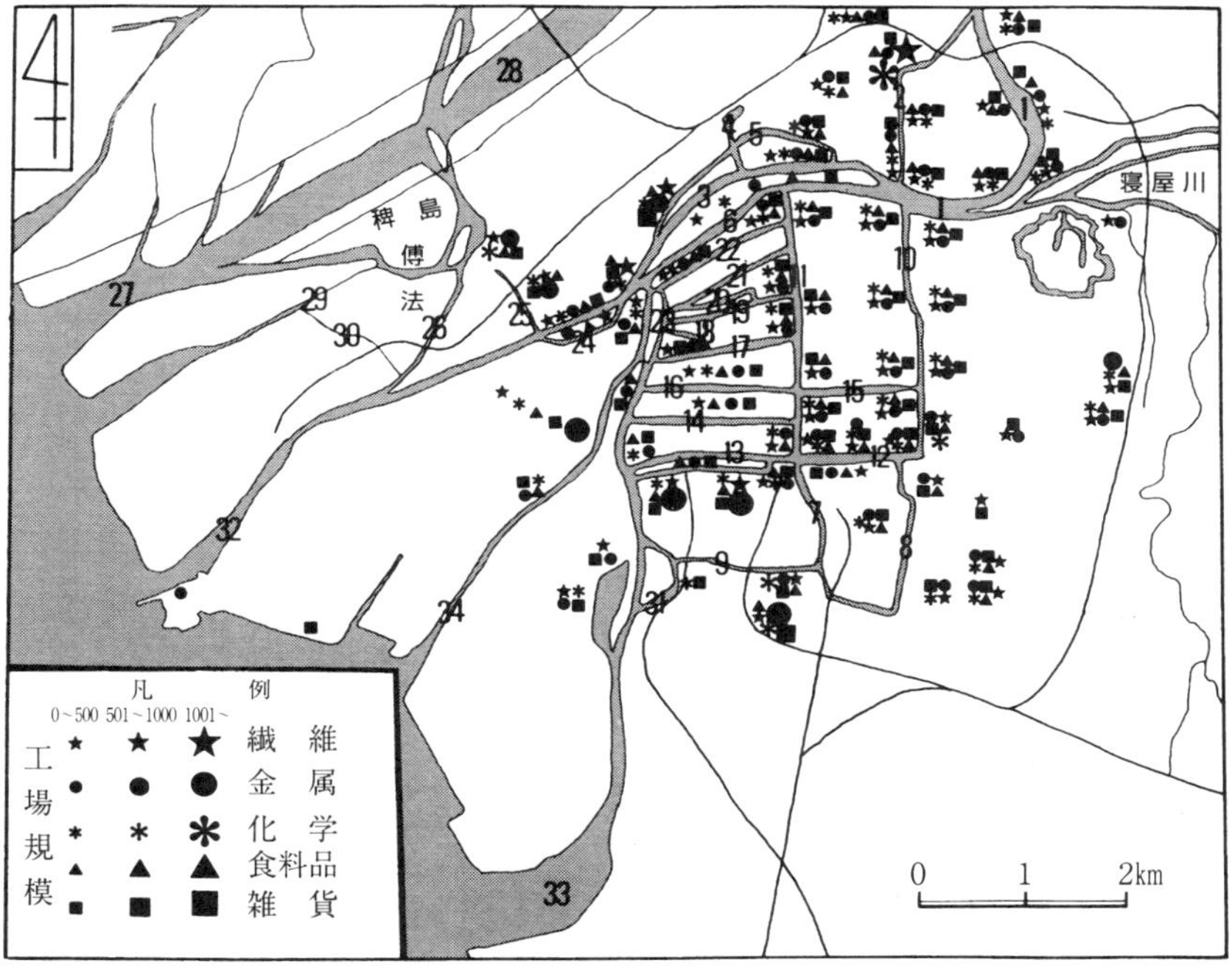

注）工場規模は，出所資料の大・中・小の各区分に大：225，中：20，小：5の係数を各工場数に乗して算出し，それを地区毎に合計した．
図中の数字は各都市内河川で図3－10の番号に対応している．
鉄・軌道は，鉄道線路のみ表示した．
出典）大阪市商工課『大阪市及其附近の工場分布状態』によって作成．

図3－11　大阪市における工場規模とその分布状況（1914年）

して都市内中心部に多数の小規模工場が、しかも多業種にわたって分布していた。特にミナミと称される難波周辺は繁華街にとどまらず、大阪の都市中小工業の中心地域でもあった。西道頓堀川ではそれらの工場への燃料の薪炭の到着と工業製品の硝子・硝子製品、燐寸の発送で賑わった。硝子・硝子製品は代表的な輸出工業製品であり、当初中国・東北アジア向けのランプ・鏡が中心で、一九一〇年代以降はインド・東南アジア向けのビン・食器・光珠等が中心となったが、その光珠生産の中心が南区の難波周辺であった(64)。マッチも代表的な輸出工業製品で、一九二〇年代以後の輸出不振で低落するが、生産の中心は南区周辺であった[65]。西道頓堀川の取扱噸数の多さは沿岸工場と都市内消費の反映であろう。土佐堀川、堂島川および六軒屋川の取扱量の多さは、市内各河川はもちろん、中津川、寝屋川、淀川方面への通路によるところが大きかった。特に六軒屋川の取扱は、到着・発送が均等である点が特徴的で、北部の隣接地域や稗島及び傳法等への流通が関わり、これらは大阪港域各河川と同様に、沿岸工場の燃料石炭や肥料、綿糸等の製品取扱が卓越した。西横堀川が東横堀川よりも取扱量が多いのは、西道頓堀川と同様に難波付近の工場集積地を流れ、その原（燃）料、製品輸送と関わっていたからであった。また、六軒屋川と同様に到着・発送がほぼ均等であり、それは沿岸が雑貨工業集積地であることを反映していた。

百間堀川の利用は、雑喉場魚市場、江戸堀青物市場への商品搬入に関係したものと思われる。しかし、百間堀川に面した雑喉場魚市場では、一八八七年より従来の漁船積から汽車・汽船積が大幅に増加し[66]、さらに大正期には速達性の劣る水運利用の搬入は総じて減少気味で、鉄道利用が相対的に増加しつつあった[67]。同様に淀川に面して立地した天満青物市場でも、青物入貨は京都・奈良方面近郊が中心で、一九二〇—二一年には鉄道五、汽船一・五、和船一・五、荷車二の輸送割合であった[68]。工業関連の輸送と異なり、水産物や農産物では、大正期にかけてそれまでの大阪周辺に限定した流通から、速達性を生かした鉄道や汽船による旅荷（遠隔地もの）への拡大・転換が急速に進行し[69]、それが都市内水運にも影響を与えつつあった。

おわりに

交通が旅客と貨物に大別されることは自明であり、交通研究では両者をバランスよく考察することが理想ではある。しかし、それは決して容易なことではない。そのため、これまで物資の輸送に重点を置く水運では貨物に、人の往来に重点を置く陸運では旅客に、各々重点を置きつつ研究が進められてきた。これは歴史、現状双方の研究に共通する点である。しかし、両者の交通機関や交通路の区分が明確であった近世までと異なり、近・現代の交通史研究では、両者が同一機関・路輸送を行うようになったことに注意を払いつつ、客貨間の社会資本の利用分担関係を論点とした研究が必要となる。また、これまでの都市交通研究は地下鉄や郊外電鉄の分析に限定されがちで、国有鉄道や貨物輸送は都市交通の研究対象から捨象されてきた。そのため、都市における国有鉄道や貨物輸送を都市交通史研究の対象に加える上でも、客貨の社会資本利用分担に関する研究は重要な論点を提供するであろう。それら二つの問題意識に立ち本章の具体的検討は、明治―大正期の大阪を事例としてなされ、つぎの三点からなる結論を得た。

まず、明治以後の客貨の同一機関・路輸送による都市内・外結節点の位置や機能の変化は、水運において船舶の近代化と大型化に伴って大阪港域河川から築港地区へ利用重点が移動した。一方、陸運では、まず近世以来の伝統的繁華地に近い難波駅が拠点となり、ネットワーク形成がより重要な貨物輸送では早くから幹線鉄道網に直結した大阪駅が優位に立った。加えて、小運送は都市内途中駅でなく、都市内・外結節点である終端駅に集中する傾向にあった。しかし、旅客も東海道線の培養路線の拡充に伴い、大阪駅の利用が増加し、次第に同駅への一極集中が進んだ。

つぎに、都市内・外結節点の変化が都市内輸送経路や方法にもたらした変化については、水運では大阪港域を結節点として、都市内水運への継送による都市内輸送体制が継続した。一方、陸運では、都市内・外結節点としては大阪駅の利用が増加し、次第に難波駅を凌ぐようになり、大阪駅の利用一極集中が進行した。しかし、都市内輸送では、巡航船輸送時代には大阪駅中心のキタの利用が難波駅中心のミナミの利用に及ばなかった。ところが、市電の開通によってキタとミナミ間の旅客移動が円滑化すると、キタの利用が増加した。すなわち、南北間の市電開通がキタの成長を促し、大阪の都市内におけるキタとミナミの二つの繁華街の並立を基礎づけたといえよう。

さらに、それらの変化が同一機関・路輸送において各交通機関間に新たな機能分担関係を生じさせたのか、については、まず巡航船によって都市内旅客輸送を水路で担おうとした際、西道頓堀川や木津川では旅客と貨物の双方が重複して輻輳する区間や地域が認められた。それには、市内の工場の多くが近世大坂三郷以来の伝統的な在来工業を基礎にしており、[70]ミナミは繁華地であると同時に工業地域でもあったからである。その結果、巡航船と貨物用曳舟の利用区間が重複し、伝統的に水運が担いかつ明治以後も荷車以外に新たな陸上輸送機関の乏しい貨物輸送を水路に存置し、速達性や定時運行性の要請がより高い旅客輸送を市電敷設によって陸上へ移行させることになった。それが巡航船を短命ならしめた一因と考えられる。

こうして都市内水運における客・貨の同一機関・路輸送は短命に終らざるをえなかった。もっとも、本章では具体的な分析を行うにはいたらなかったが、都市内の陸運においてもまた客貨の同一機関・路輸送は早晩限界を露呈しつつあった。それは、キタに位置した大阪駅への客貨の一極集中を発端としたもので、都市内路線の旅客重点化によって貨物線の分離、そして拠点駅の旅客専用化、さらにより広い用地を求めての貨物駅の分離が進行することになった。これらについての具体的な考察は今後の課題である。近・現代には、近世以前のように政策的な社会資本の利用分担関係こそ見られないが、大都市では客・貨共に取扱量が膨大となった結果、各々の適性に応じた棲み分けが生じ、自ずから社会資本にも利用分担関係が形成されたといえよう。

（1）　日本評論新社、一九六三年（増補版：ミネルヴァ書房、一九七九年）。
（2）　拙著『近代日本の地域交通体系』大明堂、一九九九年、二五頁。
（3）　島恭彦『日本資本主義と国有鉄道』日本評論社、一九五〇年、富永祐治『交通における資本主義の発展――日本交通業の近代化過程――』岩波書店、一九五三年。
（4）　大島藤太郎『国家独占資本としての国有鉄道の史的発展』伊藤書店、一九四九年。
（5）　一九七〇―八〇年代の地方鉄道史研究については、青木栄一「日本における鉄道史研究の系譜」（交通史研究会『交通史研究』第九号、一九八三年、一―二五頁)、を参照。また、武知京三『都市近郊鉄道の史的展開』日本経済評論社、一九八六年および武知『近代日本交通労働史研究――都市交通と国鉄労働問題――』日本経済評論社、一九九二年が、この時期の都市交通史研究の代表的成果である。

(6) 代表的成果として、老川慶喜『明治期地方鉄道史研究――地方鉄道の展開と市場形成――』日本経済評論社、一九八三年、があげられる。

(7) 石塚裕道『東京の社会経済史』紀伊國屋書店、一九七七年、藤森照信『明治の東京計画』岩波書店、一九九〇年(初版：一九八二年)、を先駆的成果としてあげておく。

(8) その傾向を顕著に示す最新の成果として、老川慶喜・大豆生田稔編著『商品流通と東京市場――幕末～戦間期――』日本経済評論社、二〇〇〇年、をあげることができる。

(9) 老川慶喜「第一次大戦後の東京市貨物集散状況と小運送問題」(前掲『商品流通と東京市場』、二八一―三〇八頁)。

(10) 例えば、角本良平『都市交通――二一世紀に向かって――』晃洋書房、一九八七年、を見ても基本的には都市旅客輸送を基本とした内容展開となっている。

(11) 社寺参詣研究で指摘される近世の大坂―多度津間の定期船頻発による讃岐金比羅参りの隆盛(新城常三『社寺参詣の社会経済史的研究』塙書房、一九六四年、八四〇頁)は、そうした特殊事例と考えるべきであろう。

(12) 山本弘文「伝統的交通・運輸体系」(山本編『交通・運輸の発達と技術革新――歴史的考察――』東京大学出版会、一九八六年、七―一二頁)。

(13) 明治期の沿岸定期航路の近代化に関する近年の研究には、政策史的な小風秀雅『帝国主義下の日本海運――国際競争と対外自立――』山川出版社、一九九五年や、市場構造史的な中西聡『近世・近代日本の市場構造――「松前鯡」肥料取引の研究――』東京大学出版会、一九九八年、があるが、共に旅客輸送にはほとんど言及してはいない。

(14) 石井寛治『情報・通信の社会史――近代日本の情報化と市場化――』有斐閣、一九九四年、三三―四四頁。

(15) 小野晃嗣『近世城下町の研究(増補版)』法政大学出版局、一九九三年、三八頁。

(16) 本章では、原則として近世以前を大坂、明治以後を大阪と表記し、時期を限定しない一般的用法には大阪を用いる。

また、港湾は近世以前は湊、明治以後を港と表記する。
(17) 拙稿「明治期大阪市の都市交通とその領域性——市内交通機関市営主義の再考から——」（社会経済史学会『社会経済史学』第六十六巻三号、二〇〇〇年、二三—四三頁、以下、当該稿からの引用は「前稿」として割注で頁を表記する）。
(18) 古代難波津の意義や位置は、千田稔『埋もれた港』学生社、一九七四年（小学館ライブラリー版、二〇〇一年）二七—四四頁、を参照。
(19) 大坂の物流拠点性と近世海運とのかかわりは、柚木学『近世海運史の研究』法政大学出版局、一九七九年、を参照。
(20) 宮本又次『キタ——中之島・堂島・曽根崎・梅田——』ミネルヴァ書房、一九六四年、一—二二頁。
(21) 原武史『「民都」大阪対「帝都」東京——思想としての関西私鉄——』講談社（選書メチエ）、一九九八年、七六—七九頁。
(22) 前掲『キタ』、一頁。
(23) 高村直助「解題『明治三十三年大阪市輸出入貨物調査書』」（商品流通史研究会編『近代日本商品流通史資料　第八巻』日本経済評論社、一九七九年、五—六頁）。
(24) 前掲「解題」、九頁。
(25) 前掲「解題」、九頁。
(26) 老川慶喜「解題『大阪港勢一斑』」（老川・渡邉恵一編『近代日本物流史資料一四大阪一』東京堂出版、一九九八年、六—七頁）。
(27) 統計院および統計局編『日本帝国統計年鑑』（各年）は、一八七八年以後の乗客数を収録するが、八六年まで降客数は記載していない。
(28) 数値は、大阪市役所編纂『大阪市統計書』（各年次）による。
(29) 大阪市役所編『大阪市統計書　第一回』。
(30) 淀川改修と大阪築港の関係については、松浦茂樹『明治の国土開発史——近代土木技術の礎——』鹿島出版会、一九九二年、一六三—二一〇頁、を参照。

(31) 大阪市役所港湾課編纂『明治四十五年・大正元年大阪港勢一斑』同課、一九一三年（前掲『近代日本物流史資料一四大阪一』東京堂出版、一九九八年所収）、二頁。以下、本資料からの引用は『一斑』とし、原則的に割注で頁を表記する。

(32) 大阪の都市内水運は川船組合が航行を独占していたため、都市外からの航洋船や川舟は原則的に組合管理下の船への積み替えが必要であった（岡島建「近代大阪における都市内水運の発達過程」『名古屋大学文学部研究論集　史学三九』一九九三年、六〇—六二頁）。

(33) 前掲高村「解題」、一二頁。

(34) 近世までの淀川水運については、日野照正『畿内河川交通史研究』吉川弘文館、一九八六年を参照。明治以後は、黒羽兵治郎『近世交通史研究』日本評論社、一九四三年、三八七—四〇二頁が八軒屋浜（河岸）の分析を行っている。淀川汽船の開業は特定し難いが、本章は伏見町役場編『京都府伏見町誌』一九二九年、三九八—三九九頁に拠った。

(35) 所要時間および料金は、『明治三十二年四月一日　汽車・汽船旅行案内』庚申新誌社（三宅俊彦編『復刻版　明治大正時刻表』新人物往来社、一九九八年所収）による。

(36) 料金は、『大正元年九月　汽車・汽船旅行案内』庚申新誌社（三宅俊彦編『復刻版　明治大正時刻表』新人物往来社、一九九八年所収）による。京阪の所要時間は、京阪電気鉄道株式会社編『京阪七〇年のあゆみ』同社、一九八五年、一七頁によるが、その後一九一〇年七月には九〇分、一二年一二月には八〇分になった。なお、本章では国有鉄道の名称を鉄道国有化前後で官設鉄道と国鉄に各々統一する。

(37) 大阪駅の数値は『明治一一年　大阪府統計書』（雄松堂マイクロフィルム版）、京神間鉄道の数値は統計院編『第一回日本帝国統計年鑑』による。

(38) 統計院および統計局編『日本帝国統計年鑑』（各年）による。

(39) 地域交通体系およびその階層区分については、前掲『近代日本の地域交通体系』一三—一六頁のものを適用した。

(40) 統計局編『第七回　日本帝国統計年鑑』による。

(41) 大阪鉄道梅田線の列車本数は一日一八往復、一方西成鉄道線は一日一〇往復であった（前掲『明治三十二年四月一日汽車・汽船旅行案内』）。
(42) 貨物輸送のうち、地域間あるいは都市間に当たるような長距離区間の輸送を「大運送」、都市内の駅から小口ような末端区間の輸送を「小運送」とよぶ。
(43) その経緯については、宇田正「西日本における交通の近代化過程――水運と鉄道との歴史的関連――」（『交通史研究』第四三号、一九九九年、八頁）。
(44) 以下の輸送状況は特記のない限り『一斑』による一九一二年時点である。
(45) 九州炭については今津健治『近代日本の技術的条件』柳原書店、一九八九年、二六五―二八五頁、山口県宇部炭については前掲『近代日本の地域交通体系』、一七九―二一六頁、を各々参照。
(46) 『一斑』、五〇七頁。『一斑』は、「鉄及金属材」として集計しており、鉄材のみをとれば若干数値に変化が生じるものと思われる。
(47) 奈倉文二『日本鉄鋼業史の研究』近藤出版社、一九八四年、二八三―二九九頁。
(48) 大阪の都市雑貨工業については、黄完晟『日本都市中小工業史』臨川書店、一九九二年、を参照。
(49) 下谷政弘『日本化学工業史論――戦前化学企業の多角的展開についての研究――』御茶の水書房、一九八二年、三一―四二頁。
(50) 織物工場の多くが大阪の紡績工場との間で綿糸買付契約を結んでいた（中河内については山中進『農村地域の工業化――変革期の地域変容――』大明堂、一九九一年、一四二・一四七頁、泉北については中島茂『綿工業地域の形成――日本の近代化過程と中小企業生産の成立――』大明堂、二〇〇一年、二三一頁、泉南については阿部武司『日本産地綿織物業の展開』東京大学出版会、一九八九年、一一六頁、を各々参照）。
(51) 『明治三十六年　大阪市主要工業会社　沿革調』（大阪市立大学附属図書館所蔵）。
(52) 宮本又次「大阪の人力車」（宮本編『大阪の研究――風俗史の研究・鴻池家の研究――第五巻』清文堂出版、一九七〇年、四〇七頁）。

(53) 齋藤俊彦『人力車』クオリ、一九七九年、一一七—一二〇頁。
(54) 巡航船事業の経過は、特記のない限り大阪市『明治大正大阪市史　第三巻』清文堂出版、一九六六年（原著：大阪市、一九三三年）、一〇五四—一〇六九頁、を参照。
(55) 数値は、前掲『大阪市統計書』（各年次）による。
(56) 市電各線の期線区分および開業状況は、大阪市交通局編『大阪市交通局七十五年史』同局、一九八〇年、一〇二—一〇六頁を参照。
(57) 巡航船の乗降場別乗客数は、前掲『大阪市統計書』から得られるが、第八回同統計書が一九〇七年の数値を、第九回が〇九年の数値を、各々収載するため、乗客総数が最大となった〇八年の数値を得ることができず、ここでは最大値に近い〇七年を用いた。
(58) 以下、町名は大阪町名研究会編『大阪の町名——大坂三郷から東西南北区へ——』清文堂出版、一九七七年、橋名は松村博『大阪の橋』松籟社、一九九二年、を主に参照した。
(59) 大阪市役所電気鉄道部『大阪市電気軌道乗客交通調査実施報告書』（業務調査資料第五冊）、一九二三年（大阪市立大学附属学術情報センター所蔵）。以下、本報告書は『報告書』と略記し、引用は本文割注で頁数を表記する。
(60) 橋爪紳也『大阪モダン——通天閣と新世界——』NTT出版、一九九六年、五二—七二頁。
(61) 北尾鐐之助『近代大阪——近畿景観第三編——』創元社、一九八九年（初版：一九三二年）、三八〇頁。
(62) 鈴木淳『日本の近代一五　新技術の社会誌』中央公論新社、一九九九年、一六九頁。
(63) 黒崎千晴「運輸革命の一側面——小運送車輌の導入・普及過程を中心として——」（『社会経済史学』第三三巻二号、一九六七年、二六・四一—四二頁）。
(64) 前掲『日本都市中小工業史』、一六六—一六七・二〇〇頁。
(65) 前掲『農村地域の工業化』、二六—二八頁。マッチ工業については、武知京三『近代中小企業構造の基礎的研究』雄山閣出版、一九七七年、二九〇—四〇〇頁、を参照。
(66) 一八八二年に漁船積九三％、汽車・汽船積七％であったが、八七年には各々五七％、四三％に大きく変化した。それには、山陽鉄道の全通による下関方面からの鉄道利用の荷物の増加が原因していた（大阪水産物流通史研究会編『資料大阪水産物流通史』三一書房、一九七一年、九一―九三頁）。

(67) 大阪府産業部商務課『大阪府下市場調査第一輯　青物魚類市場調査』同課、一九二一年（関西大学図書館所蔵）。

(68) 前掲『青物魚類市場調査』、九頁。

(69) 中村勝『近代市場制度成立史論』多賀出版、一九八一年、八三・一一五―一一六頁。

(70) 前掲『日本都市中小工業史』四四―四五頁。

※本章の引用文は原則として現用漢字に改めた。

第II編　鉄道経営と金融

第四章　明治期鉄道企業における経営組織の展開

――日本鉄道株式会社を中心として――

はじめに

本章の主要な課題は、明治期の鉄道企業における経営組織の生成―発展の過程を、日本最初の民営鉄道である日本鉄道株式会社（以下、日本鉄道と略）の事例にそくして、具体的に検討することにある。そしてこのことを通して、日本における近代企業形成過程の一端を明らかにしたい。

チャンドラー（Alfred D. Chandler Jr.）は、アメリカにおける近代企業の生成―発展過程を論じた"THE VISIBLE HAND"のなかで、近代企業の特徴を、①多数の異なった事業単位から構成されている、②階層的に組織された俸給経営者によって管理されているという二点に要約した[1]。そしてその上で、鉄道業の中からアメリカにおける最初の近代企業と近代的管理者階級が登場してくる過程を、鮮やかに描いている。なかでも一八五七年にJ・エドガー・トムソン（J. Edgar Thomson）によってペンシルバニア鉄道に導入された分権的事業部制（decentralized divisionalized structure）は、ライン―スタッフ概念の明確化にもとづき、現業部門における上級管理者の権限を管区長に明確なかたちで委譲した点で、近代企業の生成史上、画期的な組織であった。この組織の発展―普及過程において、アメリカでは俸給経営者からなる近代的管理者階級が形成され、また組織を管理するための会計技術が発達し、近代企業の原型ができあがったという。[2]

チャンドラーが注目したように、鉄道はその産業的特性（資本規模の大きさ、包含する職能の多様性と管理の複雑さ、線路延長ともなう地理的範囲の広さ）のため、近代企業の構成要素である俸給経営者や階層的管理組織、さらには多数事業単位などの登場を導いた。しかしこれら諸要素が、アメリカで発達した分権的事業部制という形態で組織されるかどうかという点は、また別の問題である。事実、同じ鉄道業でもイギリスやドイツでは、職能別組織が支配的であり、事業部制はなかなか普及しなかった。[3]当初、イギリス式の鉄道システムを一括して導入した日本でも、一八七二年の創業以来、職能別組織が支配的であった。その意味では、ある特定の鉄道企業がなぜ分権的事業部制を採用したかを、企業内外の環境変化を考慮しながら、具体的に検討することが必要である。

このような文脈において、本章で取り上げる日本鉄道はきわめて興味深い研究対象である。既存の組織にこだわらず、経営環境の変化にあわせて、効率的な経営組織を模索してきた同社は、一九〇三年、ついにアメリカ式の分権的事業部制に到達した。それは日本における経営組織の発達を考える上でも、[4]またアメリカ的な事業部制の海外への移転を考える上でも、[5]先駆的かつ重要な事例であった。ところが従来、日本ではこのような視角から鉄道企業の経営組織を検討した研究はきわめて少ない。[6]日本鉄道による分権的事業部制の導入についても、その組織改革の主導者の一人であった山田英太郎（一九〇三年当時、日本鉄道庶務課長）の伝記のなかで、桜井徹氏が改革の経緯と山田英太郎の役割について検討しているにすぎない。[7]以上の点をふまえると、日本鉄道における経営組織発展の全過程を、実証的に検討することは、研究史上、重要と思われる。さらに前述した日本鉄道の経営組織発達史上における重要性を考えると、それはまた日本における近代企業の形成過程を明らかにする上でも、大きな意義を持つといえよう。

ところで本章の主要な事例である日本鉄道は、一八八一（明治一四）年に設立された。同社は予定線路である東京

—高崎、青森間に対して、政府から年八％の利益保証を受け、さらに当初は、建設と汽車の保守・運転を鉄道局＝官営鉄道にすべて委託していた。その意味で、日本鉄道は従来、特権的な鉄道会社とか、半官半民の鉄道会社と呼ばれてきた。しかし、同社は創立以来、一貫して官営鉄道からの経営自立を企図しており、とくに経営組織の改革に関して、つねに自律的に行動していた点は重視する必要がある。(8) その結果、一八九二年の予定線路、全線開通を契機として官営鉄道からの経営自立を達成し、以後、一九〇六年に国有化されるまで、日本における最大の鉄道会社として存続することになる。

以上の点をふまえて、以下、日本鉄道における経営組織の発展過程を、その組織形態の変化と、組織の担い手であるミドル層（俸給経営者）の動向に注目しながら、具体的に分析することにしたい。

第一節　創立期日本鉄道の経営組織

1　創立期の経営組織

日本鉄道は、一八八一（明治一四）年一一月、政府から特許条約書を下付されて、正式に成立した。設立時における日本鉄道は、鉄道局に技術面を全面的に依存していたこともあり、官営鉄道からの組織・制度の移転によって、事業を開始する。(9)

まず創立時における日本鉄道の経営組織を、政府に業務委託を願い出た際、添付した組織図（図4-1）からみてみよう。ここで最初に注目すべきは、日本鉄道側が一応、全体的な職能別組織を構想した上で、建築、器械両課を官営鉄道に委託するという手続きを踏んでいる点である。ここから同社が、先発企業である官営鉄道にならい、(10) 創立当初から職能別組織の構築を目指していたことがわかる。さらに建築課の中に「主計科」をもうけ、会社から人材を派

本社 ─┬ 出張会計科
　　　├ 出張倉庫科
　　　├ 運輸課
　　　│
従是以下一週年間御依頼仕度事
　　　│
　　　├ 建築課 ─┬ 総務科「主計科」(本社ヨリ出シ会計倉庫ノ事ヲ司トル)
　　　│　　　　├ 線路科
　　　│　　　　└ 修繕科
　　　└ 器械課 ─┬ 工場科
　　　　　　　　└ 機関科　並ニ運転手

出典)「日本鉄道会社営業之義ニ付太政官江伺案」別紙『工部省記録　鉄道之部』第7冊, 370頁.

図4－1　創立時日本鉄道会社の経営組織（1881年11月現在）

遣して会計・倉庫業務を管理しようとしていた点も重要である。この点は、技術面での官営鉄道依存を前提としながらも、日本鉄道が運輸と会計を掌握することで、経営的な自主性を確保しようとしたことを示している。

一八八三年七月、上野—熊谷間の仮開業によって、日本鉄道は営業を開始する。その際、同社は一旦、図4-2-①のような階層的経営組織を構築した。この経営組織は、現業部門と財務部門を分離したという意味で、一見、洗練された組織である。しかし現実には、建築、機械両部門は依然として官営鉄道に委託されており、乙部は運輸課のみという片肺的な構造になっていた。そこで翌八四年には、組織を実態に合わせるため、再度、経営組織改革が行われることになる。

一八八四年六月、日本鉄道は会計課に取調掛を設置する。この新しい掛は、収入、支出の社内監査や営業内容の統計的把握を主たる任務としており、当時、アメリカで普及しつつあったコントローラーに相当する部門であった[11]。そしてその責任者として、幹事に抜擢されたのが、榊原浩逸である。彼は慶應義塾を経て、アメリカに留学し、ペンシルバニア鉄道に勤務した経験を持っていた。榊原入社後の同年七月、日本鉄道は会計課を株式、出納、計算の三課に分割する。このうち計算課は、取調掛を改組した部署であった。このようにコントローラー部門を財務部門

① 1883年7月現在

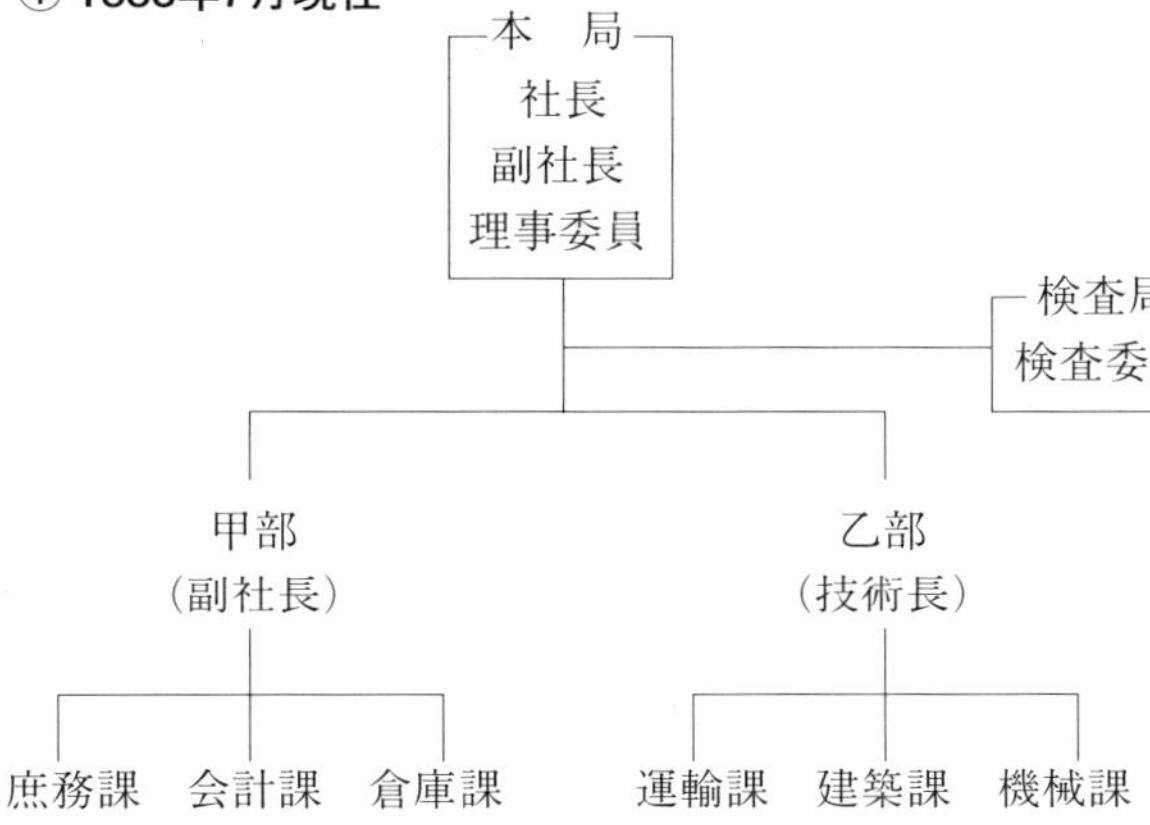

注1）出典は前掲『日本鉄道株式会社沿革史』第一篇，142～151頁，「分課職制」．
　2）建築課，機械課は鉄道局委託のため当分設けない．
　3）甲部長心得兼理事委員林賢徳，乙部長心得兼理事委員太田黒惟信．
　4）84年7月に会計課が株式，計算，出納の3課に分かれ，10月に両部長が廃止．

② 1884年12月現在

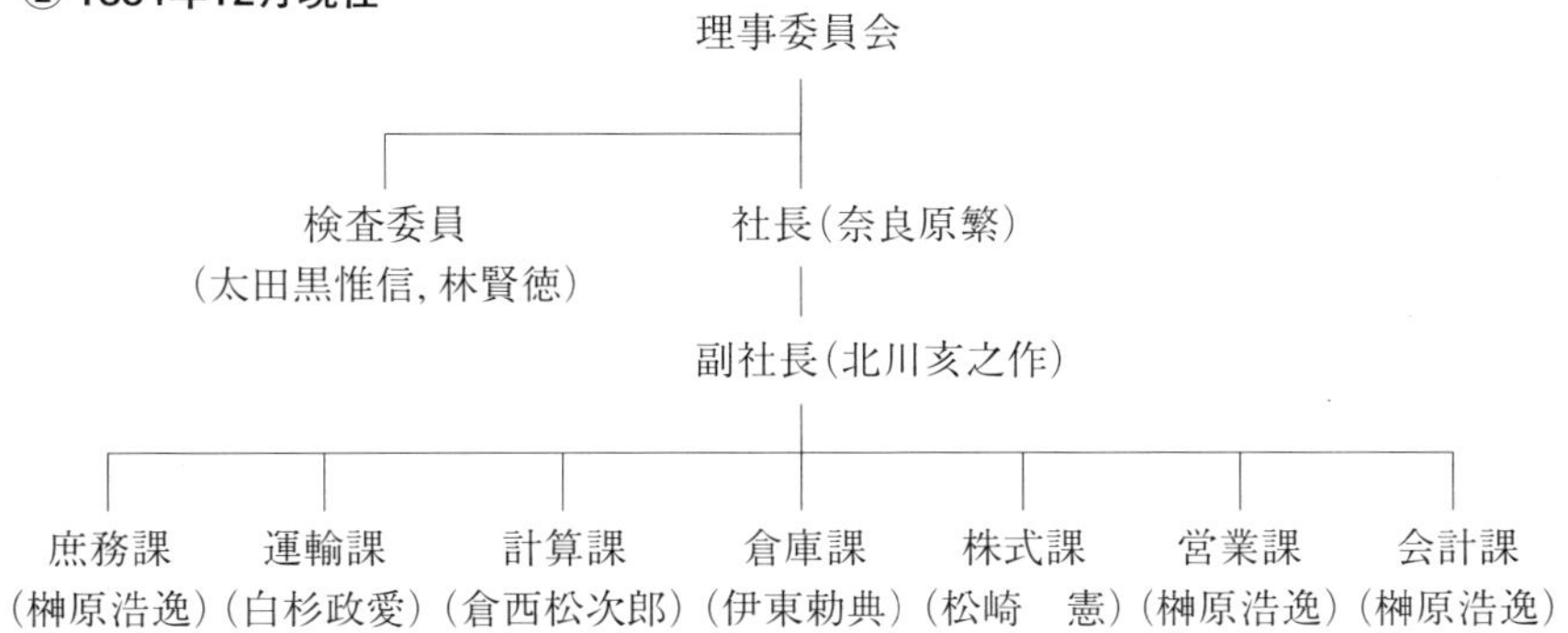

注1）出典は前掲『日本鉄道株式会社沿革史』第一篇，183～200頁．
　2）85年11月，社長直属の機関として技術部（部長毛利重輔）を新設し，同年12月，技術部のもとに建築係，汽車係を設置．
　3）88年2月，汽車・運転業務の鉄道局への再委託のため，汽車係は全て鉄道局へ移管．

図4－2　日本鉄道会社の経営組織と人員配置（1883～84年）

から独立させた上で、一〇月に部長制を廃止し[12]、さらに一二月には社長―副社長のもとに職能別の各課が直属する組織を構築した（図4-2-②）。つまり日本鉄道は、一時模索していたライン―スタッフ的な組織を放棄して、再び職能別組織の拡充に向かったのである。

一方、この新しい組織を担う人的資源の配置をみると、①榊原浩逸が庶務、営業、会計の三課長を兼務し、総支配人的な存在となっている点、②新設された計算課（コントローラー）の課長心得に、商法講習所出身[13]で母校の講師もつとめていた倉西松次郎が抜擢されている点の二つが注目できる。とくに後者は、アメリカのビジネス・カレッジ（Chain of Commercial Colleges）の流れを汲み、W・C・ホイットニー（William C. Whitney）[14]のもとで、当時としては最新のアメリカ式簿記を教えていた商法講習所から、人材を調達している点で重要である。アメリカで開発された新しい職能であるコントローラー部門を導入するためには、同時に人的資源の面でもアメリカ式の会計技術を習得したスペシャリストが必要だったといえよう。

2　経営自立の模索

こうした組織面の整備を経た日本鉄道は、一八八五（明治一八）年五月、念願の経営自立をめざして保線・運転部門の自社管轄を政府に願い出た。そのために必要となる土木、機械両分野の技術者や労働者を獲得するため、同社はまず官営鉄道に人的資源の援助を申し入れる。その結果、工部大技長・毛利重輔[15]が技術長として日本鉄道に移籍し、さらに官営鉄道から建築関係一〇名（技手四、属官二、雇二、職工二）、汽車関係六〇名（技手一、属官一、職工一二、火夫四三、雇二、その他一）の計七〇名[16]が「貸与」されることになった。日本鉄道では、さらに技術員三名、技術員助手二二名、機関方・火夫一九名、線路工夫五〇七名、職工及び常雇人足四四名を独自に新規採用する。そして、彼らを新設した技術部（保線・運転を一括して管理）に配置して、保線・運転の自営に備えた[17]。

ところが一八八五年一一月から開始された保線・運転部門の自社管轄は、わずか二年余りで行き詰まってしまう。まず機械技術面の力量不足から、列車運行に支障が出るようになり、一八八八年二月に汽車・運転業務を再び鉄道局に委託した[18]。さらに同年五月、日本鉄道は創立以来、一貫して保持してきた運輸部門の監督を、保線部門とともに鉄道局に委託することになった。この間の経緯について、同社は次のように述べている。

建築、汽車、運転の三業務ハ本社自カラ経営スルコト、ナリシモ、本社ニ於テハ実際事業監督ノ任ニ堪兼彼是不完全ニシテ、殊ニ汽車課ノ如キ新橋器械場ト密接関係アリテ実際支障少ナカラサルヲ以テ、再ヒ当初ノ如ク鉄道局ノ担当ヲ請ヒ既ニ其認許ヲ得ルニ至リ、且建築運輸ノ二業モ亦本社ニ於テ監督ノ名アリテ其実功ヲ挙ケ難ク、加之線路益々延長シ両毛、水戸両鉄道等モ不遠開業スヘク、而シテ其運輸営業ハ悉皆本社ノ担当スヘキコト、ナリ、建築運輸ノ業務ハ逐日繁劇ヲ来シ、就中運輸事務ハ規正安全ヲ要スルコト一層緊急ヲ感シ、此上不完全ノ儘苟且従事シ難ク、依テ此際建築運輸ノ両課業務ヲ直接ニ監督ヲ請ヒ認許ノ上ハ大体別紙二項ニ拠リ実施ヲ期ス[19]。

ここからわかるように、同社は一八八七―八八年初には「実際事業監督ノ任ニ堪兼彼是不完全」な状態となっていた。最も支障が大きかったのは汽車修理業務だったようであるが、運輸、保線両部門についても、「本社ニ於テ監督ノ名アリテ其実功ヲ挙ケ難ク」という有様であった。とくに運輸部門では、「線路ノ延長ニ従ヒ運輸業務益々繁劇トナレル[20]」という営業距離拡大と輸送量増加に、両毛、水戸両鉄道の運輸営業委託といった事情が加わって、システムの管理が複雑になり、それに同社の運行管理者が対応できないという事態が生じていた。事実、日本鉄道による運輸業務の監督依頼の中身は、官営鉄道による運輸課長の指導と、一部事務担当者の派遣であり、結局は運行管理者に関するものであった[21]。汽車・保線についても同様で、技術者不足が自社管轄放棄の一つの要因であったと思われる。

以上の点をふまえて、日本鉄道は一八八九年以降、積極的に人的資源の獲得を行っていった。運行管理者については、まず八九年八月、工部大学校土木学科卒の神原伊三郎を、次いで翌九〇年四月に前工部大学校教授の杉甲一郎[22]をそれぞれ幹事補に採用し、運輸課に配属する。技術者として鉄道全体を見渡す能力をもった彼らは、運行管理者の候補者としては適任であったといえる。その一方で、日本鉄道は、九一年七月、官営鉄道から前鉄道事務官・足立太郎を幹事兼技術監督として迎えた。足立は釜石の鉱山鉄道以来、一五年以上鉄道の建設・運行にかかわってきたベテラン土木技術者である。彼は日本鉄道に移籍して以降は、九二年三月に運輸課長に就任し、同社の運行管理の総責任者となった。

これに対して、建築・保線と汽車運転・整備を担う土木、機械技術者については、専ら官営鉄道からのスカウトによって、人的資源を蓄積していった。具体的には国沢能長、小川資源、長谷川謹介、橘協、三村周（以上、土木）、松田周次、子安雅、粟屋新三郎（以上、機械）といった有力な技師たちが、一八九〇―九二年の間に官営鉄道から、日本鉄道へ移籍した[23]。彼らはいずれも建築課や汽車課の幹部として、一八九二年の経営自立以降、同社の技術者集団の中心になっていく。

第二節　職能別階層組織の形成

1　経営自立と組織の階層化

一八九二（明治二五）年四月、日本鉄道の線路は、青森まで全線が開通した。予定線路全通までという条件で官営鉄道に運輸、汽車、建築・保線業務を委託していた同社は、これを機会に官営鉄道への業務委託を解除し、経営全般の自社管轄を達成する。それにともない、同社は本格的に、全職能を包含した経営組織を構築する必要に迫られた。

しかも営業距離が一五〇哩程度であった一八八五年段階と違い、今回は六〇〇哩を超える長大な営業距離を、いかに管理するのかという問題も抱えていた。

前述したように一八八八年の時点における運輸業務停滞の一つの要因は、営業距離の拡大にあった。そのため線路延長に、どう対応するかという問題は、とりわけ運行管理者たちにとって深刻であったと思われる。この点について、当時、運輸課幹事補であった神原伊三郎は、運輸課長宛の意見書のなかで、次のように述べている。

我カ運輸事業ヲシテ活発敏捷ニ且周密円満ナラシムルニハ固ヨリ種々ノ方策アルベシト雖トモ、就中線路ノ延長ト営業ノ発達トニ伴ヒ事務ノ分課、事務員ノ配置等其宜ヲ得、分業ト競争トノ利益ヲ応用シ、以テ事業ノ発達ヲ計ルヲ最モ必要ナルベシ。（中略）茲ニ最モ急施ヲ要スルモノハ目今ノ如ク車輌ノ備ヘ充分ナラザル時ニ方ツテハ、殊更実際運転ニ関スル事務ヲシテ一層敏捷ナラシメサルヘカラズ。敢テ徒ラニ従来ノ措置ヲ以テ不備不完全ナリト云フニアラサレトモ往々隔靴ノ歎ナキ能ハザルナリ。[24]

ここで神原は、線路延長に対応するためには、「分業ト競争トノ利益ヲ応用」した「事務ノ分課事務員ノ配置」を考えることが必要であると主張した。そして従来の組織が「隔靴ノ歎ナキ能ハザル」状態であると指摘した上で、次のような対策を提案する。

其第一着手トシテ本課出張所数ヲ増シ、少シク其組織ヲ改メ、各要衝ノ地ニ居リ互ヒニ其分担区域内ニ於テ区長ノ巡視自ラ機敏ニ且頻繁ナラシメ以テ旅人及当業者ヲシテ可成不便ヲ感ゼシメズ、且商機ヲ失ハシムルガ如キ事少カラシメ併セテ其区域内ノ管理ヲ周密ニシ各駅営業従事諸員ヲシテ能ク営業ノ方針ヲ誤ラシメズ敏捷ヲ主ト

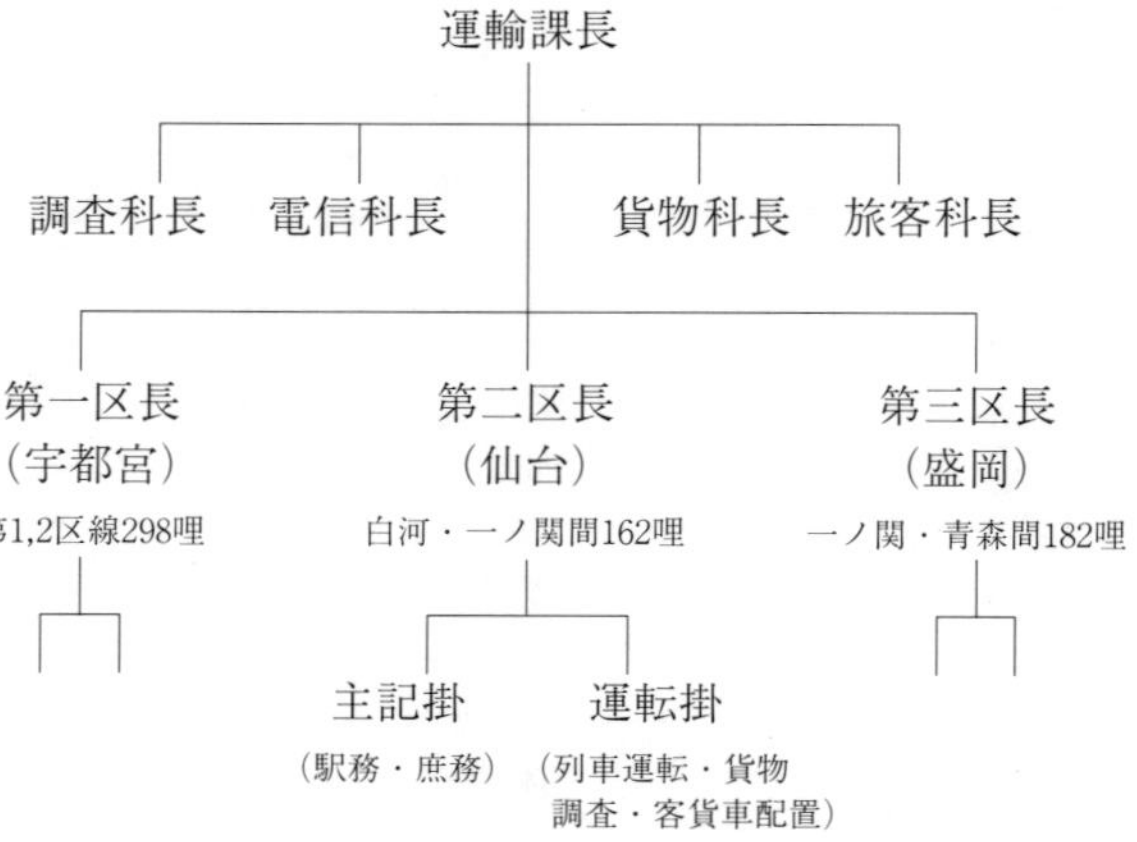

出典）神原伊三郎「意見書」『参事神原伊三郎意見書写』（交通博物館所蔵）

図 4－3　神原伊三郎の運輸課組織改革案（1892年 4 月）

シカメテ営業的ノ精神ヲ発育シ又併セテ巷間異聞ノ根底ヲ防滅スルヲ要ス。(25)

傍線部分から明らかなように、彼は全路線を数区域に分割し、それぞれに運輸長から権限を委譲された「区長」（＝地方管区長）をおいて、分権的に管理するという体制を構想していた。この構想を具体的に図示したのが、図4-3である。ここからも神原が、明確な階層性をもった分権的組織の構築を目指していたことがわかる。(26)ちなみに組織図にもあるように、地方管区内の運輸業務を統括・監督する「区長」の下には、「運転掛」と「主記掛」という二つの部署が配置されている。このうち前者は、列車客車貨車の運転・配置と貨物調査を専ら分担し、後者は駅務を統括するとともに、各駅長代務や運転事務、調査、庶務一般などを取り仕切ることになっていた。(27)

以上のような現場からの意見をうけて、日本鉄道の運輸課では一八九二年七月、神原の構想に沿った地方管区制の導入を決定した。具体的には仙台と盛岡に駅務主事（神原構想の「区長」に相当）を設置し、それぞれ福島―一ノ関間（一〇八哩）と一ノ関―青森間（一八二哩）の運輸業務を担当させることになった。その際、運輸課長は駅務主事に委任する権限を、全二九条に上る「事務委託条件」として、社内報である「運輸課報」に公表した[28]。この契約には、①列車運行指令や配車（第一、三、八、二〇条）、②「駅夫以下ノ運輸従事者」の任免（第五、一三、一七条）、③乗車券の発行や運賃割引（第二、九、二四条）、④対外的な交渉（第一〇、二九条）といった重要な権限も含まれていた。また運輸課長に対する駅務主事の報告義務については、「処分セシ事項ハ毎月末迄ヲ一括シ報告スルモノトス」というように、月一回の報告書提出を求めているだけであった[29]。これらの点から、事実上、駅務主事が管区内における運輸業務の全権を掌握しており、運輸課長は月次報告という形で情報を収集していたと思われる。その結果、上野本課の直接的な管轄下となる福島以南（二五七哩）と合わせて、各ブロックごとに列車の運行管理を行う分権的な組織ができあがったといえる。なおこの組織の要である両駅務主事には、組織改革の提案者でもある神原伊三郎（仙台）とともに、杉甲一郎（盛岡）が任用された。運輸課長・足立太郎もふくめて、いずれも土木技術者が、組織改革を主導するとともに、運行管理の責任者にもなっている点は、アメリカにおける鉄道企業組織の発展過程で、土木技術者が果たした役割の重要性との対比からみても、示唆的である[30]。

以上のような運輸課の組織改革に刺激される形で、日本鉄道のほかの職能部門も分権的な組織の構築に着手した。まず一八九二年九月には建築部門が、上野、小山、福島、盛岡の各建築課に分離される。建築部門の場合、運輸部門よりさらに分権化が徹底しており、それぞれの管区が、課長の下で自律的に建設・保線を行うことになった。また汽車部門でも、同年末までに各機関庫を上野本課と、福島、盛岡の両出張所で分割して管理する体制ができあがる。その結果、一八九二年末段階における日本鉄道の経営組織は、図4-4にみられるような職能別の階層組織となっていた[31]。九州鉄道会社をはじめとする当該期における鉄道企業の多くが、基本的には職能別の単純組織を採用していたことを考えれば、日本鉄道が行った組織の階層化は、先駆的であったといえよう[32]。

- 社長（小野義真）
  - 副社長（毛利重輔）
    - 庶務課（課長・陸原惟厚）
    - 倉庫課（課長・白杉政愛）
    - 会計課（課長・倉西松次郎）
    - 運輸課（課長・足立太郎）
      - 貨物掛（主事・村上彰一）
      - 調査掛（主事・吉川義幹）
      - 書記掛（主事・高須鷲）
      - 仙台駅務掛（主事・神原伊三郎）
      - 盛岡駅務掛（主事・杉甲一郎）
    - 上野建築課（課長心得・橘協）
    - 小山建築課（課長・国沢能長）
    - 福島建築課（課長心得・三村周）
    - 盛岡建築課（課長・長谷川謹介）
    - 汽車課（課長・松田周次）
      - 福島出張所（1893年6月廃止）
      - 盛岡出張所
  - 業務部技術長（毛利重輔）

出典）日本鉄道会社『第二十二回報告』（1892年下期）および『日本全国諸会社役員録』（1893年版）

図4－4　日本鉄道会社の経営組織と八員配置（1892年末現在）

2　輸送拡大と経営の混乱

日本の鉄道業にとって、日清戦争（一八九四〜九五年）は、大きな転換点であった。官営鉄道は、日清戦後経営にともなう鉄道敷設法予定線路の本格的着工によって、一八九六（明治二九）年以降、急速な線路延長を開始する。また民営鉄道は、日清戦争を挟んで展開した第二次鉄道ブームによって新設会社が急増する一方で、五大鉄道を中心とする既設会社も線路延長や合併による急速な規模の拡大をみせていた。さらに日清戦後の急速な産業発展は、輸送市場を拡大し、鉄道輸送もいよいよ本格的な展開をみせはじめる[33]。

一八九二年四月の段階で予定線路が全通していた日本鉄道においても、九六年に土浦線（田端—友部間）と隅田川線を開業し、九七年一月には両毛鉄道会社を買収する。この間、大宮—上野間を複線化（九六年四月完成）し、輸送力の強化をはかった。また九四年一二月には大宮工場が完成して、鉄道車両の自社製造・修理の体制が整った。このような設備拡張の一方で、一八九四年以降、図4-5が示すように、輸送密度も上昇しはじめた。まず旅客輸送の方では、一八九三年に六七四人・哩であった一哩一日平均旅客輸送量が、一八九

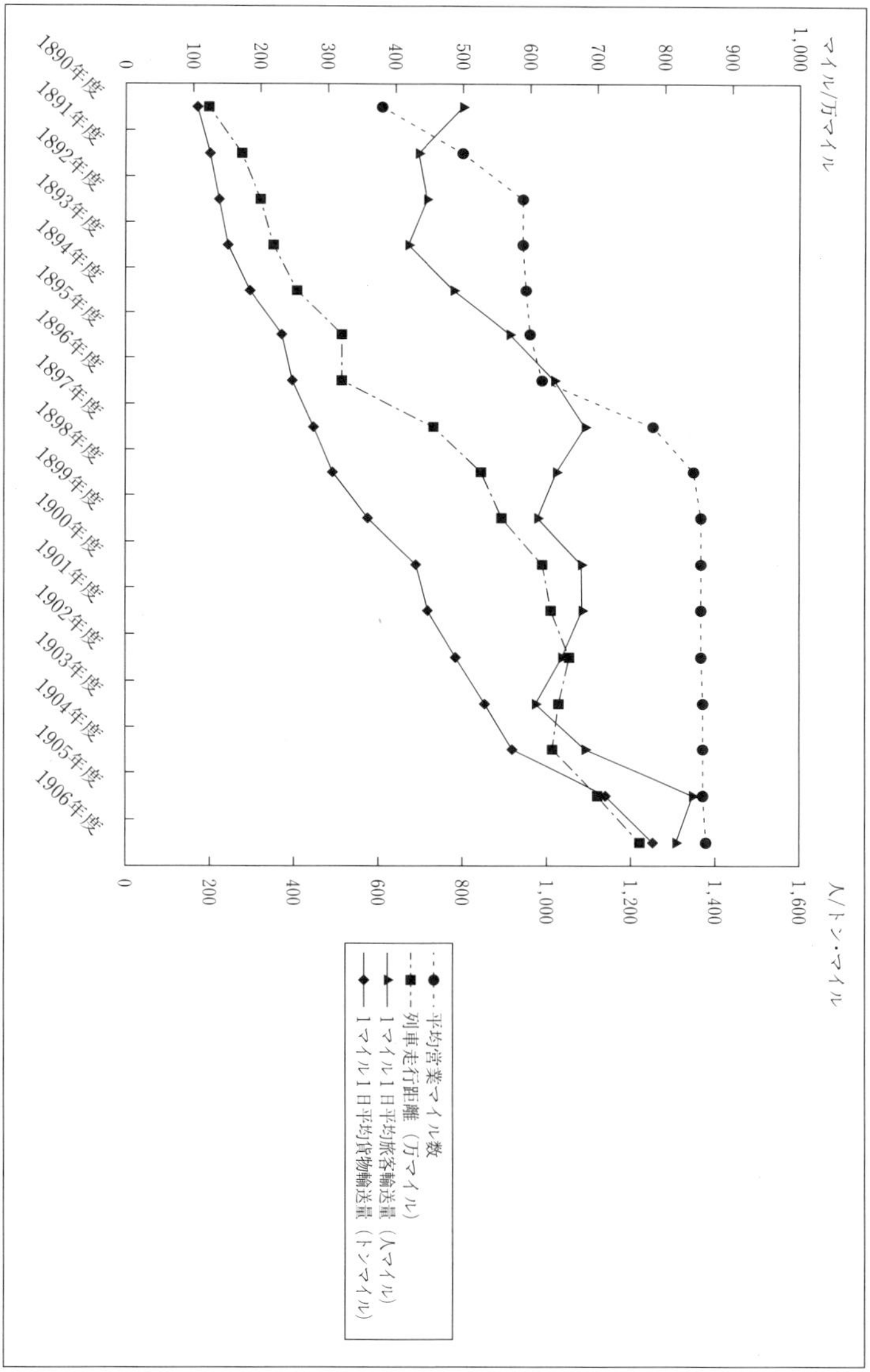

出典）各年度『鉄道局年報』，日本鉄道会社『報告』各回，同社『年報』各回．
備考）1892年は４～12月，1906年は１～10月のため，それぞれ12カ月分に修正．

図４－５　日本鉄道における輸送状況の推移

五年には九一九人・哩、九七年には一〇九六人・哩と、わずか四年間で一・六倍に増加した。これに対して貨物輸送の密度（一哩一日平均貨物輸送量）は、一八九三年の二四四トン・哩に対して、一八九七年には四五三トン・哩と、一・八倍に増加している。さらに輸送密度の上昇にもかかわらず、一八九七年上期までの日本鉄道は、表4-1からわかるように営業費の伸びを相対的に低く抑えることに成功していた。その結果、一八九四年下期から九七年上期までの同社は、営業係数が四〇％前後、対資本金利益率が一〇％前後というきわめて良好な成績をあげていたのである。

ところが一八九八年になると、同社の経営状態は急速に悪化する。表4-1からわかるように、経常収支は一八九七年下期、九八年上期と減収を続けた。九七年上期に一一％を記録していた対資本金利益率も、九八年上期には六・一％まで急落する。逆に、営業係数は九七年上期の三六・九％から九八年上期の六三・八％へと一・七倍に増加した。このような不振の主たる原因は、一八九七年下期からはじまる哩あたり営業費の急増にあった。なかでも表4-2が示すように、九八年上期における汽車費および車類修営費の比重増大は顕著である。一八九七年上期と九八年上期を比較すると、この二つの費目で六一万二一九二円増加しているが、これは営業費全体の増加額（一一五万七九〇三円）の五三％に相当していた。そこで表4-3を用いてまず汽車費の内訳を検討したい。汽車費の主要な勘定科目は人件費（俸給＋機関手費）、石炭費、油脂費の三つであるが、一八九八年上期に比重が急増しているのは、石炭費（五八％から六五％へ）であった。ただし一八九八年は、石炭価格が高騰した年であるため[34]、このような石炭費の急増は外的経済環境の変化による影響という側面が強かったといえる[35]。一方、車類修営費については、表4-4からわかるように、石炭貨車の製造・修理の急増が、費用増加の重要な一因であった。日本鉄道は一八九六年一二月に土浦線と隅田川線を開業し、さらに翌八七年二月に水戸―平間を開通して、常磐炭田からの石炭輸送を本格化した[36]。それにともなう炭車需要の増大をにらみ、同社では一八九六年下期以降、石炭車製造を本格化する。そして磐城線全通を目前にひかえた九八年上期には、一気に三五五輌を製造することになった。このような石炭車の製造・修理費増大の影響で、

表4-1　日本鉄道の経営動向

単位：千円

	営業マイル数	機関車走行哩程・千マイル	払込資本金	積立金	社債	借入金	興業費	営業収入	千哩当営業収入	営業費	千哩当営業費	経常収支	当千哩経常収支	営業係数	対資本金利益率	対興業費利益率	配当率(年率)	備考
1893年上	591	1,091	19,200	648	760		19,912	1,333	1.222	565	0.518	768	0.704	42.4%	8.0%	7.7%	10.0%	
93年下	591	1,191	19,200	737	680		20,413	1,596	1.339	603	0.506	993	0.833	37.8%	10.3%	9.7%	10.0%	
1894年上	595	1,269	20,598	969	578		20,935	1,595	1.257	581	0.458	1,015	0.800	36.4%	10.2%	9.7%	10.0%	
94年下	596	1,373	22,587	1,051	578		21,450	1,774	1.292	688	0.501	1,086	0.791	38.8%	10.1%	10.1%	10.0%	12月大宮工場落成
1895年上	596	1,515	24,983	1,217	500	600	22,829	1,885	1.244	772	0.509	1,113	0.735	40.9%	9.4%	9.8%	11.0%	
95年下	603	1,593	26,985	1,322	450		24,794	2,182	1.369	871	0.547	1,310	0.822	39.9%	10.1%	10.6%	10.0%	
1896年上	618	1,638	28,989	1,438	400		26,641	2,250	1.374	879	0.537	1,371	0.837	39.1%	9.8%	10.3%	11.0%	
96年下	620	1,675	31,182	1,556	350		29,239	2,371	1.415	1,054	0.629	1,317	0.786	44.4%	8.8%	9.0%	11.0%	12月土浦線，隅田川線開通
1897年上	753	2,100	35,137	1,672	300	930	33,981	2,894	1.378	1,069	0.509	1,826	0.869	36.9%	11.0%	10.7%	11.0%	1月両毛鉄道買収
97年下	784	2,632	40,258	1,768	295		39,533	3,340	1.269	1,692	0.643	1,648	0.626	50.7%	8.7%	8.3%	10.0%	
1898年上	811	2,782	42,360	1,856	290		40,532	3,488	1.254	2,227	0.800	1,262	0.454	63.8%	6.1%	6.2%	5.5%	
98年下	845	2,867	44,700	1,924	285		43,817	3,714	1.295	2,100	0.733	1,613	0.563	56.6%	7.4%	7.4%	8.5%	8月磐城線開通
1899年上	855	2,933	44,700	2,018	272		44,733	3,705	1.263	1,961	0.669	1,744	0.595	52.9%	7.8%	7.8%	8.0%	
99年下	855	3,093	44,700	2,122	254		45,817	4,417	1.428	1,932	0.625	2,485	0.804	43.7%	11.1%	10.8%	10.0%	
1900年上	855	3,274	45,300	2,261	240		45,552	4,704	1.437	2,190	0.669	2,514	0.768	46.6%	11.2%	11.0%	10.0%	
00年下	855	3,505	45,300	2,404	222		45,956	4,968	1.417	2,249	0.642	2,719	0.776	45.3%	12.0%	11.8%	10.0%	
1901年上	855	3,513	45,900	1,921	207	700	46,305	4,835	1.376	2,255	0.642	2,579	0.734	46.6%	11.3%	11.1%	10.0%	
01年下	855	3,557	45,900	2,130	188		46,919	5,353	1.505	2,473	0.695	2,881	0.810	46.2%	12.6%	12.3%	11.0%	
1902年上	855	3,717	46,500	2,312	172		47,525	5,209	1.401	2,595	0.698	2,614	0.703	49.8%	11.3%	11.0%	10.0%	
02年下	855	3,593	46,500	2,420	151		48,166	5,681	1.581	2,764	0.769	2,917	0.812	48.7%	12.5%	12.1%	11.0%	
1903年上	858	3,514	46,500	2,726	134		49,073	5,303	1.509	2,625	0.747	2,678	0.762	49.5%	11.5%	10.9%	10.0%	4月豊島線開通
3年下	858	3,678	46,500	2,716	112		50,197	5,684	1.545	2,555	0.695	3,128	0.851	45.0%	13.5%	12.5%	11.0%	
1904年上	858	3,613	48,060	2,996	94		50,625	5,372	1.487	2,527	0.699	2,845	0.787	47.0%	12.0%	11.2%	10.0%	
4年下	858	3,798	48,060	2,993	71		50,449	6,035	1.589	2,764	0.728	3,270	0.861	45.8%	13.6%	13.0%	11.0%	
1905年上	859	3,957	50,400	3,196	52		52,643	6,862	1.734	2,944	0.744	3,919	0.990	42.9%	15.9%	14.9%	12.0%	
5年下	859	4,149	50,400	3,556	0		53,364	7,707	1.857	3,451	0.832	4,256	1.026	44.8%	16.9%	16.0%	13.0%	

注）千マイル当たり営業収入，営業費は営業用機関車走行距離を基準に算出．対資本金利益率は平均払込資本金利益率を指す．

出典）日本鉄道会社『報告』各回．

表4-2　日本鉄道の営業費構成の変化　（単位：千円）

	保存費	同比率	汽車費	同比率	修営費	同比率	運輸費	同比率	総経費	同比率	計
1893年上	185	32.8%	153	27.1%	43	7.6%	123	21.8%	60	10.7%	565
93年下	196	32.5%	161	26.7%	44	7.3%	141	23.5%	61	10.1%	603
1894年上	161	27.6%	175	30.1%	44	7.6%	147	25.2%	54	9.4%	581
94年下	185	26.9%	224	32.5%	51	7.5%	180	26.2%	47	6.8%	688
1895年上	200	25.9%	275	35.7%	69	8.9%	184	23.8%	44	5.7%	772
95年下	217	24.9%	288	33.0%	80	9.2%	226	25.9%	61	7.0%	871
1896年上	198	22.5%	297	33.8%	86	9.8%	237	27.0%	62	7.0%	879
96年下	308	29.3%	296	28.1%	83	7.9%	287	27.2%	79	7.5%	1,054
1897年上	236	22.1%	405	37.9%	71	6.6%	254	23.8%	103	9.6%	1,069
97年下	449	26.5%	514	30.4%	148	8.7%	404	23.9%	178	10.5%	1,692
1898年上	445	20.0%	793	35.6%	294	13.2%	524	23.5%	170	7.6%	2,227
98年下	434	20.7%	710	33.8%	292	13.9%	487	23.2%	177	8.4%	2,100
1899年上	332	16.9%	675	34.4%	351	17.9%	413	21.1%	190	9.7%	1,961
99年下	339	17.6%	603	31.2%	280	14.5%	451	23.3%	260	13.4%	1,932
1900年上	321	14.7%	699	31.9%	354	16.2%	491	22.4%	325	14.8%	2,190
00年下	378	16.8%	663	29.5%	325	14.4%	518	23.0%	364	16.2%	2,249
1901年上	391	17.3%	704	31.2%	324	14.4%	528	23.4%	308	13.7%	2,255
01年下	435	17.6%	731	29.6%	370	14.9%	597	24.1%	340	13.8%	2,473
1902年上	416	16.0%	796	30.7%	368	14.2%	642	24.7%	373	14.4%	2,595
02年下	560	20.2%	757	27.4%	373	13.5%	654	23.6%	421	15.2%	2,764
1903年上	436	16.6%	706	26.9%	368	14.0%	674	25.7%	441	16.8%	2,625
03年下	491	19.2%	615	24.1%	422	16.5%	681	26.7%	345	13.5%	2,555
1904年上	481	19.0%	571	22.6%	403	15.9%	674	26.7%	399	15.8%	2,527
04年下	541	19.6%	579	20.9%	582	21.1%	680	24.6%	382	13.8%	2,764
1905年上	586	19.9%	638	21.7%	498	16.9%	741	25.2%	482	16.4%	2,944
05年下	559	16.2%	915	26.5%	552	16.0%	793	23.0%	631	18.3%	3,451

出典）日本鉄道会社『報告』各回.

表4-3　日本鉄道における汽車費主要勘定科目

	機関車	監督費(俸給)			機関手費			石炭費					油脂費			その他			合　計	
	走行哩程	金額	円/千哩	全体比	金額	円/千哩	全体比	金額	円/千哩	全体比	数量	円/トン	金額	円/千哩	全体比	金額	円/千哩	全体比	金額	円/千哩
	千哩	円			円			円			トン		円			円			円	
1895年上	1,515	10,530	6.95	3.8%	26,616	17.57	9.7%	160,082	105.66	58.1%	21,402	7.48	28,465	18.79	10.3%	49,799	32.87	18.1%	275,492	181.83
95年下	1,593	11,134	6.99	3.9%	26,206	16.45	9.1%	165,731	104.01	57.6%	21,920	7.56	38,081	23.90	13.2%	46,782	29.36	16.2%	287,934	180.70
1896年上	1,638	11,321	6.91	3.8%	27,643	16.88	9.3%	169,820	103.70	57.2%	24,270	7.00	34,825	21.27	11.7%	53,477	32.66	18.0%	297,086	181.42
96年下	1,675	10,815	6.45	3.7%	30,688	18.32	10.4%	158,314	94.49	53.5%	24,194	6.54	43,547	25.99	14.7%	52,551	31.36	17.8%	295,915	176.61
1897年上	2,100	12,493	5.95	3.1%	37,750	17.98	9.3%	236,156	112.48	58.3%	32,256	7.32	54,783	26.09	13.5%	63,560	30.27	15.7%	404,742	192.77
97年下	2,632	14,367	5.46	2.8%	52,338	19.89	10.2%	281,612	107.01	54.7%	47,194	5.97	73,706	28.01	14.3%	92,337	35.09	18.0%	514,360	195.46
1898年上	2,782	15,705	5.65	2.0%	69,992	25.16	8.8%	515,886	185.45	65.0%	58,376	8.84	72,098	25.92	9.1%	119,743	43.04	15.1%	793,424	285.21
98年下	2,867	14,844	5.18	2.1%	82,111	28.64	11.6%	432,036	150.69	60.8%	51,422	8.40	66,140	23.07	9.3%	115,347	40.23	16.2%	710,478	247.81
1899年上	2,933	14,525	4.95	2.2%	82,786	28.23	12.3%	411,731	140.40	61.0%	53,262	7.73	51,750	17.65	7.7%	114,047	38.89	16.9%	674,839	230.11
99年下	3,093	13,281	4.29	2.2%	85,454	27.63	14.2%	315,292	101.94	52.3%	58,179	5.42	58,592	18.94	9.7%	130,033	42.04	21.6%	602,652	194.85
1900年上	3,274	14,993	4.58	2.1%	94,529	28.88	13.5%	389,829	119.08	55.8%	66,832	5.83	60,382	18.45	8.6%	139,064	42.48	19.9%	698,797	213.47

表4-4　日本鉄道における車類修営費の内訳

	機関車	機関車					客車			貨車					その他			合計	
	走行哩程	金額	組立	修理	円/千哩	全体比	金額	円/千哩	全体比	金額	製造	修理	円/千哩	全体比	金額	円/千哩	全体比	金額	円/千哩
	千哩	円	台	台			円			円	(炭車)台	(炭車)台			円			円	
1895年上	1,515	44,650	24	65	29.47	65.1%	9,623	6.35	14.0%	5,085			3.36	7.4%	9,261	6.11	13.5%	68,619	45.29
95年下	1,593	49,953		28	31.35	62.6%	12,488	7.84	15.6%	10,307			6.47	12.9%	7,104	4.46	8.9%	79,852	50.11
1896年上	1,638	46,598	2	24	28.46	54.3%	23,223	14.18	27.1%	13,187			8.05	15.4%	2,759	1.68	3.2%	85,767	52.37
96年下	1,675	35,455	18	83	21.16	42.5%	15,395	9.19	18.5%	19,422	130	7	11.59	23.3%	13,152	7.85	15.8%	83,424	49.79
1897年上	2,100	35,044	35	40	16.69	49.5%	15,586	7.42	22.0%	18,195	90	50	8.67	25.7%	1,964	0.94	2.8%	70,789	33.72
97年下	2,632	69,058	65	95	26.24	46.8%	28,597	10.87	19.4%	35,395	142	52	13.45	24.0%	14,474	5.50	9.8%	147,524	56.06
1898年上	2,782	131,963	1	89	47.44	44.8%	65,443	23.52	22.2%	77,907	355	112	28.01	26.5%	18,986	6.82	6.5%	294,299	105.79
98年下	2,867	160,343	12	99	55.93	55.0%	56,613	19.75	19.4%	54,992	32	226	19.18	18.9%	19,669	6.86	6.7%	291,617	101.72
1899年上	2,933	179,091	38	76	61.07	51.0%	84,894	28.95	24.2%	70,107	53	89	23.91	19.9%	17,393	5.93	4.9%	351,485	119.85
99年下	3,093	140,061	6	179	45.28	50.1%	54,120	17.50	19.4%	67,148	15	148	21.71	24.0%	18,247	5.90	6.5%	279,576	90.39
1900年上	3,274	191,587		74	58.53	54.2%	48,658	14.86	13.8%	83,485	95	122	25.50	23.6%	30,036	9.18	8.5%	353,766	108.07

出典）表4-3，4-4は日本鉄道会社『報告』各回より．

磐城線開通前の一八九六年上期に一五・八％であった貨車修営費の比重は、九八年上期には二六・五％まで増加し、貨物輸送の本格化にともない必要となった機関車の組立・修理費増大とあわせて、車類修営費全体を急増させることになった。

以上の点からわかるように、一八九八年初の日本鉄道会社は、燃料費の高騰という外的要因だけでなく、磐城線開通にともなう石炭輸送本格化への対応という内的要因もあって営業費が嵩んだ。しかし新たな路線である磐城線がすぐに収益を上げたわけではなく、一八九九年頃まで純益率一一─三％台という低い水準であった。[37] このような経営的な不安は、当時、優良株といわれていた日本鉄道の株価にも大きく影響した。一八九七年七月中旬まで五〇円払込済の株価が一〇〇円以上していた日本鉄道株は、同年一〇月中旬には八四円台に、そして同年一二月末には七六円台へと下落したのである。[38] さらにそれに追い打ちをかけるように、九八年二月には有名な日鉄機関方争議が発生する。

一八九八年二月初旬、日本鉄道の機関方（機関車乗務員）の間で、賃金増額、待遇改善、職名改称などを要求する労働争議が発生する。これに対して経営側は、当初、運動の首謀者一〇名を解雇するといった強硬な姿勢をみせた。これを引き金にして、二月二四日深夜、福島機関庫からストライキがはじまり、翌二五日には上野を除く全機関庫に波及する。そして同月二八日、各機関庫から選出された二四名の陳情委員が上野に集結し、会社との交渉を開始した。三月六日まで続いた交渉の結果、経営側は労働者側の要求（「正条可決書」）を全面的に受け入れることになった。[39] その内容は、①機関方の呼称を「機関手」に、火夫を「機関助手」に改めること、②機関手心得以上の身分を「三等役員」（技手や書記、駅長が含まれる）に昇格すること、③機関手、機関助手、クリーナーの賃金を五─一五銭増給することの三項目に要約される。[40] 以後、四月初めまでに、経営側がこの三項目を完全に実施したことで争議は収束した。

この争議の主要な要因を、青木正久氏は日清戦後の激しい物価上昇のもとでの機関方賃金水準の相対的低下に求めている。[41] 呼称の問題はともかく、身分昇格の要求も賃金問題と密接に関係していた以上、賃金増給が労働側の最大の要求であったことは間違いない。従って、その要求を全面的に受け入れざるを得なかった経営側にとって、争議の影響は、まず運転関係人件費の増大という形であらわれた。事実、表4-3からわかるように、一八九七年下期に一〇・二%であった汽車費の中にしめる機関手費の比重は、九八年下期に一一・六%、九九年下期に一四・二%と、急速に増大している。またこの問題で、経営側が敗北を余儀なくされた要因について、青木氏は労働者側の団結力の強さと、スト破りを拒否した官営鉄道をはじめとする他社機関車乗務員の支援の存在を挙げている。しかし本章の視点からみれば、当時の日本鉄道の経営組織が、職能別階層組織になっており、各職能間の連携が疎になりがちであった点も重要である。前述したように一八九二年以降、同社では各職能部門が独自に管区を設定したことから、一八九八年頃には職能によって管区の範囲が地理的にもバラバラになり、本社の指令が職能ごとに縦のルートでしか流れない構造になっていた。それは労働者側にとっては職能別の団結を容易にし、逆に本社にとっては他の部門からの情報が得られないという意味で、情報収集機能の低下をもたらした。

さらに一八九七年四月二四日、幹部職員による巨額の公費私消事件が発覚した。この不祥事は、日清戦争後（一八九五年四月―一一月）の軍隊輸送運賃六万五四一円を運輸課調査掛主事（運賃担当）が私的に流用したという事件である(42)。この事件でとりわけ問題なのは、その発覚までに二年近くも要した点であり、同社の内部監査体制に重大な欠陥があったことを示している。このようなモラルハザードの発生と経営側による対応の遅れは、たんなる経営管理の問題だけでなく、後述する各職能のタコ壺化という組織上の問題にも起因していた。

以上のような労働争議や不祥事に加えて、一八九八年初頭には定款改正の不認可(43)といった問題も発生しており、日本鉄道の首脳部はその対応にも追われていた。職能別組織では、上級管理者（経営陣）の処理能力に過度の負担がかかるといわれているが(44)、当該期における日本鉄道では、山積する課題のために、経営陣の処理能力が限界に達していたといえよう。

このような経営の機能不全に、前述した株価の急落が重なって、日本鉄道では経営首脳の責任問題が浮上した。具体的には現執行部を擁護する最大株主の十五銀行と、執行部の入れ替えを主張する「改革派」株主の対立が激化する。[45]そして九八年三月一八日に、日本鉄道の理事委員（重役）が総辞職し、いわゆる日鉄改革運動が本格化することになった。一八九八年四月六日、日本鉄道は重役選出のための臨時株主総会を開催する。総会では、株主有志同盟会（改革派）を代表して「意見書」を朗読した日下義雄が、「役員其人ヲ得ス資望器量ノ以テ世ノ信依ヲ厚フスルナク事業確実ヲ欠キ……」と現執行部を批判し、「旧役員半数未満、新役員半数以上ヲ選出スル」という経営刷新をもとめた。[46]この提案をうけて、直後に行われた理事委員選挙では、一二名中、七名の新任理事が選出された。しかしこの時点での理事委員会の派閥的構成は、十五銀行派と改革派がほぼ半数ずつを占めていたため、結局、中立の立場にいた副社長・毛利重輔が互選により社長に就任した。ところが八月に開催された通常総会において、配当率を前期の一〇％から五・五％へと大幅に引き下げることが提案されたため、再び、旧経営首脳部の責任問題が発生した。そして、引き続き行われた臨時総会での理事委員半数改選において、曽我祐準や富田鉄之助ら改革派株主が新たに選出され、改革派が理事委員会の主導権を掌握する。その結果、理事委員の互選により曽我が社長に選任され、毛利は副社長に降格することになった。[47]

3　経営執行部の交代と組織改革

社長就任後、曽我祐準は直ちに幹部職員（ミドル層）の刷新に取りかかった。表4-5からその様子をみてみると、一八九八（明治三一）年九月二日、創業以来、一貫してミドル層の中心的な存在であった会計兼倉庫課長・白杉政愛と、運輸課長・足立太郎が解傭され、代わって外部から新しい人材が登用されている。具体的には日本郵船出身の久保扶桑が運輸課長に、前大蔵省国庫課長の竹村欽次郎が会計課長に、前東京馬車鉄道幹事の神戸挙一が倉庫課長にそれぞれ就任した。また九八年四月に陸原惟厚が依願退職して以降、空席であった庶務課長には曽我の腹心である山田英太郎が送り込まれた[48]。その後、九八年中に建築課長・長谷川謹介、汽車課長・藤田重道が相次いで休職―依願退職となり、さらに翌九九年九月には保線課長・国沢能長も休職になった。代わって保線課長には杉浦宗三郎が技師から昇進し、汽車課長にはドイツ留学から帰国したばかりの工学博士・田中正平が迎えられる。こうして九九年九月までに、事務系、技術系双方の幹部職員が総入れ替えになった。一方、トップマネジメントの方でも、九九年二月に毛利重輔が理事委員・副社長を辞任し、技術顧問的な存在である技術長に退いた。それに代わって理事委員の互選により久米良作と有島武が常務委員（常務取締役に相当）に選出され、経営に参画することになる[49]。とくに改革派の中心であった久米は、以後、曽我とともに同社のトップマネジメントを形成することになった。

曽我を中心とする新執行部は、まず興業費と営業費の削減をめざした会計改革と、貯蔵物品の整理・売却を軸とした購買改革、余剰人員の整理を目的とした人事改革を行う[50]。その上で、運輸部門を中心とする組織改革に取りかかった。具体的にはまず九八年一一月に、運輸課に列車掛（のちの運転掛）を設置した。列車掛の主たる業務は「列車及機関車ノ運転時刻表並其運行ニ関スル事[51]」であり、ダイヤ編成と運転指令を統一的に扱う部署であった。海岸線の開通などで路線網が拡大し、さらに貨物輸送の増大などによってダイヤ編成や配車が複雑になったことから、全路線を通じた運行管理の最適化は、経営改革全体にとっても喫緊の課題であったといえよう。ちなみに初代の列車掛長に就任したのは、一八九二年の運輸課組織改革で主導的な役割を果たした、前仙台駅務掛主事・神原伊三郎である[52]。新執行部は、このように運行管理の総本部を作った上で、今度は地方管区の細分化による管理の徹底をはかった。一八九九年一月、日本鉄道は従来の仙台、盛岡、水戸に加えて、上野、宇都宮に駅務掛主事を新設した[53]。これによって駅務掛区域は上野（第一区線、品川線、秋葉原、隅田川線、土浦線土浦駅まで）、宇都宮（大宮駅外―福島駅外、日光線、両毛線）、仙台（福島駅―一ノ関駅、塩竈線）、盛岡（一ノ関駅外―青森駅）、水戸（磐城線、水戸線、土浦線土浦駅外―友部）の

表4-5　日本鉄道における経営者の推移

氏名	生年	1896年6月	1898年7月	1898年9月	1899年9月	1900年11月	1903年5月	1904年10月	学歴	入社	前職	退職後去就
小野義真	1850年前後	理事委員・社長—→									首唱発起人，三菱社	
毛利重輔	1847年	理事委員・副社長兼技術長	理事委員・社長	同・副社長	技術顧問———→				米留学	1885年	官営鉄道大技長	死去
曾我祐準	1843年			理事委員・社長———	———	———	———	取締役・社長			陸軍中将，貴族院議員	
久米良作	1868年		理事委員———	———	常務委員	常務取締役	営業部長・常務取締役	取締役・副社長	東京法学院	1898年	地主(埼玉県)	東京瓦斯常務取締役
有島武	1842年			理事委員———	常務委員	常務取締役———	———	取締役			京都鉄道取締役，第十五銀行世話役	
白杉政愛	1842年	会計課長兼倉庫課長———	———→							1882年	首唱発起人，1882年庶務課長	房総鉄道社長，箱根水力電気社長
陸原惟厚		庶務課長———→								1884年		
国沢能長	1848年	保線課長———	保線課長———	———→					工技生	1890年	官営鉄道技師	北海道庁鉄道部長
足立太郎	1852年	運輸課長———	———→						開成学校	1891年	官営鉄道事務官	京仁鉄道総支配人
松田周次		汽車課長———→							英留学	1892年	官営鉄道技師	岩越鉄道技師長
長谷川謹介	1855年	建築課長———→							工技生	1892年	官営鉄道技師	台湾総督府鉄道部長
藤田重道	1855年	大宮工場長———	汽車課長———→						工部大学校	1894年	官営鉄道技師，北海道炭礦鉄道	天野工場社主
栗屋新三郎	1857年	技師	大宮工場長心得	大宮工場長	工作課長———	———	営業部副部長・幹事	営業部副部長・幹事	工部大学校	1892年	官営鉄道技師補	事務所開設
子安雅		技師	技師	汽車課長心得	技師———→				工部大学校	1892年	官営鉄道技師補	北海道鉄道汽車課長
木村一是		主事	庶務課長心得	庶務課文書掛長———	———	———	営業部盛岡事務所長		慶応義塾	1896年	北海道炭礦鉄道支配人	帝国鉄道庁参事
久保扶桑	1851年			運輸課長———	———	———	営業部副部長・幹事	経理部長・幹事	慶応義塾	1898年	元日本郵船函館支店支配人	会社役員
山田英太郎	1862年			庶務課長———	———	———	庶務課長・幹事	庶務課長・幹事	東京専門学校	1898年	上野鉄道監査役，元新聞記者	日清生命取締役
竹村欽次郎	1863年			会計課長———	———	———	出納課長・幹事—→		東京帝大・法	1898年	大蔵省国庫課長	小野田セメント取締役
神戸挙一	1862年			倉庫課長———	———	———	主計課長・幹事	営業部副部長・幹事	和仏法律学校	1898年	東京馬車鉄道幹事	東洋モスリン常務取締役，のち東京電灯社長
田中正平	1862年				汽車課長———	———	参事・幹事		東京大学・理	1899年	独留学(1899年帰国)	帝国鉄道庁技師
杉浦宗三郎	1870年	技師	技師	技師	保線課長心得	保線課長	営業部副部長・幹事	営業部副部長・幹事	東京帝大・工	1894年	新卒(1894年・土木)	帝国鉄道庁技師

出典）前掲『日本鉄道株式会社沿革史』，『帝国鉄道要鑑』第1版(1900年)，第2版(1903年)，第3版(1906年)，日本交通協会編『鉄道先人録』(1972年)，『明治人名辞典』.

五区に再編された。この改革の狙いは、それまで広範な地域を管轄してきた上野本課の分担範囲を、基本的には第一区線（高崎線・品川線）と東京市内の貨物線に限定することで、増加する貨物輸送に対応することにあった。なお上野駅務掛主事には、上野駅長の経験を持ち、当該管区の事情に詳しい前盛岡駅務掛主事・大宮弥平が就任[54]している。

運転指令の一元化と職能別地方管区の細分化という組織改革は、管区内における輸送の効率化という点で、直ちに効果を現した。中林真幸氏の研究によると、一八九九年以降、日本鉄道と官営鉄道は、日本鉄道線路沿線から諏訪地方への生繭輸送にあたって、第一区線各駅および秋葉原駅に専用貨車の裁量的な配給を行い、綿密な運行計画に基づいた特別輸送を行うことで、生繭の迅速かつ円滑な輸送を実現したという。[55]ここで注目したいのは、生繭専用貨車を全管区に配給するのではなく、上野駅務掛区域（のち上野運輸事務所管区）に集中的に配置している点である。一九〇〇年の場合、水戸線、両毛線は高崎駅で、土浦線、隅田川線は秋葉原駅で、第二区線は大宮駅で、それぞれ積み替えないし中継を行うことにより、生繭貨車を必ず一旦、上野運輸事務所長の管理下におくようにした。[56]そのことによって、管理不行き届きによる発送過多や配車の混乱を防ぐことが可能になったと思われる。このような生繭貨車輸送の成功は、特別列車の円滑な運行を可能にした列車掛（のち運転掛）の新設と、輸送統制の徹底を実現した管区細分化という組織改革の成果であったといえよう。

運輸課の組織改革に前後して、日本鉄道では他の職能部門でも地方管区の整備を軸とした組織改革が進行していた。[57]そして一八九九年一〇月、「職務章程」および「事務分掌規程」を制定し、全社的な経営組織の整備を行う。その内容は、図4-6からわかるように、庶務、会計、倉庫、運輸、汽車、保線、工作の七つの職能別部門を設定した上で、各部門が全線を二～六の地方管区に分割して管理するという体制であった。この組織の特徴は、現業三部門（運輸、汽車、保線）の地方事務所所在地を、上野、宇都宮、仙台、盛岡、水戸で統一し、その担当区域もそろえている点である。それは職能部門ごとに管区の設定がバラバラであった従来の組織に比べ、情報流通などの点で有利だったと思われる。また前述してきたように、それぞれの職能別地方事務所は、本課から権限を委譲されて、管区内を管轄することになっており、その意味では分権的な階層組織であった。つまりこの組織改革により日本鉄道は、肥大化した組織を職能別の階層組織によって管理する体制を完成させたといえる。それは同社にとって、創業以来、追求してきた職能別組織の最終形態であった。

第三節　分権的事業部制への転換

1　職能別組織の問題点

一八九九（明治三二）年の改革で完成した経営組織は、長年の蓄積をふまえて構築されたこともあり、鉄道が包含する諸職能を効率的に遂行するためには、優れた組織であった。したがって官営鉄道をはじめとする日本の鉄道企業は、当時、ほとんどが職能別組織に分類される構造を有していた[58]。ところが日本鉄道のように企業規模が拡大し、組織が肥大化した場合、単一型（unitary form）のもつ弱点である各職能間もしくは階層間の情報伝達の阻害とコントロール・ロスの発生や、上級管理者の負担過重といった問題が、顕在化するおそれがあった[59]。事実、日本鉄道では一九〇〇年代にはいると、とくに前者に関する問題が、次のように議論されるようになる。

御承知の通り官設鉄道を始め汽車運輸と区別をして機関士は汽車課に車掌は運輸課に属せしめ、各々其管轄を異にして居ります。譬えば列車に故障が出来たとすると、機関士は其過失を車掌に帰し車掌は其過失を機関士に負はすと云ふ風で、争論の結果いつも水掛論に終るのです。新聞紙で見まするに日本鉄道の各課長は恰も戦国時代の群雄割拠の有様で、互に相排済して居るやうに云ひますけれども、決して反目嫉視すると云ふやうなことは

- 社長―常務取締役
  - 庶務課
    - 文書掛
    - 記録掛
    - 法規掛
    - 統計掛
    - 用地掛
  - 会計課
    - 盛岡会計事務所
    - 計算掛
    - 出納掛
    - 株式掛
  - 倉庫課
    - 調査掛
    - 購買掛
    - 受払掛
    - 大宮倉庫事務所
    - 盛岡倉庫事務所
    - 隅田川倉庫派出所
    - 塩竈倉庫派出所
    - 青森倉庫派出所
    - 平倉庫派出所
  - 運輸課
    - 庶務掛
    - 運転掛
    - 乗客掛
    - 貨物掛
    - 調査掛
    - 上野運輸事務所…第一区線，品川線，隅田川線
    - 宇都宮運輸事務所…第二区線，日光線，両毛線
    - 仙台運輸事務所…第三区線，塩竈線
    - 盛岡運輸事務所…第四，五区線
    - 水戸運輸事務所…土浦線，水戸線，磐城線
  - 汽車課
    - 庶務掛
    - 運転掛
    - 車輛掛
    - 上野機関事務所
    - 宇都宮機関事務所
    - 仙台機関事務所
    - 盛岡機関事務所
    - 水戸機関事務所
  - 保線課
    - 庶務掛
    - 工務掛
    - 上野保線事務所
    - 宇都宮保線事務所
    - 仙台保線事務所
    - 盛岡保線事務所
    - 水戸保線事務所
  - 工作課
    - 盛岡工作事務所
    - 庶務掛
    - 計算掛
    - 設計掛
  - 臨時建設掛

出典）木下立案編『帝国鉄道要鑑　第二版』（1903年，鉄道時報局）68～92頁．

図４－６　日本鉄道における経営組織（1899年10月現在）

表4-6　日本鉄道の従業員数および俸給額の推移

	1897年	1898年	1899年	1900年	1901年	1902年		1903年	1904年	1905年
庶務	52	62	69	100	136	143	庶務課・参事	138	109	115
建築・保線	2,636	2,226	2,051	2,016	2,233	2,359	臨時建築掛	39		44
汽車・工作	3,708	3,748	3,614	3,536	3,583	4,082	営業部	10,599	10,710	12,580
運輸	3,575	3,747	3,723	4,108	4,575	4,821				
会計	72	70	75	76	77	80	主計・出納課	291	314	335
倉庫	164	141	138	144	149	148				
合計(人)	10,207	9,994	9,670	9,980	10,753	11,633		11,067	11,133	13,074
俸給月額(円)	120,658	119,358	118,193	125,938	137,807	151,657		145,783	147,043	169,301
1人当俸給月額(円)	11.8	11.9	12.2	12.6	12.8	13.0		13.2	13.2	12.9
営業利益(千円)	3,421	2,804	4,162	5,223	5,460	5,530		5,806	6,115	8,175
諸税(千円)	70	138	243	394	421	453		480	553	825
労働生産性(円)	483.8	437.7	602.2	714.3	700.7	670.8		726.1	757.4	843.8
労働分配率	29.3%	32.7%	24.4%	21.2%	21.9%	23.3%		21.8%	20.9%	18.4%

注1）労働生産性は付加価値（営業利益＋俸給総額＋諸税）／従業員数，労働分配率は俸給総額（俸給月額×12）／付加価値で算出.
2）1900年の諸税は下期分総経費内訳が不明のため，上期分の数値を2倍にして算出した.
出典）『鉄道局年報』各年および日本鉄道「報告」各年，同「年報」1901～05年.

ないが、各課の間が甚だ懸隔して意志の疎通を欠いて居ったのは事実である。(60)

ここから日本鉄道では、たんに現場における職能間の意志疎通の困難さに止まらず、各課長間の情報流通も停滞していたことがわかる。

さらに職能別部門内の管区細分化や情報を統制するための調査業務の拡大によって、営業費の中における管理経費（総経費）の比重が、一八九九年上期の九・七％から一九〇三年上期の一六・八％へと急速に拡大した（表4-2）。また表4-6が示すように、一八九九年の経営改革で、一旦、減少していた雇用人員も、一九〇一年以降再び上昇に転じ、結果として付加価値ベースの労働生産性も低下し始めた。これに加えて、機関方争議の余波を受けて、職能別労働組合運動も活性化する。具体的には一八九八年四月、機関車乗務員による職能別企業内労働組合（矯正会）が結成されたのに続いて、九九年一一月には保線課工夫組合が結成され、さらに一九〇〇年三―四月には工作課・汽車課の機械工を中心とした職工同盟会の待遇改善運動が展開する。(61) これらの労働運動の結果、同社の一人当たり賃金（月給換算）は、徐々に増加することになった（表4-6）。

一方、海岸線の全通によって外延的な拡張が一段落した日本鉄道は、輸送力増強や列車運行の円滑化を中心とする新たな経営課題に直面していた。その解決のためには、適切な需要予測にもとづく車両増強や複線化が必要であり、さらに戦略的投資計画も不可欠である。しかし日本鉄道には、このような長期的な経営戦略を立案するセクションがなかった。

2　営業部の成立――一九〇三年の組織改革

以上のようなさまざまな問題に直面した日本鉄道の執行部は、一九〇三年になると新たな組織を模索し始める。そして同年四月、図4-7のような経営組織が完成した。この組織の大きな特徴は、ライン（営業部）とスタッフ（主計課・出納課、庶務課、参事）の明確な区分にあった。この点について、社長の曽我祐準は、次のように述べている。

今般本会社ノ職制ヲ改メ各課ヲ廃合シ新ニ営業部ヲ置キ以テ現業ノ系統ニ属スルモノヲ一所ニ総括シ、主計課ヲ置キ以テ計算調査ノ道ヲ簡明ニシ、出納課ヲ置キ以テ金銭物品ノ会計ヲ帰一シ共ニ事務ノ整頓ト敏活トヲ謀リ以テ会社業務ノ隆盛発達ヲ促サンコトヲ期ス。(62)

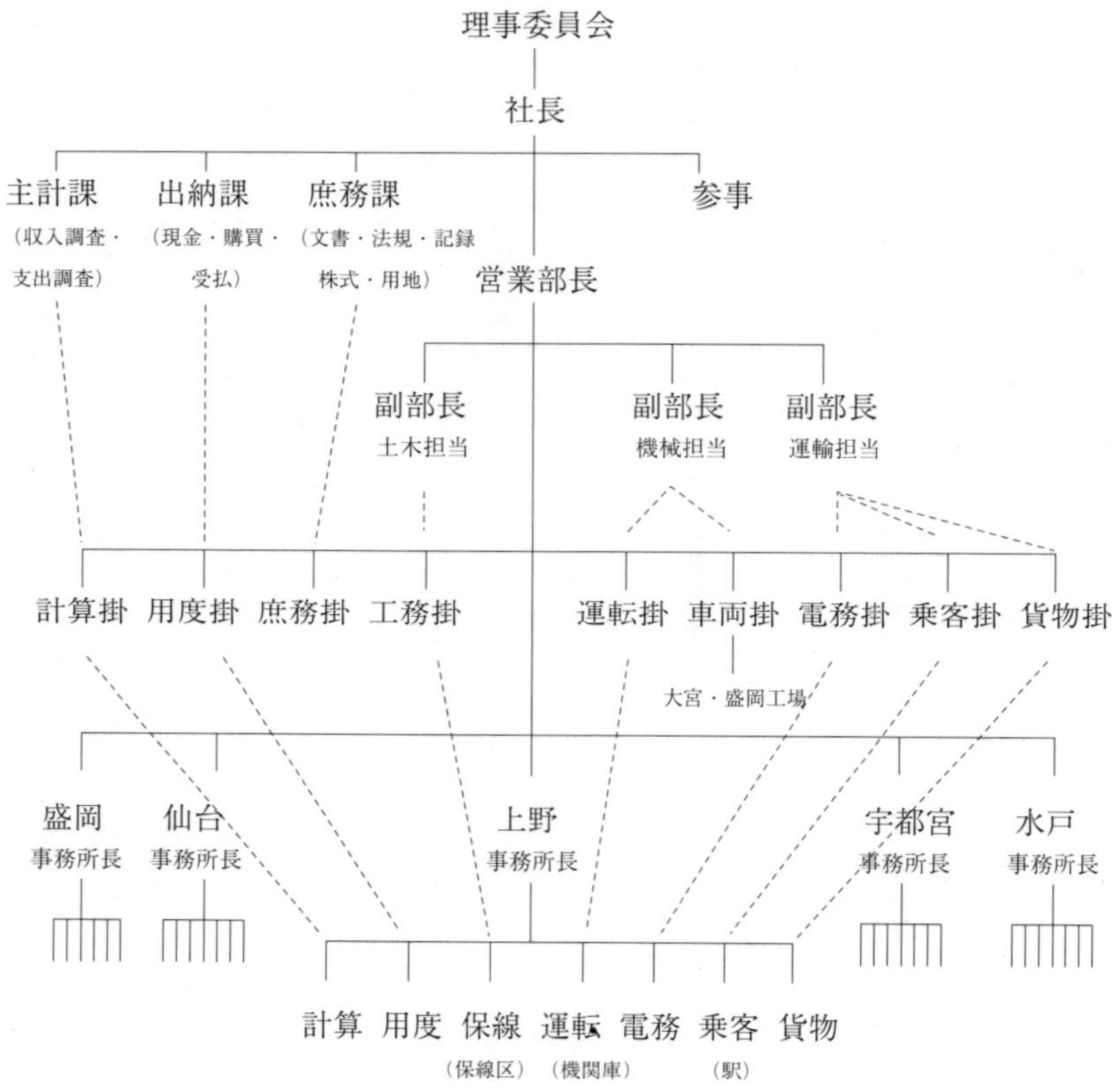

出典）日本鉄道株式会社「社報」第1277号（1903年4月14日付）

図4－7　日本鉄道会社の組織略図（1903年4月現在）

ここでは現業＝ラインが、主計や出納といった本社スタッフから明確に区別されている。現業部門を統合した営業部では、総管区長である営業部長のもとに、部長を補佐するスタッフ（副部長・各掛長）と、五人の地方管区長（事務所長）が配置された。さらに各事務所長は、営業部長から①職員（書記・技手以下、本社採用）の監督・命令権、②部屋（現地採用）の任免権、③列車運行管理や配車、④車両修繕・修営用物品の工場への直接請求、⑤工事経費の直接請求といった権限が委譲され[63]、管区内における駅、保線区、機関庫といった職能別の現場組織を一元的に統轄することになっていた[64]。

一方、本社スタッフは、いずれも社長に直属して、トップマネジメントの戦略的意志決定をサポートする体制になっていた。なかでも注目できるのは、「社長ノ命ヲ承ケ各部課成案ノ審査及特別事項ノ取調ヲ掌ル[65]」参事の新設である。後述するように同社では、ここに各職能部門から優秀なスタッフを集め、社長からの諮問という形で全社的な経営戦略の調査・立案を行わせた。またこれに関連して、資金調達を担当する株式掛を、会計課から本社スタッフの中心である庶務課へ移し、日常的な出納業務から切り離した。そのことによって、長期的な経営戦略を実現するための資金調達が、機動的に行えるようになった。さらに肥大化した組織を統率するため、従来、会計課に包含されていたコントローラー部門（計算掛）を、主計課[66]として再度独立させ、統計を通じた情報掌握の強化を試みている。

このような特徴をもつ日本鉄道の新しい経営組織は、一八五七年にペンシルバニア鉄道が採用して以降、徐々に普及し、一八八〇年代までには、アメリカの大鉄道で一般的になっていた分権的事業部制[67]にきわめて近い構造を有している。日本鉄道が、従来の職能別組織から脱却して、このようなアメリカ式の事業部制組織を導入した経緯について、社長・曽我祐準は以下のように述べている。

英国や米国に於ける鉄道会社の職制を種々取調べた結果、今回発表したやうな職制が出来たので、此の職制は米国鉄道会社の職制に準拠して拵へたものです。稍々他会社の職制と異って居る処が他会社の職制に卓越して居ると思ふのです[68]。

このように日本鉄道は、イギリス式（職能別組織）とアメリカ式（事業部制）の得失を比較検討した結果、「米国鉄道会社[69]」をモデルとして分権的事業部制を構築した。それは、この新しい経営組織が、当時の日本鉄道が直面していたさまざまな問題を解決するのに、効果的だと判断されたからにほかならない。この組織は、職能・階層間の情報伝達の困難やコスト高といった経営管理上の問題を解決できるだけでなく、労務管理の観点からも、管区長がすべての職能を一元的に管理することにより、職能別に展開していた労働運動を分断できるという点で、経営側にとって望ましいものであったといえよう。

一八八〇年代以降、欧米の鉄道企業を参考にしながら、組織・制度の革新を追求してきた日本鉄道は、ついに分権的事業部制にまでたどり着いた。それは鉄道業のみならず、日本における近代企業の形成を考える上でも画期的な出来事であった。

3　分権的事業部制の運用

経営組織は組織図を書いただけでは動かない。組織を効率的に運用するためには、それを担いうる人的資源の存在が重要である。では日本鉄道の新しい組織は、どのような人的資源によって担われたのであろうか。

まず分権的事業部制において、ラインの要に位置する総管区長（営業部長）を表4-5で確認すると、久米良作が常務取締役兼任で就任していることがわかる。この人事について、社長・曽我祐準は、次のように述べている。

（営業部長は）会社の職制から云ふと会社使用人のする仕事で決して重役のする仕事ではないから、鉄道に充分経験がある人があったら、聘して営業部長にして事務を託しやうと思ひますけれども、差当り適任者もありませんから、重役会の決議を以て久米常務取締役が専ら事務に当ることになったのです。(70)

前述したように、それまでの日本の鉄道企業には、分権的事業部制を採用した企業がなかったことから、総管区長という職務を経験した人材もまた、日本には存在しなかった。そこで日本鉄道は、この史料が示すように、トップマネジメントの一人である久米をそのポストに就け、これを職能管理者である各副部長が補佐するという体制をとった。具体的には運輸担当副部長に久保扶桑（前運輸課長）、土木担当副部長に杉浦宗三郎（前保線課長）、機械担当副部長に粟屋新三郎（前工作課長）が、それぞれ就任する。さらに営業部長のもとには、職能別スタッフである各掛が配置された。その責任者は図4-8の通りであるが、いずれの掛も、従来の組織における掛長が、そのままスライドした場合が多かった。

これに対して、従来の職能別管区が一つに統合された地方管区では、大きな人事異動が生じていた。図4-8から管区長である事務所長の構成をみると、上野、仙台、水戸が運輸課出身者であり、残りは保線課出身者（宇都宮）、庶務課出身者（盛岡）となっている。このうち職能別事務所長からそのままスライドしたのは宇都宮の調所恒徳（土木技師）だけであり、上野の桜井純一、仙台の谷崎美卿、盛岡の木村一是はいずれも本課掛長からの転出であった。また水戸の西岡恒之進は掛長待遇であった上野運輸事務所長からの転任であり、かつ元関西鉄道運輸課長という経歴の持ち主である。このように日本鉄道では、ラインのもう一つの要である地方管区長に、運輸畑を中心とする経験豊かな幹部職員を選任し、管区内の統一をはかった。

さらに新設された営業部では、組織の再編による現場の混乱をさけるため、発足後直ちに詳細な業務マニュアルの作成に取りかかった。そして一九〇三年六月、『営業例規』を刊行して、業務の制度化をはかる。さらに日本鉄道では、このマニュアルに手を入れて『例規彙纂』（庶務課編集、同年一〇月）という全社的な例規集を作成した。

一方、本社スタッフの方では、参事として前汽車課長・田中正平や土木技師・渡辺信四郎とともに、前運輸課主事・神原伊三郎が起用された。前述したように神原は土木技師出身の運行管理者であり、一八九二年の運輸課組織改革で主導的な役割を果たして以降、九八年の組織改革では運行管理の実質的な総責任者である列車掛長に就任するな

営業部
部長
久米良作
（常務取締役）

- 上野事務所（桜井純一; 主事・元運輸課乗客掛長）
- 宇都宮事務所（調所恒徳; 技師・元宇都宮保線事務所長）
- 仙台事務所（谷崎美卿; 主事・元運輸課運輸掛長）
- 盛岡事務所（木村一是; 主事・元庶務課文書掛長）
- 水戸事務所（西岡恒之進; 主事・元上野運輸事務所長）

副部長
久保扶桑
（元運輸課長）
粟屋新三郎
（元工作課長）
杉浦宗三郎
（元保線課長）

- 庶務掛（高橋虎太; 主事・元運輸課庶務掛長）
- 計算掛（中島忠次郎; 主事・元保線課庶務掛長）
- 用度掛（高田千蔵; 主事・元倉庫課受払掛長）
- 運転掛（三宅叔蔵; 技師・元汽車課運輸掛長兼上野機関事務所長）
- 乗客掛（佐々木隼士; 主事・元盛岡運輸事務所長）
- 貨物掛（岡正矣; 主事・元運輸課貨物掛長）
- 車輌掛（粟屋新三郎; 副部長兼務・元工作課長）
- 工務掛（小平保蔵; 技師・元保線課工務掛長）
- 電務掛（坪井孚; 技師・元保線課電務掛兼運輸課勤務）

注）副部長の3人はいずれも幹事.
出典）『鉄道時報』188号（1903年4月25日）8頁.

図4－8　日本鉄道株式会社営業部の幹部構成（1903年4月現在）

ど、運輸畑の重職を歴任してきた。その経験をふまえて、参事就任後の神原は、貨物や旅客の輸送動向予測といった運輸関係の調査・企画立案はもちろんのこと、採用試験実施案や新規路線構想、設備増強計画といった会社の長期的経営戦略に係わるさまざまな企画立案を行い、本社スタッフの中核的な役割を担っていく(71)。また主計課長には、一八九八年の経営改革に際して外部から招聘された専門経営者である前倉庫課長・神戸挙一が就任した。なお曽我社長の腹心と目されていた山田英太郎は、従来通り庶務課長として本社スタッフを統括する位置にいた。

以上の点からも明らかなように、この改革において、日本鉄道は外部から新たな人材を獲得するという方法は取らず、現有の人的資源をフルに用いて、新しい組織を動かそうとした。採用した組織が斬新であったため、逆にこのような人事政策は守旧的な印象を与えたらしく、当初は「元来職制改正の遺方を見ると甚だ拙い。否、吾人は職制改革は賛成するけれども、人物の遺操をみるに頗る其当を得て居らぬ(72)」といった批判を受けることもあった。しかし組織改革後における日本鉄道の経営展開をみると、その批判は杞憂にすぎなかったといえる。

まず表4-1から経営動向を概観すると、それまで四九％前後であった営業係数が、一九〇三年下期以降、四五％前後に低下することがわかる。その要因としてあげられるのが、一九〇〇年上期以降、漸次増加を続けてきた哩あたり営業費の低下であった。具体的には一九〇二年下期の七四七円から、三年下期の六九五円へと一気に低下している。その内訳を表4-2でみると、管理的経費である総経費の比重低下が注目できる。一九〇二年下期に一五・二％であった総経費は、三年下期には一三・五％に下がった。なおこのような総経費低下の背景には、組織再編にからめた六〇〇人近い人員削減があった。しかし、その後表4-6からわかるように、輸送量の増大にあわせて従業員数が漸増するにもかかわらず、付加価値ベースの労働生産性の上昇が続き、一九〇二年の六七一円から一九〇五年には八四四円になった。

さらに注目できる点は、新しい組織の構築によって、日本鉄道が日露戦争時における輸送急増に対応できた点である。図4-5からわかるように、一九〇四年と五年における輸送密度の上昇は、貨客ともにきわめて急である。この異常事態の発生によって、日本鉄道では当初、事故が増加するなどの混乱が生じた(73)。しかし一九〇五年になると事故の発生件数は減少し(74)、高密度の輸送が比較的円滑に行われた。それは一九〇〇年前後から進められた運行システム効率化の成果であるとともに、一九〇三年に導入された分権的事業部制が、有効に機能した証拠でもあった。

このように一九〇三年の組織改革を通じて、日本鉄道の付加価値生産性は急速に増大したが、一方でその労働分配率は一九〇二年の二三・三％から五年には一八・四％まで下落する（表4-6）。分権的事業部制の採用によって、職能別に展開していた労働運動が分断された結果、労働側の交渉力が弱まり、経営側が付加価値の増分を内部化することに成功したのである。

以上の結果、表4-1からわかるように、同社の利益率は、一九〇三年下期以降急上昇し、一九〇四年下期には一五%を超える水準に達した。これに対して、配当率は一一—一二%であったことから、同社の内部留保（積立金）は急増し、一九〇五年上期には社債の償還も終了する。こうして日本鉄道は、一旦失いかけた最優良鉄道企業としての地位を、国有化を前に再度回復したのである。

おわりに

本章では、日本の鉄道企業における経営組織の生成—発展過程を、明治期における最初で、最大の鉄道会社であった日本鉄道の事例にそくして検討してきた。その結果、以下の点が明らかになった。

日本鉄道は創立以来、国有化直前にいたるまで、事業の発展にあわせて、度々、経営組織の改革を行ってきた。その大筋を示せば、以下のようになる。一八八一（明治一四）年、片肺的な職能別組織で発足した同社は、一八八三年に一時期、ライン—スタッフ的な組織を志向したが、すぐに職能別組織へと回帰し、以後、一八九九年にいたるまで、一貫してその拡張と洗練につとめていく。その方向性は、職能別組織の多くがそうであるように、単純（一段階）階層から多階層への発展という形をとった。まず一八九二年、予定線路全線開通と官営鉄道からの完全自立を契機として、運輸部門を先頭に各職能部門ごとに分権的な地方管区制を採用していく。このように各職能部門が独自に管区を設定したことから、職能によって管区の範囲がバラバラになり、一八九八年初頭には労働争議や職員のモラルハザードの発生といったさまざまな経営課題に、経営陣が組織的に対応できない状態に陥った。その結果、九八年四月、日本鉄道では経営紛争が勃発し、理事委員会（トップマネジメント）の構成が大きく変わることになった。同年八月、新たに社長に就任した曽我祐準は、まず経営執行部（ミドルマネジメント）を総入れ替えした上で、組織改革にとりかかる。そして一八九九年に職能別組織を徹底的に洗練した新たな経営組織に構築した。この組織は現業部門の職能別管区の事務所所在地を統一し、地理的範囲をそろえた点で、従来に比べれば機能的な組織になっていた。しかしすでに企業規模が肥大化していた日本鉄道では、このような職能別組織は、管理コストの増大や収穫逓減という点で、問題をはらんでいた。さらに前述した経営課題の抜本的な解決という点でも、従来の組織は不十分であった。そこで同社は、一九〇三年、再び組織改革を行い、分権的事業部制を導入することになる。アメリカの鉄道企業組織の研究から生まれたこの経営組織は、従来の日本の鉄道企業には全く存在しなかった斬新な組織であった。したがってその運用には、不安もあったが、同社では現有の人的資源をうまくつかい、組織を効率的に動かすことに成功する。その結果、一八九八年前後に一旦、大きく落ち込んでいた同社の事業成績は、分権的事業部制導入後の一九〇三年下期から回復し始めた。この間、一九〇〇年前後から、日本鉄道は運輸部門を中心に輸送の効率化に、積極的に取り組んできた。これに、分権的事業部制の採用によって、管区長の統括力が強化され、また他の職能部門との連携も容易になったことが加わり、同社は日露戦争による輸送急増という突発的な事態に、なんとか対応することができた。そのこともあり、日本鉄道は、日露戦争の軍事輸送によって大きな利潤を獲得することに成功したのである。

以上の点からわかるように、日本鉄道における組織改革の画期は、やはり分権的事業部制の成立にあった。そこで最後に、その社会的影響について若干の考察を行っておきたい。まず最初に、鉄道業の中における影響をみてみよう。日本鉄道による事業部制導入は、『鉄道時報』のような鉄道専門誌だけでなく、『東京経済雑誌』や『東洋経済新報』といった経済雑誌でも大々的に取り上げられ、その組織の合理性が高く評価された(75)。そのため一九〇三年には、一種の組織改革ブームが生じ、多くの鉄道会社が職制改革に乗り出すことになる(76)。ところがその後、日本鉄道にならって事業部制を導入した鉄道企業は、鉄道国有化以前においてついに登場しなかった。例えば一九〇六年九月に職制改革を実施した九州鉄道の場合、社長を補佐する支配役（総支配人）を設置してトップマネジメントの機能を強化し、また職能別管区の統廃合を行い、管区区域の統一をはかっているものの、基本的な組織構造は依然として職能別組織のままであった(77)。

このように鉄道業の中で、事業部制が一気に普及しなかったのは、当該期の日本の鉄道企業の多くが、分権的事業部制を必要とするほど長大な営業距離も、また輸送密度も有していなかったからである。さらに、アメリカでも事業部制が標準的になるまでに二〇―三〇年の年月を要したことが示すように、職能別のなわばり意識が強い鉄道業において、その枠を取り払うことは容易ではなかった。そのため日本鉄道に次ぐ規模である九州鉄道でさえも、職能別組織に固執せざるを得なかったといえよう。

では日本鉄道の事業部制は、まったく孤立した事例であったのだろうか。ここで注目したいのは、鉄道国有化による専門経営者の拡散と、それにともなう他産業への影響である。周知のように一九〇六年から七年にかけて実施された鉄道国有化では、主要民営鉄道一七社が政府に買収されて、国有鉄道が成立した。その際、作業現場の従業員と技術者のほとんどが国有鉄道に引き継がれたのに対して、経営者と事務系幹部職員は電鉄を含む他の鉄道企業や他業種の大企業へ移籍する場合が多かった(78)。日本鉄道でもまた表4-5が示すように、事務系幹部職員（ミドル層）の多くは、国有鉄道へ移籍せずに他産業の大企業経営者へ転身している。中でも注目されるのは、主計課長などを経て営業部副部長（運輸担当）で退職した神戸挙一の事例である。神戸は国有化後、東洋モスリンの常務取締役を経て、一九一一年一二月、東京電灯に常務取締役として入社する。当時、東京電灯は大規模水力発電の開始などによる事業拡張をうけて、本社スタッフ（総務部）と、現業部門（営業部、技術部）の区分を軸とした組織改革を行っていた。一九一二年二月に公表された東京電灯の新しい経営組織は、その意味で職能別組織から事業部制への過渡的形態であった(79)。この組織改革に際して、神戸は現業部門の一つである営業部の部長に就任した。営業部長は営業、集金、電設といったいくつかの職能を統括するという意味で、総管区長的な能力が要求されるポストであった。したがって日本鉄道営業部副部長時代の経験が、そこで生きたであろうことは、想像に難くない。事実、営業部で実績をあげた神戸は、一九一五年には専務取締役に昇進し、一九一七年についに社長に就任することになった。

このように日本鉄道における事業部制の経験は、鉄道国有化によって同社が消滅した後も、その担い手であったミドルもしくはトップの専門経営者たちによって他産業の大企業へと伝えられ、日本における近代企業の発展に寄与したと思われる。

（1）A. D. Chandler Jr., "THE VISIBLE HAND: The Managerial Revolution in American Business", Harvard University Press, Cambridge, Mass. 1977. p.1.（鳥羽欽一郎・小林袈裟治訳『経営者の時代　上』東洋経済新報社、一九七九年、五頁）

（2）*Ibid.*, pp.105-121.（邦訳、一八五―二〇四頁）

（3）*Ibid.*, p.107.（邦訳、一八八頁）

（4）森川英正氏によると、一九〇五年段階で階層的な経営組織を明確に構築していた企業は、日本鉄道会社の他には、山陽鉄道ぐらいしか存在しなかった（森川英正『日本経営史』日本経済新聞社、一九七一年、五一―五三頁）。しかも山陽鉄道は基本的に職能別組織を採用していたことから、当時、分権的事業部制を採用していたのは、日本鉄道だけと思われる。

（5）この点については、チャンドラー自身がイギリスの事例について、若干、言及している。A. D. Chandler Jr., "SCALE AND SCOPE: The Dynamics of Industrial Capitalism", Harvard University Press, Cambridge, Mass. 1990, pp.252-254.（邦訳『スケール・アンド・スコープ』有斐閣、一九九三年、二一二―二一三頁）なおアメリカとドイツとの経営管理組織の比較については、ユルゲン・コッカ（Jurgen Kocka）の業績を参照（加来祥男編訳『工業化・組織化・官僚制』名古屋大学出版会、一九九二年、第六章）。

（6）この点はすでに一九九〇年代の初頭から、湯沢威氏らによって日本鉄道史の問題点として批判されてきた（湯沢威

「鉄道史研究」社会経済史学会編『社会経済史学の課題と展望』有斐閣、一九九二年）。

（7）山田英太郎伝編纂委員会編『日本近代における企業経営家の軌跡――山田英太郎伝』八朔社、一九九五年、第二章（桜井徹氏執筆部分）。

（8）拙著『日本鉄道業の形成』日本経済評論社、一九九八年、第一部を参照。

（9）前掲拙著『日本鉄道業の形成』七三―七七頁。

（10）当時の官営鉄道が職能別の経営組織を採用していた点については、前掲拙著『日本鉄道業の形成』二七頁を参照。

（11）前掲拙著『日本鉄道業の形成』一二五―一二六頁。

（12）『日本鉄道株式会社沿革史　第一篇』（日本経済評論社復刻版）一八一頁。

（13）商法講習所第三回（一八七九年）卒業。東京海上保険（一八七九―八一年）、商法講習所教諭（一八八一―八三年）、共同運輸会社（一八八三―八四年）を経て、日本鉄道会社に書記として入社。この間、一貫して商法講習所の講師をつとめる。『簿記学』（一八八二年）の著書あり。東京都公文書館編『商法講習所』（東京都、一九六〇年）一二一―一二三頁。

（14）一八二五年生まれのアメリカ人。エール大学を卒業後、Bryant, Strattin & Whitney Business College（New Aerk）の校長を経て、一八七五年来日。商法講習所教師を一八七八年まで務める。前掲『商法講習所』二七―二八頁、一〇〇頁。

（15）Rensselaer工大に留学（一八六九―七二年）した経験を持つ技術者。

（16）前掲『日本鉄道株式会社沿革史 第一篇』二一八頁。

（17）日本鉄道会社『第八回　報告』（一八八五年下期）。但し技術部の人員から官営鉄道からの出向者を除いた。

（18）『日本鉄道株式会社沿革史　第一篇』二九三―二九四頁。

（19）『日本鉄道株式会社沿革史　第一篇』三〇九―三一〇頁。

（20）『日本鉄道株式会社沿革史　第一篇』二九三頁。

（21）『日本鉄道株式会社沿革史　第一篇』三〇九―三一〇頁。

(22) エディンバラ大学への留学（一八七二―七四年）を経て、一八七五年に工部大学校助手に就任。一八八〇年同教授（図学）、工部大学校の帝国大学への改組（八六年三月）にともない、八七年、日本鉄道会社へ技術員として移籍。
(23) 官営鉄道から日本鉄道への技術者の移籍については、拙著『日本鉄道業の形成』一七四―一七六頁。
(24) 一八九二年四月　神原伊三郎「意見書」『参事神原伊三郎意見書写』交通博物館所蔵。
(25) 同上。
(26) 工部大学校出身の神原は、英語が堪能であったようで、アメリカやイギリスの鉄道関係論文・著書の抄訳などを多く行っていた（前掲『参事神原伊三郎意見書写』）。従って先発企業である官営鉄道だけでなく、欧米の鉄道会社の組織図をも参考にして、この組織を考案した可能性が高いと思われる。
(27) 前掲神原「意見書」。
(28) 「駅務主事委託条件」日本鉄道会社『運輸課報』第九号、一九八二年八月二二日。
(29) 同上。ただし「重大ノ事若クハ他ノ所管ニ関スルモノ」については、「速ニ届出ヲ要ス」とされた。
(30) Chandler (1977), *op. cit.*, p.95,（邦訳、一七一―一七二頁）
(31) 九州鉄道会社の経営組織については、前掲拙著『日本鉄道業の形成』第八章を参照。
(32) 当時、日本鉄道以外で職能別組織の階層化を進めつつあったのが官営鉄道である。その経営組織の展開については、取りあえず『日本国有鉄道百年史』第3巻（一九七一年）を参照。
(33) 拙稿「近代日本における鉄道と時間意識」（橋本毅彦・栗山茂久編『遅刻の誕生――近代日本における時間意識の形成』三元社、二〇〇一年）三二頁、表2を参照。
(34) 隅谷三喜男『日本石炭産業分析』岩波書店、一九六八年、三六三―三六五頁。
(35) 一八九七年上期における日本鉄道使用石炭の単価は一トン当たり七・三円であったが、九八年上期には同八・八円に上昇した。
(36) 高村直助「鉄道開通と炭鉱開発」（同編著『明治の産業発展と社会資本』ミネルヴァ書房、一九九七年）二五八―二五九頁、二六六頁。

(37) 同上、二七四―二七五頁。
(38) 前掲『日本近代における企業経営家の軌跡』九七頁。
(39) 青木正久「日鉄機関方争議の研究」（労働運動史研究会編『黎明期日本労働運動の再検討』労働旬報社、一九七九年）一〇―一四頁。
(40) 同上、三六―三七頁。
(41) 前掲、青木「日鉄機関方争議の研究」一六―一八頁。
(42) 『日本鉄道株式会社沿革史　第二篇』（日本経済評論社復刻版）一九一頁。
(43) 一八九八年一月、経営側が総会議決権の制限（「一人ニシテ二十五個以上ノ議決権ヲ有スルコトヲ得ス」日本鉄道株式会社「定款」第四九条但書）解除を目的とした定款改正を総会の定足数を無視して強行しようとしたところ、政府に拒否された問題。前掲『日本近代における企業経営家の軌跡』九七―一〇二頁。
(44) Oliver E. Willamson, 'MARKETS AND HIERARCHIES : Analysis and Antitrust Implications,' The Free Press, New York, 1975, pp.133-134.（浅沼万里・岩崎晃訳『市場と企業組織』日本評論社、一九八〇年、二二五頁）
(45) 「改革派」の中心は渋沢栄一、久米良作、西園寺公成、角田林兵衛、深川亮蔵、曽我祐準、富田鉄之助らといわれている。
(46) 『日本鉄道株式会社沿革史　第二篇』二二一―二二三頁。
(47) 前掲『日本近代における企業経営家の軌跡』一〇七頁。
(48) 山田英太郎と曽我祐準の関係については、前掲『日本近代における企業経営家の軌跡』八六―八七頁を参照。
(49) 『日本鉄道株式会社沿革史　第二篇』二三八頁。
(50) その内容については『日本鉄道株式会社沿革史　第二篇』二三六―二三七頁、二四九―二五一頁および前掲『日本近代における企業経営家の軌跡』一〇八―一〇九頁を参照。
(51) 『日本鉄道株式会社　例規彙纂』（一九〇三年十月）五〇頁。
(52) 『日本鉄道株式会社　職員録』（一八九九年十一月十五日現在）

(53)『日本鉄道株式会社沿革史 第二篇』二三五頁。
(54)『日本鉄道株式会社 職員録』(一八九九年一月一日現在および同年十一月十五日現在)。
(55)中林真幸「製糸業の発達と幹線鉄道」(高村直助編著『明治の産業発展と社会資本』ミネルヴァ書房、一九九七年)一六九―一七二頁。
(56)同上、一七二頁。
(57)保線課と汽車課では一八九八年一一月に、地方管区を前者が六つの派出所、後者が五つの機関事務所に再編する。『日本鉄道株式会社沿革史 第二篇』二三〇頁。
(58)一九〇〇年段階で開業していた鉄道企業四〇のうち、三八が職能別組織、二が単純階層組織であった。ちなみに職能別組織のなかで、組織が多段階に階層化しているのは、官営鉄道、日本鉄道、山陽鉄道、九州鉄道、豊州鉄道の五事業体である。『帝国鉄道要鑑 第一版』(鉄道時報社、一九〇〇年)より算出。
(59)Willamson, *op. cit.*, pp.133-135.(邦訳、二二五―二二六頁)
(60)一九〇三年五月二日付『鉄道時報』一八九号、曽我社長談話。
(61)池田信「日本鉄道機械工の闘争」(労働運動史研究会編『黎明期日本労働運動の再検討』一九七九年、労働旬報社)六〇―六八頁。
(62)「卯訓第一号」(曽我祐準社長談話)日本鉄道株式会社『社報』一二七七号(一九〇三年四月十四日付)。
(63)「事務所長仮委任事項」(一九〇三年五月十八日、営業部伺)前掲『日本鉄道株式会社 例規彙纂』七九―八〇頁。
(64)地方事務所の事務分掌は、次のように定められている。
一　列車及機関車ノ運転ヲ指揮監督スル事
二　駅、機関庫及保線区ノ事務ヲ監視督励スル事
三　諸工費ノ予算決算ニ関スル事
四　線路、橋梁、隧道及建物其他営造物ノ管理、保存ニ関スル事
五　線路、橋梁、隧道及建物其他営造物ノ設計及工事ニ関スル事

六　電線ノ架設及保存ニ関スル事
七　諸材料ノ保管及請求ニ関スル事

(65)「日本鉄道株式会社事務分掌規程」日本鉄道株式会社『社報』一二七七号「日本鉄道株式会社職務章程」日本鉄道株式会社『社報』一二七七号（一九〇三年四月十四日）。
(66) 主計課の職務は「収入支出ノ予算決算並調査、財産目録並諸勘定ノ整理ニ関スル事務ヲ掌ル」と規定されている。「日本鉄道株式会社職務章程」日本鉄道株式会社『社報』一二七七号（一九〇三年四月十四日）。
(67) Chandler (1977), *op. cit.*, pp.106-108, 120-121.（邦訳、一八七―一八九頁、二〇四―二〇五頁）
(68) 一九〇三年五月二日付『鉄道時報』一八九号、曽我社長談話。
(69) 当時の雑誌（一九〇三年四月二十五日付『東洋経済新報』）は、日本鉄道の新職制を「ペンシルバニア鉄道組織」と呼んでおり、また職制改革に関与したと思われる庶務課長・山田英太郎の蔵書中に'BY LAWS AND ORGANIZATION FOR CONDUCTING THE BUSINESS OF THE PENNSYLVANIA RAILROAD COMPANY, 1882'といったペンシルバニア鉄道関係の書籍が残されていることから、この鉄道会社はペンシルバニア鉄道であった可能性が高い。前掲『日本近代における企業経営家の軌跡』一二二―一二三頁。
(70) 一九〇三年五月二日付『鉄道時報』一八九号、曽我社長談話。
(71) 前掲『参事神原伊三郎意見書写』。なお本社スタッフとしての神原伊三郎の活動については、日本鉄道における職員層形成の問題とともに別稿で詳述することにしたい。
(72) 一九〇三年八月八日『鉄道時報』二〇三号一三頁。
(73) 前掲、拙稿「近代日本における鉄道と時間意識」三九頁。
(74) 日本鉄道における事故（衝突、転覆、脱線、列車分離、異線進入）の発生件数は一九〇四年の一三八件から五年には一一二件、六年には一〇二件と漸減している。前掲、拙稿「近代日本における鉄道と時間意識」三九頁、表4を参照。
(75)「日本鉄道の職制改正」『鉄道時報』一八八号（一九〇三年四月二五日）、「日本鉄道会社の大改革」『東京経済雑誌』一一七九号（同年四月一八日）、「日鉄職制の大改革」『東洋経済新報』（同年四月二五日）など。

(76) 「九州日本両鉄道の改革職制」『鉄道時報』二一一号（一九〇三年十月三日）。
(77) 「九州鉄道の職制改革」『鉄道時報』二〇九号（一九〇三年九月一九日）。
(78) 鉄道国有化にともなう鉄道従事員の移動については、『近代日本における鉄道技術の形成と鉄道業』（平成九―一二年度科学研究費補助金〈基盤研究（C）（2）〉研究成果報告書、研究代表者・中村尚史、二〇〇一年三月）を参照。
(79) 東京電灯株式会社『社報』一〇〇号（一九一二年二月五日）。

第五章　播但鉄道の資金調達

はじめに

播但鉄道は明治（以下本章では明治の年号は原則省略）二六年六月三〇日免許を受けて、兵庫県西部の港湾である飾磨と生野鉱山との間三一哩三六鎖を二八年四月一七日までに順次開通させた中規模の私設鉄道（軌間三呎六吋）である。三六年五月三一日全施設を山陽鉄道に譲渡して解散した存立期間一〇年足らずの短命な鉄道会社であるが、陰陽連絡鉄道の魁の一つであり、かつ鉄道金融分野ではいくつかの点で注目すべき特色を有しており、明治期私設鉄道のファイナンスの具体例としてここに取り上げることとしたい。

この播但鉄道の社債に関しては古くは『岩下清周伝』の「北浜銀行創立経営の事」の項目の中に北浜銀行による「播但鉄道社債（明治三十一年）引受」[1]との記述があり、『山一証券史』の中でも「播但鉄道会社の社債総額三十六万円のうち未消化分二十五万円を、十五銀行が十五万円、北浜、住友の両銀行が十万円、それぞれ買い取っている」[2]との紹介がなされ、これに基づき志村嘉一氏によって「播但鉄道会社の例は事実上のアンダーライティング」[3]との認定がなされている。これは野田正穂氏によって「募集残額の買取りを約束して発行を保証するという意味の『引受け』は……九八年四月の阪鶴鉄道社債の北浜・共立・百三十・住友の各銀行による引受けが最初のもの」[4]とされた事例に次ぐわが国の金融史上最古級の「引受」事例であった。しかし従来の諸研究でも「引受」関与銀行の動機や背景は必ずしも明らかにされていないので、本章では金融史の上でも注目すべき当該「引受」の具体的な中身に立ち入って、これらの通説を再検討することとしたい。なお本章に続く明治期以降の播州地方の鉄道発達、とりわけ播州鉄道破綻を巡る金融問題に関しては別著(5)を参照されたい。

なお本章では頻出する新聞、雑誌、年鑑等の基本資料は章末に注記せず、以下の略号を用いて本文中に示した。『鉄道時報』（八朔社復刻版）-R、『鉄道雑誌』-Z、『銀行通信録』（日本経済評論社復刻版）-B、『播但鉄道沿革概略及収支概算』（二五年一〇月、『姫路市史』第一二巻、七一五頁所収）-沿革、安藤保太郎『鷹邨言行録』大正一一年-鷹、『原六郎翁伝』-原、『日本全国諸会社役員録』-諸、『京浜銀行会社要録』-京浜、『帝国鉄道要鑑』-要、『東京日日新聞』-東日、『大阪毎日新聞』-大毎、『京都日出新聞』-日出

第一節　播但鉄道の概要

1　播但鉄道の沿革

播但鉄道はもともと生野飾磨津間馬車鉄道として二〇年一一月五日内藤利八(6)、藤岡高五郎、石田貫之助ら九名が「仏国ドコビール氏発明ニ係ル梯形鉄路(7)」によるを得策と考えて、飾磨—姫路—生野銀山間に「該軌鉄ヲ布設シ、馬車ヲ運用シ大ニ公衆ノ便益ヲ開キ度(8)」として兵庫県知事宛出願され、二一年五月三一日「書面之趣聞届」として知事名で許可されたのをルーツとしている。

生野銀山に近い兵庫県朝来郡の新井村山口出身の実業家・原六郎(9)は許可後の二二年二月一六日「土地の有力者……石田貫之助氏からはじめて播但馬車鉄道新設の相談を持ちかけられ……勾配の急なこの鉄道に馬力を用ひることは困

難で動力は宜しく蒸汽でなければならない」（原、中巻、二六二頁）と忠告した。「故郷朝来郡の開発に至大の関係ある」として大賛成した有力者である原の「この意見は忽ち容れられ」（原、中巻、二六二頁）、「明治二十二年ノ末ニナリマシテ何分馬車鉄道デハ不十分デアルカラ之ヲ汽車鉄道ニ変換シタイ」[10]との方針変更に基づき、二二年一〇月一八日には馬車鉄道計画を「何分日進ノ時運交通運輸益頻繁ヲ加ヘ今日ニ当リテ之ヲ汽車鉄道ニ変換スルノ必要ヲ感ジ」[11]、発起人を追加して播但鉄道と改称し、飾磨―生野間三〇哩、資本金百万円、総株数二万株とすることを内容とする「生野飾磨津間馬車鉄道変換シテ汽車鉄道ヲ布設スルノ義」[12]を出願した。願は「許可セラレ布設ニ着手シタルモ、運輸通行人員年ヲ追テ増加シ、汽車鉄道ノ必要ヲ感ジタルヲ以テ、二十二年四月大ニ発起人及賛成人ヲ加ヘ」[13]たが、この二二年四月時点で横浜財界から茂木惣兵衛（生糸売込貿易商・野沢屋）、平沼専蔵（貸金業、横浜銀行頭取）、田中平八（天下の糸平）、東京から横山孫一郎[14]、矢野武雄、佐々田懋（島根県資産家、代議士）、池田徳潤、種田誠一[15]、乃村伝兵衛らが発起人に名を連ねた。このうち茂木惣兵衛の（名）茂木銀行は三一年時点でなお播但鉄道二五〇株を保有している[16]。播但鉄道に京浜の資本家がかくも多数参加した背景にはこのルートが後に鉄道敷設法の「山陰及山陽連絡線」の中の「兵庫県下姫路ヨリ生野若クハ笹山ヲ経テ京都府下舞鶴ニ至ル鉄道」の一部分に該当し、当局でも「京摂地方ヨリ山陰地方へ出入ノ要路ニシテ通行最モ頻繁ナル」[17]ものと認めたように、当時としては陰陽連絡の一つとして有望視されたルートであったことがまずあげられよう。

さらに終点の官営鉱山・生野鉱山が折しも二二年四月一日付で宮内省御料局に移管され、管理経営のため生野支庁を新設したばかりという事情も関係していたと考えられる。生野鉱山は日本最古級の鉱山で、金、銀、銅、鉛、亜鉛等を産出していた。生野鉱山が属する「御料局ニアリテハ事業拡張ノ為メ、六十四万余円ヲ生野支庁へ支出セラレ、目下拡張セラレッツ」（沿革）ある増産体制下で「毎年十二万円乃至四十万円の臨時興業費を投じ極力計画の遂行に努め[18]」る一方、二四年生野支庁付属の大阪精煉所を設置し金銀地金を大阪造幣局向に輸送することとしたため、「需要ノ物品及大坂精煉所へ輸送ノ金属頗ル巨額ナルカ故ニ同支庁ニテハ専用鉄道馬車（興業費凡二十六万余円ナリト云）布設ノ計画」（沿革）があった。例えば政府委員の松本荘一郎も鉄道会議で「先ヅ相当ノ維持シテ行クニハ足リルト云フ見込デアリマス、加ルニ生野ノ鉱山ハ帝室御財産ノ中デアリマシテ段々鉱山ノ事業モ拡張セラルル方デアリマス、今日ノ所デハ此鉱山ニ材料ヲ運ビマスニハ普通ノ道路デ……余程難儀ヲシテ居リマスカラ、此鉄道ガ出来マスレバ鉱山ノ方デモ便利ヲ得、又鉄道ノ方デモ此鉱山ガ一番良イ華主ニナルコトデアラウト思ヒマス(19)」と鉱山輸送に多くの期待を寄せている。しかし現実には「播但鉄道会社が建設の目標とした生野鉱山の鉱石類には余り利用されなかった(20)」ため、播但は後にみるように活路を生野以北の延長線に見出さざるをえない羽目に陥った(21)。

馬車鉄道から普通鉄道への転換を模索している当時において、たまたま「工業御保護の御趣旨なりと承はる宮内省に於て時価を以て九州、筑豊、山陽、大坂、関西、参宮、水戸、両毛、総武の九鉄道株各百分一宛を御買上げに相成るの義」（二四・五・九、東日）が二四年二月に確定し、三月一〇日「参宮鉄道のみは御買上の恩典ありて株主一同の喜び一方ならず」（二四・五・九、東日）という事実もあった。こうした宮内省の鉄道投資育成という追い風を受けて、播但鉄道発起に際して賛同した京浜資本家の中には岩倉具視家令で第十五国立銀行支配人の山本直成など、宮内省関係者ないしその意を体した人物も加わっており、同社が「播但鉄道線特有利益」として「生野支庁ハ前記ノ如ク大ナル関係アルヲ以テ、株式ノ幾分ヲ帝室御持株トセラルル乎、又ハ一時補助金ヲ下附セラルル乎ノ特典ヲ得ラルルモノト確信」（沿革）するのも不自然ではなかろう。のちにみるように、播但鉄道の創業期金融に、宮内省本金庫を預かる東京の第十五国立銀行が深く関与するに至った背景も、この「特典」の一種ではないかと推定される。

播但鉄道社長だった鹿島秀麿自身の回顧談によれば「是れは言ふまでもなく、山陽、山陰両道に亙り、姫路より生野に敷設せんとするもので、而かも其の連絡線の最初の計画である。明治二十五年九月十三日に牟田口君を始め、原六郎、山本直成、平沼専蔵氏等、並に沿道の有志者四十余名が出願者となって申請した」（鷹三巻、四三頁）とする(22)。

2　歴代経営者と大隈人脈

発起人総代の藤田高之[23]は東京府麴町区有楽町三丁目の士族で、広島藩士として維新で各地に転戦した勇士、七年司法省に出仕、一三年東京上等裁判所検事に転任、一五年立憲改進党の発起人となり[24]、同年牟田口、中野らと法律事務所・修進社を設置（鷹三巻、年譜）、二五年三月大隈系統の壬午銀行の頭取に就任した。（二五・三・B）三二年時点で東京馬車鉄道監査役、壬午銀行頭取（京浜第三版、二一五頁）であったが、「実業界に入ったが志を得ず、大正十年五月二十八日、東京に没、年七十五[25]」であった。

宮内省としては直営の専用鉄道馬車に代替する鉱石の輸送手段として、地元計画をバック・アップし、何らかの形で京浜の資本家を動員したものと考えられる。しかし、「爾来種々ノ支障ニ遭遇シ、許可ヲ得ズ」（沿革）とされたように馬車鉄道から普通鉄道への変更の実現は遅延した。

その理由の一つは同社線のみの独立経営の困難から山陽鉄道の支線として経営するにしかずとして、同社発起人が山陽鉄道側と協議を続けたが、うまくいかなかったという事情があった。またその後「主務省ヨリ閣議ニ提出セラレ、将サニ許可セラルルノ場合ニ臨ミ、鉄道買収論ノ為メニ……遂ニ許可ヲ得ス……」（沿革）に放置された。この点は松本荘一郎も鉄道会議で「二十四年ニ至リマシテ是ハ許可ニナッテ然ル可キモノデアラウト云フ意見ヲ立テ……内務大臣ニ其事ヲ鉄道ノ当局者ヨリ具申致シマシタ所ガ……彼ノ鉄道ノ国有主義ト云フモノモ……生レテ参リマシタニ付キマシテハ、従ッテ此鉄道ノ許可モ遅延……敷設法ガ成立チマシタニ付テハ帝国議会ノ協賛ヲ経ナケレバ予定線ニ這入ッテ居リマスガ為メニ仮免許状ノ下付ヲ取計ラウコトガ出来ヌヤウナコトニ相成ッタ次第[26]」と遅れを弁解している。

遅延したもう一つの理由は「発起人中時勢ニ感シ素志ヲ変シタルモノ或ハ引受株金ノ負担ニ堪ヘサルモノ[27]」が続出したことで、例えば華族池田徳潤（赤坂区赤坂新町）、種田誠一、乃村伝兵衛、田中平八[28]は発起人から除名された。このうち種田は時期的な一致から東京馬鉄背任事件の関係かと見られ、「天下の糸平」を自称した相場師田中平八も二三年の株価下落の影響で「素志ヲ変シ」たものと見られる。

「鉄道法案発布セラレ弥素意ヲ追願スルノ時機ニ接シタルヲ以テ」（沿革）二五年一〇月追願し、この時の発起人総代には大隈系統の壬午銀行頭取である藤田高之が就任、二六年二月一六日の鉄道会議の議を経て二六年三月仮免状を下付され、二六年六月三〇日付で免許された。発起人には地元からも内藤利八、浅田貞次郎、岡精逸（朝来郡口銀谷町）等が参加した。浅田、岡は二六年八月一日出願の阪鶴鉄道にも発起人として参加し、各八〇〇株引受けた陰陽連絡の鉄道敷設に熱心な名望家たちであった。

二六年七月一四日資本金一〇〇万円（一株五〇円）で設立され、本社を東京市京橋区日吉町（八月京橋区加賀町、九月姫路市西魚町、一〇月兵庫県飾東郡國衙村に順次移転）に置いた。二六年九月頃の役員は社長藤田高之、取締役（社長代理）鹿島秀麿、取締役岩田武雄、内藤利八、肥田昭作、山田重正（京橋区加賀町、紙商）、牟田口元学、監査役東村守節、曲田成、岩崎茂元（麹町区裏霞ヶ関）であった。

鹿島秀麿によれば二六年「七月十四日創立総会を開き、役員を選挙し、藤田高之君が社長となり、自分も役員に加はり、社長代理として従事したが、牟田口君は其の時に役員とはならなかった。実は是れには事情が有った。皆一同は是非同君に社長となってほしいと懇望してゐたが、同君の腹ではどうか藤田君にやらせたいと言ふかんがへで、遂に加名して貰ふ訳に往かなかった。そこで然らば相談人となって重要な会合には役員同様に参列して貰ひたいと役員一同が要請して遂に其の運びになった」（鷹二巻、四四頁）と大隈派による藤田社長選任の事情を回顧している。しかし初代社長に藤田高之がすんなりと決まった訳ではなく、地元では浅田貞次郎ら別の人物を推す動きもあったようだ。「資産と云ひ、又功労と云ひ当然〈浅田〉氏は社長たるべき地位」にあったといわれ、初代社長に原六郎か池田謙三を迎えることを主張した浅田の意見は容れられなかったといわれる。浅田はその後路線延長の際にも但馬側株主に増資を引受けさせたり、山陽による播但買収時には紛糾した債権者間の調停役を演じて、最終は播但の清算人を務めるなど、重要な場面に再三登場した。

二七年九月二二日大隈系統の藤田社長が辞任し、一〇月二八日後任社長に同じ大隈系統の牟田口元学が就任した。これより先二六年七月「同社の設立に与りて大に力ありし」牟田口が播但取締役に就任したが、これは「故ありて幹部加名《ママ》を辞したりしに、同社の事情に要せられて……遂に就任」（鷹三巻、年譜、八頁）したものであった。「（牟田口）君は東京馬車鉄道との兼任であったから、事務連絡のために、東京に我社の出張所を設けてくれといふので磯部保次君が東京詰となり」（鷹二巻、四七頁）、二六年九月東京市芝区露月町に東京出張所を設置した。磯部保次は二六年から二八年まで播但鉄道に在勤（鷹二巻、九四頁）した後、牟田口との関係を深め、三三年時点では東京馬車鉄道経理課長兼会計課長（要一版、九〇頁）となっている。

二七年四月二一日両毛鉄道支配人伴直之助を「播但鉄道の藤田高之、牟田口元学氏の懇請により」（三四・一・五、R）招聘して、本社総支配人・兼会計・運輸両課長に任命した。なお二八年春、伴直之助が京都鉄道事務部長支配人に転任した後に、同じく改進党をバックとする中越鉄道庶務課（三二・二・一五、R）から谷村一太郎[39]（後の藤本ビルブローカー銀行会長）が播但に転じて後に運輸係長となった。

二八年五月現在の播但鉄道役員は社長牟田口元学、取締役藤田高之、鹿島秀麿、岩田武雄（前出）、取締役兼支配人内藤利八、取締役肥田昭作（前出）、山田重正（前出）、監査役名村泰蔵[40]、荒木定[41]、岩崎茂元（前出）、顧問南清、幹部職員は建築課長柳田皎、運輸課長隅田英次であった（諸二八年、一九九頁）。

鹿島によれば二八年「四月十四日には生野町で全通の開通式を挙行した。そこで牟田口君は最初からの目的を達成したので、其年の十月二十七日に円満辞任をなし、自分が其の後を襲いだ」（鷹二巻、四七頁）とする。牟田口との事務連絡のために設置されていた東京出張所は二九年五月「本月限り本店に引揚」（Z二号、二一頁）げることとなって廃止された。牟田口は三二年一一月の播但鉄道株主総会の決議により「創業以来の尽力を多とし、殊に社長として全線開通に至れる功労を謝するため、銀盃一個を贈」（鷹三巻、年譜、九頁）られた。鹿島は二九年播但社長として第七回全国私設鉄道懇話会に出席し、「日本銀行担保品中に各既設鉄道会社の株券を加ふべしとの事を本会より建議せん」（Z二六号、三四頁）と提起したが果さなかった。二九年時点では社長鹿島秀麿、取締役牟田口元学、内藤利八、今西林三郎、阿部彦太郎、左納岩吉、日下安左衛門[42]、監査役名村泰蔵、荒木定、大塚磨（二九年上期二五〇株主）、顧問南清、汽車顧問岩崎彦松、建築課長（二八年八月就任）守下精、会計課長兼庶務課長和田又男、運輸課長不島勝太郎、汽車課長心得武部憲吉（Z九号、三〇頁）であった。

二九年二月一二日会頭（社長鹿島秀麿）の指名で「取締役ニ今西林三郎、監査役ニ大塚磨ヲ指名推薦セシニ満場異議ナク[43]」議決した。大塚磨[44]は典型的な鉄道虐使論の実践者として著名で、九鉄改革運動の少し前の三二年四月、北浜の仲買人らとともに大阪鉄道でも「営業費が他の鉄道会社に比し多きに失す」（三二・四・二〇、大毎）と改革を主張、同派を代表して取締役として乗込んだ人物である。今西林三郎[45]は大阪市西区本田の今西廻漕店・今西石炭店（石炭洋鉄諸器械卸小売）の経営者で、松山与兵衛[46]とともに大阪三商銀行[47]の黒幕的存在であった（三六・五・三〇、R）。今西は三六年七月高野鉄道でも現任重役を総辞職させて、改革派を名乗る松山一派に高野鉄道の実権を掌握させた。

これ以後に播但鉄道経営に深く関与する大阪の資本家である今西林三郎、大塚磨、松山与兵衛、富永藤兵衛[48]らは九州鉄道、大阪鉄道、高野鉄道等の内紛で、いずれも改革派を名乗る一派を形成し、鉄道虐使論による高率配当を志向する点で共通し、ある種の特異な資本家集団を構成していたものと推定される。三二年二月積極主義が播但重役中に起り、「一時借入金を為して起工せんとし處、大塚派の重役は大に反対し、終に同派重役三名は辞職」（三二・二・一五、R）した経緯からも、大塚派重役は播但でも新規投資には徹底的に反対し、極端な経費・金利等の節減によって現有設備のままでの収支均衡・採算化をはかるという大塚流の「改革」を志向したものと考えられる。播但OBの立場から伴直之助は「播但には大塚サンが這入って折角遣られて居るけれど、何様小鉄道のことであるから、思ふやうに行くまいと思はれる」（三四・四・二〇、R）と大塚流の「改革」には懐疑的であった。

三一年一二月から三二年二月にかけて播但鉄道運輸課の喜多与太郎、同今村兼吉、庶務課井上稔、調査課酒井晶一、会計課増尾正雄、前川巻太郎、庶務課池田次郎松、運輸課河合喜一の中堅社員八名が揃って鉄道協会に準員として入会した（三二・二・一五、R）。三三年時点では社長内藤利八、取締役鹿島秀麿、今西林三郎、阿部彦太郎、監査役名村泰蔵、荒木定、顧問技士工学士村上亨一、社長付書記井上稔、出納係長兼株式係長前川巻太郎、計算係長兼調査係長兼用度係長中村三代太、建設係長兼雑務係長兼保存係長技士真田万吉、用地係長飯塚六朗、運輸係長谷村一太郎（中越鉄道庶務課より転任）、汽車係長技士杉村彦次郎であった（要一版、明治三三年、一四六―八頁）。

解散直前の三六年二月一六日現在の播但鉄道役員は社長内藤利八、取締役鹿島秀麿、阿部彦太郎、今西林三郎、鎌田三郎兵衛、監査役名村泰蔵（東京麹町）、荒木定（東京赤坂）、原庄七、幹部職員は顧問技師村上享一、社長付書記井上稔、会計係長大塚源三郎、運輸長国友初二、車両長杉村彦次郎、保線長真田万吉、工場主任技士加瀬清太郎であった（要二版、三六年、内二四八頁）。

3　建設工事と技師陣容

播但鉄道の建設工事はまず最初に二七年七月二六日姫路―寺前間一九哩、二八年一月一五日寺前―長谷間四哩、二八年四月一七日長谷―生野間五哩五鎖および姫路―飾磨（後に飾磨港と改称）間三哩三一鎖が部分開業して、ここに当初計画の飾磨―姫路―生野間三一哩三六鎖が全通した。武和三郎（二七年時点で播但鉄道第二区工事監督主任技士）の回顧によれば「先づ部署を二つに区分し、一は姫路に、一は但馬の生野に出張所を設置し、双方から工事に着手したが、自分〈武和三郎〉は生野の所長であった」（鷹二巻、九一頁）とする。第一区工事監督主任技士は二六年七月鉄道庁から転じた守下精であった[49]（諸二七年、三〇七頁）。

二五年には山陽鉄道技師長（二三年三月～二九年四月）の南清が隣接する播但鉄道技師長をも兼任することとなり、二七年まで建築課長柳田皎とともに務め[50]「工事の非常に能く出来、且つ万事好都合に進行し……其上線路の出来栄えも概して実に能く出来[51]」たといわれる。「鉄道家経歴」を多く引用した『南清伝』でも播但時代は「君が技師長たりし二十五年より二十七年までの頃は、飾磨より生野まで三十三哩なりき。而かも僅かに百万円の経費を以て、一ケ年の短日月間に全部の功を竣り、工事の出来栄亦た我国の鉄道中稀れに見る所と称せらる[52]」ときわめて簡単な記述にとどめている。南清はその後も「顧問技士」として二九年一二月の津居山延長時の工事方法書等に主任技士守下精と並んで署名している[53]。

二七年二月に着工し、施工は鹿島岩蔵（代人星野鏡三郎）、橋本忠次郎の請負であった。星野鏡三郎は新見七之丞、池田亀造とともに「鹿島組三部長[54]」の一人で「純粋の鹿島組子飼いであったが、後星野組を創設した人[55]」であった。また橋本忠次郎は熊本県の出身で、大倉組、早川組主任を経て、早川組の解散により、その衣鉢をつぎ橋本組（後に橋本店に改称）を創設、奥羽線工事等で活躍し、大正二年頃死亡した[56]。武和三郎は「播但鉄道と言へばストライキの珍談が有った……事は社員の待遇を過ったのが破裂の起因で技師長南清君を首めとして、我我一同の社員が辞職することになったのであるから、会社としては素より由由しき一大事件であった」（鷹二巻、九一頁）とする。最初の開通式を「藤田君の在任中に施行させたかった」（鷹二巻、四七頁）牟田口の配慮通り、二七年七月二六日姫路―寺前間一八哩二〇鎖を一部開通させた。武和三郎によれば前述の「ストライキの鎮定後、藤田氏は任を退き、〈牟田口〉翁は社長となられた」（鷹二巻、九二頁）として、藤田社長の退任とストライキを結び付けており、社長の権威を振り回すタイプの藤田から、温情主義で従業員に寛大なソフトムードの牟田口に交代したものと推測される。

第二節　播但鉄道の資金調達

1　生野以北延長線の概要

播但鉄道は二六年一〇月三一日臨時株主総会で満場一致での議決を経て、一一月八日社長藤田高之（収支概算は主任技師南清）の名で「熟々地勢ヲ考ヘ将来ヲ慮ルニ今一歩ヲ進メ線路ヲ……生野ヨリ……和田山迄延長致候ハヽ一層公私交通ノ便ヲ開キ随テ殖産興業ノ利ヲ増進シ本会社ニ於テモ相当ノ利潤ヲ得候儀ト確信[57]」して生野―武田―和田山間一二哩七六鎖の延長を出願し、二七年七月三一日生野―和田山間延長線の仮免状を得て、二九年五月二三日免許された。また和田山―八鹿―豊岡―湯嶋―津居山間三〇哩の延長を出願し二九年五月二七日仮免状を下付された（Z八号、四〇頁）。以下ではこの生野以北延長線の資金調達における難航ぶり、さまざまな試行錯誤を見ておきたい。

まず東京資本主導で政党色濃厚な播但が地元資本家（特に但馬側）との折合いがよくなかったことは、「内藤利八、鹿島秀麿等と共に播但鉄道を創立して、但馬方面の株主は殆ど〈浅田〉氏の力に依て拉致した[58]」とされた但馬側のリーダー格の浅田貞次郎が「創立者は何れも政界の我利々々者のみ……〈浅田〉氏は益々政治屋と共に事を為すを嫌ひ[59]」播但から身を引いたことや、播但の津居山延長申請の際に「其地方ニ関係アル人ガ重モニ株主賛成者ニナッテ居ル[60]」但馬鉄道[61]という対抗馬が現れ、「播但等ノ鉄道株式会社ハ現在迄ハ工事ノ進歩ガ甚ダ遅々トシテ居ル[62]」旨の陳情書が多数提出されたことからも伺える。鉄道会議でも西山志澄（高知の政治家）は「播但鉄道ト但馬鉄道トノ間ト云フモノハ、鉄道ト云フハ寧ロ間違デ……随分相容レヌ事情ガアルヤウニ屢々聞クコトガアリマス[63]」と発言している。おそらく改進党バックの播但との政治路線の対立感情も加わっていたものと考えられる（但馬鉄道は二九年三月却下）。

なお二九年の第七回の定式総会の後引続き開かれた臨時総会で「和田〈山〉津居山間延長線資本金増資及び定款改正

の件、右延長線資本金に対する株主引受株の件及び但馬鉄道発起人并に但馬沿道有志者へ右株式分配の件、湯島、米子間延長線布設の件」（Z一二号、三二頁）を付議しており、激しく対立した但馬鉄道側への増資株式割当という融和策をとったものと見られる。その後も内藤社長が但馬の有力者で組織した「播但鉄道延長速成会」（委員十数名）との会談を粘り強く続け、三二年四月二四日の総会では但馬の株主より「資本金三十万円を引受くるに因り未成線を八鹿迄延長し、其工事の竣工を期せられたし」（三二・五・五、R）との動議が出され、この件は重役一任となり、三二年一一月には播但重役と「但馬地方の有志者日下安左衛門、浅田貞次郎、安積春次の三氏と……会合して但馬地方の引受株に関して凝議する処ありしが、結局同地にて一万六千株の新株を引受け四十万円即ち一株に付き二十五円までを払込むことに決せり」（三二・一一・五、R）として決着した。安積春次（二九年上半期旧一五〇　新一四五計二九五株の第二七位株主）は朝来郡杉田村大地主、和田山銀行副頭取、梁瀬銀行取締役和田山支店支配人であった。

二九年五月和田山―津居山間二六哩一四鎖の仮免状下付、三〇年八月二五日免許[64]され、株式市場でも一時は「播但鉄道和田山延長線は意外に好人気なり」（Z二五号、四四頁）との評もあって二九年一二月一日和田山延長線を着工した。しかし「生野、和田山間（十三哩半）の工事は経済界不振の際とて、着手に至り難かりし処、去五月二十二日にて仮免許状の効力を失するに至り」（三二・六・二四、R）、三二年五月免許状は工事竣工「期限経過したるの故を以て……政府へ返附し……当局者に交渉の上」（三二・九・五、R）、「生野、和田山の連絡を再願せんが為めに、臨時会を招集」（三二・六・二四、R）して、仮免状の下付を再度申請し直し、三二年七月二七日生野―和田山間一四哩〇〇鎖仮免状下付[65]、三二年一〇月三〇日生野―和田山間一三哩六三鎖（資本金八〇万円）を三カ年の期限で再免許[66]され、三四年八月三一日生野―新井間五哩一五鎖のみを開業[67]したものの、残りの新井―和田山間八哩四八鎖は未開業に終った。三五年三月一〇日免許状の工事竣工期限経過により三月二二日敷設を廃止[68]し免許状を返上した。

2　株式払込の難航と外資導入の模索

播但鉄道の株式は東株では二七年二月一九日から二万株が売買開始され、ブームの二八年の株価は最高で六〇・四円をつけ、二八〜九年は年平均でも払込価格五〇円台をキープ、売買高の推移でも二七年三万二九六九株、二八年六万五六一〇株、二九年三万八五八〇株と三万株以上を維持した。

しかし延長線着工により、当初資本金一〇〇万円を一八〇万円に増資し「和田山延長本免状下附に付き第二募集資本金八十万円即ち一万六千株を来八月十日限り……募集する」（Z二号、二一頁）こととした二九年末には、運悪く「諸株式は……低落に低落を重ねて殆んど底止する所を知らざるが如き有様」（Z二八号、四四頁）と株式市場の激変に遭遇し、三一年には播但の株価も最高でも払込価格を割込んだため、「播但鉄道会社延長線第二回払込時節柄は当分延期する事に決し其旨夫々株主へ通知したる由なり」（Z二八号、三八頁）と払込が難航した。東株売買高も三〇年六六〇〇株から、三一年以降はずっと二〇〇〇株未満で低迷、最終の三四年には七八〇株と殆ど流通性を欠くような薄商いが続いたまま、三六年六月一日の解散を迎えている。(69) 大株売買高でも二七年こそ一六八二枚あったものの、二八年二枚、二九年三〇九二枚、三〇年二五二〇枚、三一年不明、三二年一九〇二枚、三三年には僅か二枚になり、このまま売買停止となった。(70)

こうした払込難を背景に三〇年頃には播但でも大株主・役員の阿部彦太郎(71)や伊藤長次郎(72)等が何らかの形で関わったと推定される以下のような外資導入の模索が見られた。

播但鉄道にて外資を輸入するの計画ありしも一部株主の異議と輸入の方法に就て彼我の交渉一致せざりし為一旦立消の姿となりしが、今回愈々阿部氏の周旋に依り外資を輸入して和田山津居山間の線路を敷設するに決せりしと云ふ（三〇・一二、B）

ロンドンに本社を置く外国法人サミュール商会（代表者東洋総支配人デビス）は「余り見込もなき小鉄道に直接投資することは敢えてせざるも、若し兵庫農工銀行が債務者となり担保せし上、然る後同銀行よりして播但、阪鶴と云へるが如きへ融通するものなれば、幾分かの条件（レール、エンジン売込）を付して、相当の資本を投ず」（三一・五・二四、国民新聞）る方針なりと伝えらた。同商会は鉄道資材、石油、ショウノウ、棉花、銑鉄等を扱う有力貿易商社で浅野系東洋汽船の金融や本邦国債の輸出にも尽力したが、三一年には関西の二、三の鉄道会社からの引合いに応じ外資導入を斡旋した。金融仲介者に指名された兵庫県農工銀行の取締役には播但取締役にも就任した伊藤長次郎が就任していた。しかし伊藤は三二年四月大塚磨、岡田寿一郎等の「大塚派の重役」とともに辞任した。

3　十五銀行等からの借入金

すでに二九年の第七回の定式総会後の臨時総会で生野以北の延長線をさらに鳥取、米子、境港まで一一〇哩も延長する議案とともに「飾磨生野間の既成線に借入金を為す事」（Z一二号、三二頁）を付議するなど積極投資する方針を打ち出した。しかし状況が一変した三一年六月の総会では新任の内藤利八播但社長は「経済界困難に遭遇せしを以て終に工事を中止せしと雖も……十八万円を費消せり。且つ開業線に対しては不足金を生じたれば銀行に借入金を為しぬ[73]」と説明した通り、「播但鉄道会社の資金……飾磨生野間三十一哩にて百二十万円を要し、不足額二十万円は十五銀行其他より一時借入金を為して支弁」（三二・九、B）したのであった。十五銀行は全行で「明治二十八年一月ヨリ六月ニ至ル六ケ月間貸付金額左ノ如シ……一、金六十一万千七百五十円　七口　銀行会社……又此抵当物ヲ種類ニ拠リテ区別スレハ左ノ如シ……一、金四十万円　鉄道[74]」とあり、明治二八年上期には鉄道抵当で四〇万円を融資したが、仮に播但への二〇万円融資が全額ここに含まれているとすると、銀行会社への全貸付金の三分の一、全鉄道抵当金の半分を占める大口貸付であったことになる。
十五銀行その他から二〇万円の一時借入を行った背景を鹿島は次のように回顧している。

財界の変態は我社にも影響し、当時は資金の必要なるに拘らず、株金の払込も時機に適はず、金融も亦容易に意の如くならず、ほとほと我我は当惑した。元来藤田君は温厚の士であったが、一方では壬午銀行の頭取たりしが故に、旁以て都合が悪い、謂はゆる時利ならずであった。其の時に発起人の一員たる十五銀行の山本君が牟田口君に説いて、貴下が社長になってやられるならば無論我我は進んで払込をするのみならず、差当り急場の金融をも敢へて辞せない。どうですと言ふので、牟田口君も余儀なき羽目となって局に当られることになった。其の時に十五銀行側から取締役、監査役各一員が加入した（鷹二巻、四七頁）。

つまり馬鉄事件等業績不振で身動きのとれないメイン銀行の壬午銀行に代って、生野銀山を所有する御料局と同根の十五銀行が新たに社長交代と役員派遣を条件として他行とともに二〇万円を融資したものと考えられる。しかしあくまで「差当り急場の金融」にしか過ぎなかったため、播但としては「尚新株払込の覚束なきより、別に一割利付三十六万円の社債を発行し、其一部を以て十五銀行の借入金を返済」（三二・九、B）することを早晩迫られた。

4　十五、北浜、住友各行による社債の「残額引受」

北浜銀行は三一年「八月八日播但鉄道株式会社ノ社債金三十六万円引受ノ契約ヲ締結」[75]したが、これは二九年に相次いで播但取締役となった今西林三郎（北浜銀行五四株主）、阿部彦太郎ら北浜筋の介在によるものと推定される。十五銀行等からの借入金を返済するため、三一年九月一日に発行した第一回社債三六万円は北浜銀行が三一年「八月十三日播但鉄道株式会社ノ社債引受ノ件ニ関シ住友銀行ト契約ヲ締結セリ」[76]とあり、北浜銀行は発行の直前に住友銀行と共同引受契約を締結した上で、「九月一日ヨリ播但鉄道株式会社ノ社債ヲ募集[77]」した。

『鉄道局年報』では三一年六月二七日「株金未払込ノ為メ資金ニ欠乏ヲ生シタルヲ以テ株金払込ニ代ヘ之ヲ補充スル為メ[78]」三六万円の社債券発行が認可され、三一年度末の社債金額も三六万円と記載されている。しかし内実は「結果不良ニシテ応募額十一万円ニ過キス十五銀行其ノ他ニテ引受[79]」けたとされる。応募額のうち判明したのは保険会社では明治生命、明治火災各一万五〇〇〇円、京都生命一五〇〇円等であるが、明治生命、明治火災両社の付合い程度の応募は創立以来の播但取締役である三菱系の肥田昭作が同時に明治生命監査役をも兼務していたことの反映でもあろうかと推測される。『山一証券史』によれば、「播但鉄道会社の社債総額三十六万円のうち[80]未消化分二十五万円を、十五銀行が十五万円、北浜、住友の両銀行が十万円、それぞれ買い取」ったとし、志村嘉一氏もこうした「播但鉄道会社の例は事実上のアンダーライティング[81]」と解している。『鉄道時報』に先行する専門誌『鉄道新聞』の報道によれば第一回社債の「社債発行規定」第四条は「本債は本会社の株主より募集し残余あれば之を一般応募者より募集すべし[82]」と株主優先を規定し、社債払込も「社債発行規定」第三条で「本債の払込は八月十月の二回とす[83]」と二回分割払込を規定していた。第一回の八月払込では「募集の際は九十五円以上として」株主その他の一般募集を行い、第二回の一〇月払込は「最低九十円と為し置く[84]」と、かなりの差別的取扱いとなっていた。『社債一覧』では発行日三一年九月三〇日、発行価格九五円、利率一〇%、応募者利回一一・五七八%、引受会社住友、北浜各銀行[85]と第一回の八月払込の条件が記載されている。十五銀行ほかによる「残額引受」は後者の発行条件であったかと考えられるが、十五銀行『営業報告書』では三三年六月末現在播但鉄道社債券面一〇万円（実価九万五〇〇〇円）と記載され[86]、発行価格が九五円一本であったことを推測させる。しかし第一回社債の起債目的が十五銀行等からの借金を返済することにあったことから見て、既存の債権者である十五銀行はもとより、結果として当該社債の未消化分を買取らざるを得なかった北浜、住友両行も十五銀行と同様に播但に「差当り急場の金融」を実施していた利害関係者であった可能性が高いと考えられる。

5　借替社債の発行計画と「残額引受」への疑義

三一年には播但は延長工事を一時中止するとともに、「社債を起して借金を償却し株金の払込をも延期」（三二・二・一五、R）するなど、大塚派の主導で専ら消極主義に徹して整理に努めた。整理の結果、三二年二月には「目下に至りては略ぼ整理の実を挙げたるを以て、此上は成るべく速に中止の工事を復興し最初の目的を貫徹せん」（三二・二・一五、R）との積極主義が重役中に起こり、「昨今の経済界にては尚ほ株金払込みを為さしめんこと困難なれば一時借入金を為して起工せんとし處、大塚派の重役は大に反対し、終に同派重役三名は辞職」（三二・二・一五、R）したため、「其他の重役は借入金の示談調ひなば工事に着手せん見込なり」（三二・二・一五、R）と播但の方針が一変した。

三二年六月一五日の臨時総会で和田山以北建設の方法とともに「社債金一百万円ヲ前後金五十万円宛両度ニ募集之件…社債募集ニ関スル利率額面時期其他詳細ノ事項ハ重役ニ一任スル事[87]」を決議したが、資金使途は「曩ニ募集セシ社債金三十六万円消却ノ資ニ充テ、及生野以北ノ線路建設費ニ充ツル[88]」ためであった。播但は三二年六月一九日付で逓信大臣宛、生野―和田山間の仮免状を申請、三二年七月付犬塚勝太郎鉄道局長宛の上申書の中で、「又一方ニ於テモ株金全額払込ヲ為サシムル困難ナル場合ハ社債ヲ募集シ、其費ニ充テント先月臨時総会ニ於テ決議致シ、目下募集内談中ニテ、其応募ノ模様モ至極好結果ヲ得ル見込ニ御座候間……[89]」と述べているごとく、「新債募集の件に関しては目下北浜銀行と調談中なるが、早晩好結果を見るべき望ある」（三二・六・二四、R）ものと報道されていた。鉄道局に対し「資金補充并ニ前ニ発行ノ債金ヲ一時償還ノ為メ[90]」、第一段階としてまず社債券発行額五〇万円、利子歩合百分ノ七で申請し、三二年一二月二日付で認可された結果、播但の三二年度末の「発行ノ認可ヲ得タル社債金額」（発行枠）は八六万円となった。一〇〇万円のうちの生野以北建設のため「六十四万円を工事に使用すべき」（三二・六・二四、R）は当然としても、なぜ僅か九カ月前の三一年九月一日に一年据置、四年返済の条件で発行したはずの「前ニ発行ノ債金ヲ一時償還[91]」すなわち第一回社債三六万円の消却が必要なのであろうか。また新社債の募集内談中の相手がなぜ第一回社債の未消化分を買取った残額引受行の一つたる北浜銀行なのであろうか。

考えられるのはまず第一回社債の利率が年一〇％と高利なため、低利の借替社債を発行しようとした播但側の借替動機である。当時の『日出新聞』にも「播但鉄道は百万円の社債を発行して以前の高利社債三十六万円を返済」（三二・一二・一二、日出）の計画と報じられた。「社債百万円募集の件……先づ七十万円丈を必要に応じて募債し、其内三十六万円は現時の社債の消却に充て、残り三十四万円と引受新株の四十万円とを以て生野和田山間の起工費に充つる筈なるも……右社債は九十二三円以上八朱見当にて募り得べき見込」（三二・一一・五、R）と報じられたように、借替債の交渉途中の見込利率が年八％と前回より低くなっていることからもある程度うかがえる。しかし金利要素以外にも十五銀行等によるいわゆる「残額引受」なるものが、その実態は未発行社債担保での、単なる短期の繋ぎ融資的性格の「差当り急場の」資金であった可能性すらあろう。前掲の『日出新聞』も一般論で「社債も夫々銀行に於て引受の契約成立せしに、今や金融引締りの影響に依り、引受銀行も躊躇の姿にて実際募集する能はざる事情もあり……〈播但、七尾鉄道の〉何れも其実行甚だ困難の模様なり」（三二・一二・一二、日出）として関係銀行による社債引受契約の実行性そのものにも疑問を呈している。

その後何故か、北浜銀行との募集内談は姿を消し、積善同盟、浪速、山口の三行の名前が急浮上してくる。すなわち三二年一一月二二日の臨時総会で第二回「社債募集に付本会社の定款第四十四条第一項に関する件（本会社財産を抵当とし社債を起し及び社債を弁済する事）、又社債は百万円を募集するか若しくは借入金三十万円を据置きて七十万円を社債として募集するかは役員に一任する事に決したり、而して右社債は先づ一般より募集し、若し不結果の時には積善、浪速、山口の三銀行外一行にて年利七朱を以て百円に付き九十円位ゐにて借り受くる事」（三三・一一・二五、R）を可決した。第二回社債は「今回大坂の浪速銀行、積善銀行、山口銀行の三行に於て七十万円丈を引受くる事に内約出来せり、其割引は額面百円に対し価格九十円にして利子は年七朱なり」（三三・一二・五、R）と報じられた。その後も交渉は継続していた模様で三四年の報道では「播但鉄道会社の借入金　播但鉄道会社にては浪速、積善同盟、山口の三銀行より七分利にて二十七万円の借入を為すことに内契約を結び居りしが解約になりたるに付、東京の某銀行より資金を借入れんとし交渉中なりといふ」（三四・四・一五、B）と、三行からの資金調達は全く「借入金」として取扱われている。

一連の記事の字句だけから判断する限りでは、第二回社債を「一般より募集し、若し不結果の時」には、三行から売れ残った第二回社債の券面「百円に付き九十円位」に「割引」いて「借り受くる」という「内約」が出来たとも解釈され、この手形割引にも似た行為全体を指して社債を「引受くる事」と表現していることが判明する。つまり通常の手形の差入れに代えて、担保的な意味合いで売残りの第二回社債券を三行に差入れ、券面「百円に付き九十円位」で、「会社が実際資金の必要を感ずる際、積善より四十万円、山口浪速より各三十万円づつ出金すべき趣旨にて、本契約を締結する筈」（三三・一、B）の約束であったと推測される。こうした売残り社債を担保に差入れた形での不明朗な資金調達は高野鉄道、豆相鉄道等、当時の不振私鉄では広く行われていたようである。しかし社債を「一般より募集し、若し不結果の時」に限り金融を付けるというオプション自体は、一見社債の「残額引受」と類似性が高いものの、似て非なる金融手段ではなかろうか。なぜなら三五年九月三日の山陽への身売りを話し合うための債権者集会で内藤社長は「社債三十六万円其利子併せて四十一万四千円に対しては九掛、即ち三十七万二千六百円に値切り、之に対しては山陽の社債額面にて払ひ戻すこととし、第二社債五十万円の中既に募集の分四十万円と外に手形債務共併せて七十二万七千円に対しては是も矢張り山陽の社債にて額面だけを払ひ戻すこととし、外に重役の保証に属する債務一万七千円は全く債権者に負担せしめ、各債務共本年三月以降の利子は総て負けて貰ふこと」（三五・九・一三、R）にしたいと債権者に説明した。また三五年当時の記事には「手形債権者たる浪速、山口、積善の三銀行及び社債権者たる住友銀行は（山陽への）売却談を略承諾することに談纏まり」（三五・一二・一、R）との表現が見られる。「第二社債五十万円の中既に募集の分四十万円と外に手形債務共併せて七十二万七千円」に対しては、第一社債とは違えて、一括して同一待遇としながらも第一社債の「社債権者たる住友銀行」と、第二社債に関係した「手形債権者たる浪速、山口、積善の三銀行」とを峻別している節がある。つまり三銀行分は第二社債の一般募集分四〇万円と近似の関係にあるが、法的には「社債権者」ではなく、あくまで「手形債権者」として取り扱うべき必然性があったためではなかったかと考えられる（なお山口銀行は三六年一二月現在「株券及会社債券　山陽鉄道社債（六分利付）九〇七〇〇円　実価八一六三〇円」[92]を保有したから、山口銀行の引換前の原手形債権額は引換歩合の一・〇四で割った八万七二一一円と推定され、内約通りの比率で実行したと仮定すれば浪速銀行も同額、積善同盟銀行はその四〇分の一五に相当する三万二五六四円、手形債権総額は四〇・七万円であった計算となり、記事の三二・七万円と誤差を生じる）。

ただし住友銀行と同一の立場にあったはずの北浜銀行は三四年一二月末では一時的にごく小額の播但鉄道社債（券面三五〇〇円、実価三三二五円）を保有していたが[93]、翌期には全く姿を消している点はまだ十分に説明できない。

第三節　山陽鉄道による買収

1　山陽鉄道との従来の関係

播但鉄道と山陽鉄道とのいわゆる「唇歯輔車の関係」（三四・一〇・二六、R）とは創立前から独立経営の困難を見越した播但発起人が山陽鉄道側に支線として経営するように働きかけたことに始まり、二六年の普通鉄道転換時において「姫路近傍ニ於テ山陽鉄道会社線路ト連絡スルノ計画ヲ立テ之レカ実地測量ヲスルコト」[94]を許可され、山陽鉄道姫路駅を共同利用したこと、播但鉄道は「工場ヲ置カス諸修繕ハ山陽鉄道株式会社ノ工場ニ依頼スルコト」[95]にしていたことなどの諸点に端的に表れている。

二七年四月総支配人として播但に招かれた伴直之助の以下の回顧によれば二七年一〇月頃にも山陽鉄道の牛場支配人との間で非公式な合同談があったという。「此播但は、全線三十一哩あるが、是れも山陽に合同させやうと思ふて、大に骨を折り、当時牛場君と、僕との間には、其話は大に進んで居たのサー、夫れは二十七年の十月頃……尤も株主にはマダ別に話はせなかった。僕が播但を去って、京都〈鉄道〉へ来た後も、重役で此合同に力を入れたのは、前島、牟田口、今西、鹿島君等であった。中にも前島サンは、別して骨を折られたやうであったが、或点に於てドーしても、山陽と合同の機が熟せなかった」（三四・四・二〇、R）という。骨を折った「前島サン」とは「郵便事業の父」として著名な前島密と考えられるが、前島密が播但重役を兼ねた形跡はなく、藤田高之あたりとの混同の可能性もあるものの、創立時に重役には名を連ねなかった牟田口元学が実は水面下で深く播但創立に関わったのと同様に、牟田口、中野武営ら大隈人脈の中で前島密までが大隈系統の機関銀行たる壬午銀行の不良資産の一つとしての播但鉄道等の処理を目的とした山陽との合併工作に奔走した可能性もあろう[97]。

2　山陽鉄道による買収談の難航

このように困窮した播但側から山陽にすり寄る形での両社間の交渉は「過般来種々噂ありし山陽播但両鉄道の合同談」（三四・八・二四、R）と折にふれて報じられてきたが、「播但、山陽の合併談は従来之を聞くこと啻に一再のみならざりしかど、皆半途不熟のままにて中断した」（三四・一〇・二六、R）といわれる。しかし従来合併には冷淡にも見えた山陽が宿願の神戸下関間を全通させた以後は、勢力範囲の拡張を意図して「枝線の設定若は之が懐収案」（三四・一〇・二六、R）を真剣に検討しはじめたといわれる。一方「前途に対し尚幾多の希望を嘱し」（三四・一〇・二六、R）ていた播但の方も金融恐慌の折柄、生野以北の延長線の成行きに暗雲が垂れこめてきた三四年八月頃になって、「合同談は其後播但売却談と変じ、両社の談合も昨今漸く進捗し多分百五十万円位にて売却する事に纏まる模様なれば……山陽鉄道よりの出金は年六朱利付社債券を以てせん筈」（三四・八・二四、R）と憶測数字ながらも具体的に報道された。事実は当時の「隣接鉄道を併合しようとする山陽鉄道の方針」（原、中巻、二六三頁）に沿って、重役会の議決を経て牛場専務が播但鉄道の「財産一切を年六朱利付社債金百三十万円」（三四・一一・二、R）で買収する旨、まず内藤社長に提案したのであった。

九月一五日にはこの問題でまず大阪の大株主協議会を開き、「新線路開業後の成績及び之を開通するに至らしめたる百般の経営又は会社財政の事情等詳細に報告し今後に於ける財政整理の方針に就て協定する事」（三四・九・一四、R）となり、名古屋以西の百株以上の大株主四八名中一八名が出席し「条件次第にて賛成すべし」（三四・九・二一、R）との重役一任の結論を得た。続く九月二一日東京付近大株主二〇余名が出席した東京協議会でも大阪会議と同様に重役一任の結論を得たが、「会社も多少景気付き金融界の前途も稍や見込付きたる今日なるを以て山陽が其合併価格を引上げざるに於ては此議は結局好結果を見るに至らざるべし」（三四・九・二八、R）と見られた。

一〇月二二日の山陽総会で松本重太郎社長は、合併問題の質問に「当社は先づ技師を派して播但鉄道の線路実況を視察せしめ重役会を開きて当社の意見を決し、之を播但鉄道に報告し夫れ夫れ交渉中なるが、未だ同社の内議纏まらざる様子にて今日の総会に報告をなす能はず、今は同社の成行を眺め居る姿」（三四・一〇・二六、R）と答えている。

これに対して「播但鉄道会社に於ては現金百二十万円にて合併せんことを望み、若し社債券ならば百五十万円とせんことを求めたれども、山陽鉄道会社に於ては飽迄社債券百三十万円を主張して之に応ぜざる」（三四・一一・一五、

B）ため、播但重役会では結局山陽の申出通り、六％社債一三〇万円で山陽鉄道へ売却することを決定し、一一月四日大阪で債権者会を開催した。内藤社長の提出原案では「債権者の譲歩を請はざる可らざる」（三四・一一・九、R）結果、一〇％もの高金利の第一社債（券面総額三六万円）は「社債総額の一割引」（三四・一一・九、R）の三二・四万円、手形、第二社債、未払金は七三・四万円を据置く結果、山陽より受け取る社債一三〇万円の中から僅か「額面の百分の五」（明治三四・一一・九、R）ながら株主割賦金一三万円を生み出したいとするものであった。三四年の播但鉄道株価は東株長期取引で五〇円払込で平均一六・九円（額面の三三・八％）、最低でも一五・〇円（額面の三〇％）[98]であったから、額面の五％二・五円の割戻しは株主にとって大打撃であった。

これに対して大阪の債権者は利率の差のみに着目して受取るべき山陽社債の歩合の引上げを前提に第一社債三六万円、手形、第二社債、未払金七三・四万円とも額面を据置くことを主張し、山陽の受取額の増加した場合は「三万六千円を割て三十六万円の第一社債本年四月より九月迄の利子に充て」（三四・一一・九、R）るべきとした。山陽社長松本重太郎の息のかかった『大阪毎日』は「売却金を以て債務一切を処分し、又株主にも幾分の割戻さんとするに当りて、兎角債主と株主とは互に自己の利益を主張して容易に折合ふ模様なく……お流れとなり双方虻蜂取らずに終る」（三四・一一・一六、R転載）公算大として、売却難を伝えた。この山陽寄りの『大阪毎日』の報道に対して「全部開業の暁に於て……数倍するの一大飛躍あるべき」（三四・一二・七、R）と播但の真価に期待する『鉄道時報』の「鉄骨生」は「殊に某新聞の如きは巧みに之が調和を勧告しつつ傍ら暗に播但をして早く山陽の提案に盲従せしめむとするの口気を放てり」（三四・一一・二三、R）と批判的に論評している。東京の債権者は大阪よりさらに強硬で「今日の処にては百三十万円の買収談には賛成せざるもの」（三四・一一・九、R）と見られた。

さらに一二月一二日大阪で一万円以上の債権者会を開催して同意を求めた。当日の「列席者は重に播但地方の銀行家にして当地の浪速、山口、積善の三行は列席せざる筈なりしも遂に列席するに至り」（三四・一二・二一、R）、結局売却代金一三〇万円中の一二〇万円を一切の債権者に割戻し、株主は一〇万円のみを割戻すことと「山陽に直上を要求し、其目的を達せば株主に分配するも可なる事」（三四・一二・二一、R）を決議した。

松山与兵衛とともに大阪三商銀行監査役、播但鉄道取締役で、筆頭株主の織田昇次郎[99]二一〇〇株に次ぐ実質第二位の播但大株主（長女タミ名義七四二株と自己名義六三〇株を併せ一三七二株三・八%）の今西林三郎は「高歩貸的挙動をして、播但が負債の為めに困却して居る処の弱点を見込んで踏倒して取らふとして居る[100]」山陽と、「事を纏めると云ふ事には尽さないで己れの取る事計りを考へて、マルで高歩貸が貧乏人をいじめて居る様な[101]」債権者との間では、「欲張一偏の債権者や頑強なる山陽を相手にしては迚も此合併は出来る気遣はない[102]」と断じた。こうした「高歩貸的」「欲張一偏の債権者」と比較して、後年同様に山陽から現金二一〇万円での買収提案を受けた支線的存在の中国鉄道の場合では、会社当局から相談を受けた大口社債権者たる安田善次郎は中鉄の身売に絶対反対し、「売急ぎの必要なかるべく……自分一人にて山陽の附直段同様に買受けん」（三八・一一・一八、R）との意気込みを示し、単なる社債権者の立場を超えた強いオーナー意識を剝き出しにした。

この間の粘り強い交渉の結果、山陽側から買収額の引上げがあり、三五年九月三日出席者一五、六名で播但鉄道債権者会が開催され、内藤社長は「百三十七万五千円の価格にて同社の財産一切を山陽鉄道に売却することとし其代金は山陽会社発行の社債即ち六朱利付十五箇年償却の社債にて請取ることとして、株主への割戻しは旧株五十円券に対して十二円を払ひ戻して……此外に社債三十六万円其利子併せて四十一万四千円に対しては九掛、即ち三十七万二千六百円に値切り、之に対しては山陽の社債額面にて払ひ戻すこととし、第二社債五十万円の中既に募集の分四十万円と外に手形債務共併せて七十二万七千円に対しては是も矢張り山陽の社債にて額面だけを払ひ戻すこととし、外に重役の保証に属する債務一万七千円は全く債権者に負担せしめ、各債務共本年三月以降の利子は総て負けて貰ふこと」（三五・九・一三、R）にしたいと債権者に説明した。

3　播但鉄道の具体的な債権者名

『社債一覧』から得られる第二回社債の情報は三四年に五〇万円発行した事実[103]だけであるが、幸いなことに山陽との合併を巡る一連の報道（明治三五・一一・一、三六・一・三一、R、三六・二一・一五、B）から具体的な社債権者名がある程度判明する。まず三二・七万円の手形債権者は浪速、山口、積善同盟の三行、七〇万円強の第一、第二社債権者は住友、三十八、姫路商業、姫路（一〇万円）、飾磨、ほかに大和田（二万五千円）等の各行であった。

三四年時点では「去る三十二年十二月認可を得たる社債金百万円中六十四万円（三十六万円は募集済）を大阪山口、浪速、積善三銀行にて引受募集することとなり、近々発表する由なるが利子は年一割なり」（三四・六・一五、B）と報道された「第二社債五十万円の中既に募集の分四十万円」（三五・九・一三、R）との内藤社長の説明から、ようやく三四年七月になって五〇万円の発行に漕ぎ着けた念願の第二社債はこうした地元諸行などの応募があっても、なお一〇万円もの売残りがでたことが判明する（ただし鉄道当局に届けられた播但の公表数字による三四年中社債払込額は五〇万円、三四年末社債残高は八六万円、利子仕払額は四万八五〇〇円であった。『三四年度年報』三三二―三三三頁）。

このうち地元行の三十八銀行は前述の通り、一時取締役を務めた伊藤長次郎が頭取の地域最有力銀行、姫路銀行は二七年七月二三日「担保品ヲ預リ本社営業収入金取扱ノ事ヲ約定」[104]した取引行の一つであり、姫路商業銀行は内藤社長が監査役、飾磨銀行は内藤社長も発起人の一人という、それぞれ社債応募に踏切らざるを得ない濃密な人縁、地縁関係があった。

こうした利害関係を共通にする「播但地方の銀行家」（三四・一二・二一、R）は大阪で開催の債権者会にも揃って出席し、播但「地方にある二三銀行の債権者は存外強硬の態度に出で……山鉄より交付を受くべき同社債の幾分を株主に割戻すことのため、債権額を減少さるる謂れなし」（三六・二・七、R）として原案に反対した。特に三十八には伊藤長次郎が大塚派の重役と同調して三三年四月「大に反対し、終に同派重役三名は辞職」（三三・二・一五、R）した際の播但執行部との感情的なしこりが残っていたのかもしれない。そこで播但創立功労者の一人であり、生野銀行頭取でもある中立的な立場の浅田貞次郎が調和説（三五・九・一三、R）を出すなど、「欲張一偏の債権者」間の利害関係の調整に種々奔走した。山陽の側でも牛場専務の依頼で山陽、播但両鉄道に関係ある原六郎（二九年上期播但二九七株主）や石田貫之助（播但発起人）は両社合併の仲介役を引き受けていたが、三五年九月二二日の原六郎の日記には山陽の取締役に就任したばかりの「早川千吉郎へ行き播但、山陽合併の件、牛場の伝言を以て説く、同氏無異議承諾せり、其旨牛場へ発電返書来る」（原、中巻、二六三頁所収）と仲介役の一端が記されている。

　こうした金融関係者や大株主等の調停もあってか、三五年一〇月二六日になってようやく播但の「手形債権者たる浪速、山口、積善の三銀行及び社債権者たる住友銀行は売却談を略承諾することに談纏まり（手形債務七十万円、社債七十万円）に対して手形債務の償還法は債務百円に付き山陽の社債百四円の割合を以て交換す。社債の償還法は社債百円に付き山陽社債九十四円の割合を以て引換へること。三月一日以後の利子は免除すること」（三五・一一・一、R）を承諾した。

　しかし残る「債権者中姫路銀行外三行が会社の懇談に応ぜざるを以て、更に松山与兵衛、富永藤兵衛、浅田定〈貞が正当〉次郎の三氏を交渉委員に推し」（三六・一・一七、R）たもののなお、「姫路銀行の十万円、大和田銀行の二万五千円其他数名は不承諾を唱へ頑として聞入れざりし」（三六・二・二八、R）といわれる。多数の地元行の応募に依存してなお一〇万円の売残り[105]（三五年度の『鉄道局年報』記載の社債残高八六万円と実額七六万円との差異）がでた第二社債などを担保に遠隔地の大和田銀行あたりから高利で借金して、当局には満額募集済みと報告していた可能性があろう。大和田銀行はほぼ同時期の三六年九月高野鉄道の破綻整理時にも同行の手形債権二万八一七五円をはじめ合計四万六七〇〇円余が未整理のまま長く整理勘定に残留（三六・九・二〇、R）するなど、ハイリスクの限界企業に高利資金を供給して強力に取り立てを迫るタフ・ネゴシエーター振りを発揮している。

4　播但鉄道の解散

三六年三月二六日播但鉄道の姫路―和田山間三五哩を山陽鉄道が買収する両社間の正式契約書を締結し、その第二条で「山陽鉄道株式会社ハ代金トシテ同会社ノ年六朱利子（百分ノ六）社債券百四十万円ヲ前条ノ財産引渡ト同時ニ播但鉄道株式会社へ付与シ、其社債券ハ先以テ仮ノ券状ヲ付与シ追テ本券調製ノ上交換スルモノトシ公衆ニシテ応募セル社債ハ額面金額ヲ以テ支払フヘシ」と規定した。これに従い山陽鉄道は「播但鉄道買収ノ費途ニ充用スル為」三六年五月二六日認可を受けて、六％第二回社債一四〇万円を発行して播但鉄道の株主、社債権者、手形債権者に交付した。三六年四月両社は株主総会で譲渡契約書を可決し、播但鉄道は五月三一日解散、免許状を返納し、山陽鉄道はこれに先立ち五月二六日「播但解散ト同時効力ヲ生ス」との条件付で姫路―飾磨、姫路―和田山間四四哩二五鎖の免許状の下付を受け、六月一日山陽鉄道として生野―新井間の営業を開始した。播但鉄道の清算人には内藤利八（前社長）、浅田貞次郎、松山与兵衛（足袋商）、内藤為次（兵庫、二九年上期播但四一四株主）、富永藤兵衛（高野鉄道支配人）が就任した。

(106) (107)

おわりに

以上検討してきた播但鉄道の事例では中小規模の私設鉄道ながら、株金払込による自己資本増強と借入金、手形債務、社債その他による他人資本調達の両方が随時選択的に実施され、直接間接にかかわった銀行・金融機関も東京（壬午銀行、十五銀行）、大阪（北浜銀行、住友銀行、積善同盟銀行、山口銀行、浪速銀行）、地元銀行（兵庫県農工銀行、三十八銀行、姫路商業銀行、姫路銀行、飾磨銀行）、その他銀行（大和田銀行）、保険（明治生命、京都生命、明治火災）など十数行・社に及び、相互の関係も連携や競合、反目[108]（壬午銀行と十五銀行との間）、代替など複雑に入り組んでいる上に、その変遷・消長も著しい。明治期の中規模程度の私設鉄道の資金調達[109]に関しては具体的な借入先の銀行名等が判明しない場合も決して少なくない研究の実情から見れば、まだまだ不明な点も多く残されたとはいえ、この播但鉄道の事例ではある程度の資金調達の輪郭を浮かび上がらせることができたものと考える。その要点はつぎの通りである。①経営者の更迭と取引銀行の交替は当然ながらある程度リンクして発生している。②鉄道企業にとって株金払込と他人資本調達はたえず代替関係にあり、他人資本の中でも社債、借入金、その他の各種の調達形態の間でも同様に代替関係にあり、金利、期間、担保その他の条件の優劣等により選択される。③鉄道は地域に密着した産業であるが、投資規模が巨大なため必ずしも沿線地域の銀行では十分に必要資金を賄えず、大都市所在の有力銀行が介在する場合が少なくない。④特に十五銀行、北浜銀行など特定の銀行では鉄道企業と積極的に取引しようとする傾向が見られる。また大和田銀行など遠隔地不振私鉄に対して特異な融資行動をとる事例も見られる。⑤銀行等による社債の引受行為（広義）には総額引受、残額引受、元利支払保証、未発行社債担保の繋ぎ融資などさまざまなバリエーションの類似行為がある模様で、今後の解明努力が必要と考えられる。

（１）『岩下清周伝』昭和六年、八頁。
（２）『山一証券史』昭和三三年、一〇七頁。
（３）志村嘉一『日本資本市場分析』東京大学出版会、昭和四四年、四七頁。
（４）野田正穂『日本証券市場成立史』有斐閣、昭和五五年、一三五頁。
（５）拙著『地方企業集団の財務破綻と投機的経営者――大正期「播州長者」分家の暴走と金融構造の病弊――』（滋賀大学経済学部研究叢書、第三二号）平成一二年二月。

（6）内藤利八は兵庫県神東郡川辺村、二八年一一月飾磨銀行発起人、後の播但鉄道原始発起人、社長、姫路商業銀行監査役、姫路電灯監査役、播磨採鉄（資）業務担当社員ほか、後に播磨電気軌道発起人、三六年第八回選挙で代議士当選。
（7）（8）『鉄道院文書』播但鉄道ノ部。
（9）原六郎は横浜正金銀行頭取、帝国商業銀行会長、山陽鉄道、九州鉄道各取締役。
（10）『第一回鉄道会議議事速記録』（日本経済評論社復刻版）一一号、二六年二月一六日、三一頁。
（11）（12）『鉄道院文書』播但鉄道ノ部。
（13）『播但鉄道沿革概略及収支概算』（以下沿革）二五年一〇月、『姫路市史』第一二巻、七一五頁所収。
（14）横山孫一郎（麹町区内山下町）は帝国ホテル取締役、東京米穀取引所理事、後に豊川鉄道社長。
（15）種田誠一は東京馬車鉄道副社長、五二五株、第四位株主、東京商業会議所会頭。
（16）『要録』三一年、九頁。
（17）『第一回鉄道会議議事速記録』一一号、二六年二月一六日、三〇頁。
（18）『帝室林野局五十年史』昭和一四年、八五二頁。
（19）『第一回鉄道会議議事速記録』一一号、二六年二月一六日、三三頁。
（20）『日本国有鉄道百年史』第四巻、昭和四七年、五一四頁。
（21）生野鉱山の将来性については和田維四郎らの調査報告により「生野鉱山並に大阪精煉所の事業を維持し且相当の利益あらしめるには更に補充工事を施し、又営業資本を増額する等の為、合計三十六万四千円を要する」（『帝室林野局五十年史』昭和一四年、八五二頁）との意見もあり、「鉱山の如き、盛衰隆替常ならざる事業を帝室の御財産として経営するのは不適当」とする消極意見も併存した。
（22）牟田口元学（東京芝、壬午銀行頭取、東京馬車鉄道、東株、関鉄役員）は旧佐賀藩士で、工部省、文部省に出仕し、農商務省山林局長を経て、同郷の大隈重信と行動を共にして退官し、改進党に参加、その後実業界に入り、東京馬車鉄道社長、小田原馬車鉄道取締役、二六年七月播但鉄道取締役就任、二七年九月藤田高之播但社長が辞任したため後任の播但社長に就任（播但鉄道『第三回報告書』二七年九月）、四三年六月小倉鉄道社長就任、朝鮮瓦斯電気、函館水電、富士身延鉄道等に関係した。ほかに壬午銀行監査役、三星炭礦相談役（『京浜銀行会社要録』第二版、三一年、二一二頁）、中央製糖、大正瓦斯等にも関係した。貴族院議員、大正九年死亡（前掲『鉄道先人録』三五〇頁、『財界物故傑物伝』）。

山本直成は十五銀行取締役・支配人、常務。岩越鉄道の創立時の取締役（Z一二号、三六頁）、岩越の支線的な会津鉄道、村松鉄道発起人（Z一七号、三九頁）、「支配人山本直成は公爵岩倉具視の家令であったが、公卿さまの家令には似気ない相場ずきで、炭砿株の買占めなどもやった」（狩野雅郎『買占物語』昭和二年、四四頁）と言われ、横山源太郎を機関仲買店として使用した。例えば北炭買占グループの一人として三一年四月一九日横山源太郎と「自店の得意なる十五銀行の山本直成、根室の柳田藤吉、佐賀の諫早など」（野城久吉『投機』明治四三年、八四頁）が買占仲買の一人として平沢春太郎（神田区旅籠町）らを「自分の手先として働かした」（南波礼吉『日本買占史』昭和五年、五五頁）のであった。この柳田藤吉は盛岡の出身、幕末から維新にかけての大豆、昆布等の函館貿易で巨利を得た根室の漁業家、資産家で、根室銀行頭取、後に代議士当選。内地の経済・銀行関係者とも広く交流を有していた（本田克代「柳田家の明治時代の住所録」『根室市博物館開設準備室紀要』第九号、一三頁以下）。

平沼専蔵は横浜銀行頭取、二十七銀行監査役、横浜蚕糸銀行、戸塚銀行、東洋貯金銀行各取締役、金叶貯蓄銀行頭取、横浜四品取引所理事、横浜洋糸織物引取組合頭取、横浜協同電灯、東京瓦斯紡績、横浜電線製造、日本絹綿紡績各取締役（『京浜銀行会社要録』第二版、三二年、四一四頁）、平沼銀行頭取、平沼貯蓄銀行頭取、大日本水道木管取締役、武蔵野鉄道ほか多数に関与。大正二年四月六日病死。この頃「華族土井家の名義を以て平沼専蔵氏より六万円を詐取した」（明治二四・五・一五、東日）河井庫太郎の詐欺事件が発生しており、平沼が困窮華族等に貸金を行っていたことが判明する。

(23)　二九年上半期旧二〇〇　新一六〇計三六〇株主（Z二七号、三四頁）。

(24)(25)　平凡社『日本人名大事典』第六巻、三四四頁。

(26)　『第一回鉄道会議議事速記録』一一号、二六年二月一六日、三一頁。

(27)　井上勝鉄道庁長官の具申、二四年九月、『姫路市史』第一二巻、七一三頁所収。

(28) 田中平八は東京市京橋区、神奈川県、慶応二年七月生れ。「天下の糸平」を自称した相場師の二代目、(資)田中銀行頭取一七二五株(三一年、一六二、五〇〇円)、第百十二銀行頭取三七〇株、帝国貯蓄銀行頭取(三一年八〇〇株)、護国生命顧問(三一年、二〇〇株)、北海道鉱山社長、倉谷鉱山、東京電灯各取締役、有馬電気鉄道監査役、北有社、北海道炭礦鉄道発起人・取締役、二六〇〇株、十勝開墾代表社員、横浜四品取引所理事、東京商品取引所理事(三一年二四七株)、東京商業会議所会員、横浜正金銀行一二六株、横浜第二国立銀行二四株、横浜共同電灯一〇〇株、甲武鉄道五六六株、日本銀行一〇〇株、横浜蚕糸外四品取引所五〇株、所有財産合計五〇・六万円、三一年所得税、一、一八五、九六〇円。

(29) 藤田高之(東京府麹町区有楽町三丁目)は士族、七八〇株引受、壬午銀行頭取。

(30) 内藤利八(兵庫県神東郡東川辺村)は生野馬車鉄道発起人、七八〇株引受、最終清算人。

(31) 浅田貞次郎は兵庫県朝来郡口銀谷町、旧福本藩士、生野町の素封家・浅田家の養子となり、明礬製造所主、生野銀行を創立して頭取、代議士(田住豊四郎編『兵庫県人物史』明治四四年、五九五頁)、大地主、三一年多額納税者、梁瀬銀行頭取、大屋銀行取締役、生野馬車鉄道発起人、八一九株引受、二九年上半期では旧一八〇、新一九二計三七二株の第一八位株主、三八年五月飾磨郡飾磨に合資会社浅田明礬製造所を創立、無限責任社員、播但清算人。

(32) 阪鶴鉄道「設立及鉄道布設願」、『鉄道院文書』阪鶴鉄道ノ部。

(33) 鹿島秀麿は洲本(徳島藩)の医師・大村純道の次男として、嘉永五年、父の赴任地である甲賀郡水口で生まれ、同じ徳島藩医・鹿島家の養子となり、徳島藩に出仕、明治一二淡路汽船を社主として創設、一三年淡路共立舎を創設、同年神戸新報を発刊、主幹として活躍、一七年神戸新報は神戸又新日報に吸収合併されたため政界に転じ一七年県議、二一年県会副議長を経て二三年第一回選挙で衆議院議員当選(前掲『兵庫県人物史』二六一頁、前掲『神戸財界開拓者伝』五五四頁)。一五年牟田口、中野武営らの設置した法律事務所・修進社を見習って鹿島も「同年の末頃に其の姉妹ともいふべき江陽社なる法律事務所を藤田高之、砂川雄峻両氏と自分と三人で大阪に設置した」(『鷹邨言行録』三巻、年譜、四二頁)、二四年六月八日の改進党の懇親会で大津事件と関西の政況を報告し、肥塚龍から鹿島ら「二氏が同党に尽力ありし労を謝する」(明治二四・六・一〇、東日)趣旨の謝辞を受けるなど、少なくともこの時期には改進党に接近しつつあったと見られる。また二九年頃地元の淡路鉄道発起人（Z九号、三八頁）となり、二九年の第七回全国鉄道懇話会では「日本銀行の担保品中に各既設鉄道会社の株券を加ふるべし」（Z二六号、三四頁）との建議を本会より出すべきだと主張した。

(34) 岩田武雄（東京京橋区日吉）は扇橋製薬取締役、東京石油監査役、（京浜三版、一六頁）。

(35) 肥田昭作（神田区今川小路）は三菱社員を経て、鉱山業、日本鉄道理事委員、東京倉庫取締役、明治生命監査役。

(36) 東村守節（麹町区飯田町）は常総鉄道取締役、東京木材取締役。

(37) 『日本全国諸会社役員録』二七年、三〇六頁、『日本国有鉄道百年史』第四巻、五一五頁。

(38) 田住豊四郎編『兵庫県人物史』四四年、五九五頁。

(39) 武井裕『事業会社の今昔物語』大正一五年、一九八頁。谷村は『大和証券百年史』（近刊）参照。

(40) 名村泰蔵（東京麹町区富士見町四）は貴族院議員、東京火災評議委員、東京建物専務、東京築地活版製造所社長（京浜第三版、一九〇頁）、武蔵鉄道発起人（Z一号、二四頁）。

(41) 荒木定（東京赤坂区溜池霊南坂）は播但鉄道監査役のみ（京浜三版、二四九頁）。

(42) 日下安左衛門（朝来郡粟鹿村）は大地主、三一年多額納税者、梁瀬銀行頭取、大屋銀行取締役、播但精算人。

(43) 播但鉄道「臨時総会議決ノ要領」二九年二月一二日。

(44) 大塚磨は典型的な鉄道虐使論の実践者として著名で、九鉄改革運動の少し前の三二年四月、松山与兵衛、佐藤精一および島徳次郎らの北浜の仲買人とともに大阪鉄道において現経営者を「鉄道事業に経験なき人々にして支配人の如きも何等の素養なき人物」（三二・四・一一、大毎）と批判、「営業費が他の鉄道会社に比し多きに失す」（三二・四・二〇、大毎）と改革を主張、派の代表として取締役として乗込み、批判対象の支配人菅野元吉を辞任に追い込むことに成功した実績を誇る人物である。

(45) 今西林三郎は大阪市西区本田三番の今西廻漕店・今西石炭店（石炭洋鉄諸器械卸小売）の経営者で、三四年時点で播但鉄道取締役 六三〇株を始め、宇和島銀行、大阪馬車鉄道、唐津興業鉄道、阪神電気鉄道、宇和島鉄道、明治炭坑、関西コーク、大阪瓦斯、西成鉄道各取締役、大阪三商銀行、徳島鉄道各監査役、大阪三品取引所理事長、精米器械

（資）業務担当社員であった（『商工業者資産録』大阪、三七頁）。このほか大阪糸綿木綿取引所理事、山陽鉄道支配人六九二株、播但鉄道取締役、紀和鉄道取締役、関西鉄道監査役、京姫鉄道取締役（Z一五号、三四頁）、朝日紡績社長など諸会社役員を歴任したほか、北浜銀行五四株、浪速鉄道三七五株、九州鉄道一二〇〇株、筑豊鉄道三五四株などに投資していた。今西は高野鉄道でも三六年七月藤本清兵衛とともに現任重役派と改革派の対立抗争の調停に尽力し、現任重役を総辞職させて、改革派を名乗る松山一派に高野鉄道の実権を握らせた人物で、松山とともに大阪三商銀行［資本金百万円、設立二九年六月、頭取中村惣兵衛。北村銀行整理も担当（三四・四・一五B）］の黒幕的存在であった（三六・五・三〇、R）。二九年二月一二日播但監査役。

(46)　松山与兵衛は足袋商、松山合名業務担当社員、二九年上期六二二株主、交渉委員。播但監査役、清算人、改革派の頭目。

(47)　大阪三商銀行は資本金百万円、設立二九年六月、頭取中村惣兵衛。北村銀行整理も担当（三四・四・一五、B）。

(48)　富永藤兵衛は錦糸問屋・富永合資代表社員、「潜リ的ノ人物戸上久吉」と仏教生命を乗取り、高野鉄道元支配人として高野鉄道「在職中実見せし重役の不始末十六ケ条」（三六・五・一六、R）を内部告発した人物で、播但清算人。

(49)　守下精（北海道鉄道建築課長）の履歴（三四・二・二五、R）は広島生れ、七年工部大学入学（病気で退学）、日鉄、九鉄等の工事に従事、二五年鉄道庁に入り、二六年播但鉄道実測に従事、二六年七月南清の下で播但鉄道に入り、技師、二八年八月建築課長、運輸課長を兼ね、後に支配人となる。三一年六月南清の下で中越鉄道総支配人兼技師長（三二・一二・一五、R）、三二年一一月南清が函樽鉄道顧問となったことに伴って、三二年一一月「函樽鉄道会社建築課長となることに決定」（三二・一二・五、R）。

(50)　「鉄道家経歴」南清君二九回（三五・四・二六、R）。

(51)　「鉄道家経歴」南清君三七回（三五・六・二八、R）。

(52)　『南清伝』四二年、七二頁。

(53)　『第八回鉄道会議議事速記録』一一号、三〇年四月五日、二〇頁。

(54)〜(56)　『日本鉄道請負業史　明治編』昭和四二年、二三八頁、二一〇頁。

(57)『第四回鉄道会議議事速記録』六号、二七年五月一三日、一八頁。
(58)(59) 前掲『兵庫県人物史』五九五頁。
(60)(62)『第七回鉄道会議議事速記録』六号、二九年三月七日、三一頁。
(61) 但馬鉄道は二七年一〇月出願、資本金一〇〇万円、発起人総代永田万造（美含郡竹野村）ほか二三名。
(63)『第七回鉄道会議議事速記録』六号、二九年三月七日、四六頁。
(64) 三四年度『鉄道局年報』二五頁。
(65) 三三年度『鉄道局年報』二二頁。
(66) 三三年度『鉄道局年報』二〇頁。
(67) 三四年度『鉄道局年報』四〇頁。
(68) 三四年度『鉄道局年報』二五頁。
(69) 東株『五十年史』昭和三年、一四四頁。
(70) 大株『五十年史』昭和三年、一八、三六頁。
(71) 阿部彦太郎（彦二郎は誤り）は北浜銀行監査役、二九年四月播但取締役就任。三五年現在三〇〇株保有、三四年辞任、米穀砂糖肥物荷受問屋、大地主、阿部製紙業務担当社員、内外綿頭取、宮城紡績一七五、平安銀行頭取、中央倉庫社長、灘酒造社長、大阪撚糸社長、第一絹糸紡績社長、大阪瓦斯、浦賀船渠、播但鉄道、東洋汽船、日本米穀各取締役、北浜銀行、大阪株式取引所、西成鉄道各監査役、浪華紡績など。二八年京都鉄道一〇〇〇、三一年時点で大阪商船一三八〇四、北炭四一三四、東洋汽船三四九五、阪鶴一五七五、明治商銀一〇〇〇、播但八一七、北浜銀行六三〇、横浜正金六一〇、帝国商銀三二二、福島紡績三二〇、大株二九〇、金巾製織二四六、九鉄二〇一、日銀一八〇、日鉄一二七、大阪共立銀行六八、山陽三八、明治火災五〇、東株六八、一九社計二八一七五株、全国一二位、時価一二四・八万円、ほかに金巾製織二四六、福島紡績三二〇、大阪撚糸監二三〇、宮城紡績一七五、浦賀船渠一〇〇〇、豆相鉄道三〇〇。三四年時点で高野鉄道三五〇（三四年三月一日日出）、三五年時点で大阪瓦斯一二〇〇株、内外綿二二三二株の筆頭株主、三八年時点では北海道鉄道二〇〇、関鉄六七〇、日鉄五三〇、西成五〇、南海一五〇、山陽五〇〇、街鉄一〇〇〇、北炭二八一四、阪神五八〇、九鉄一六五〇、一〇私鉄計八一四四株、払込金額四〇・七万円、時価六二・三万円（全国三七位）。大正五年時点で大阪瓦斯一六八八、内外綿八六二〇、豊国火災五三〇〇、商船六六三四、東洋紡績二一〇〇、日本グリセリン一〇〇〇、正金八七〇、神戸桟橋七五二、日本生命五〇〇、京都瓦斯二五〇、南海三一七、箕電三〇〇、大阪晒粉一〇〇ほか計三一三一一株所有。

(72)　伊藤長次郎（兵庫県印南郡伊保村）は二九年上期七九五株主、農業、大地主、兵庫県多額納税者、先代の伊藤長次郎長男、幼名熊蔵、二八年九月家督相続し襲名、三十八銀行頭取。拙著『地方企業集団の財務破綻と投機的経営者――大正期「播州長者」分家の暴走と金融構造の病弊――』（滋賀大学経済学部研究叢書、第三二号）平成一二年参照。

(73)　明治三一年六月七日『鉄道新聞』四一号。

(74)　第十五国立銀行『第三十七回実際考課状』二八年六月、二二―三頁。

(75)～(77)　北浜銀行『第四期事業報告書』三一年一二月、六頁。

(78)　三一年度『鉄道局年報』五六頁。

(79)　『本邦社債略史』昭和二年、二六頁。

(80)　『山一証券史』昭和三三年、一〇七頁。

(81)　『日本公社債市場史』昭和五五年、四七頁。

(82)～(84)　三一年六月七日『鉄道新聞』四一号。

(85)　『社債一覧』昭和四五年、日本興業銀行、一五頁。

(86)　十五銀行『第四十七回実際考課状』三三年六月、一三頁。

(87)(88)　播但鉄道「臨時株主総会決議ノ要領」三二年六月一五日。

(89)　三二年七月付犬塚勝太郎鉄道局長宛播但鉄道内藤社長上申書（『鉄道院文書』）。

(90)(91)　三二年度『鉄道局年報』四一頁。

(92)　山口銀行『第十一期営業報告書』三六年一二月。

(93)　北浜銀行『第十期営業報告書』三四年十二月、一九頁。

(94)『第一回鉄道会議議事速記録』一一号、二六年二月一六日、三〇頁。

(95)『第八回鉄道会議議事速記録』一一号、三〇年四月五日、一〇頁。

(96)前島密は関西鉄道社長をはじめ北越鉄道、東京馬車鉄道、京釜鉄道等に関係、北信鉄道の創立委員（Z二六号、三八頁）、羽越鉄道の発起人（Z二九号、四〇頁）。

(97)壬午銀行と東京馬車鉄道、関西鉄道等との因縁の仮説に関しては拙稿「関西鉄道会社建設期の地元重役による経営改善推進——明治二三年恐慌下の京浜資本家の蹉跌と地元資本家の焦燥——」『滋賀大学経済学部附属史料館研究紀要』第三三号、平成一二年三月、参照。

(98)東株『五十年史』昭和三年、一四四頁。

(99)織田昇次郎（尾張屋）は東株仲買人、播但鉄道筆頭株主二一〇〇株、帝国商業銀行の大口融資先、大正三年の相場急落の際には仲買人代表で解合による建玉を整理、大戦後に仲買を廃業し大正一三年七月担保付社債信託法に基づく信託会社免許を取得し織田信託を創立。

(100)〜(102)三四・一二・二八、R。今西林三郎「訪問録」。

(103)前掲『社債一覧』一五頁。

(104)播但『第三回報告書』二七年九月。

(105)大和田銀行は本店福井県敦賀町、行主大和田荘七、資本金一〇万円、開業二五年一一月、設立二六年七月。行主の大和田荘七は京北鉄道に賛同し、取締役に就任、三〇〇株出資三五年現在三〇三株保有、三三年取締役辞任。一時大阪生命社長。大正五年時点で東洋拓殖六五八、北海瓦斯二八〇、帝国電灯一〇〇計 九三八株所有。福井の大和田銀行主・大和田荘七に関しては『北陸の偉人大和田翁』（昭和三年）参照。

(106)三六年度『鉄道局年報』三三頁。

(107)三六年度『鉄道局年報』二三頁。

(108)典型例は債権者会出席にも「浪速、山口、積善の三行は列席せざる筈」（三四・一二・二一、R）と協定するなど絶えず行動を共にした積善、山口、浪速の三行によるシンジケート団の結成。

(109) 拙著『企業破綻と金融破綻――負の連鎖とリスク増幅のメカニズム――』(九州大学出版会、平成一四年)の第一部の十余社の事例参照。

[付表1] 播但鉄道株主(二九年上半期)

(1) 左納巌吉[東京府下豊多摩郡戸塚村、二一年一二月時点で東京馬車鉄道(以下馬鉄)三六株主(『第十三回半季実際考課状』)、播但鉄道取締役、三一年年所得税三九円五八銭五厘(紳五版、四一五頁)二五年三月壬午銀行取締役支配人辞任。三五年九月末における播但鉄道の第二位七七二株主(『帝国鉄道要鑑』第二版、三六年、内二四八頁)]旧九六六　新七七二計一七三八。

(2) 青木亮一[日本橋区兜町、二一年一二月時点で馬鉄七五株主(『第十三回半季実際考課状』)、三一年時点で壬午銀行支配人、所得税一〇一円三八銭五厘(紳五版、四五八頁)]旧五〇七、新四〇五、計九一二。

(3) 逸見勝誠(日本橋区大伝馬町、西洋食料品缶詰・洋酒商・山陽堂、紳五版、九二頁)旧四六〇、新三六八、計八二八。

(4) 阿部彦太郎[三三年時点武相中央鉄道取締役(『帝国鉄道要鑑』八八頁)、二九年末丹後鉄道監査役就任(Z二九号、四一頁)]旧四〇〇、新四一七、計八一七。

(5) 伊藤長次郎　旧三〇〇、新四九五、計七九五。

(6) 今西タミ(今西林三郎長女)旧なし、新七六四、計七六四。

(7) 江副廉蔵(京橋区出雲町、煙草金物諸機械直輸入商・江副商店)旧四〇〇、新三二〇、計七二〇。

(8) 今西林三郎[石炭商、大阪糸綿木綿取引所理事、山陽鉄道支配人　六九二株、播但鉄道取締役　六三〇株、浪速鉄道　三七五株、九州鉄道　一二〇〇株、筑豊鉄道　三五四株、紀和鉄道取締役、徳島鉄道監査役、唐津興業鉄道取締役、西成鉄道取締役、関西鉄道監査役、京姫鉄道取締役(Z一五号、三四頁)、朝日紡績社長]旧三五〇、新二八〇、計六三〇。

(9) 松山与兵衛[足袋商、讃岐鉄道監査役　五八八株、大阪鉄道　四八五株、野田紡績　一二〇株]旧三五〇、新二七二、計六二二。

(10) 野本貞次郎(日本橋区坂本町、東株仲買人)旧二九〇、新二一六、計五〇六。

(11) 今村信（日本橋区兜町、東株仲買人）旧二六〇、新二〇八、計四六八。
(12) 徳田鋏六　旧四六〇、新なし、計四六〇。
(13) 会田源七（横浜、西洋小間物商・大黒屋）旧二三五、新一九〇、計四二五。
(14) 内藤為次（後の清算人）旧二三〇、新一八四、計四一四。
(15) 牟田口元学　旧二二五、新一八五、計四一〇。
(16) 須賀寿吉　旧二二〇、新一七六、計三九六。
(17) 内藤卯三郎（神崎郡川辺村大地主）旧二一〇、新一六八、計三七八。
(18) 浅田貞次郎　旧一八〇、新一九二、計三七二。
(19) 前川太兵衛　旧二〇〇、新一七〇、計三七〇。
(20) 内藤利八　旧二〇二、新一六一、計三六二。
(21) 堀越久三郎〔三四年九月山陽一三四六株主、日本橋区旅籠町一五、三四年九月山陽一八八二株主の角次郎（日本橋区旅籠町一四）の関係者、旅籠町一二は洋織物商の堀越勘治〕、旧二〇〇、新一六〇、計三六〇。
(21) 鎌田勝太郎（香川）旧二〇〇、新一六〇、計三六〇。
(21) 山本達雄（日本銀行営業局長、後に日銀総裁）旧二〇〇、新一六〇、計三六〇。
(21) 藤田高之　旧二〇〇、新一六〇、計三六〇。
(21) 青地晁太郎（神田区駿河台、鉱山業・東海組）、旧二〇〇、新一六〇、計三六〇。
(26) 原六郎（荏原郡、横浜正金銀行取締役、山陽鉄道取締役）旧一六五、新一三二、計二九七。
(27) 安積春次（朝来郡杉田村大地主、和田山銀行副頭取、梁瀬銀行取締役和田山支店支配人）旧一五〇、新一四五、計二九五。
(28) 浜田弁次郎（神戸、米穀商）旧一五九、新一二七、計二八六。
(29) 高木又次郎（大阪市西区、両替商）旧一二〇、新一六二、計二八二。
(30) 伊賀正太郎　旧一一五、新一六三、計二七八。
(31) 諫早家崇（旧佐賀藩家老、男爵、貴族院議員）旧一五〇、新一二〇、計二七〇。
(38) 大塚磨［播但鉄道監査役・取締役二五〇株、山陽鉄道常議員・取締役六四一八株、南和鉄道取締役・社長二六〇株、讃岐鉄道理事・取締役七二〇株、紀和鉄道取締役、大阪鉄道・取締役五〇〇株、関西鉄道取締役、両替商、大阪商船副社長、明治三八・四・一一死亡（三八・四、R　死亡記事二九二―一二）］旧一四〇　新一一〇計二五〇。

(39)　茂木銀行頭取茂木保平（横浜生糸売込貿易商・野沢屋）旧二五〇、新なし、計二五〇。
(43)　岡田寿一郎（播但鉄道役員を大塚磨とともに三二年四月辞任）旧一二〇、新九六、計二一六。

（資料）『鉄道雑誌』二七号、三四頁。

[付表2]　播但鉄道株主（三五年九月末）

①日第五郎一八〇〇〈二九年上半期二一五株以上になし〉。
②左納巌吉　七七二〈旧九六六、新七七二、計一七三八〉東京、播但鉄道取締役。
③今西タミ　七四二〈旧なし、新七六四、計七六四〉大阪、今西林三郎長女。
④今西林三郎　六三〇〈旧三五〇、新二八〇、計六三〇〉（大阪市西区本田三番、石炭洋鉄諸器械卸小売、諸会社役員）。
⑤江副廉蔵　六二〇〈旧四〇〇、新三二〇、計七二〇〉東京。
⑥堀越久三郎　五六〇〈旧二〇〇、新一六〇、計三六〇〉東京。
⑦阿部彦太郎　五一七〈旧四〇〇、新四一七、計八一七〉大阪、二九年四月播但鉄道取締役。
⑧箕浦勝人　五〇〇〈二九年上半期二一五株以上になし〉（報知社々長、三二年より以前に逓信次官を退官、第一回からの鉄道会議員で、播但鉄道認可時にも出席、牟田口の関係者、一九年には南豊鉄道取締役『鉄道雑誌』八号、三八頁、大正一一年時点で代議士『鷹邨言行録』三巻、年譜）。
⑨笹井慎次郎　五〇〇〈二九年上半期二一五株以上になし〉（東京、東海銀行支配役）。
⑩逸見勝蔵　四六八〈旧四六〇、新三六八、計八二八〉東京。
⑪佐藤進　四〇〇〈二九年上半期二一五株以上になし〉（東京、男爵、陸軍々医総監）。
⑫鴨川儀市　三八七〈二九年上半期二一五株以上になし〉。
⑬前川太兵衛　三七〇〈旧二〇〇　新一七〇計三七〇〉東京、山梨県出身、旧姓風間、東京日本橋富沢六三〇、近江屋山叶金巾木綿問屋前川、東京銀行発起人・頭取、東洋モスリン会長、前東株理事、日本共立生命、東京堅鉄製造所、南日本製糖各取締役、大正一二年三月死亡「太兵衛は人に推されていろいろな会社に関係した。その重なるものは東京銀行、近江銀行……日本共立生命……等の重役社長である」（『商傑　前川太郎兵衛翁』昭和一一年、七三頁）。
⑭伊賀正太郎　三四一〈旧一一五、新一六三、計二七八〉兵庫、兵神館社長、姫路電灯監査役（木内英雄蔵版『兵庫県管

内紳士録』三九年、一七九頁）。

⑮高木又次郎　三〇七〈旧一二〇、新一六二、計二八二〉（大阪市西区阿波座、有価証券金銀地金仲買、北浜の株式仲買人であり、今西らと行動を共にしていた仲間と考えられる。）

（資料）『帝国鉄道要鑑』（第二版、三六年、内二四八頁）

（凡例）〈　〉内は二九年上半期の株主（『鉄道雑誌』二七号、三四頁）

第六章　鉄道企業の資金調達と資本コスト

はじめに

本章の課題は、明治期における鉄道業の資金調達を資本コストとの関連において検討することである。企業の資金調達にはいくつかの方法があるが、各企業はそれぞれのおかれた状況に応じて、あるときはやむを得ず、またあるときは積極的な意図を持って調達手段を決定する。鉄道業の場合、路線の拡大には莫大な資金が必要であるため、資金調達手段の選択は決定的な意味を持つが、それは明治期の日本においても同様であった。本章では明治期の鉄道会社がとった資金調達手段について、いくつかの鉄道会社を対象に考察する。

分析は、日本、九州、山陽、関西、阪堺、讃岐、甲武、総武、南和、阪鶴、中国、西成、徳島の各鉄道会社について行ったが、叙述は課題に関連する企業にとどめており、すべてについて言及しているわけではない。

第一節　鉄道会社の財務と資金調達

１　鉄道会社の財務

明治期の近代産業は多くが株式会社の形態で発展してきたが、鉄道業はその代表的な存在であり、明治期における最大の株式会社であった。表６-１は明治二〇年代の鉄道会社の財務内容を示している。表中の総資産は払込資本金、積立金、社債、借入金の合計である。支払手形、一時借入金などが含まれていないため若干過小評価になってはいるが、これで大略はおさえているといってよいであろう。

表から明らかなことは、鉄道業は資金の大半を払込資本金、すなわち株式によって調達していたということである。この表をみるかぎり、資産のほぼ九割は払込資本金であり、社債発行は数％である。借入金はほとんどない。内部留保たる積立金もわずかであり、この点は、やはり明治期の代表的な株式会社であった紡績業とは対照的であった。表６-２は主要な紡績会社の財務内容を示している。紡績業の資金調達も株式発行が中心であったが、内部留保は比較的厚く、明治二〇年代でも総資産の一〇％以上を占めていた。(1)

留意する必要があるのは、公称資本金に占める未払込分である。未払込分は常に存在しており、これはいずれは追加払込みによって充足されねばならない部分である。もっとも公称資本金における未払込部分の存在は戦前期における株式会社の特徴であり、鉄道業にかぎらずほとんどの業種にみられ、いずれも公称資本金の四分の一程度は未払いであった。(2)

明治二〇年代の鉄道業の資金調達は株式発行が中心であり、これを社債が若干補うという姿であった。要するに資金の大半は、証券市場を通じて調達されていたのである。

表6-1　鉄道会社財務(全社)　(千円)

	総資産	公称資本金 (%)	払込資本金 (%)	積立金 (%)	社債 (%)	借入金 (%)
1887	9,247	12,130	9,072	129	0	46
		75[1)]	98[2)]	1[3)]	0[4)]	0[5)]
88	15,392	31,870	14,997	230	0	165
		47	97	1	0	1
89	28,340	45,390	27,943	367	0	30
		62	99	1	0	0
90	40,435	52,390	38,493	511	269	1,162
		73	95	1	1	3
91	46,426	52,960	43,441	649	1,494	842
		82	94	1	3	2
92	49,802	56,237	46,737	775	1,710	580
		83	94	2	3	1
93	55,771	63,415	48,870	518	5,680	703
		77	88	1	10	1
94	67,154	80,290	59,177	1,322	5,778	877
		74	88	2	9	1
95	79,187	99,228	71,626	1,162	5,522	877
		72	90	1	7	1
96	96,962	120,015	89,011	1,587	5,350	1,014
		74	92	2	6	1

注1)　払込資本金／公称資本金(%)
　2)　−5)は総資産に対する割合(%)
出典)『鉄道局年報』

表6-2　紡績業の財務　(千円)

	会社数	払込資本金	積立金	社債	借入金	支払手形	資産負債
紡績(1896)	13	9,525	2,383	1,143	567	1,833	13,599
(%)		70.0	17.5	8.4	4.2	13.8	
(1904)	11	15,860	4,339	1,097	1,490	4,339	30,146
(%)		52.6	14.4	3.6	4.9	14.4	

出典)『大阪朝日新聞』

表6-3　鉄道会社財務（全社）　（千円）

	1900	1901	1902	1903	1904	1905
総資産[1]	213,923	224,164	237,008	253,280	262,921	282,731
（％）	100	100	100	100	100	100
(A)払込資本金	181,267	192,811	202,604	208,286	215,922	223,337
（％）	85	86	85	82	82	79
(B)積立金	3,636	4,401	5,156	6,038	6,805	8,057
（％）	2	2	3	3	3	4
(C)社債	11,018	12,893	12,895	18,364	21,022	29,766
（％）	5	6	5	7	8	11
(D)借入金	2,498	1,658	1,586	1,073	1,055	3,486
（％）	1	1	1	0	0	1
(E)一時借入地[2]	7,433	5,297	5,149	7,820	4,335	5,084
（％）	3	2	2	3	2	2
(F)その他	8,071	7,104	9,618	11,699	13,782	13,001
（％）	4	3	4	5	5	5
(G)建設費	197,513	207,403	216,749	232,505	242,928	252,787
（％）[3]	92	93	91	92	92	89
固定比率（％）[4]	107	105	104	108	109	109
長期適合率（％）[5]	100	98	98	99	99	96

注1）　総資産＝A＋B＋C＋D＋E＋F
　2）　一時借入金，支払手形，または当座借越金
　3）　建設費／総資産
　4）　固定費率＝G／A＋B
　5）　長期適合率＝G／A＋B＋C＋D
出典）『鉄道局年報』各年次より作成.

表６‐３は明治三〇年代の鉄道業の財務概要である。この頃には明治期の主要な鉄道会社はほとんどが開業している。同表は支払手形などを含む「一時借入金」、さらに「その他」の項目を含んでいる分だけ、二〇年代を概観した前出の表６‐１よりも精度が高い。

この表をみるかぎり、鉄道業の財務内容は全体としては二〇年代と変わらない。資金の源泉は払込資本金がおおよそ八割をしめ、それを社債で若干補うというかたちである。資金の九割方は建設費にむけられているが、鉄道業の性格上当然の内容といえる。建設費を固定費とみなすと、固定比率は一〇〇を少し超えるが、固定費の大方は自己資本で賄っていたといえる。ただしこの自己資本は

ほとんどが払込資本金であり、積立金は依然として低位にとどまっていた。借入金もわずかであるから、設備投資資金はもっぱら証券市場から調達していたことがわかる。長期適合率は一〇〇を下回っているが、これは社債の貢献である。額自体は大きくないが、社債発行によって建設費は安定的に確保されていたといえる。もちろんそれは全体としてであり、個別にはさまざまな状況が存在していた。ここではっきりしていることは、鉄道会社の建設費調達には株式による資金が決定的な役割を持っていたということである。

2　増資と追加払込み

株式による資金調達には二つの方法がある。もっとも一般的な方法は新株発行つまり増資であり、割当てられた新株を引き受けるか否かは基本的には既存株主の自由である。いまひとつは戦前期に特有であった分割払込制度の下での追加払込みである。追加払込みが期日までになされないと株券は失効するから、株主に対してある程度の強制力を持っていたといえよう。明治期にはこの二つの制度が同時に採用されており、発行された新株も分割で払込まれた。初回の払込額はまちまちであり、たとえば額面五〇円に対し数円ということも珍しいことではなく、多い場合でも一〇円程度であった。一八九三（明治二六）年の商法一部施行により、初回払込みは額面の四分の一以上と決められ、鉄道の場合はほとんどが一二・五円となる。[3] 払込期間はこれも企業によって異なるが、額面の満額に達するのに二、三年、長期におよぶのものでは五年以上にわたることもある。

表6-1にみられるように、明治二〇年代鉄道業の払込資本金は急増し、表6-3からもわかるように三〇年代にいたっても増え続ける。それでは新株発行による増資と追加払込みは、払込資本金の獲得にそれぞれどの程度貢献したのであろうか。以下では払込資本金の増加分に対する、新株発行（増資）の直接的な寄与率を推計する。ただし資料的な制約から全社の推計は困難であるため、八つの鉄道会社を分析の対象とした。

払込資本金の増加分は次のような構成要素からなる。すなわち、

払込資本金増加分(A)＝旧株追加払込み①＋第一新株追加払込み②
＋第二新株追加払込み＋……＋新株発行による払込金③

である。

新株発行による払込金③を求めるためには二つの推計方法が考えられる。ひとつは払込資本金の増加分から旧株および新株の追加払込分を除く方法である。しかしながら旧株の追加払込みは確認できるが、第一新株追加払込み②以下は不明な場合が多く、実際には「払込資本金増加分(A)」から「旧株追加払込み①」を減じて「新株発行による払込金③」を求めた。したがってこの推計は新株の追加払込みが考慮されていないため、過大評価の可能性がある。

いまひとつの方法は、株式増加数に発行された新株の発行年度末払込額を乗じて、直接に「新株発行による払込金③」を算出するものである。年度末の新株払込金は、新聞からデータを取ったが[4]、不明なことも少なくなく、そのさいは東京株式取引所で売買が開始された時点での払込金を採用した。しかしこの場合も売買開始前に追加払いがなされていたとも考えられ、また当該年度末にすべて払込みが完了しているともかぎらないので、やはり過大推計の可能性がある。

ここでは、二つの推計系列のうち小さい方の値を「新株発行による払込金③」とした。それを用いて「払込資本金増加分(A)」にしめる「新株発行による払込金③」の割合を示したのが表6-4である。増資増加分からは合併による株式増加分は除いてある。たとえば関西鉄道の場合、一八九三年の払込資本金増加はすべて新株発行によるものであるが、一八九九年は六割程度である。払込金が増加しているにもかかわらず、増資による寄与分がない年度は、す

新株発行

甲武		讃岐		総武		筑豊	
払込金増加分（千円）	増資増加分（%）	払込金増加分（千円）	増資増加分（%）	払込金増加分（千円）	増資増加分（%）	払込金増加分（千円）	増資増加分（%）
0		9					
0		3					
0		1				962	16.8
45	100.0	2	100.0			4	100.0
90		30	100.0			954	14.7
296	25.3	180	100.0	7	100.0	446	100.0
169	100.0	490	44.9	957		776	
300		300	100.0	243	25.0		
330		0		480			
0		0		120			
0		0		840	64.0		
200	100.0	0		360			
50	100.0	0		0			
0		30	100.0	0			
353				0			
22				0			
1,855	29.1	1,045	73.0	3,007	20.1	3,142	34.4

べて追加払込みによる。

最下段には一八九〇年から一九〇五年までの、払込資本金増加分にしめる新株発行の割合が示してある。これをみると、讃岐鉄道以外は払込資本金増加分の半分以上、会社によっては八割以上が追加払込みによるものであったことがわかる。鉄道業における払込資本金の増加は新株発行による一回かぎりの株金調達ではなく、継続的な追加払込みが主流であったといえる。意図した結果かどうかはともかく、企業にとって株主に対する強制力という点で、追加払込みの方が容易な資金調達手段であったものと思われる。戦前期を通じて各産業に存在した公称資本金の未払込部分は、資金調達手段のひとつとして企業にとって大きな意味を持っていたのである。

そうはいっても、恒常的に未払込分が存在するためにはやはり新株の発行が不可欠である。旧株の払込みが完了すれば、新株の追加払いにたよらざるを得ないからである。そして新株の引受を株主に了承させるためには、常に高株価を維持し、新株引受にさいしての

表6-4　増資と

	日本		九州		山陽		関西	
	払込金増加分（千円）	増資増加分（%）	払込金増加分（千円）	増資増加分（%）	払込金増加分（千円）	増資増加分（%）	払込金増加分（千円）	増資増加分（%）
1890	1,800		1,509		0		788	
1891	1,371	100.0	1,163		4,095		118	
1892	1,203	100.0	37		10		2	
1893	3		0		0		873	100.0
1894	3,387	100.0	781	30.2	774		1,006	
1895	4,398		1,940	73.7	6	100.0	1,061	
1896	4,197	100.0	1,321		2,996		740	
1897	9,076	71.6	7,843	38.1	3,596		3,385	90.6
1898	4,442		7,053		1,449	8.4	815	
1899	0		4,418	100.0	2,640		2,880	62.5
1900	600		1,165		2,275		7,116	59.0
1901	600		11,469		2,452		504	
1902	600		2,110		790		0	
1903	1,560		1,024		997	49.8	0	
1904	2,337		2,611	100.0	4,283		2,987	
1905	3		1,304		1,572	0		
計	35,577	46.8	45,748	20.6	27,935	8.1	22,275	46.2
	（合併除）	49.8		21.3		8.9		48.1

出典）『鉄道局年報』，『大阪朝日新聞』，『中外商業新報』より作成．

プレミアムの取得を株主に対する投資インセンティブとして準備しておく必要があったことになる。

表6-4に登場していない南和、阪鶴、中国、徳島の各鉄道会社は開業初年度を除き新株の発行はなかった。これは決してこれらの会社が新株を発行する意思を持たなかったからではなく、発行できなかったものと考えられる。そのさいの資金調達手段のひとつが社債であった。

第二節　資金調達と資本コスト

1　株価と社債発行

鉄道会社の株価を払込資本金を基準に指数化して示したのが表6-5である。各欄の数値が一〇〇を下回っていれば、株価は額面を割っていることになる。[5] 本節では同表のなかの九社を対象に、社債発行の持った意味について検討する。まずこの九社を低収益企業と高収益企業に分ける。基準は株価である。株価が額面を割っている関西、南和、阪鶴、徳島、中国の五社を低収益企業、株価が額面を上回っている九州、山陽、甲武、総武の四社を高収益企業とした。明治期の株式会社の場合、高収益は高配当を意味していたし、株価は配当率と強い正の相関を持っていたから、このように分類しても誤りはないであろう。(6)

まず低収益企業のグループからみていこう。表6-6は一八九七年以降の低収益企業五社の増減資、社債発行の認可と、免許の却下失効の一覧である。九七年以降この五社の株式はほとんど額面を割っていた。却下の右にある数字は仮免許出願時の新線建設予算である。

関西鉄道は五大鉄道のひとつに数えられているが、収益状況そのものは決して良好ではなかった。表6-7が財務内容である。一八九八年仮免許が認められた増資六〇万円は河原田―津間の新線建設を目的としたものであったが、結局時間切れで一九〇四年に免許は失効、そのために六〇万円の減資を余儀なくされている。しかし大規模鉄道であったためか、社債の条件は利子率六%と悪い条件ではなかった。もっとも九七年の社債発行は実現しなかったようで、そのかわりに借入金が急増している。

株価の低位性の影響は四つの中小鉄道にはいっそう顕著に表れた。表6-8から表6-11は各社の財務状況であるが、経営内容はかなり深刻な状況にあった。

南和鉄道は一八九七年と一九〇二年に増資の申請を許可されているが、その後の公称資本金の推移をみるかぎり、この増資は実現しなかった。南和鉄道株は九七年以降株価が額面を割り込んでいる。したがってもし新株を引受けたとするなら、キャピタルロスが発生することは避けられず、既存株主に新株を引受けさせることは困難であったと思われる。

阪鶴鉄道も状況は同様であった。阪鶴鉄道は建設費不足を理由に一八九八年に社債を発行している。利子率は一〇%とかなり高率であった。同じ年に二〇万円の増資を認可されているがこれは実現していない。阪鶴鉄道も株価は額

表6-5　鉄道業の株価

	日本			九州	山陽	関西	阪堺	讃岐	甲武	総武	南和	阪鶴	中国	西成	徳島
	払込(A)(円)	株価(B)(円)	B/A(%)	B/A(%)	B/A(%)	B/A(%)	B/A(%)	B/A(%)	B/A(%)	B/A(%)	B/A(%)	B/A(%)	B/A(%)	B/A(%)	B/A(%)
1884	34.0	32.9	96.8												
1855	40.0	39.1	97.8												
1866	44.0	66.7	152.6				146.7								
1887	46.0	83.2	180.9				154.4								
1888	50.0	80.6	161.2				152.1								
1889	50.0	97.5	195.0	122.5	102.5	105.5	150.0	95.2	126.5						
1890	50.0	88.5	177.0	89.3	80.0	68.4	137.7	57.0	121.0						
1891	50.0	78.5	157.0	90.3	82.2	72.8	154.8	58.8	105.1						
1892	50.0	81.9	163.8	91.1	90.0	79.4	199.2	70.4	145.6						
1893	50.0	111.6	223.2	108.4	120.0	118.7	284.4	98.4	252.9	153.0					
1894	50.0	98.3	196.6	103.4	106.7	107.0	260.8	101.4	230.9	129.0					
1895	50.0	95.7	191.4	140.7	153.7	125.1	268.6	133.2	257.8	180.0	110.2				
1896	50.0	111.0	222.0	151.0	168.7	138.0	397.4	176.2	314.0	256.6	121.6	86.9			
1897	50.0	94.5	189.0	142.7	131.8	119.6	380.0	169.6	254.0	221.2	83.4	75.9	32.6	125.7	
1898	50.0	68.1	136.2	129.4	113.4	99.2		148.6	212.0	173.2	61.8	51.6	34.0	85.8	
1899	50.0	73.5	147.0	128.0	123.0	101.0		174.8	256.0	193.0	93.8	74.6	40.4	103.8	88.3
1900	50.0	71.5	143.0	103.0	105.8	77.6		140.8	229.3	157.2	95.4	44.8	15.6	86.6	83.4
1901	50.0	68.3	136.6	102.2	106.0	75.8		122.2	191.3	121.4	74.2	28.8	15.5	58.8	53.6
1902	50.0	74.1	148.2	115.2	114.4	87.8		128.4	202.7	112.8	69.0	45.0	21.3	59.2	48.4
1903	50.0	77.7	155.4	114.8	120.4	83.8		131.4	230.7	117.6	62.6	42.4	21.3	65.6	33.8
1904	50.0	75.0	150.0	112.0	121.4	73.4			230.7	105.4		56.0	20.1	53.4	26.6

出典）『大阪朝日新聞』『中外商業新報』より作成.

表6-6　鉄道会社増減資社債認可および仮免許却下失効

関西	1897	社債	18.5万円	(6%)	新線建設(加茂－木津)
			55	(6%)	複線化駅拡張資金
	1898	増資	360		新線建設(放出－網島)，拡張資金不足
			60		新線建設(河原田－津)
		却下	150		八幡－京都
	1899	却下	40		網島－島町
	1900	増資	690		大鉄買収，同線改良
		却下	80		網島－梅田(願下げ)
	1903	却下	100		放出－松屋町(願下げ)
	1904	社債	90	(6%)	南和，紀和買収
		増資	2981.8		同上
		減資	60		仮免許失効(河原田－津)
南和	1897	増資	30万円		物価騰貴，暴風による費用，貨車新調
		却下	35		掖上－畝火
	1902	増資	12		機関車購入設備改良
阪鶴	1898	社債	130万円	(10%)	建設資金不足
		増資	200		社債元利金償却，建設改築費
	1900	社債	100	(10%)	借入金償却
		減資	50		会社経済整理
	1901	却下	185		福知山－舞鶴
	1902	却下	250		福知山－餘部
	1903	社債	300	(8%)	社債，借入金償還
	1904	失効	100		大阪－川西
徳島	1898	社債	30万円	(7.5%)	株金未払い，建設費超過
	1900	増資	45		建設費不足，車両増加
		却下	190		川田－池田(願下げ)
	1903	社債	28	(7.5%)	借入金償還
	1904	社債	30	(8%)	借入金償還
中国	1898	社債	60万円	(10%)	株金募集困難，金融逼迫
	1900	増資	50		新線建設(岡山－湛井)
	1903	社債	72	(%)	新線建設(岡山－湛井)

出典)『鉄道局年報(各年次)』より作成.

表6-7　関西鉄道　（千円）

	1900	1901	1902	1903	1904	1905
総資産	21,815	22,380	22,966	23,227	27,779	35,379
（%）	100	100	100	100	100	100
(A)払込資本金	20,696	21,200	21,200	21,200	24,182	24,182
（%）	95	95	92	91	87	68
(B)積立金	147	201	281	371	436	521
（%）	1	1	1	2	2	2
(C)社債	0	0	0	0	900	10,664
（%）	0	0	0	0	3	30
(D)借入金	140	0	0	0	0	0
（%）	1	0	0	0	0	0
(E)一時借入他	0	89	450	587	1,006	0
（%）	0	0	2	3	4	0
(F)その他	832	890	1,035	1,069	1,255	12
（%）	4	4	5	5	5	0
(G)建設費	21,296	21,728	22,360	22,545	27,038	27,238
（%）	98	97	97	97	97	77
固定費率（%）	102	102	104	105	110	110
長期適合率（%）	101	102	104	105	106	77

注）出典は表6-3に同じ.
38年社債の内9,763,994円は外債.

面を大きく割り込んでいたから、当然の結果であったともいえよう。その後も一九〇〇年、一九〇三年に社債を発行しているが、それは建設資金に充当するためではなく借入金返済の目的で申請している。表6-9をみると、阪鶴鉄道の固定比率は大きく一〇〇を超えており、長期適合率も一〇〇以上の年度が多い。建設費を自己資本で賄うことができず、大量の社債発行でようやく資金繰りを付けていたことがわかる。この社債の利子率は一〇%である。当時、市中貸出し金利が一〇%に達することは少なく、条件は有利ではなかったが（後出表6-16参照）、それでも社債を発行せねばならない状況にあった。借金を借金で返していたわけである。結果的に一九〇〇年に本免許を得た大阪―川西間は建設困難となり、一九〇四年には本免許そのものが失効している。

中国鉄道の株価も額面の半分以下という惨憺たる有様であった。そのため新株の募集はおろ

表6-8　南和鉄道　(千円)

	1900	1901	1902	1903
総資産	796	862	882	876
(%)	100	100	100	100
(A)払込資本金	728	780	780	780
(%)	91	90	88	89
(B)積立金	10	12	15	17
(%)	1	2	2	2
(C)社債	0	0	0	0
(%)	0	0	0	0
(D)借入金	55	44	72	79
(%)	7	5	8	9
(E)一時借入他	0	0	0	0
(%)	0	0	0	0
(F)その他	3	26	15	0
(%)	0	3	2	0
(G)建設費	780	843	859	862
(%)	98	98	97	98
固定費率(%)	106	106	108	108
長期適合率(%)	98	101	99	98

注）出典は表6-3に同じ.

か、旧株の追加払込みでさえ困難であったと思われる。株金の未払込分は一九〇四年にいたるも三割以上存在していたが、追加払込みに期待できない以上いきおい資金調達は社債にたよらざるを得ず、これも八%から一〇%という高利率での発行であった。

一八九八年の徳島鉄道の最初の社債発行も株金の払込みがすすまないことから発行されたものと思われる。一九〇〇年の増資にも失敗し、その後の社債発行は借入金の償還が目的であった。このような資金状況の中で鉄道建設は遅れ、同社の本線の一部ともいえる徳島—岩脇間の建設は都合二回、合計三カ年仮免許の期限が延長されている。

以上みてきたように、株価が低迷し額面を割り込んだ鉄道会社、とくに地方の中小鉄道は、新株の発行どころか旧株の追加払込みさえも困難という状況が少なくなかった。結果として、借金の償還に充てるために高利で社債を発行するという資金的な悪循環に陥っていったのである。

2　資金調達手段と資本コスト

次に高収益すなわち高株価を実現した鉄道企業についてみていく。九州、山陽、甲武、総武の四社である。表6-12から表6-15はこれらの会社の財務内容を示しているが、各社とも多かれ少なかれ社債を発行していた。表6-5か

表6-9　阪鶴鉄道　（千円）

	1900	1901	1902	1903	1904	1905
総資産	6,371	6,436	6,552	6,624	6,736	6,890
（%）	100	100	100	100	100	100
(A)払込資本金	4,000	4,000	4,000	4,000	4,000	4,000
（%）	63	62	61	60	59	58
(B)積立金	18	18	19	23	26	32
（%）	0	0	0	1	1	1
(C)社債	300	1,300	1,300	2,000	2,500	2,500
（%）	5	20	20	30	37	36
(D)借入金	0	0	0	0	0	0
（%）	0	0	0	0	0	0
(E)一時借入他	2,053	1,118	1,169	535	50	215
（%）	32	17	18	8	1	3
(F)その他	0	0	64	66	160	143
（%）	0	0	1	1	2	2
(G)建設費	6,000	6,057	6,137	6,203	6,270	6,379
（%）	94	94	94	94	93	93
固定費率（%）	149	151	153	154	156	158
長期適合率（%）	139	114	115	103	96	98

注）出典は表6-3に同じ．

らわかるように、一八九三年以降株式は株価が額面を上回っており、とくに甲武、総武の両鉄道会社はかなりの高株価を実現していた。それゆえ新株発行による資金調達は比較的容易であったと思われる。額面で新株を引受けた株主は、引受けるだけでプレミアムを獲得できるからである。しかしながら四社とも社債を発行している。とくに明治三〇年代後半の甲武、総武の社債発行額は少ない額ではない。もちろん社債は借金であり、利息とともに返済されなければならない。一方株式で集めた資金は自己資本であり返済する必要はない。また株式配当も払う義理はあっても義務はない。一般に企業にとって、社債発行よりも新株発行による増資のほうが資金調達の方法として望ましい手段であるとされる所以である。それではこの四社が発行した社債はどのような意味を持つのであろうか。

表６-16は四社の新株発行による増資、社債発行、配当率、市中貸付金利を示している。貸付金

表6-10　中国鉄道　（千円）

	1900	1901	1902	1903	1904	1905
総資産	3,534	3,521	3,367	3,588	4,089	4,122
（%）	100	100	100	100	100	100
(A)払込資本金	3,100	3,200	3,330	3,330	3,300	3,330
（%）	88	91	99	93	81	81
(B)積立金	9	9	11	15	18	22
（%）	0	0	0	0	1	1
(C)社債	300	300	0	0	720	720
（%）	8	9	0	0	18	17
(D)借入金	0	0	0	0	0	0
（%）	0	0	0	0	0	0
(E)一時借入他	0	0	0	200	0	50
（%）	0	0	0	6	0	1
(F)その他	125	12	26	43	21	0
（%）	4	0	1	1	1	0
(G)建設費	3,165	3,237	3,254	3,392	3,947	4,006
（%）	90	92	97	95	97	97
固定費率（%）	102	101	97	101	118	120
長期適合率（%）	93	92	97	101	97	98

注）出典は表6-3に同じ．

利については二つの系列を掲げている。Aは平均金利、Bは最低金利であるが、「本金利の平均はウェイトをつけていない機械的算術平均であるために実勢より高率であり、平均と最低の間ぐらいが実勢と考えられる(7)」。

四社の社債の利子率は、すでにみた低株価の会社のものよりも有利であり、一八九七年以降は六ないし七%台であった。資金調達手段を選択するとき、企業にとってもっとも重要な経済的要因は資本コストである。貸付金利の系列をみてわかるように、社債発行は借入れよりも資本コストの点ではっきりと有利であった。

それでは新株発行による増資と比較するとどうなるのか。株式会社の制度上、確かに株式配当は払う義理はあっても義務はない。しかし実際にはそうはいかない理由があった。明治期においては高株価は高配当と直結しており、株価の維持は追加払込みと新株の発行を円滑にすすめるための必須条件であった。投資家の側からすれば高株価に

表6-11　徳島鉄道　（千円）

	1900	1901	1902	1903	1904	1905
総資産	1,289	1,328	1,357	1,429	1,407	1,357
(%)	100	100	100	100	100	100
(A)払込資本金	800	800	800	800	750	750
(%)	62	60	59	56	53	55
(B)積立金	4	5	6	7	0	1
(%)	1	1	1	1	0	0
(C)社債	300	300	300	580	580	580
(%)	23	23	22	41	41	43
(D)借入金	167	180	213	33	33	16
(%)	13	14	16	2	2	1
(E)一時借入他	0	40	26	2	41	0
(%)	0	3	2	0	3	0
(F)その他	18	3	12	7	3	10
(%)	1	0	1	0	0	1
(G)建設費	1,150	1,233	1,234	1,289	1,289	1,289
(%)	89	93	91	90	92	95
固定費率(%)	143	153	153	160	172	172
長期適合率(%)	90	96	94	91	95	96

注）出典は表6-3に同じ.

よるプレミアムの獲得、すなわちキャピタルゲインがあってこその追加払込みであり新株の引受けであった。そのため高株価を実現している企業は配当率を簡単に下げるわけにはいかず、企業財務に一種の配当圧力ともいうべきものがかかっていた。

表6-17で示しているのは四社の配当性向である。各社の配当性向はいずれもおおよそ九〇%、要するに当期利益の大半を配当に回していたのであり、それによって株式の高値を維持していたのである。当然ながら内部留保による投資などは考えられるべくもなく、明治期の近代的株式会社のもう一方の代表である紡績業とは際だった対照をなしていた。もっとも鉄道業の場合、設備投資に必要な金額は紡績業とは比較にならないほど大きいから、そもそも内部留保による投資資金の調達は非現実的であったのかもしれない。

株式で集めた資金の資本コストはゼロではなく、配当率がいわば擬似的な資本コストになっていた。

表6-12　九州鉄道　（千円）

	1900	1901	1902	1903	1904	1905
総資産	34,105	44,382	47,471	51,017	52,272	54,965
（%）	100	100	100	100	100	100
(A)払込資本金	30,221	41,690	43,780	44,823	47,435	48,739
（%）	89	94	92	88	91	89
(B)積立金	513	763	1,005	1,216	1,443	1,844
（%）	2	2	2	3	3	4
(C)社債	1,727	1,643	1,587	1,531	1,500	1,500
（%）	5	4	3	3	3	3
(D)借入金	0	0	0	0	0	0
（%）	0	0	0	0	0	0
(E)一時借入他	150	0	0	1,450	0	0
（%）	0	0	0	3	0	0
(F)その他	1,494	286	1,099	1,997	1,894	2,882
（%）	4	1	2	4	4	5
(G)建設費	30,495	39,365	42,032	45,294	49,083	51,073
（%）	89	89	89	89	94	93
固定費率（%）	99	93	94	98	100	101
長期適合率（%）	94	89	91	95	97	98

注）出典は表6-3に同じ．

表6-16からわかるように、各社の配当率は社債利子率よりも高く、短期的にみるかぎり増資より社債発行で資金を調達するほうが有利であった。

しかし社債は返済しなければならないが、株式で集めた資金は返済の必要がない。したがって長期的なコストについては、単に金利と配当率を比較するだけでは判断できない。そこで社債発行と新株発行によって生じる企業の長期的な資金の負担について検討するために若干の推計を行った。表6-18がその結果である。

九州鉄道は一九〇三年に六〇〇万円の社債を発行している。もし六〇〇万円を新株発行で調達しようとすると、初回の払込金を一二・五円として四八万株発行する必要がある。初回払込一二・五円は商法に定められた最低基準であるが、直近である一八九八、九九年の増資にさいしてもやはり一二・五円が発行年度の最終払込額になっているので、この額を採用してよいであろう(8)。さて、新株もいずれは追加払込みによって払込金は額面の

表6-13　山陽鉄道　（千円）

	1900	1901	1902	1903	1904	1905
総資産	25,531	27,686	29,020	32,336	36,708	40,017
(%)	100	100	100	100	100	100
(A)払込資本金	20,756	23,208	23,998	24,985	29,278	30,850
(%)	81	84	83	77	80	77
(B)積立金	372	456	550	668	795	982
(%)	2	2	2	3	3	3
(C)社債	1,850	1,800	1,750	3,100	3,050	2,950
(%)	7	7	6	10	8	7
(D)借入金	0	0	0	0	0	0
(%)	0	0	0	0	0	0
(E)一時借入他	1,215	630	690	2,530	1,400	3,000
(%)	5	2	2	8	4	7
(F)その他	1,338	1,592	2,032	1,053	2,185	2,235
(%)	5	6	7	3	6	6
(G)建設費	23,354	25,747	26,795	30,106	33,602	36,263
(%)	91	93	92	93	92	91
固定費率(%)	111	109	109	117	112	114
長期適合率(%)	102	101	102	105	101	104

注1）出典は表6-3に同じ.
　2）37年建設費は讃岐鉄道は含まない.

五〇円に達し、最終的にはその五〇円に対して配当がなされる。表中の配当率七・八〇％は一九〇二年から一九〇四年の三カ年平均で、九州鉄道が現在の株価を維持するためにはこの程度の配当率が必要であると考えられる。そうなると払込みが満額に達したとき、一年当たり配当総額の増加分は一八七万二〇〇〇円となり、株価を維持するためには将来にわたって毎年この程度の資金が社外に流出することになる。それではこの資金を社債の償還に充てるとどうなるか。いま償還期限を少し長めに五年と仮定すると、利率は六・五％であるから元利合計は七九五万円となり、年当たり配当総額をこれに充てれば四年余で元利とも返済が可能となる。山陽鉄道で同じ試算をすると三・五年という結果が得られる。

甲武鉄道をみていこう。初回払込金は五円となっており商法の規定に満たないが、社債発行と同時期の一九〇一、〇二年になされた増資の

表6-14　甲武鉄道　（千円）

	1900	1901	1902	1903	1904	1905
総資産	2,308	2,400	3,218	3,574	4,117	4,841
（%）	100	100	100	100	100	100
(A)払込資本金	2,040	2,240	2,290	2,290	2,643	2,665
（%）	88	93	71	64	64	55
(B)積立金	93	109	125	142	156	171
（%）	5	5	5	6	6	6
(C)社債	0	0	800	800	600	0
（%）	0	0	25	22	15	0
(D)借入金	175	45	0	250	585	2,000
（%）	8	2	0	7	14	41
(E)一時借入他	0	0	0	0	0	0
（%）	0	0	0	0	0	0
(F)その他	0	6	3	92	133	5
（%）	0	0	0	3	3	0
(G)建設費	1,953	2,057	2,084	2,269	3,187	3,820
（%）	85	86	65	63	77	79
固定費率（%）	92	88	86	93	114	135
長期適合率（%）	85	86	65	65	80	79

注 1）出典は表6-3に同じ.
　 2）37,38年建設費は電力設備興業費を含む.

初年度末払込金は五円であったのでこれを採用する。九州鉄道と同じ方法で計算すると、社債の元利合計の償還は一年以内で可能となる。実際この社債は三年ほどで償還している。

配当圧力を抑える方策のひとつは、株主に追加払込みを求めず、新株の払込金を低位のままに置くことである。資金を持続的に株式によって調達しようとすると、この方法を長期間継続するのは難しいが、短期的にはある程度の効果が得られる可能性がある。しかしそれでも配当総額が増大することに変わりはない。ほとんど限界に近い配当性向を持った鉄道会社にとって、配当率を維持しながら株式によって資金を調達するのは事実上困難であった。

このことを総武鉄道を例に検討しよう。総武鉄道が社債を発行した一九〇三年にはまだ株式の未払込金が存在していた。しかし資金調達には追加払込みではなく、社債発行を選択している。配当は払込金に比例して支払われるから、

表6-15　総武鉄道　（千円）

	1900	1901	1902	1903	1904	1905
総資産	4,564	4,790	4,880	5,411	5,400	5,532
（%）	100	100	100	100	100	100
(A)払込資本金	3,840	4,200	4,200	4,200	4,200	4,200
（%）	84	88	86	78	78	76
(B)積立金	92	115	135	156	175	199
（%）	2	3	3	4	4	5
(C)社債	0	0	0	600	600	600
（%）	0	0	0	11	11	11
(D)借入金	0	0	0	0	0	0
（%）	0	0	0	0	0	0
(E)一時借入他	370	330	310	259	204	210
（%）	8	7	6	5	4	4
(F)その他	262	145	235	196	221	323
（%）	6	3	5	4	4	6
(G)建設費	4,281	4,372	4,459	4,762	5,090	5,209
（%）	94	91	91	88	94	94
固定費率（%）	109	101	103	109	116	118
長期適合率（%）	109	101	103	96	102	104

注）出典は表6-3に同じ．

追加払込みがなされれば配当圧力はその分だけ増大するわけで、この圧力は鉄道会社が高株価を維持しようとするかぎり消えることはない。総武鉄道の場合、社債六〇万円を追加払込みで調達しようとすれば、毎年の配当支払いは五万一〇〇〇円ずつ増加し、金利支払分を当期利益に加えてもこの年度の配当性向は一〇〇%を超える。九州、甲武の両鉄道についても同様で、配当率を維持したまま社債調達分を新株発行で賄ったとすると、配当性向はやはり一〇〇を超える。山陽鉄道だけは配当性向が低下するがそれでも八六%である。

これらの企業は内部留保を犠牲にし、高い配当性向を維持することで高株価を実現していた。このような企業にとって、株式による資金調達は資本コストの点から必ずしも有利であるとはいえなかった。むしろ短期的に大きな資金を調達する場合には、むやみに払込資本金を増やして永続的な配当圧力を負担するより、社債によって資金を調達するほうが有利な場合が少なくなかったと思わ

表6-16　社債発行と配当率

	貸付金利		九州		山陽		甲武		総武	
	(A)	(B)	配当率	増資社債	配当率	増資社債	配当率	増資社債	配当率	増資社債
1889	10.2	8.0	5.1		2.7		5.2			
1890	10.5	9.0	6.0		6.0	借入れ	6.2			
1891	9.3	7.8	5.0		3.2		6.6			
1892	8.4	7.4	4.0		3.7		8.2			
1893	7.2	5.7	5.1	債5%	4.4	債6%	9.5	借入れ		
1894	9.3	7.8	6.5		5.8		10.1	借入れ	1.0	
1895	9.6	8.5	7.6		10.8		9.0		10.5	
1896	9.3	8.3	8.1		6.7		11.6		9.2	
1897	10.2	9.3	7.7	債7%,増	7.8		11.8		13.3	債8%,増
1898	11.3	10.0	6.6	増	7.1	増	9.5		12.0	借入れ
1899	8.9	7.3	5.9	増	6.8		14.3		13.0	
1900	10.9	8.9	7.6		7.0		14.3		11.7	増
1901	11.8	11.0	7.8		7.3		12.8	増	9.5	
1902	10.3	7.3	7.7		7.7		13.2	債7.67%,増	9.0	
1903	8.6	4.0	7.9	債6.5%	8.8	債6%	12.5		8.3	債6%
1904	8.5	4.0	7.8		8.6	増	10.0		8.3	

注)「債」は社債発行と利子率,「増」は新株発行による増資.
出典)『鉄道局年報』,『日本の金融統計』より算出.

れる[9]。

株価が低迷している鉄道会社の資金調達手段は、高利の社債発行以外に選択肢がなかった。それに対して高株価を実現した企業は、資金調達の手段にいくつかの選択肢があり、そのなかで資本コストが短期的にも長期的にも最も有利な方法を選んでいたと考えられる。

おわりに

本章は明治期における鉄道業の資金調達を資本コストをもちいて検討した。多くが数量的分析であったために残された課題は多いが二点指摘しておきたい。

まず株主の投資行動についてであるが、彼らの投資の資金的な支えはおそらく株式担保金融であったと想像される。株式担保金融の存在と重要性は従来からいわれているが、その実状は現在のところ不明である。戦前期に

表6-17　鉄道会社の配当性向　(%)

	九　州	山　陽	甲　武	総　武
1898	95.7	86.1	88.6	87.7
1899	93.3	86.6	91.2	87.6
1900	93.5	94.0	92.6	88.5
1901	95.7	94.3	90.1	95.9
1902	95.4	94.4	91.2	91.8
1903	90.9	89.3	90.9	90.1

注）当期利益には一時金，補助金を含む.
出典）『鉄道局年報(各年次)』より作成.

表6-18　社債発行と新株発行

	社債発行額 元利合計A(5年)	株数 (払込金)	配当率 (3カ年平均)	年当たり配当総額 B(年，50円払)	A/B
九州 (1903)	600万円 795	48万株 (12.5円)	7.80%	187.2万円	4.2年
山陽 (1903)	140 165.2	11.2 (12.5)	8.35	46.3	3.5
甲武 (1902)	80 86.1	16.0 (5)	12.82	102.6	0.8
総武 (1903)	60 70.8	4.8 (12.5)	8.50	20.4	3.5

出典）『鉄道局年報(各年次)』『中外商業新報』より作成.

おける投資行動の実態は株式担保金融のより詳細な内容が解明されてはじめて理解されるものと考える。

企業行動を分析するとき、最も分かりにくいもののひとつが意思決定過程である。企業内部では資金調達、投資決定など、さまざまな局面で重要な意思決定がなされるが、それはおそらく経済合理性と多様な要素を含む組織原理の集合体であろう。本章は資本コストという経済合理性の一側面を軸に検討をすすめたが、それはこれが分析の大前提であると考えるからである。意思決定過程における他の要素の検討は後にゆずらねばならない。今後の大きな課題である。

(1)　西川俊作・尾高煌之助・斎藤

修他編著『日本経済の200年』日本評論社、一九九六年、九六頁。

（2）前掲、『日本経済の200年』一〇〇頁。

（3）もっとも必ずしも厳格に適用されたわけでもない。『中外商業新報』物価欄によると、甲武鉄道一八九九、一九〇〇年の新株初年度払込は、額面五〇円に対し五円であった。

（4）利用したのは『中外商業新報』および『大阪朝日新聞』である。

（5）ここで利用した株価は、場外市場における各月初めの株価を一カ年分平均したものである。なお払込金の相違による株価の修正は、拙稿「明治期の株式市場と株価形成」（『社会経済史学』第五三巻第二号、一九八三年）参照。

（6）前掲、「明治の株式市場と株価形成」三三—三八頁。

（7）後藤新一『日本の金融統計』東洋経済新報社、一九七〇年、二七二頁。

（8）他の三社も直近の第一回新株払込金を用いて推計した。

（9）紡績業においても同様な指摘がなされている。山口和雄編著『日本産業史研究（紡績金融編）』東京大学出版会、一九七〇年、六七〇頁。

第III編　鉄道と地域社会

第七章　北海道鉄道（函樽鉄道）の成立

はじめに

一八八六年に始まる企業勃興期の中心部門の一つであった私設鉄道は、八八年度（当年四月〜翌年三月、以下同様）には早くも貨物収入で、九〇年度には開業距離・興業費・旅客輸送量・貨物輸送量で、さらに九一年度には営業収入・営業利益（経常利益）で、それぞれ官設鉄道を凌駕し[1]、以後、一九〇六年〜〇七年にかけて行われた鉄道国有化に至るまで、日本の鉄道はいわば「私鉄中心の時代[2]」を迎えることになった。本章は、かかる私鉄の時代を担った個々の鉄道企業に関する実証研究の一環として、北海道鉄道（一八九六年一月から一九〇〇年一一月までの間の社名は函樽鉄道）を対象とした分析を試みるものである。

鉄道国有法（一九〇六年三月三一日公布）によって国家買収された一七の私設鉄道会社は、表7-1に示す通りであるが、北海道鉄道がその中で占めた位置は、開業距離・建設費の双方において、幹線鉄道網を形成したいわゆる「五大私鉄」（日本鉄道・九州鉄道・山陽鉄道・関西鉄道・北海道炭礦鉄道）に次ぐ大きなものであった。幹線鉄道会社を特徴づけるもう一つの側面である利子保証をはじめとした政府保護[3]でも、北海道鉄道は「五大私鉄」以外で唯一それを享受した企業であった（表7-2）。同鉄道はまた、地理的には日本鉄道と北海道炭礦鉄道とを結ぶ位置にあり（図7

表7-1　国有化された17鉄道会社の開業距離・建設費・設立認可年月

開業距離(マイル・チェーン)		建　設　費（円）		設立認可年月（開業年月）	
①日本鉄道	860.35	①日本鉄道	53,678,095	①日本鉄道	1881年10月(1883年7月)
②九州鉄道	446.02	②九州鉄道	51,073,387	②山陽鉄道	1888年1月(1888年11月)
③山陽鉄道	414.51	③山陽鉄道	36,262,962	③関西鉄道	1888年3月(1889年12月)
④関西鉄道	280.72	④関西鉄道	22,992,551	④甲武鉄道	1888年3月(1889年4月)
⑤北海道炭礦鉄道	207.51	⑤北海道炭礦鉄道	11,486,291	⑤九州鉄道	1888年6月(1889年12月)
⑥北海道鉄道	**158.77**	**⑥北海道鉄道**	**10,479,291**	⑥北海道炭礦鉄道	1889年11月(1889年12月)
⑦北越鉄道	85.65	⑦北越鉄道	7,156,497	⑦総武鉄道	1889年12月(1894年7月)
⑧総武鉄道	73.16	⑧阪鶴鉄道	6,379,278	⑧参宮鉄道	1890年8月(1893年12月)
⑨阪鶴鉄道	70.11	⑨総武鉄道	5,303,808	⑨房総鉄道	1893年9月(1896年1月)
⑩岩越鉄道	49.36	⑩甲武鉄道	3,819,466	⑩京都鉄道	1895年11月(1897年2月)
⑪房総鉄道	39.32	⑪京都鉄道	3,457,336	⑪北越鉄道	1895年12月(1897年5月)
⑫七尾鉄道	34.27	⑫岩越鉄道	2,723,421	⑫西成鉄道	1896年2月(1898年4月)
⑬甲武鉄道	27.65	⑬房総鉄道	2,055,362	⑬阪鶴鉄道	1896年4月(1897年2月)
⑭参宮鉄道	26.10	⑭参宮鉄道	1,860,865	⑬七尾鉄道	1896年4月(1898年4月)
⑮京都鉄道	22.16	⑮西成鉄道	1,753,129	⑮岩越鉄道	1897年5月(1898年7月)
⑯徳島鉄道	21.39	⑯七尾鉄道	1,523,239	⑯徳島鉄道	1897年6月(1899年2月)
⑰西成鉄道	4.44	⑰徳島鉄道	1,297,290	**⑰北海道鉄道**	**1900年5月(1902年12月)**

注1)　開業距離は未開業線を除く国有鉄道への承継路線.
　2)　建設費は1906年3月31日現在. 円未満は四捨五入.
　3)　阪鶴鉄道と七尾鉄道は同一日に設立許可.

出典)『鉄道国有始末一斑』逓信省, 1909年(野田正穂・原田勝正・青木栄一編『大正期鉄道史資料』第2集第3巻, 日本経済評論社, 1983年)付録47～49頁,『鉄道局年報』1905年度(野田正穂・原田勝正・青木栄一編『明治期鉄道史資料』第1集第10巻, 日本経済評論社, 1981年)18～24頁より作成.

-1)、日本列島を縦貫する幹線鉄道の一部分を形づくる路線であった。

　このように北海道鉄道は、当該期の鉄道企業中、「五大私鉄」に準じる規模と存在意義を有するといえそうであるが、同鉄道の設立認可・開業は一七私鉄の中で最後となり（表7-1）、函館—小樽間の全線が開通したのは、実に鉄道国有法公布の約一年半前にあたる一九〇四年一〇月一五日であった。このことは、先発企業として第一次鉄道ブームを主導した「五大私鉄」と北海道鉄道とを決定的に峻別する点であるが、それは同時に、この鉄道が先発の大鉄道群と後発中小鉄道群という従来からある二分法では括りきれない独自の軌跡

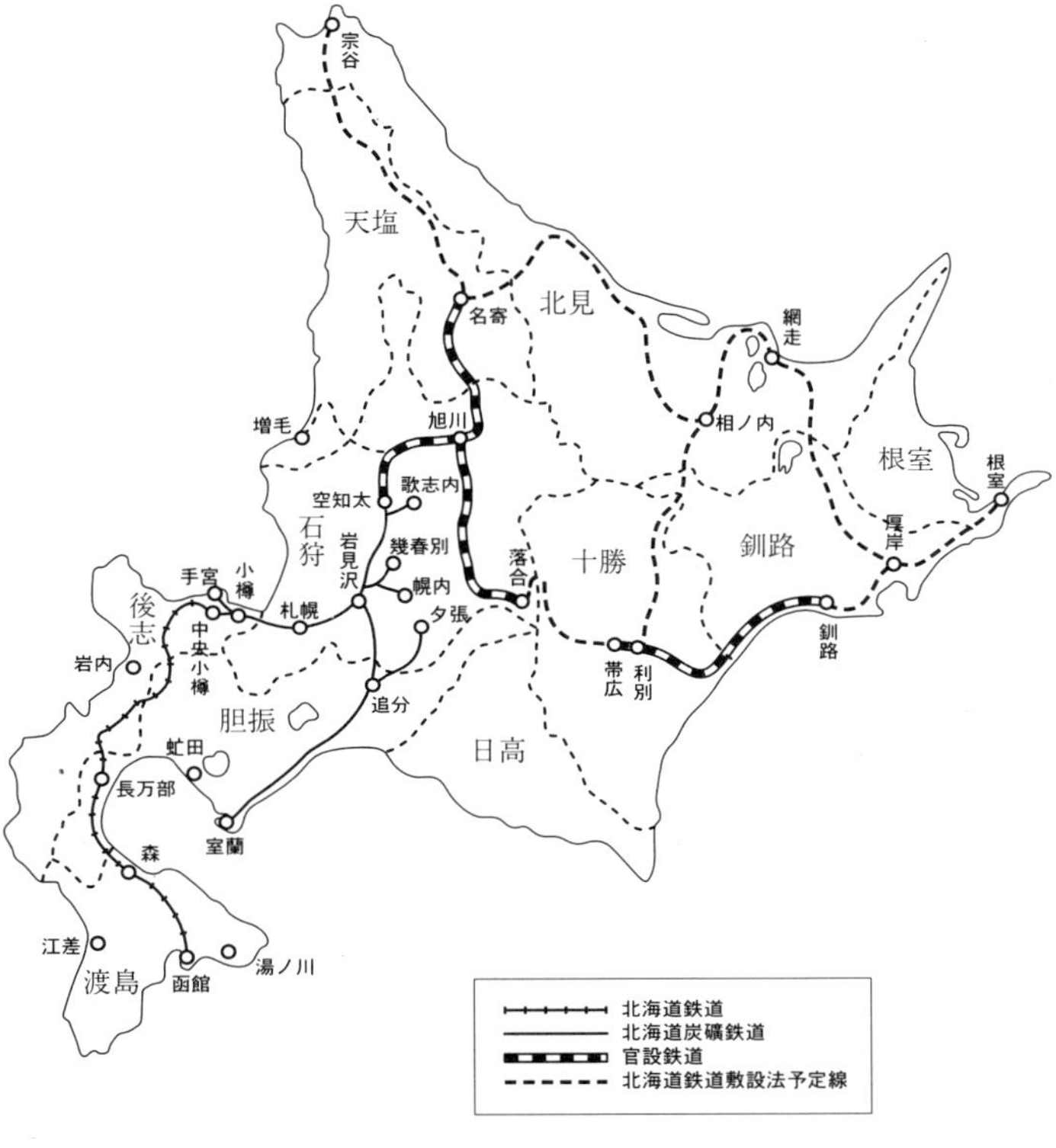

図７－１　北海道の鉄道路線（1905年末現在）

をたどっていたことを示唆しているといえよう。しかしながら、従来の研究がこうした鉄道会社の位置づけに正面から取り組んだ形跡はほとんどない。

鉄道当局の年史類、道市町村史などにあるような概説的な叙述を除けば、北海道鉄道株式会社の分析に接近した唯一の先行研究は、北海道炭礦鉄道と北海道鉄道を比較し、両社が「さまざまな点で対照的な鉄道だった」ことを論じた広瀬竜二氏の研究であろう[4]。両鉄道会社に対照的な側面が存在したことを筆者は否定しないが、それを「特恵的鉄道」と「非特恵的鉄道」というように完全に対置させてしまうことには、さきに例示した政府補助交付の点などからみても疑問の余地がある。ここでは、北海道炭礦鉄道との比較を正面から意識することによるバイアスの

表7-2　政府補助を受けた鉄道会社

会社名	給付期間	給付額（万円）	種別
日本鉄道	1881年～1905年	934	資本利子補給
北海道炭礦鉄道	1889年～1899年	137	資本利子補給
九州鉄道	1889年～1892年	57	建設補助金
	1895年～1897年		
	1899年		
山陽鉄道	1891年	59	建設補助金
	1894年～1895年		
	1897年		
	1900年～1901年		
北海道鉄道	1902年～1905年	152	建設補助金

注）このほか，京釜鉄道が1901年～1906年にかけて558万円の政府補助を受けている．

出典）富永祐治『交通における資本主義の発展――日本交通業の近代化過程――』（岩波書店，1958年）358頁より作成．

発生を避ける意味からも、北海道鉄道それ自体の軌跡を実証的にたどることにしたい。一見、迂遠ともみえるこうした作業を経て初めて、北炭との比較のみならず、同時代の他の鉄道会社との比較検討の基盤がつくられるものと筆者は考えている。

第一節　函館―小樽間の鉄道計画

1　北海道庁の鉄道計画

函館―小樽間を鉄道で結ぶ構想は、北海道庁が開庁した一八八六年、初代長官岩村通俊が命じた鉄道線路測量調査の際に、初めて登場した。対象となった区間は、函館―小樽間のほか、岩見沢―上川（旭川）間、岩見沢―室蘭間などで、調査を担当したのは、かつて開拓使御用掛として札幌―幌内間の鉄道建設工事に従事し、当時は北海道庁二等技師であった平井晴二郎らであった(5)。

平井は一八八八年七月七日、函館―小樽間の調査結果を「小樽函館間報告書」として北海道庁長官に提出しているが、その大略は以下のようであった。

小樽函館間線路ハ小樽色内町ニ於テ幌内線ヨリ分岐シ蘭島ニ達シ余市川ヲ渡リ稲穂峠ヲ超ヘ南部茶屋ヨリ南東

ニ折レ「マツカリ」嶽ノ曠原ヲ通過シ「メナタップ」山脚ニ出テ「ネップ」山ヲ越エ黒松内、長万部ヲ経テ海岸ニ達シ国縫、黒岩、山越内、野田追、落部、石倉等ノ村落ヲ過キテ森ニ至リ南ニ折レ峠下ニ至リ亀田ニ達シ西南方位ニ進ミ函館港造船所用地内ヲ経テ予定桟橋ニ終ル、此路程一百四十六哩四千七百八十六呎ニシテ最急勾配三十三分ノ一ナルモ之ヲ四十分ノ一ニ変更スルハ困難ナラズ、全線中橋梁ハ六十尺以上ノモノ十三箇所アルモ一百五十尺以上ノモノ無ク隧道ハ十五箇所ニシテ稲穂峠五千九百二十尺ヲ最長トス、建築費ハ八百万円ヲ要シ開業後ノ収入四十万円支出二十八万円ニシテ十二万円ノ益金ヲ見ルヲ得ヘシ(6)

平井の報告書にあるルートは、最終的に北海道鉄道として結実するそれとほぼ同一であり、また、路線距離一四六哩、工費八〇〇万円という後の計画の原型にもなる具体的な数字が、このとき初めてはじき出された。

しかし、平井報告書はその末尾で、同じく測量調査を命じられた岩見沢―室蘭間（室蘭線）との比較検討も行っており、その結果を次のように記していた。

小樽ヨリ函館ニ至ル線路ヲ敷設スルカ、又ハ岩見沢近傍ヨリ苫小牧ヲ経テ室蘭ニ達シ汽船ヲ以テ室蘭森間ヲ連絡シ更ニ森ヨリ函館ニ敷設スルカ、孰レヲ以テ将来便益多シトスルカヲ比較スルニ小樽函館間ヲ敷設セハ全道開発ノ為非常ノ利便ヲ得ヘク営業上ニ於テモ幾分ノ益金アルヘシト雖資本金八百万円ヲ要スヘシ、之ニ反シ室蘭線ヲ敷設センニハ森函館間鉄道敷設費、森港波戸場築造費、汽船購入費ヲ併セテ凡四百二十万円ヲ以テ足レリトス、然レトモ敷設後ニ於ケル営業ニ就テハ小樽函館間ニ比シ遜色アルヘシ、故ニ仮令八百万円ノ資本ヲ要スルモ寧ロ小樽函館間ヲ敷設スルヲ得策トスヘシト雖国家経済ヨリ見ルニ今日八百万円ノ資本ヲ投センヨリハ寧ロ其半額ヲ以テ先ツ室蘭線ヲ興シ残余ヲ以テ之ヲ上川ニ延長シ他日植産発展ノ機ヲ待チ徐ニ小樽函館ヲ敷設スルノ得策ナル

二若カズ(7)

すなわち、函館―小樽間鉄道の開発効果を高く評価しながらも、八〇〇万円という建設費はあまりに高額であり、建設の優先順位は岩見沢―室蘭間や岩見沢―上川間よりも低いというのが、平井の最終的な結論であった。

このように函館―小樽間の鉄道計画は、早い段階での調査にもかかわらず、早期着工への客観的評価を得られなかったが、実際には同区間のみならず、他の路線を含めた当時の北海道の鉄道建設計画全体が、この段階では、まだ先行きの見えない状況に置かれていた。それは、一八九二年の五月から六月にかけて審議された鉄道敷設法案の予定路線から、北海道の路線が削除されたことにもあらわれている。同年六月二一日に公布された鉄道敷設法は、政府の鉄道建設構想を初めて示したという点で、鉄道政策史上画期的な意義を持つものと評価されているが、北海道における鉄道建設政策は、そのような内地における議論の対象外にあったのである。

2　北垣国道の「具申書」とその影響

北海道の鉄道建設計画がこうした状況に置かれていた中で、第四代北海道庁長官に就任（一八九二年七月一九日）した北垣国道は、九三年三月二五日、井上馨内務大臣に宛てて「北海道開拓意見具申書」を提出した。北垣は一一年半にも及ぶ京都府知事時代（八一年一月一九日～九二年七月一六日）、琵琶湖疏水の建設を積極的に推進したり、八七年一〇月には『鉄道問答』を著して京都―舞鶴間鉄道の経済効果を論じるなど(8)、インフラストラクチュアの整備については一家言持つ人物であった

北垣は、この「北海道開拓意見具申書」において、以下のような鉄道計画を提示した。

函館、小樽間線路　　　　　　　　　　大凡百五十哩
　函館ヨリ森、長万部、シリベシ原野、岩内、余市諸原野ヲ経テ、小樽ニ達ス。一哩五万円トス。
　工費大凡金七百五拾万円
空知太、根室、網走間線路　　　　　　　　大凡三百五十哩
　空知太ヨリ雨龍、上川、帯広、大津、釧路、標茶、網走ヲ経テ、根室ニ達ス。一哩三万円トス。
　工費大凡金千五拾万円
合計金千八百万円[9]

ここで注目したいのは、まず、函館—小樽間の建設を第一順位に挙げている点であり、「鉄道工事ハ、之ヲ会社ノ事業ト為シ、政府ハ、利子ヲ補給シテ其業ヲ助ケ、其目的ヲ達スルヲ得策トス」[10]というように、その建設を民間資本で、それも北海道という特殊事情を考慮して、政府が利子補給を与える方式で考えている点である。鉄道会社への利子補給の中身について北垣は、「利子ノ補給ハ小樽、函館間ハ、五朱ヲ上ル可ラズ。空知太以東ノ線路ハ、七朱ヲ下ルベカラズ」とし、給付期間については、「年限ニ於テハ、小樽以南ハ、炭礦鉄道ノ比例ヨリ、短期ナルモ可ナランカ。空知太以東ハ、長期ヲ要ス」[11]としている。以上によれば、函館—小樽間は九五年以降四年間のうちに建設費の五%に相当する補助を受けつつ工事を進め、全区間竣工の翌年から五年間も、引き続き総建設費の五%に相当する補助金を受けるものとなっていた(表7-3)。

北垣国道の「具申書」は、井上馨内務大臣の北海道巡察(一八九三年五月)や、その結果をまとめた「北海道ニ関スル意見書」(九四年五月)の呼び水の一つとなるもの[12]の、鉄道計画の具体化という点では、政府の採用を得るに至らなかった。しかし、そこで提示された利子補給による私設鉄道の建設という発想は、当時の北海道で鉄道建設を進め

表7-3　北垣国道「北海道開拓意見具申書」の鉄道計画

（単位：哩，円）

	函館－小樽間			空知太－根室－網走間		
	成工哩	建設費	利子補給	成工哩	建設費	利子補給
1894年	測量設計					
95	25	1,250,000	62,500	測量設計		
96	50	2,500,000	125,000	〃		
97	100	5,000,000	250,000	〃		
98	150	7,500,000	375,000			
99			375,000	25	750,000	52,500
1900			375,000	50	1,500,000	105,000
01			375,000	100	3,000,000	210,000
02			375,000	150	4,500,000	315,000
03			375,000	210	6,300,000	441,000
04				280	8,400,000	588,000
05				350	10,500,000	735,000

注）「函館－小樽間」の利子補給率は建設費の５％．「空知太－根室－網走間」の利子補給率は７％．

出典）北垣国道「北海道開拓意見具申書」（1893年３月25日，『新撰北海道史』第６巻史料２，北海道庁，1936年）675～676頁より作成．

るにあたって検討に値する選択肢として認識されることとなり、利子補給を前提とする鉄道建設計画や鉄道論が登場する契機となった。

たとえば、一八九四年五月一七日、第六議会で貴族院議員近衛篤麿・小沢武雄は、拓殖事業進捗のための鉄道敷設と関連港湾の修築の急務を訴える「北海道ニ鉄道ヲ敷設シ及港湾ヲ修築スルノ建議案」を提出し、同院にて賛成多数を得た。鉄道敷設法予定線から北海道線が除外されたことはさきにみた通りであるが、この建議はそれを受けて、北海道に必要とされる、①小樽―函館間（一四六哩）、②空知太―厚岸―網走間（三三九哩半）、③旭川（上川）―宗谷間（一八〇哩）、④奈伊太―網走間（一六七哩）、総計八三二哩半の鉄道計画を別途立てるよう政府に要求したもので、後年の北海道鉄道敷設法成立につながる最初の動きとなるものである。

本章との関係で注目したいのは、その趣旨説明のなかで、提案者の一人である小沢武雄が、

「此鉄道ヲ延長致シマスルニハ政府ノ事業トシテスル訳デアレバ公債デモ募ッテ」[13]と、鉄道敷設法が建前とした公債を財源とする官設鉄道としての建設を期待する一方で、「モウ一ツノ望ミハ是レハ私設鉄道トシテモ差間ハナイト考ヘマス、私設鉄道デモ補給利子ヲ給シサヘスレバ宜シイ」[14]としている点である。さらに小沢は、この点を次のように敷衍している。

本員ノ考ヘテ居ル所デハ明治三十年ニハ十五国立銀行ガ満期ニナリマスガ是レハ私設銀行トシテ勿論継続ニナリマセウガ、只今ノ所デ見ルト同銀行ハ四十万以上ノ資本ニナッテ居リマスカラ夫レ程ノ大キナ私立銀行ト云フモノハ格別必要デモアルマイト考ヘマス、然ラバ之ヲ鉄道ニ移シテ私立会社ヲ設立シテ此鉄道ヲ建築シ、サウシテ少シ長イ年間補給利子ヲ貰ヒ彼ノ亜米利加抔ノ例ニアリマス通リニ此鉄道ニ沿ウタ所ノ土地ヲ幾分カ此鉄道会社ニ支給ヲスルト云フ方法ヲ設ケテ見マシタナラハ他日余程此会社ニ於テモ利益ガアラウト思フ、又十五銀行ノ株ハ尽ク華族ノ所有デアリマスカラ斯ウ云フ人ガ鉄道ノコトニ財産ヲ移シテ用ヒルト云フコトニナッタナラバ一般ノ人民ノ望モ大ニ属シテ来テ移住民モ多クナッテ北海道モ早ク開ケヤウト云フ考ヘヲ持ッテ居リマス[15]

ここでは、利子補給や線路用地の無償提供のような保護措置を施される私設鉄道であれば、第十五国立銀行に代わる華族遊休資本の有力な投資先にもなり得るという展望が示されている。近衛と小沢は、北海道に関係の深い華族・官僚・実業家を糾合して一八九三年三月に設立された北海道協会の中心人物であるが[16]、上記の発言は、北海道協会に集う華族や実業家層の鉄道投資に寄せる関心とその条件を吐露したものともいえよう。

こうして、北垣の「具申書」以降、利子補給による私設鉄道としての建設にも関心が寄せられるようになってきた中で、日清戦後の第二次鉄道ブームと呼ばれた投資熱を背景に、函館—小樽間を結ぶ北海道鉄道（函樽鉄道）の設立運動が始まるのである。

第二節　北海道鉄道（函樽鉄道）の出願と認可

1　第一次出願

一八九五年二月一五日、大野嘉助、山中仙太郎、高橋弥七、岩井八兵衛、膳平兵衛、堤弥兵衛、竹上正之助、辻重義（以上京都）、山脇善助、天野仙助（以上東京）を発起人とする北海道鉄道株式会社が、函館―小樽間の鉄道敷設仮免状下付願を逓信大臣に提出した。このとき上呈された「鉄道布設ノ義ニ付願」の内容は、以下の通りである。

〔前略〕世界ノ形勢今ヤ方ニ我東洋ニ傾注シ西伯里亜鉄道モ亦駸々乎トシテ其功ヲ進ムルノ今日ニ於テハ北海全道ノ守備ノ為メニ第七師管ト第二師管トヲ聯絡セシムルノ一時ハ特ニ急要ニシテ一日モ漫然ニ経過スヘカラサルハ論ヲ待タサル事ト奉存候就テハ下名等同志相謀リ一私設鉄道会社ヲ創立シ北海道中最須急ノモノタルヘキ函館小樽間ニ於ケル鉄道線路ヲ布設致度希図仕候然ルニ此線路ハ里程凡百五十哩ニシテ其間多ク山脉ヲ断チ河川ヲ横キルヲ以テ隧道橋梁ノ設亦固ヨリ多ク北海道中至難ノ線路ニ属ス試ニ其一二ヲ挙クレバ隧道ノ数ハ凡十五ヶ処橋梁凡一三ヶ所ニシテ此線路中其工事ノ最モ困難ナルモノハ稲穂峠ノ隧道ニシテ其延長壱千間ノ長キニ渉ル如此工事至難ノ線路ナルヲ以テ其興業費ハ実ニ八百万円ノ巨額ヲ要ス故ニ尋常一様ナル営業鉄道会社ノ挙トシテハ容易ニ起業シ得ヘカラサルモノタリ然レトモ北海道拓殖事業ノ駸々進歩シ戸口日ニ増シ産物月ニ饒キノ形勢及ヒ本線路ノ性質タル北海道ノ都会タリ市場タル札幌及小樽ト一葦帯水ヲ以テ内地ニ相対スル函館トノ間ニ聯続スルモノ即チ北海全道ト内地トニ脉通スル唯一線路ナルノ事情トヲ以テ前途本鉄道運輸業ノ利否如何ヲ察セハ全通ノ後

ハ予想外ノ饒多ノ収益ヲ得ルニ至ランコト亦固ヨリ下名等ノ信スル所ナリ唯奈何トモシ難キハ此全線路ヲ落成セシムルニハ其年期短キハ三年長キハ五年ヲ要スヘク而シテ此年間巨万ノ資金ヲシテ無利息ニ死在セシムルハ民間資本家ノ到底堪ユル能ハサル所ナリ且該鉄道落成ノ暁ニ達スルモ運輸ノ業態タル仮令前途ハ有望ノ線路ナルニモセヨ直チニ収支相償ヒ幾分ノ利益ヲ得ル迄ノ発達ハ到底望ミ得ヘキモノニ非ス於是奉願候ハ前陳成功ノ年期ヲ仮リニ五ヶ年ト見込営業上収支相償ヒ幾分ノ利益アルノ発達ニ到ル迄ノ間ヲ仮リニ三ヶ年ト見込ミ都合八ヶ年間別紙目論見書ニ掲クル興業費各区毎ニ一ヶ年ニ付五銖ニ満ル迄ノ補足利子御下付被成下右鉄道布設仮免許状御下付被成下度此段奉願候也[17]

鉄道建設に必要な興業費は、かつての平井晴次郎の調査を参考にしたものと思われるが、それに合わせて資本金は八〇〇万円とされた。また隧道や橋梁の多い難工事が予想され、完成までに五年はかかること、開業後の収益も長期的には見込めるが短期的には厳しいことなどから、八年間にわたり年五%を満たす利子補給を希望している[18]。こうした起業目論見は、さきにみた北垣の「具申書」にある第一の路線計画そのものであった。

ここで問題となるのは、なぜ京都在住者を中心として、この計画が出されてきたかという点である。一〇名中八名を占める京都発起人の職業は、呉服商などの商人および銀行業などに携わる実業家層であるが、この計画を実質的に推進していた中心人物は、同じく京都在住の実業家である坂本則美であった。

坂本則美は高知の出身で、県会議員・副議長の経験も有するが、その当時高知県令を務めていたのが、実は北垣国道であった。一八八一年一月、北垣は京都府知事に転じるが、坂本も「北垣国道の勧誘を以て京都に入り全府の官吏となり専ら其下に活動[19]」することとなった。そして、北垣が府知事時代最も情熱を傾けた事業の一つである琵琶湖疏水着工の八五年には京都府疏水事務所理事に就任し、完成までその督励にあたっている。九二年には総武鉄道の整理を託されて社長（のちに取締役）に就くなど、鉄道業とのかかわりもあった。ちなみに、東京在住発起人の一人である天野仙輔は、総武鉄道の監査役である。

北海道鉄道の出願者層の中心に北垣長官ときわめて近い人物がいたことと、同鉄道の起業目論見が北垣「具申書」にある第一の路線計画そのものであったこととは、決して偶然の一致ではなかろう。実際、出願後の北海道鉄道に対する彼の姿勢は、「北垣長官も大に賛同し頗る斡旋する所あり」(20)と報じられていた。

出願後の坂本は、同年五月～六月にかけて何度か北海道へ足を運び、札幌・小樽・函館などに滞在して、それぞれの地域の有力者に賛同を求めた(21)。ちょうどその時、北海道側でも北海道セメントの園田実徳、阿部興人らを中心に函館の有力商人が集まり、函館―小樽間に私設鉄道を敷設する計画が上がっていたが(22)、坂本ら一派は、阿部の仲介などによってそれら函館有志との合同に成功した(23)。その結果、発起人の範囲は当初からの京都商人・実業家層に加えて、札幌・小樽・函館など道内各地の商人・実業家層へと拡大し、さらには、さきの函館有志の計画に賛同していた日本郵船関係者も加わって、最終的に一一五名の追加発起人を得るに至った(24)。

このように、北海道鉄道は坂本派と園田派のいわば大同団結によって競願者の出現を回避し、あとは政府の決断を待つばかりとなったが、そうした努力を揺さぶる事態が翌一八九六年になって突如生じた。奥三郎兵衛、中沢彦吉、籾山半三郎、岩出総兵衛、安田善四郎、渡辺治右衛門、岡部広、渡辺福三郎、渥美契縁、浅羽靖、米倉一平の一一名を創立委員とした(25)北海道殖民鉄道株式会社の出願である。

一月八日に発起人総会を開催した北海道殖民鉄道の計画は、全六路線で、「之レガ哩数ヲ合計スレハ九百八十一哩ニ及ヒ其敷設費金実ニ三千万円ノ巨額ニ上ル(26)」という途方もないもので、政府に宛てた保護特典の要求は、「本計画線路ノ内第一線路（旭川村函館区間及ヒ新十津川村砂川村間）敷設費金壱千三拾万円ニ対シ株金払込ノ翌月ヨリ向フ満十年間又第二線路（旭川村ヨリ十勝原野ヲ経テ根室ニ至ルモノ）第三線路（旭川村ヨリ天塩原野ヲ経テ宗谷ニ至ルモノ）第四線路(旭川村ヨリ根室原野ヲ経テ浜中村ニ至ルモノ)第五線路(雨龍ヨリ増毛町ニ至ルモノ)第六線路(亀田村ヨリ江差町ニ至ルモノ)敷設費金一千九百七拾万円ニ対シ株金払込ノ翌月ヨリ向フ満二十五ヶ年間年利五朱ニ充ツル迄ノ割合ニ拠リ利益保証ヲ得ントスル」[27]という法外なものであった。

北海道拓殖鉄道は、「頗る困難の事業にして寧ろ空想に近きもの」[28]とみなされていたものの、競願となる北海道鉄道側では何らかの対策が迫られることになった。

一八九六年一月一五日、北海道鉄道は東京で発起人会を開催し、この間に北海道・関西地方の有力者や日本郵船関係者などによって補強された発起人層の中から、森岡昌純(委員長)、渋沢栄一、荘田平五郎、近藤廉平、原六郎、今村清之助、浅田正文、園田実徳、坂本則美、阿部興人、平田文右衛門、小川為次郎、対馬嘉三郎、高野源之助、竹村藤兵衛、朝尾春直、片岡直温の一七名を創立委員に選出し、創立事務体制を強化した。また、社名を「函樽鉄道株式会社」と改め、補助金給付年限を北海道拓殖鉄道の第一路線と同じ一〇年間に延長して、前年二月一五日の出願書類と引き換えに再出願を行うことが決議された[29]。さまざまな方面から発起人が合流した北海道鉄道は「其内幕を観察すれば兎角行掛り感情等に制せられて動もすれば分裂せんとするの噂」も絶えなかったが、「図らずも北海道殖民鉄道会社の発企あるに遇ふて愈々其団結を堅ふしたるもの」[30]となったのである。北海道鉄道改め函樽鉄道が、発起人会決議にもとづいて再作成した「函樽鉄道株式会社創立発起認可願」を正式に提出するのは、二月一四日のことである。

こうした動きに対し、政府当局側は、何よりもまず前年に内定した官設鉄道空知太―旭川間の予算を第九議会で成立させるという課題を抱えていたため、会期中は、議事混乱の原因になりかねない私設鉄道出願の件を黙殺するつもりでいたようである。しかし、議場では既に新聞報道等によって情報を得ていた議員から、北海道における鉄道敷設方針と私設鉄道許可の関連を政府にただす質問が相次ぐ事態となった。政府委員である北垣北海道庁長官が、一月一六日の衆議院予算委員会(第一科)で、函館―小樽間の私設許可を「示唆」したこともあって[31]、政府側は執拗な追及を受けたが、結局二月三日の衆議院本会議において、松岡康毅内務次官が「主務省ニ於テモ之ニ私設ヲ許スノ、補助金ヲヤルノト云フ所ノ評議マデハマダ運デ居リマセヌ」[32]と答弁し、ひとまずこの件は収拾がつくことになった。

両鉄道の出願に対する政府の最終的な判断は、議会閉会後に下された。同年四月二日、逓信大臣は函樽鉄道（旧北海道鉄道）の発起人に、さきの出願を却下する旨を伝えた。[33]却下の理由は特に記されなかったが、第九議会当時の鉄道予算をめぐっては、日清戦争の影響で持ち越されていた内地鉄道建設費の調整問題も発生していたため、[34]北海道の私設鉄道に対しては「利子補給ヲ為スノ余力アラザリシ」[35]というのが客観的な状況だったのである。同じく、北海道拓殖鉄道の願書も、「措置真摯ナラズ」[36]として却下され、利子補給を前提とした私設鉄道の出願はいわば共倒れとなる形で、いったん幕を閉じたのである。

2　第二次出願と認可

このように、函樽鉄道（旧北海道鉄道）の第一次出願は退けられたが、北海道において新たに私設鉄道を建設すること自体が否定されたわけではなかった。第九議会で政府委員を務めた松岡康毅内務次官の言葉を借りれば、政府の方針は、「北海道ノ鉄道ヲ民設ハ絶体《（ママ）》的ニ許サヌトハ申シマセヌ、若モ政府ガスルヨリモ完全ナル仕事ヲスル、政府ガスルヨリモ歳月ガ少ナク、速ニ鉄道ガ出来ル、又其上国庫ノ補助ニ拘ハラズスルト云フモノガアッタナラバ許サナイトハ申サナイ」[37]というものであり、補助を伴わない私設鉄道については、今後において敷設が認可される可能性も残されていたのである。

一八九六年五月一四日、北海道鉄道敷設法（法律第九三号）が公布され、ようやく北海道でも中長期的な鉄道敷設の枠組みが示されるようになった。六つの予定線の中には、「後志国小樽ヨリ渡島国函館ニ至ル鉄道」も掲げられた。なお、北海道鉄道敷設法においても鉄道敷設法と同様に、予定線の私設鉄道認可に関する条項が設けられた（第九条）。

ところで、函館―小樽間の場合、予定路線に一応は掲げられたものの、早期着工の見込みはほとんどなかった。第九議会で、北海道の鉄道敷設方針についての質問書を近衛らから受けた野村靖内務大臣は、政府の方針は前大臣井上馨が一八九四年五月に示した「北海道ニ関スル意見書」[38]と変わらない旨の答弁書を返したが[39]、その井上「意見書」にみる函館―小樽間鉄道の評価は、「函館小樽間ハ海運ノ便アリテ相互ノ連絡ヲナシ居レハ此ノ両港湾ヲシテ大小船舶ノ出入碇繋及ヒ荷物積卸ニ安全ナラシムレハ姑ラク鉄道ヲ欠クモ未タ甚タ不便ヲ見ス」[40]というものだったのである。

もちろん、北海道鉄道敷設法における第一期線・第二期線の確定作業はこれからであった。しかし一方において、路線の採算性ではなく沿岸海運の存在を理由とする着工延期を政府が示唆し、他方において、それまで漠としていた私設鉄道による路線建設の途が開かれたことは、「北海道鉄道法案には私設鉄道を許可するの例別を設けあれば其設計充分にして資本確実ならば政府に於ても之れを許可して差支へなかるべし殊に拓殖軍事上小樽函館間に鉄道を敷設すること目下の急務なれば政府と雖も絶対的に官設となして其布設期を遅引せしむるの方針にもあらざる可し」[41]との観測を生み、同区間における免許取得の動きを再燃させることになったのである。内地における鉄道敷設法が、むしろ私設鉄道出願の呼び水となる側面を持っていたことを近年の研究は明らかにしつつあるが[42]、それは北海道鉄道敷設法にも当てはまるものであった。

さて、無補助による函樽鉄道再出願準備の動きは、一八九六年四月末には既に報じられているが[43]、それは決して一枚岩であったわけではなく、「函樽鉄道発企人中にも種々の議論あり無給補にて北海道の鉄道を敷設し収支の相償はんことを望むは頗る難事に属すれば特別の詮議を請はん」[44]と考える者もいた。また、「無補給ならば政府或は喜んで之れを許すも知るべからずと雖も斯くするときは最初より補給利子を見込みに発起人となれるものの去就如何あるべきや」[45]という不安もあった。

そうした函樽鉄道の逡巡ぶりを見透かしたかのように、同年六月八日、突如別の鉄道会社が仮免許申請を当局に提出した。この会社は、函館とその近傍の湯ノ川村を結ぶ僅か三哩五〇鎖の路線免許を受けていた函湯鉄道で[46]、北海道鉄道敷設法の一部に当たる函館―森間と亀田―江差港間をその「延長線」として申請し、「追て森より長万部を経て室蘭に至り、又長万部より分岐して岩内に至る線路を敷設する予定[47]」も発表した。

函湯鉄道の出願は、函樽鉄道にとってまったく寝耳に水であった。函樽鉄道創立委員は、一八九六年六月二〇日、「前願ニ引続キ鉄道布設ノ義ヲ出願可致ニ付聞置カレ度旨[48]」を関係当局に上申し、自分たちも出願を予定していることを急遽伝える一方、同月二五日には東京・帝国ホテルで発起人会を開催し、以下の各事項を決議した。

一　従前ノ願書ニ対シ補助金下付ノ詮議ニ難相成旨ヲ以テ其筋ヨリ願書却下セラレタルヲ以テ更ニ無補助ニテ再願スルコト

一　従前ノ発起人中其引受株ヲ増減セントスル者ハ其希望ニ任セ又脱盟ヲ申込ム者及新ニ発起人ニ加入セントスル者ニ対シテハ之ヲ承諾スルコト

一　従前ノ創業費ハ各自同一ノ出金ナリシモ其引受株ニ対シ創業費ヲ負担セシムルヲ正当ト認ムルヲ以テ此際従前ノ創業費ヲ清算シ一旦之レヲ割戻シ更ニ引受株数ニ応シ徴収スルコト

一　定款其他改正ヲ要スル廉々ハ修正ヲ加フルコト

一　本会社線路ハ此際予定線トシテ其経過ノ線路ヲ左ノ通リ定ムルコト

一　本線　函館ヲ起点トシ森、長万部ヲ経テ稲穂峠ヲ越ヘ余市忍路ニ出テ小樽ニ至ル

一　予定線

一　岩内ヨリ倶知安原野ヲ経テ洞爺湖ノ西岸ヲ過キ虻田紋竈ニ出テ室蘭ニ至ル線路

二　函館ヨリ江差ニ至ル線路

一　発起人引受株数ハ壱名百株以上壱千株以下ト定ムルコト[49]

無補助による請願が、前回との最も大きな差異であるが、このような出願条件の改訂に伴い、発起人が減株や脱退を希望する場合はそれを認め、創業費も一旦清算して再度徴収することとした。また、函館―小樽間の本線部分のほかに、従来の計画になかった岩内・室蘭・江差への「予定線」を掲げているのは、明らかに函湯鉄道を意識したものであった。当局への仮免状下付申請も、上記発起人会における決議とともに即日で行われた。

このとき、新たに作成された収支目論見は表7-4の左欄に示す通りである。開業後の収益率は、利子補給を請願した第一次出願の収益率（四・六五％）を下回る三・四九％と見込まれ、投資対象としての魅力は薄れた。

発起人構成にも変化が生じた。その最たる点は、渋沢栄一をはじめとする中央財界層が姿を消したことである。彼らがこの時点ではまだ「補給利子を見込みに発起人となれるもの」に過ぎなかったのか、あるいはしばらくの間状況を見守る判断をしたのか、真相を知る資料が得られないが、いずれにせよ函樽鉄道は、再び京都在住の商人・実業家層と北海道の有力商人・実業家層を中核とする構成になった。とりわけ、前者は人数比では三六・八％（七四名）にとどまったが、引受株数では全体（約九万株）の四九・三二％にまで達した。

これに対し、函樽鉄道再出願の動きを察知した函湯鉄道側は六月一五日に会議を開き、「延長線を変更し、函館より森、長万部、潮路、岩内、川村、塩谷等を経て小樽に至り炭礦鉄道と聯絡する事[50]」をにわかに決定した。そして同月三〇日、さきの願書との交換を当局に願い出た。計画変更の理由について函湯鉄道は、「函館森間ハ線路短縮ニテ公衆ノ不便ヲ救済スルノ効尠キノミナラス目今ノ形勢若シ万一国家有事ノ際ニ於テ軍隊輸送上機敏ヲ失スル等ノ虞有之[51]」と説明しているが、実際には「函樽鉄道ノ企挙ニ拮抗[52]」する行動以外の何ものでもなかった。かくして、函樽鉄

表7-4　函樽鉄道の興業費・収支目論見

仮免許出願時（1896年6月25日）		本免許状出願時（1899年11月20日）	
費　　目	金額（円）	費　　目	金額（円）
興業費		興業費	
興業資本金	8,000,000	興業資本金	7,960,338
用地費	450,000	測量費	46,743
土功費	1,950,000	工事監督費	155,810
橋梁費	270,000	用地費	376,733
コルベルト費	337,500	土工費	1,619,639
伏樋費	52,500	橋梁費	463,164
隧道費	1,875,000	コルベルト費	331,666
軌道費	1,500,000	伏樋費	39,072
停車場費	147,000	隧道費	1,559,634
車輛費	400,000	軌道費	1,514,168
運送費	150,000	停車場費	352,105
諸建物費	45,000	波戸費	31,478
電信架設費	30,000	車輛費	571,500
建築用汽車費	45,000	器械場費	89,800
建設用具費	37,500	諸建物費	109,974
柵垣費	7,500	運送費	62,324
避雪費	75,000	建築用汽車費	38,953
測量并工事監督費	150,000	建築用具費	70,115
小樽函館波止場費	100,000	柵垣及境界杭費	6,150
総係費	120,000	電信線架設費	30,819
予備費	258,000	総係費	200,000
		予備費	290,492
		営業資金	15,600
		創業費	24,062
計(A)	8,000,000	計(A)	8,000,000
営業収支		営業収支	
営業収入(B)	552,701	営業収入(A)	1,147,380
乗客賃金	420,480	乗客賃金	745,080
(収入比)	(76.1%)	(収入比)	(64.9%)
貨物賃金	132,221	貨物賃金	402,300
(収入比)	(23.9%)	(収入比)	(35.1%)
営業支出(C)	273,750	営業支出(B)	547,500
純益金(B-C)	278,951	純益金(B-C)	599,880
営業係数(C/B)	49.5%	営業係数(C/B)	47.7%
収益率(B-C/A)	3.49%	収益率(B-C/A)	7.50%

注）円未満は四捨五入.

出典）「函樽鉄道株式会社発起申請書」1896年6月25日（『鉄道院文書　北海道鉄道（函樽鉄道株式会社）（免許）全』交通博物館所蔵），「函樽鉄道株式会社本免状下附願」1899年11月20日（同前）より作成.

道と函湯鉄道は完全に競願関係に突入したのである。

以上のように、函館―小樽間の鉄道建設をめぐる問題は、①北海道鉄道敷設法予定線の第一期線となるのか第二期線となるのか、②第一期線から外れた場合、私設鉄道による建設は許可されるのか、③私設が許可された場合、函樽鉄道と函湯鉄道のどちらに認可を与えるのか、の三点に集約された。そして、政府当局はその結論を、一八九六年末から九七年初頭にかけて順次下していった。

まず①と②について、政府は同年一二月二三日、第八回鉄道会議に「北海道鉄道敷設法予定線路中工事着手順序ノ件」（諮詢第二八一号）および「北海道予定鉄道線路中私設鉄道会社へ敷設許可ニ関スル件」（諮詢第二八二号）を諮問した。前者において、函館―小樽間の予定線は大方の予想通り第二期線とされ、そのかわりに後者にて、同区間を私設鉄道へ認可する方針が示されたのである。[53]とりわけ、北海道鉄道敷設法の成立早々、予定線を私設鉄道へ認可することについては、「幾ラカ利益ガ余計アツテ国家ノ経済上必要ト知リツヽ立派ニ営業ノ出来ル線路ヲ何モ私設会社ニ与ヘテ官デ損ヲスルニ及バヌ」[54]との異論が出されたが、少数意見にとどまった。両件は鉄道会議での審議・議決を経た後、一八九六年末開会の第一〇回帝国議会に、予算案および「北海道鉄道予定線路中私設鉄道会社敷設許可ノ件ニ関スル法律案」として提出され、後者は一八九七年三月三一日に法律第三五号として公布された。

また、③について政府は、私設認可の法律が公布された当日となる一八九七年三月三一日の鉄道会議に「函樽鉄道株式会社発起并鉄道敷設ノ件」（諮詢第三六〇号）、「函館鉄道株式会社鉄道延長敷設ノ件」[55]（諮詢第三五九号）を提出した。そして、函館鉄道（旧函湯鉄道）に対しては、「本線タル函館小樽間線路ハ……函樽鉄道株式会社ニ許可スルノ見込ナルニ依リ本線ニ附随スル支線トモ併テ本願書ヲ却下」[56]するとし、函樽鉄道に仮免許状を与える決定を下した。鉄道会議も政府原案を認め、函樽鉄道は同年四月二九日、晴れて仮免許状を下付されることとなった。

当初の出足こそ一歩遅れたが、第二次出願に際しては、函樽鉄道を有利とする条件が揃っていた。最も大きかったのは、さきに整理した①の問題が半ば結論の出ているものであったため、監督官庁である拓殖務省では次なる段階としての②を当初から意識せざるを得ず、そのためには官設代替の受け皿となるある程度具体的な鉄道会社の想定が不可欠だったという点である。いいかえれば、実際の作業は③の事実上の決定を前提としつつ②を決定するという順序でしか進め得なかったのである。しかも一連の政策推進に関与する拓殖務次官には、かねてから函樽鉄道との関係が取り沙汰されていた北垣国道が北海道庁長官から転じて就任していた。(57)「同省〔拓殖務省〕にては函樽鉄道会社に必ず許可すべき方針を執り函館鉄道会社の如きは初めより一点の信用も置かず(58)」という事態は、いわば当初から目に見えていたといえよう。

加えて、競願相手であった函館鉄道〔旧函湯鉄道〕の発起人代表田代担之が、一八九六年一二月に応募株金の不正流用疑惑で株主から告訴され、東京地方裁判所に拘引されたことは、(59)函樽鉄道側の認可を揺るぎないものにした。この事件によって、函湯鉄道が信用を失った時点で、もはや認可に相応しい出願者は、函樽鉄道以外になくなっていたのである。

一方、政府は函樽鉄道の認可に際し、いくつかの約束をせざるを得なかった。たとえば、同鉄道の認可が決定された一八九七年三月三一日の鉄道会議では、「今日ノ際ニ五ケ年間巨額ノ資本ヲねかシテ置クコトハ随分事情ノ上ニ照シテ見マスルト、ムヅカシイ話ト思ヒマスガ詰リ敷設ニ着手ノ上何年カノ後ニ又補給ノ願ヲ出サヌトモ思ハレヌデゴザイマスガ……サウ云フ場合ニモ尚ホ補給ハ与ヘナイト云フノ御見込デゴザイマセウカ(60)」との質問に対し、答弁に立った曽根静夫拓殖務省北部局長は、「五ケ年ノ間ハ無利子ノ資本ヲ投ジテヤル覚悟デナケレバ詮議ニ及ビ難ヒト云フコトヲ再三再四注意ヲ致シマシテ其上出願ヲシテ来タノデアリマス……発起人ニ対シテモ、ソレダケノコトヲ注意シタ位デアリマスカラ先ヅ此後トテモ補給ヲ与ヘルト云フヤウナ見込ハ政府ニ於テナイノデゴザイマス(61)」というように、今回の無補助方針を将来においても堅持することを確約した。同様の質問は、函館—小樽間の私設認可を審議する段階でもなされており、たとえば、九七年二月二六日の貴族院本会議では、北垣拓殖務次官が、「補給ハ一切許シマセヌ[62]」と明言していた。北垣は、「北海道ノコトデアリマスカラ地面ノ代ヲ出シテ呉レトカ何トカ云フ条件ガアリサウナモノデスガソンナコトハアリマセヌデスカ」との懸念に対しても、「凡テソレラノコトハ内地ノ鉄道ノ方ト同ジコトデゴザイマス[63]」と、これを一蹴した。

ところで、北垣個人にとってこうした一連の答弁は、かつて自らが「北海道開拓意見書」で開陳したような私設鉄道に対する利子補給等の保護政策を否定するという皮肉な役回りともなった。そして、さらに皮肉なことに、北垣みずから確約したこの条件は、その後の展開の中で、彼自身に降りかかるものとなってゆくのである。

第三節　北海道鉄道の設立

1　北垣国道の参画と創業資金難

ようやく仮免許状を取得した函樽鉄道であったが、その活動は本免許取得に向かって本格化するどころかかえって停滞していた。原因の一つは、事実上の社長となる創立委員長の人選が難航したことにある。

さきにもみたように、函樽鉄道は第二次出願に際して中央の有力資本家・投資家が発起人から脱退し、発起人の引受株も約九万株にとどまっていたことから、新たな出資者を再度外部から募る必要があった。したがって、「社長の人物次第にて株の引受方にも非常の影響を及ほす」との観点から、発起人は「当局大臣の手迄も煩はして[64]」適任者探しに奔走し、富田鉄之助（元日銀総裁）などの名が候補者に挙げられるが、「五ヶ年ノ間ハ無利子ノ資本ヲ投ジテヤル覚悟」といわれる事業のトップを引き受ける人物を得ることは容易ではなかった。このような空白状態は、「有力なる華族紳商の間に於て夫れへ申込の予約もあれど社長の決定せざる内は兎角決定を見難きものあり[65]」というように、新たな出資者の誘引にもマイナスに作用していた。

結局、発起人が辿りついた候補は、この年七月二六日に拓殖務省次官を辞し、京都で静養していた北垣国道であった。北垣を創立委員長に推す声は早い段階からあったが、彼は病気療養を理由にこれを辞退していた[66]。しかしその後、発起人は北海道協会会頭の近衛篤麿に北垣の説得を依頼し、同年九月、近衛と園田実徳が京都に赴いて、創立委員長就任の承諾を取り付けたのである[67]。

数ヵ月を費やして委員長候補を得た函樽鉄道は、同年一一月二〇日、東京にて発起人総会を開き、「線路実測株式募集並ニ創業費証拠金ノ徴収及創業総会招集本免状下附出願発起人追加及除名ノ許否其他会社成立ニ至ル迄ノ創業事務及之ニ附随スル一切ノ事務ヲ処理スル[68]」創立委員として、北垣国道、園田実徳、坂本則美、阿部興人、平田文右衛門、高野源之助、対馬嘉三郎、久米弘行、小川為次郎、朝尾春直、竹村藤兵衛、稲垣藤兵衛の一二名が推薦により選出された。翌二一日には、第一回の創立委員会が開かれ、委員長には委員の互選という形で北垣が就任し、補佐役となる常務委員には、北垣の指名で園田、坂本、阿部の三名が就任した。

かくして創業事務は開始され、株式募集や線路測量の着手へと進むはずであったが、すでに一八九七年の第二四半期以降金融は逼迫し始めており[69]、もともと数年間は利益を望めない函樽鉄道の株金募集にとっては、「資本を吸収せんとする既に無理注文たるを免れす[70]」という最悪のタイミングになっていた。まさに、「会社の憂事は、社長其人を得るの難きに在らすして、寧ろ資本を得るの難きに在[71]」ったのである。そのため函樽鉄道では、さきの発起人総会でも、「創立委員ニ附托スル事項」の一つに「創業費募集ニ代ヘ金拾万円ヲ限リ日歩金二銭五厘乃至参銭以下ノ利子ヲ以テ借入金ヲナスヲ得ル事[72]」を盛り込んでおり、創業資金の調達が絶たれるという最悪の事態に布石を打っていた。

しかし、同年末にかけて金融逼迫はますます激しくなり、函樽鉄道は早々に「株式募集の事到底実行シ得ヘカラザルヲ以テ姑ク之ヲ中止[73]」することを余儀なくされた。一方、同鉄道が得た仮免許状には、「此仮免状下付ノ日ヨリ起算シ満拾八箇月以内ニ私設鉄道条例第三条ノ書類図面及商法第百六拾六条ノ書類ヲ差出シ免許状ノ下付ヲ申請セサルトキハ此仮免状ハ無効タルヘシ」[74]との但し書きが付されていたが、創立委員長の選出に七ヵ月を費消したので残りの期間が一年足らずとなってしまい、本免許状申請の準備、とりわけ全区間約一五〇哩の測量着手は焦眉の急となっていた。こうして、「測量着手ノ時期亦到底遷延スヘカラズ」という事情に背中を押される形で、函樽鉄道は「創業費徴収ニ代ヘ借入金ヲ以テ創業事務ノ進捗ヲ計[75]」る途を採ることになった。

もちろん一般銀行も、日銀の一般貸出しの激しい引締めの下で苦境に陥っていたが[76]、一八九七年一二月五日、第四十九銀行・京都銀行・西陣銀行・平安銀行・中京銀行（いずれも京都所在）の五行は、「事業ヲ賛助スルノ目的ヲ以テ[77]」函樽鉄道への融資に応じる契約を結んだ。創業費の融資に応じた五行は、いずれも頭取・取締役クラスが発起人となっている銀行であったが、長く京都府知事を務めていた北垣の委員長就任は、各銀行の与信面において一層効果を持ったものと思われる。こうして函樽鉄道は、株金払込を棚上げした状態で、当面の運転資金を京都の銀行界に依存しつつ動きはじめた。

懸案の線路実地測量も一八九八年一月五日に開始されたが、これと併行して函樽鉄道では、九八年一月三一日、北海道庁に対して「官有地ニシテ本鉄道線路敷地ニ該当スヘキ箇所線路敷地トシテ幅員三十間防雪林用地トシテ線路左右各四拾五間、合計百弐拾間ノ幅員下渡シノ義」および「各建築用材並ニ軌道用枕木隧道用支保材及橋梁用材等ニ充ツル為メ、本線路附近ノ官有林野内ニ於テ立木五十万尺締石材九十万切払下ノ義」を出願した。さらに、二月二日には「停車場敷地トシテ官有地官林ニシテ本鉄道停車場ニ該当スル箇所各其面積下渡之儀」をやはり道庁へ出願し、それぞれ直ちに許可の指令を得た[78]。株金払込の目途が立たないなかで、用地取得費や建築資材費の最小化を図るこれら一連の措置により、函樽鉄道は「事業ノ進行上ニ多大ノ利便ヲ得[79]」ることになったが、それは約一年前に北垣が政府当局者の立場で確約した答弁を早くも反古にするものであった。

2　株主募集と会社創立

その後函樽鉄道は、仮免許状の有効期限を一年間延長する願を一八九八年七月二五日に当局へ提出した。前述のように、創立委員長の人選に時日を費やしてしまった上、「線路ハ総テ内地ト其趣ヲ異ニシ概シテ無人ノ山河ヲ貫通スルヲ以テ測量上ノ困難素ヨリ枚挙ニ遑アラス」という線路実測の遅れと、「時勢又奈何トモスル能ハス」[80]とされた株式募集の困難が、免許延期の理由として挙げられた。願は同年八月二日に認許され、九九年一〇月二七日までの延期が認められた。

日清戦後第一次恐慌後、一八九八年下期から翌年上期は不況のうちに過ぎたが、九九年六月頃から活況が生じ、金融も緩慢に転じることとなった[81]。こうした中で函樽鉄道は、同年六月二二日、東京府下の「実業大家」を帝国ホテルに集めて事業への賛助を求めるとともに、七月八日には東京府下の「資産家」を招き、同じく賛助を求めた[82]。ここでいわれている「実業大家」・「資産家」がいかなる人々であったのかは、後者の様子を報じる次の記事で明らかとなろう。

函樽鉄道会社創立委員は七月八日帝国ホテルに華族及実業家を招きしに来会者は渋沢栄一、安田善次郎、大倉喜八郎、豊川良平、近藤廉平、松方巌、池田謙三、高田小次郎、梅浦精一、渋沢喜作、井上角五郎、園田孝吉、田中平八、加東徳三、北岡文兵衛、岩出総兵衛、久米良作、川崎八右衛門の諸氏其他二十余名、華族にては津軽承昭、加藤泰秋、榎本武揚子（以上本人）、前田利嗣、細川護成、池田仲博、尚泰、井伊直憲、久松定謨、蜂須賀茂韶、戸田安泰、松平康荘、松浦詮、大村純雄、松平直亮、尚寅、川田龍吉（以上代理家令）の諸氏、又来賓として芳川、桂、曾禰の三大臣、園田北海道長官、同会社よりは委員長北垣国道男并に園田実徳、坂本則美、阿

部興人、平田文右衛門、金子元三郎、対馬嘉三郎の諸氏出席し北垣委員長は来会者の労を謝し北海道の進歩事情により利益計算上詳細の説明を為して賛同を求め続て賛成者渋沢栄一、大倉喜八郎、安田善次郎諸氏の演説及芳川、桂両大臣の賛成談あり来会者一同夫々賛成の調印を為したりといふ(83)

第一次出願却下の後、発起人から退いた渋沢・安田・大倉らが、ここにおいて再び設立運動に合流し、演説を行うなど出資者勧誘に加担していること、華族層が出資に関心を示していることなどが注目される。

また、記事中にある北垣の「利益計算上詳細の説明」は、これまでとは一変した強気の内容となった。『函樽鉄道株式会社経画ノ要略』(84)、「函樽鉄道利益予算参考書」(85)などの資料は、この説明会向けに作成されたものと思われるが、それによれば、興業費八〇〇万円に対し、営業収支予算は営業収入一一四万七三八〇円、営業支出五四万七五〇〇円、純益金五九万九八八〇円となっており、収益率も「資本金八〇〇万円ニ配当スルトキハ七朱四厘余(86)」と、仮免許状申請時に比べて大幅に上方修正されていた。そして、その後の予想を、「北海全道ノ進歩ト倶ニ年々利益ノ増進スルコト必然ニシテ其営業収入金高ハ年々壱割五歩以上ノ増加アル見込ナリ(87)」と付け加えた。かかる純益予想は、「本鉄道ト粗ホ其性質ヲ仝フシ本鉄道ト聯絡シテ将来互ニ旅客貨物ノ送迎ヲナシ終始直接ノ関係ヲ有スル炭砿鉄道株式会社幌内線即チ小樽岩見沢間現実ノ収益ヲ以テ標準トセハ恐クハ大差ナキヲ信ス(88)」と記されているように、北海道炭礦鉄道のそれを単純に下敷きにしてなされたものであった。また、株金払込みの時期については、「来明治三十三年ヨリ向凡五ヶ年間ニ徐々ニ払込ムモノトス(89)」とされた。

以来、函樽鉄道では、「専ら確実なる資産家の網羅に務め全国中千五百有余の著名なる資産家即ち多額納税者、大地主、銀行其他貯蓄金ある団体等を撰び之に対して相談書を発し其賛成を求め(90)」、東京と同様の説明会を、横浜（八月二一日）、大阪（九月二六日）、名古屋（九月二九日）で開催した。その結果、「株式募集高は頗る夥多にして、予定額六万九千余株に対し申込高十四万五千余株に上り……発起人は申込に対して割当る株数を約そ半額とする」[91]という好成績を見るに至った。同年三月二二日公布の北海道拓殖銀行法にもとづく北海道拓殖銀行の設立が一方で進められている状況の中で、北海道への投資に対する期待感がかなり高まっていたことも[92]、函樽鉄道にとってはプラスに作用したといえよう。

一連の勧誘活動を通じ、函樽鉄道の株主構成は、さきの発起人構成とは様変わりした。持株五〇〇株を超える上位株主には、東京・横浜・大阪・名古屋での説明会の成果を示すかのように、それぞれの地の実業家（法人格での出資を含む）・資産家が名を連ねることとなった（表7-5）。とりわけ後者においては、華族資本の誘引に成功したことがよくわかる。

株主全体をみてみると（表7-6）、株主総数一五六八名の半数は沿線となる北海道在住の株主で占められているが、一人あたり持株数の少なさからもわかるように、五〇株以下、とりわけ一〇株以下が五〇〇名と分厚い層をなしていた。旧北海道鉄道の発起以来、設立運動の中心であった京都の株主は、人数的には新たに加わった東京・大阪・名古屋在住株主の後塵を排したが、その大半は二〇〇株以上の大株主で一人あたり持株数は東京・大阪株主の二倍以上の四五六株、持株比では全株数の約四分の一を占めるなど、依然として出資者層の中心をなしていた。

もっとも、中央の実業家・資産家側に、函樽鉄道への出資を最終的に決断せしめるには、説明会における北垣ら創立委員の「甘言」ともつかぬ起業目論見だけでは不十分であろう。ここでは、それを補完したものとして、次の二つを指摘しておきたい。

一つは、創立委員たちの人脈である[93]。たとえば、最大株主となっている大阪貯蓄銀行の引受け（三〇〇〇株）は、副頭取外山修造と坂本則美の総武鉄道以来の密接な関係にもとづくものであった[94]。引受数第二位（二七〇〇株）の日本生命の場合、副社長である片岡直温は出資の理由について、「本社創設に際し大阪京都滋賀の三知事に非常の尽力に預りたるを以て此人等の設立せる同鉄道には勢尽力して旧に報ひさるべからざるを以て所有せしもの[95]」と、それが京都府知事時代の北垣国道との旧縁にもとづくものであることを株主総会で述べている。

また、三井銀行の出資については、同行専務理事の中上川彦次郎が一八九九年九月五日の第六七回三井理事会にて、「先年荘田等ヨリ函樽鉄道株式会社引受方ノ勧誘アリシ処、過般来北垣委員長ヨリモ亦其代理曽根静夫ヲ以テ応募方頼談アリタレトモ、将来ハ兎モ角数年間ハ利益ヲ得ルコト難ク、殊ニ最初大ニ賛成シ居リタル三菱スラ僅カニ壱千株引受ケトノコトナレハ成立ハ六ヶ敷コトト存ス、去リナカラ今ヤ北海道ニモ手ヲ着ケントスル場合故、本ノ突合ヒ迄ニ弥々会社成立ノ場合ニハ壱千株迄引受クルコトニ致シ可然[96]」と発議して可決されているが、起業目論見についての評価自体は消極的ながらも、まさに「ほんの付き合い」という点で応じている様子がわかる。

いま一つは、北海道庁が後ろ盾的な役割を担っていたことである。当時の道庁長官園田安賢は、函樽鉄道の説明会にも来賓の一人として出資者獲得に一役買っているが、彼は設立運動へ関与する理由について、「予は任地出発前に於ては該鉄道をも官設に移して以て速成を計るに如かずとし右年限短縮の件と共に政府の同意を求めむと欲せしも官設鉄道竣功年限の短縮すら容易に採用せられざる有様なるが故に函樽鉄道の官設などは容易に望むべからず而して函樽鉄道貫通の遅速は本道拓殖の遅速に大関係を有するが故に此上は北垣男を助けて一日も早く之を成功せしむるの外良策なしと決心せり[97]」と語っている。事実、さきに許可を得た線路用地の下渡しや、木材・石材の払下げ条件は、投資家向けの資料の中にも掲載され、「同鉄道が今回多数の株主を得たるは道庁より手厚き特典を受くべき内約あるが為[98]」とも報じられていた。とりわけ、華族層は以前にもこうした条件を求めた経緯があり、道庁による種々の特典は、いわば利子補給に準じる投資誘因として機能したものと思われる。

かくして函樽鉄道は、一八九九年一〇月二七日に迫っていた仮免許状有効期限を一一月三〇日まで再度延期した後（一〇月一六日申請、一〇月二一日認可[99]）、一〇月二七日に東京・台湾協会にて創業総会を開催した。実際に出席した株

（引受株数500株以上）

引受株数	道府県名	氏　　名	備　　考
500	東　京	林　有造	憲政党総務委員，〈衆〉
500	神奈川	朝田　又七	回漕業，横浜船渠(取)，明治火災保険(監)
500	神奈川	茂木　保平	蚕糸売込商，茂木銀行社員，横浜火災保険(取)
500	東　京	近衛　篤麿	侯爵，旧公卿，学習院長，〈貴〉
500	大　阪	山口吉郎兵衛	(後見人・越野嘉助)
500	大　阪	矢島　清七	大阪貯蓄銀行(取)，浪速銀行(取)
500	大　阪	野田　吉兵衛	天満織物(社)，大阪電燈(取)，三十四銀行(監)，大阪鉄道(監)
500	東　京	塚本合名会社	(社員・塚本佐兵衛)
500	愛　知	愛知銀行	(頭取・岡谷惣助)
500	愛　知	伊藤治郎左衛門	呉服太物商，伊藤貯蓄銀行(取)，十一銀行(取)，愛知銀行(監)
500	愛　知	西川　宇吉郎	名古屋株式取引所(理)，名古屋電気鉄道(取)，〈衆〉
500	大　阪	外山　脩造	大阪貯蓄銀行(副頭)，阪神電気鉄道(社)，大阪舎密工業(社)
500	東　京	渋沢　栄一	第一銀行(頭)，東京商業会議所会頭，日本郵船(取)，函館船渠(取)
500	京　都	富田　清助	平安銀行(取)
500	大　阪	越野　嘉助	酒造業，大阪貯蓄銀行(取)，大阪電気分銅(取)
500	京　都	*竹村　藤兵衛	金巾商，中京銀行(頭)，京都銀行(監)，京都貯蔵銀行(監)
500	北海道	*高橋　直治	商業，小樽商業会議所商業部長
500	北海道	*倉橋　大介	電燈業，北海生命保険(取)，小樽銀行(監)
500	京　都	*高谷　宗兵衛	元・平安銀行(取)
500	京　都	*竹花　嘉兵衛	木綿金巾染地類，京都貯蔵銀行(頭)，京都銀行(取)，京都商工銀行(監)
500	京　都	*安盛　善兵衛	諸太物呉服洋反物類，京都綿子ル(社)，京都紡績(社)
500	京　都	*竹上　藤兵衛	生糸商
500	京　都	*小西治郎右衛門	織物商
500	京　都	*野橋　作兵衛	縮緬商
500	東　京	*黒岩　直方	山階宮家令
500	京　都	*下村　忠兵衛	関東呉服卸商兼袴地卸売，第四十九銀行(頭)，四十九貯金銀行(頭)
500	京　都	*上田　勘兵衛	呉服卸商兼西陣織物帯地類，京都貯蔵銀行(取)，京都銀行(取)
500	京　都	*芝原　嘉兵衛	起業銀行(取)，起業貯金銀行(取)，京都株式取引所(理)
500	京　都	*市田　弥一郎	呉服卸商兼仙台平袴地販売，京三運輸(取)
500	京　都	*堤　弥兵衛	紙商兼砂糖商，京都時計製造(社)，京都電気鉄道(取)，京都電燈(監)
500	京　都	*吉田　利助	丹後縮緬兼生糸商，京都製絲業務担当社員，峰山組運送(取)
500	京　都	*西川　幸助	第四十九銀行(取)，四十九貯金銀行(監)，第一絹綵紡績(監)
500	京　都	*上田　りう	呉服商
500	京　都	*杉本新左衛門	呉服仕入商，起業貯金銀行(取)，真宗信徒生命保険(監)，起業銀行(監)
500	京　都	*津田　寅吉	
500	京　都	*内藤　徳兵衛	縮緬友仙染絹類，日本産業銀行(取)
500	京　都	*松居　庄七	半襟卸商兼鹿子帛紗商，京都電燈(取)，商工貯金銀行(監)
500	京　都	*熊谷　佐兵衛	染呉服卸商，伏見紡績(監)
500	京　都	*吉田　直治郎	呉服商
500	北海道	*対馬　嘉三郎	味噌醤油製造兼洋酒醸造，元・北海道木材(取)
500	東　京	山内　豊尹	子爵
500	東　京	松平　康荘	侯爵，〈貴〉
合　計：95名(6.1%)，　71,600株(44.8%)			

注1）備考欄略号：(社)＝社長，(取)＝取締役，(監)＝監査役，(頭)＝頭取，(副頭)＝副頭取，(相)＝相談役，(理)＝理事，〈貴〉＝貴族院議員，〈衆〉＝衆議院議員．

2）順序・道府県名は原資料のまま．*印は仮免許申請時の発起人．

3）合計欄の(　)内は，全株主数・株式数に占める比率．

出典）『株主姓名簿』(函樽鉄道株式会社創立事務所，〔1899年〕，宇田正氏所蔵)．鈴木喜八・関伊太郎編『日本全国商工人名録』第2版(日本全国商工人名録発行所，1898年，渋谷隆一編『明治期日本全国資産家地主資料集成』Ⅰ～Ⅲ，柏書房，1988年)『日本紳士録』第6版(交詢社文庫，1900年，国立国会図書館所蔵)，『日本全国諸会社役員録』第8回(商業興信所，1900年，『日本全国諸会社役員録』第4巻，柏書房，1988年) その他より作成．

表7-5　函樽鉄道設立時の上位株主

引受株数	道府県名	氏　　名	備　　考
1,000	東　京	内 蔵 頭	(渡辺千秋)
3,000	大　阪	大阪貯蓄銀行	(副頭取・外山脩造)
2,700	大　阪	日本生命保険	(社長・鴻池善右衛門)
2,000	東　京	尚　　泰	侯爵，旧琉球藩主，〈貴〉
1,500	愛　知	徳川　義礼	侯爵，〈貴〉
1,200	東　京	川田　龍吉	男爵，横浜船渠(社)
1,000	愛　知	亀崎銀行	(頭取・天埜伊左衛門)
1,000	三　重	吉田　伊兵衛	金銭貸付業
1,000	東　京	帝国生命保険	(社長・福原有信)
1,000	三　重	三輪　猶作	酒類醸造，四日市銀行(頭)，関西鉄道(監)
1,000	東　京	田　健治郎	関西鉄道(社)
1,000	愛　知	滝　兵右衛門	呉服太物商，名古屋銀行(頭)，関西鉄道(取)，〈貴〉
1,000	東　京	原　　六郎	横浜正金銀行(取)，横浜船渠(取)，総武鉄道(取)，北越鉄道(取)
1,000	東　京	岩倉　具定	侯爵，旧公卿，宮内省爵位局長兼侍従職幹事
1,000	大　阪	住友吉左衛門	住友銀行行主，〈貴〉
1,000	東　京	井伊　直憲	伯爵，旧彦根藩主
1,000	東　京	池田　仲伝	侯爵，旧因幡鳥取藩主
1,000	大　阪	鴻池善右衛門	鴻池銀行行主，大阪貯蓄銀行(頭)，日本生命保険(社)
1,000	東　京	三井銀行	(社長・三井高保)
1,000	東　京	岩崎　久弥	男爵，三菱合資会社(社)，東京倉庫(取)
1,000	東　京	大倉　喜八郎	大倉組(頭)，東京商業会議所副会頭，函館船渠(取)，北越鉄道(監)
1,000	東　京	安田　善次郎	安田銀行監督，共済生命保険監督，東京建物(相)
1,000	京　都	稲垣合名	(業務担当社員・稲垣貞治郎)
1,000	京　都	*辻　忠郎兵衛	呉服太物卸商
1,000	京　都	*津田　栄太郎	西陣帯地卸商，京都紡績(監)，京都金融(監)
1,000	京　都	*稲垣　貞治郎	第一絹絲紡績(取)，平安銀行(監)，京都紡績(監)
1,000	京　都	*中村　新治郎	呉服卸商，平安銀行(取)
1,000	京　都	*藤川　源兵衛	呉服商，平安銀行(取)，日本絹絲紡績(取)
900	京　都	*大野　嘉助	呉服卸商，平安紡績(取)
900	京　都	*松木　安次郎	西陣御召縮緬類，西陣綿子ル商，西陣貯蓄銀行(頭)
800	鳥　取	稲田　秀太郎	清酒醸造販売兼醤油醸造，中国貯蓄銀行(取)，米子銀行(監)
800	東　京	*金子　元三郎	水産商，漁業
800	京　都	*藤井　善七	染呉服卸商，平安銀行(取)，第一絹絲紡績(監)
800	京　都	*西村　嘉一郎	生糸商
800	京　都	*加納　作之助	鹿ノ子紋卸商，第四十九銀行(取)，四十九貯金銀行(取)
800	京　都	*西村吉右衛門	呉服商，日本産業銀行(取)，帝国火災保険(取)
800	京　都	*池田　長兵衛	無職
800	京　都	*堀川　新三郎	友染工，鴨東銀行(監)，伏見紡績(監)
800	京　都	*宮本　儀助	半襟卸商，呉服卸商
700	京　都	*石田　五兵衛	錦金襴商兼法衣官服地卸，西陣織物仲買
700	京　都	*津田　常七	染呉服卸商
600	大　阪	松村　武一郎	
600	京　都	*福田　市十郎	綿子ル久留米絣阿波縮類
600	京　都	*平井　仁兵衛	織物商，平安銀行(監)
600	京　都	*中村　忠兵衛	丹後縮緬，京都生命保険(社)，第一絹絲紡績(取)，平安銀行(監)
600	京　都	*広岡　伊兵衛	友仙染呉服類，平安銀行(取)
600	京　都	*高橋　弥七	京都株式取引所仲買人
600	京　都	*西川　幸兵衛	染呉服卸商丹後縮緬，第四十九銀行(取)，四十九貯金銀行(取)，京都銀行(取)
600	京　都	*遠藤九右衛門	古着商兼呉服商，京都貯蔵銀行(取)，京都銀行(取)
500	京　都	北垣　国道	男爵，〈貴〉
500	三　重	岡　半右衛門	海産物商
500	東　京	榎本　武揚	子爵，内閣賞勲局議定官
500	東　京	細川　護成	侯爵，旧肥後熊本藩主，〈貴〉

表7-6　函樽鉄道設立時の株主分布（引受株）

道府県名	株主数(A)(人)	比率(%)	内訳(人) 1000株以上	500～999株	200～499株	100～199株	50～99株	10～49株	9株以下	株数(B)(株)	比率(%)	(B/A)(株)
北海道	781	49.8		3	25	37	62	303	351	20,602	12.9	26
東　京	166	10.6	13	10	36	38	32	35	2	34,335	21.5	207
大　阪	134	8.5	4	6	41	48	25	8	2	26,352	16.5	197
愛　知	95	6.1	3	3	21	31	27	10		14,795	9.2	156
京　都	85	5.4	6	41	25	5	6	2		38,720	24.2	456
三　重	66	4.2	2	1	9	16	21	14	3	7,885	4.9	119
神奈川	42	2.7		2	11	12	7	10		5,775	3.6	138
千　葉	27	1.7			1	4	7	11	4	1,390	0.9	51
兵　庫	24	1.5			3	4	11	6		1,930	1.2	80
青　森	16	1.0			1	2	4	8	1	765	0.5	48
秋　田	14	0.9			1	1	3	6	3	710	0.4	51
山　形	14	0.9				3	3	6	2	610	0.4	44
岐　阜	12	0.8			1	1	5	2	3	615	0.4	51
茨　城	12	0.8				3	4	5		630	0.4	53
岩　手	12	0.8				1	1	6	4	283	0.2	24
静　岡	10	0.6				1	6	3		505	0.3	51
群　馬	9	0.6			3	1	5			1,100	0.7	122
鳥　取	8	0.5		1		2	3	1	1	1,285	0.8	161
宮　城	7	0.4					2	4	1	190	0.1	27
埼　玉	5	0.3			1		3	1		425	0.3	85
福　島	4	0.3				1	2	1		215	0.1	54
長　野	4	0.3				1		3		165	0.1	41
新　潟	4	0.3					1	3		130	0.1	33
高　知	4	0.3					1	2	1	103	0.1	26
石　川	3	0.2					1	2		85	0.1	28
滋　賀	2	0.1						2		45	0.0	23
福　岡	2	0.1						2		30	0.0	15
山　梨	1	0.1						1		25	0.0	25
徳　島	1	0.1				1				100	0.1	100
福　井	1	0.1					1			50	0.0	50
奈　良	1	0.1					1			50	0.0	50
島　根	1	0.1					1			50	0.0	50
愛　媛	1	0.1					1			50	0.0	50
計	1,568	100.0	28	67	179	213	246	457	378	160,000	100.0	102

出典）前掲『株主姓名簿』より作成.

主は、「渋沢栄一、安田善次郎、大倉喜八郎外三十余名の諸氏」[100]だけだったが、創業事務の報告、定款の確定、創業費の認定、重役の選挙などがその場で行われた。

北垣・坂本・園田ら創立委員は、当初渋沢栄一に重役就任を強く要請し、彼のもとを頻繁に訪れているが、渋沢は「堅ク之ヲ謝絶」[101]して引き受けず、実現には至らなかった。それでも創立委員側は、渋沢への配慮からか、「渋沢栄一氏ニ其指名ヲ一任スル」[102]という方法によって役員を選出し、その結果として、取締役に北垣国道・高島嘉右衛門・近藤廉平・園田実徳・坂本則美・阿部興人・高野源之助・片岡直輝・稲垣貞治郎、監査役に対馬嘉三郎・竹村藤兵衛・平田文右衛門が決定した。[103]総会後の一一月四日には、取締役互選会が開かれ、北垣が専務取締役社長に、園田・坂本が専務取締役理事にそれぞれ選出された。[104]

こうした諸準備を経て、同年一一月二〇日、函樽鉄道はようやく本免許状の提出を行った。そこでの収支見込を仮免許状申請時と比較してみると(前掲表7-4)、北海道庁の線路用地下付などによって用地取得費が削減されていること、貨物輸送の比重が高まっていること、収益率が出資者への説明会通りの大幅増(七・五〇%)となっていることなどに気づく。同じく一一月二〇日には、証拠金として一株につき一円の払込みを行うよう株主へ通知がなされたが、払込期限時(同年一二月一〇日)における状況は、払込済が一四九一名で一四万七九七〇株分、未払込が八八名で一万二〇三〇株で、[105]前者が九二・五%という順調な滑り出しをみせた。そして、翌一九〇〇年五月一六日、この申請に対する本免許状の下付がなされ、函樽鉄道は、いよいよ建設着手という段階へ進むのである。

おわりに

こうして、難産の末に設立に至った函樽鉄道であるが、冒頭にて触れたように、その開通(一九〇二年一二月)・全通（一九〇四年一〇月）までには、さらなる時日が必要であった。設立後における函樽鉄道（北海道鉄道）の展開、および開業後における経営の実態、そして国有化へ至る顚末については、もはや紙幅も尽きているので、別稿にて論じることにしたいが、二つほどの論点を展望しておきたい。

第一は、函樽鉄道の認可にあたって再三確認された無補助という原則が守られなかったことである。同鉄道では、本免許状を取得して株式募集にかかった矢先に日清戦後第二次恐慌が生じたため、政府補助を求める動きが再燃した。結局、一九〇二年に建設補助金という形での政府補助が決定され、北海道鉄道はようやく建設工事に着手する。北海道鉄道に対する政府補助認可の背景に、いかなる政策的議論が存在したのかが検討事項となる。

第二の論点は、鉄道会社としての経営姿勢の問題である。北海道鉄道（旧函樽鉄道）の経営実態は、交付された建設補助金を配当で食いつぶし、その後は、自助努力をまったく回避したとも見られかねない状態であった。なぜ、このような経営状態に陥っていたのか、企業サイドから立ち入った分析を行ってゆく必要があろう。

（1）中村尚史『日本鉄道業の形成』日本経済評論社、一九九八年、一八〇―一八四頁（表4-6、4-7）。

（2）小風秀雅「交通資本の形成」（高村直助編『企業勃興――日本資本主義の形成――』ミネルヴァ書房、一九九二年）八一頁。

（3）中村尚史氏は、局地的鉄道会社と区別される幹線鉄道会社の要件として、①利子保証をはじめとした政府保護、②広域性（営業距離の長大さ）、③資本金の巨額性、の三点を指摘している（前掲、中村『日本鉄道業の形成』一四頁）。なお、氏は①の点に着目するが故に、一般に「五大私鉄」と呼ばれている中から政府補助を受けなかった関西鉄道を除外し、「四幹線鉄道会社」という表現を用いている。

（4）広瀬竜二「北海道における私有鉄道の性格――炭礦鉄道と北海道鉄道――（上）・（下）」（『新しい道史』第六巻第四号、第五号、一九六八年九月、一一月）。

(5)『日本鉄道史』中篇（鉄道省、一九二一年）五五頁。
(6)同前、六三八―六三九頁。
(7)同前、六三九―六四〇頁、傍点引用者。
(8)老川慶喜「京都鉄道会社の設立と京都財界」（『追手門経済論集』第二七巻第一号、一九九二年四月）二五四―二五五頁。
(9)北垣国道「北海道開拓意見具申書」一八九三年三月二五日（『新撰北海道史』第六巻史料二、北海道庁、一九三六年）六七一頁。
(10)同前、六七四頁。
(11)同前、六七五頁。
(12)旗手勲『日本における大農場の生成と展開――華族・政商の土地所有――』御茶の水書房、一九六三年、一三三頁。
(13)「第六回帝国議会貴族院議事速記録」第二号、一八九四年五月一七日（『帝国議会貴族院議事速記録』七、東京大学出版会、一九七九年）二二頁。
(14)同前。
(15)同前、傍点引用者。
(16)前掲旗手『日本における大農場の生成と展開』一三〇―一三一頁。北海道協会の創立当初の役員は、次の通りである。

会　頭…近衛篤麿
副会頭…徳川篤敬
幹　事…小沢武雄、高島嘉右衛門、岩谷松平
評議員…黒田長成、榎本武揚、谷干城、藤波言忠、三浦安、渋沢栄一、河野広中、犬養毅、二条基弘、田中平八、牧朴真、雨宮敬次郎、中村弥六、曽我祐準、小室信夫、高田早苗、加藤政之助、井上角五郎

(17)『函樽鉄道株式会社創業事務報告書』（函樽鉄道株式会社、一八九九年、宇田正氏所蔵）一―二頁、傍点引用者。
(18)ちなみに、開業後の営業収入は六〇万二二五〇円（旅客＝四九万二七五〇円、貨物＝一〇万九五〇〇円）、営業費は

二二万九九五〇円で、差引益金は三七万二三〇〇円と見込まれている。この数字での営業係数（営業費／営業収入）は三八・二％、収益率（営業益金／興業費）は四・六五％である（「函樽鉄道敷設請願」『小樽新聞』（市立小樽図書館原所蔵、国立国会図書館複製所蔵）一八九五年六月二三日）。

(19)　寺石正路『続　土佐偉人伝』（富士越書店、一九二三年）二九六頁。

(20)　「北海道殖民鉄道に就て」（『東京朝日新聞』（日本図書センター復刻版）一八九六年一月一七日）。

(21)　「函樽鉄道の布設運動」（『小樽新聞』一八九五年五月一八日）、「函樽鉄道布設の出願」（『小樽新聞』一八九五年六月一四日）。

(22)　「函館鉄道株式会社」（『小樽新聞』一八九五年五月二八日）。

(23)　「函樽鉄道の調和」（『小樽新聞』一八九五年六月二〇日）。

(24)　追加発起人一一五名のリストは、渋沢青淵記念財団竜門社編『渋沢栄一伝記資料』第九巻（渋沢栄一伝記資料刊行会、一九五六年）一八〇頁を参照。

(25)　「北海道殖民鉄道株式会社発起人総会」（『小樽新聞』一八九六年一月一五日）。

(26)　「北海道殖民鉄道株式会社創立主意書」（『北海道殖民鉄道株式会社創立主意書・北海道殖民鉄道株式会社創立申請書・北海道殖民鉄道株式会社利益保証特許請願書・北海道殖民鉄道株式会社起業目論見書・北海道殖民鉄道株式会社仮定款』北海道殖民鉄道株式会社発起人、一八九五年）八頁。

(27)　同前、一〇頁。

(28)　「北海道殖民鉄道に就て」（『東京朝日新聞』一八九六年一月一一日）。

(29)　前掲『函樽鉄道株式会社創業事務報告書』五―六頁。

(30)　「函樽鉄道会社発起人会」（『小樽新聞』一八九六年一月一六日）。

(31)　「第九回帝国議会衆議院予算委員会速記録」第一科第四号、一八九六年一月一六日（『帝国議会衆議院委員会議録』明治篇六、東京大学出版会、一九八六年）一四頁。

(32)　「第九回帝国議会衆議院議事速記録」第一八号、一八九六年二月三日（『帝国議会衆議院議事速記録』一〇、東京大学出版会、一九七九年）二四九頁。
（33）前掲『函樽鉄道株式会社創業事務報告書』八頁。函樽鉄道発起人は、願書却下後の一八九六年四月一六日、内務省に代わって新たに北海道に関する諸般の事務を管掌することになった拓殖務省（一八九六年四月一日設置）に、別途「函樽鉄道株式会社補助金下付願」を提出したが、こちらも同年五月八日付で却下されている（同前、七―八頁）。
（34）松下孝昭「日清戦後経営期の鉄道建設事業」（山本四郎編『日本近代国家の形成と展開』吉川弘文館、一九九六年）一五一―一五四頁。
（35）前掲『日本鉄道史』中篇、七二頁。
（36）同前、六七頁。
（37）前掲「第九回帝国議会衆議院議事速記録」第一八号、二四九頁、傍点引用者。この答弁については、「ソレハ幹線ノ事ニ就イテモ同ジ事ニナルノデスカ」（星亨発言）との確認がなされたが、松岡内務次官は「幹線ノ事ヲ主トシテ御答ヲシマシタ」と明言している。
（38）近衛篤麿提出・二条基弘外二九名賛成「北海道鉄道布設方針ニ関スル質問主意書」一八九六年一月一六日（「第九回帝国議会貴族院議事速記録」第六号、一八九六年一月二〇日、『帝国議会貴族院議事速記録』一〇、東京大学出版会、一九七九年）四三頁。
（39）野村靖「貴族院議員侯爵近衛篤麿君提出北海道鉄道布設方針ニ関スル件質問ニ対スル答弁書」一八九六年一月二三日（「第九回帝国議会貴族院議事速記録」第九号、一八九六年一月二八日、同前）七三頁。
（40）井上馨「北海道ニ関スル意見書」一八九四年五月（「第八回帝国議会衆議院議事速記録」第二七号、一八九五年二月八日、『帝国議会衆議院議事速記録』九、東京大学出版会、一九七九年）四三六頁。
（41）「小樽函館間の私設鉄道」（『小樽新聞』一八九六年四月二九日）。
（42）松下孝昭「鉄道敷設法の成立と矛盾」（『日本史研究』三七七号、一九九四年一月）七四―七五頁。前掲中村『日本鉄道業の形成』二一一頁。
（43）前掲「小樽函館間の私設鉄道」。

(44)「函樽鉄道無補給敷設を出願せんとす」(『小樽新聞』一八九六年六月二一日)。
(45)前掲「小樽函館間の私設鉄道」。
(46)函湯鉄道は、一八九三年一二月一六日に田代担之(函館区会所町)ほか九名で出願(資本金九万五〇〇〇円)。九五年一一月一五日、函館—湯川村間の仮免状を下付され、九六年四月三〇日に同区間の本免状を得たばかりであった(前掲『日本鉄道史』中篇、六六七—六六八頁)。田代はこのほかにも、九五年一一月四日にその他一一名と渡島鉄道を発起しており、函湯鉄道湯川停車場—白尻港間(延長二〇哩)の仮免許状を申請している。
(47)「函館鉄道の延長」(『東京経済雑誌』〔日本経済評論社復刻版〕第八三一号、一八九六年六月二七日)一一四三頁。
(48)前掲『函樽鉄道株式会社創業事務報告書』九頁。
(49)同前。
(50)「函館鉄道延長線変更」(『東京朝日新聞』一八九六年六月二〇日)。
(51)「函湯鉄道株式会社線路延長敷設変更願」函湯鉄道株式会社、一八九六年六月三〇日(「第八回鉄道会議議事速記録」第九号、一八九七年三月三一日、野田正穂・原田勝正・青木栄一・老川慶喜編『明治期鉄道史資料』第II期、第二集第八巻、一九八八年)八—九頁。
(52)前掲『日本鉄道史』中篇、六四一頁。
(53)「第八回鉄道会議議事速記録」第四号、一八九六年一二月二三日(前掲『明治期鉄道史資料』第II期、第二集第八巻)。
(54)同前、一〇九頁(堀田正養発言)。
(55)函湯鉄道は一八九六年一二月、社名を函館鉄道と改称した(前掲『日本鉄道史』中篇、六六八頁)。
(56)前掲「第八回鉄道会議議事速記録」第九号、八頁。
(57)「北海道予定鉄道線路中私設鉄道会社へ敷設許可ニ関スル件」を審議した一八九六年一二月二三日の鉄道会議で、政府提案の説明に立った北垣国道拓殖務次官の論法は、「財政ノ上ニ就キマシテハ至難ノ場合デアリマスカラ之ヲ官設ニ建設スルト云フコトガ甚ダ苦シイ場合ニナツテ居リマス、幸ヒ相当ノ会社ガ発起シマシテ願ヒヲ出シテ居リマスカラソレニ許シテ一日モ早ク鉄道ノ聯絡ヲセムコトヲ望ム次第デアリマス」(前掲「第八回鉄道会議議事速記録」第四号、四二頁、傍点引用者）というものであった。

(58)「函樽鉄道と拓殖務省」(『小樽新聞』一八九六年一〇月四日)。

(59)「函館鉄道会社の疑獄及び勢和鉄道会社の紛議」(『東京経済雑誌』第八五六号、一八九六年一二月一九日）一〇六七―一〇六八頁。なお、すでに認可を得ていた函館―湯川間は、竣工期限超過のため一八九八年四月に免許失効。同じく田代を代表としていた渡島鉄道の出願も、一八九七年四月二日の鉄道会議で却下された（「第八回鉄道会議議事速記録」第一〇号、前掲『明治期鉄道史資料』第Ⅱ期、第二集第八巻、三―七頁)。

(60)前掲「第八回鉄道会議議事速記録」第九号、一四頁。

(61)同前、傍点引用者。

(62)「第十回帝国議会貴族院議事速記録」第一二号、一八九七年二月二六日（『帝国議会貴族院議事速記録』一二、東京大学出版会、一九八〇年）八二頁。

(63)前掲「第八回鉄道会議議事速記録」第四号、一〇五頁。

(64)「函樽鉄道社長尚ほ未定」(『小樽新聞』一八九七年八月八日)。

(65)同前。

(66)「函樽鉄道会社長候補談」(『小樽新聞』一八九七年六月八日)。

(67)「函樽鉄道会社長定まる」(『小樽新聞』一八九七年九月二八日)。前掲『函樽鉄道株式会社創業事務報告書』一七頁。

(68)前掲『函樽鉄道株式会社創業事務報告書』一八頁。

(69)高村直助『日本資本主義史論――産業資本・帝国主義・独占資本――』ミネルヴァ書房、一九八〇年、八一頁。

(70)「函樽鉄道資本」(『小樽新聞』一八九七年八月三日)。

(71)同前。

(72)前掲『函樽鉄道株式会社創業事務報告書』一八頁。

(73)同前、一九頁。

(74) 「仮免状」（前掲『鉄道院文書　北海道鉄道（函樽鉄道株式会社）（免許）全』）。
(75) 前掲『函樽鉄道株式会社創業事務報告書』一九頁。
(76) 前掲高村『日本資本主義史論』八五頁。
(77) 前掲『函樽鉄道株式会社創業事務報告書』一九頁。
(78) 同前、二一―二二頁。
(79) 『北海道鉄道株式会社鉄道敷設工事始末書』（北海道鉄道株式会社、一九〇四年、市立函館図書館所蔵）四頁。
(80) 前掲『函樽鉄道株式会社創業事務報告書』二二頁―二三頁。
(81) 前掲高村『日本資本主義史論』八六頁。
(82) 前掲『函樽鉄道株式会社創業事務報告書』二四―二五頁。
(83) 「函樽鉄道相談会」（『銀行通信録』〈日本経済評論社復刻版〉第一六五号、一八九九年八月）一二五六頁。
(84) 『函樽鉄道株式会社経画ノ要略』（一八九九年、市立函館図書館所蔵）。
(85) 「函樽鉄道利益予算参考書」一八九九年（北海道立文書館所蔵・柳田家資料〈印刷物〉、三六五―三）。
(86) 前掲『函樽鉄道株式会社経画ノ要略』四頁。
(87) 同前、四―五頁。
(88) 前掲「函樽鉄道利益予算参考書」。
(89) 前掲『函樽鉄道株式会社経画ノ要略』一頁。
(90) 「函樽鉄道の近況」（『鉄道時報』〈八朔社復刻版〉第二六号、一八九九年九月二五日）一〇頁。
(91) 「函樽鉄道会社の株式募集」（『東京経済雑誌』第一〇〇二号、一八九九年一〇月二八日）二五頁。
(92) 『北海道拓殖銀行史』（北海道拓殖銀行、一九七一年）四二―四三頁。
(93) この点については、すでに小川功氏が指摘している（小川功「明治期における社債発行と保険金融――主要鉄道・工業等一〇社の事例研究――」生命保険文化研究所『文研論集』第九七号、一九九一年一二月、三八―四〇頁）。以下に引用する資料も、同論文より教示を得たものである。

(94) 武内義雄『軽雲外山翁伝』(商業興信所、一九二八年)一二七頁。
(95)『日本生命百年史』資料編(日本生命、一九九二年)一二六頁。
(96)「三井商店理事会議事録」第八号、明治三二年下半季(『三井事業史』資料編四上、三井文庫、一九七一年)四七三頁。
(97)「北海道鉄道」(『鉄道時報』第一三号、一八九九年五月一五日)九頁。
(98)「函樽鉄道の特典」(『鉄道時報』第二四号、一八九九年九月五日)一〇頁。
(99) 前掲『函樽鉄道株式会社創業事務報告書』二五―二六頁。
(100)「函樽鉄道創業総会」(『鉄道時報』第三〇号、一八九九年一一月五日)八頁。
(101)「渋沢栄一日記」一八九九年(前掲『渋沢栄一伝記資料』第九巻)一六〇頁。
(102) 函樽鉄道『営業報告書』第一回(一九〇〇年上期)(『鉄道省文書　北海道鉄道(元函樽鉄道)(営業)全』交通博物館所蔵)一頁。
(103) このうち近藤廉平は、日本郵船社長という要職にあることを理由として(「函樽鉄道の出願」、『鉄道時報』第三二号、一八九九年一一月二五日、六頁)、同年一一月一七日に辞任している。
(104) 前掲『営業報告書』第一回、二頁。
(105) 同前、四―五頁。

【付記】本章は、渡邉恵一「明治中期北海道における私設鉄道設立運動――北海道鉄道(函樽鉄道)株式会社の事例――」(鹿児島大学『経済学論集』第四九号、一九九八年一二月)を加筆・再構成したものである。

第八章　川越鉄道の展開と地域社会

はじめに

鉄道国有化以前の日本の私鉄は、経営の規模や市場基盤から見るとかなりの差異と多様性を示しており、研究をすすめるためには、一定の基準による分類が有効な方法といえる。一九一三（大正二）年刊の『明治運輸史』(1)がおこなった三分類法は比較的早い時期の試みであり、そこでは私鉄（国鉄も含め）は幹線鉄道、枝線鉄道、小鉄道の三つに分類されている。幹と枝という表現から明らかなように、全国的な鉄道網を樹木にたとえ、規模と位置づけから三つに分類したのがこの三分類法といえよう。

まず、関東地方から東北地方を縦貫する日本鉄道、山陽地方を縦貫する山陽鉄道はいずれも当時の五大私鉄に属し、これらを幹線鉄道と位置づけることについては、まったく異論はない。これに対して、枝線鉄道は機能的には幹線鉄道への連絡線または培養線として位置づけられるものが多く、規模からみると中小の鉄道も含まれている。そのため、小鉄道との区別はあいまいとならざるをえない。

そこで、ここでは鉄道国有化以前の私鉄を幹線鉄道、地方鉄道、局地鉄道の三つに分類し、原則として複数の府県にまたがる私鉄を地方鉄道、一府県内の限られた地域を基盤とする小鉄道を局地鉄道（その多くは馬車鉄道や電気鉄道であるが）と規定することにしたい。なお、国有化後は国鉄中央東線という幹線鉄道の一部を構成し、他の地方鉄道並みの規模をもつ甲武鉄道は、その位置づけや規模からみて、局地鉄道ではなく地方鉄道または準幹線鉄道に分類すべきであろう。

問題は、以上の私鉄と地域社会との関連であるが、幹線鉄道の場合も旅客や貨物の輸送を通じて、地域の経済活動や住民生活に対してさまざまな影響を及ぼす。しかし、幹線鉄道の建設は地域社会の要求から出発したものではなく、政府の全国的な鉄道政策にもとづき、おもに東京・大阪といった政治、経済の中心地に結集した大資本（財閥、華族、新興実業家など）の力によって実現されるのが普通であった。もちろん、この場合も地方の有力者など地方資本が動員され協力することになるが、その比重は高くない。

これに対して、地方鉄道や局地鉄道の場合は主として地域社会の要求にもとづいて建設され、地方の地主や商人などの地方資本を担い手とする場合が少なくない。もっとも、この場合も地方の経済力の限界から中央の大資本が参加し、規模によってはかなりの比重を占める場合もあるが、いずれにしても地方鉄道や局地鉄道と地域社会との関係は、はるかに緊密かつ濃厚であるといえよう。

たとえば、一八九五（明治二八）年三月に全線が開通した川越鉄道も、甲武鉄道の国分寺駅と埼玉県の川越町を結ぶ延長二九・八キロメートルの小規模な地方鉄道であり、建設計画の中心になったのは、沿線の入間地方の地主や製造業者であった。しかし、従来は、計画の最初から甲武鉄道が枝線または支線として建設したとするのが通説となっており、そのため地域社会がはたした重要な役割はほとんど考慮されてこなかった。そこで、以下では川越鉄道を対象に、明治中期の地方鉄道と地域社会との関連を検討し、あわせて地方鉄道が存立できる条件を明らかにすることにしたい。

第一節　川越鉄道の成立

1　甲武鉄道計画説の検討

川越鉄道はその設立の当初から甲武鉄道の主導下にあり、その「計画」にもとづいて「出発」したとする通説の代表的なものとしては、『日本国有鉄道百年史』の次のような記述が挙げられる。「川越鉄道は、明治二〇年甲武鉄道が川越地方に支線を建設する計画をたて、埼玉県に乗客・貨物の調査を依頼したところから出発した」、そして青梅鉄道とともに「当然甲武鉄道が支線として建設する意図をもちながら、市街線の建設などに追われたため、地方の資本を利用して、別会社ながら実質上の支線建設を行なったものとみられる(2)」と。

同書は以上のような甲武鉄道計画説の根拠についてはなにも明らかにしていないが、一つは、甲武鉄道の建築課長(のちに汽車課長を兼務)として川越鉄道の建築・保線を担当した菅原恒覧の次のような指摘によるものと思われる。「二十年二月武州川越地方ニ枝線ヲ布設スルノ希望を懐キ乗客貨物等ノ調査ヲ埼玉県ニ依頼セリ(後日川越鉄道布設ノ素因……)(3)」。

いま一つは、川越鉄道は一八九二(明治二五)年六月に国分寺—川越間の免許状の交付を受けると、建設工事を甲武鉄道に委託しただけでなく、九四年一二月に国分寺—久米川(仮駅)間が部分開通すると、その運輸営業をも甲武鉄道に委託したこと、また、川越鉄道の大株主・役員の中には甲武鉄道の大株主・役員(雨宮敬次郎、岩田作兵衛、馬越恭平など)が少なくなかったこと、さらに九五年一月には埼玉県所沢町にあった本社を東京市内の甲武鉄道の本社構内に移したこと、などであろう。設立後の川越鉄道が甲武鉄道の支線であり、子会社であったことは否定できない事実といえる。この事実と菅原説を結びつけることにより、川越鉄道は計画の最初から甲武鉄道が主導し、その支線として建設されたとする甲武鉄道計画説が導かれることになる。

しかし、以上のような菅原説については一八八七（明治二〇）年二月が甲武鉄道にとってどういう時期であったかをみると、きわめて疑問といわなければならない。すなわち、甲武鉄道の前身の甲武馬車鉄道が新宿―八王子間の免許（八七年五月公布の「私設鉄道条例」の仮免状に相当）の交付を受けたのは、前年の八六年一一月のことであるが、翌一二月には競争線の武甲鉄道、そして八王子―川崎間の武蔵鉄道があいついで出願された。甲武と武甲両鉄道の発起人は雨宮敬次郎の仲介により八七年一月末に合同したものの、武蔵鉄道の出願については閣議にかけられ、八七年七月に却下となった。そして八八年三月、甲武鉄道に対して漸く免許状が下付される運びとなったのである。(4)

このように、一八八七（明治二〇）年二月は八王子と新宿あるいは八王子と川崎を結ぶ鉄道の建設をめぐって甲武と武蔵の両鉄道が競願し、それらの採否が閣議にかけられるという緊迫した時期にあたっていた。このような時期に、甲武鉄道の発起人が本来の予定線には含まれていない支線の建設を「希望」し「計画」するというのは、きわめて疑問といわなければならない。また「官尊民卑」の当時、一民間会社が官に属する埼玉県に対して調査を依頼するというのも、疑問の残るところであろう。

川越鉄道の設立については以上のような甲武鉄道計画説のほかに、いま一つ、埼玉県の入間・高麗両郡の名望家や有力者（地主や製造業者など）が計画し発起したという説明もなされている。まず、一九二一（大正一〇）年刊の『日本鉄道史』は「川越鉄道ハ中央武蔵ナル入間、高麗、比企諸郡ヨリ既成鉄道ニ連絡セントシテ起リタルモノニシテ……(5)」として、発起人は高麗郡の増田忠順ほか三八名であると述べている。また、一九二一年一二月に旧川越鉄道の株主の手で建立された『岩田作兵衛翁記功碑』（川越の喜多院境内）は、より明確に次のように述べている。「川越鉄道者起武州国国分寺至川越十八哩間也始係清水宗徳増田忠順氏等企画……(6)」と。そして岩田の『記功碑』であるにもかかわらず、清水と増田の名前を前面に出しているのである。

「私設鉄道条例」の第一条は「……鉄道ヲ布設セントスル者ハ発起人五人以上結合シ……地方庁ヲ経由シテ」政府に出願することを定めており、そのため、地方鉄道や局地鉄道の場合、発起人の冒頭には地元の名望家や有力者を挙げるのが普通であった。そこで一八九〇（明治二三）年一二月の「川越鉄道布設仮免状願」[7]をみると、発起人三九名の冒頭には増田忠順（高麗郡柏原村）、長谷川雅太（同上）、清水宗徳（高麗郡水富村）、向山小平次（入間郡所沢町）、斉藤与惣次（同上）という入間・高麗両郡の有力者五名が名を連ねていた。

川越鉄道は甲武鉄道に連絡し接続する鉄道である以上、計画の段階から多くの点で甲武鉄道に協力・援助を求めるのは当然であろう。しかし、甲武鉄道系など中央資本家といわれる米倉一平、平岡熙一、馬越恭平、雨宮敬次郎、岩田作兵衛（以上は東京市在住者）が当初の発起人名簿のなかに登場するのは二四人目以下であった。そして、以上の五名を除く発起人三四人はすべて入間・高麗両郡の在住者であったのである。

このようにみると、川越鉄道は少なくとも計画の段階では入間地方（以下では川越町を除く入間・高麗両郡を入間地方と呼ぶ）の名望家や有力者が主導したことは明らかといえよう。しかし、資本供給をはじめとする同地方の経済力の限界などから甲武鉄道への依存・従属をよぎなくされ、結局はその事実上の支線、子会社の地位におかれることになるが、その経緯を明らかにするためには、幕末開港以降の入間地方の産業発展と清水、向山など同地方の有力者による鉄道誘致運動、そして川越鉄道の計画・発起にいたる過程を跡づけることが必要になる。そのことによって、川越鉄道の交通市場的基盤や成立後の地域経済的役割も十分に把握できるといえよう。

2　入間地方の産業発展

明治一〇年代の埼玉県入間地方における鉄道誘致運動やその後の川越鉄道の計画・発起の背景を明らかにするために、まず幕末以降の製糸・製茶など、同地方の産業発展を概観することにしたい。入間地方では早くから農家の家内手工業により生糸・製茶の生産がおこなわれており、地理的には最大の貿易港となった横浜に近いこともあって、開港以降の生糸・製茶の対外輸出のいちじるしい伸長・増大の影響を大きく受けた地域の一つであった。まず、入間地方の特産物ともいうべき狭山茶についてみてみよう。

開港以降、生糸と並んで製茶の輸出が急増し、供給の不足から茶価が高騰すると、狭山地方でも開港前は「一貫匁ノ価格二十匁ヨリ二十四匁」[8]の茶価が一カ月を経ないうちに二倍になり、さらに上昇して三倍に値上がりした。このような茶価の高騰に支えられて、狭山茶の生産は飛躍的に増大し、一八七七（明治一〇）年には一〇年前にくらべて実に二〇倍にも達したという。[9]このように、入間地方、なかでも狭山地方は輸出を中心に全国有数の茶産地へと発展し、明治一〇年代前半には「空前絶後の繁栄を享受することになった[10]」のである。

ところで、茶葉の払底とその価格騰貴とともに、一方では茶園の造成による生産の拡大、他方では粗製濫造による品質低下の防止が急務となった。こうして一八七五（明治八）年七月、入間郡黒須村の繁田武平、高麗郡柏原村の増田忠順[11]ら入間地方の茶業者三〇名が発起人となって狭山会社（資本金一万円）が設立された。繁田や増田は入間地方の豪農であり、狭山会社設立時の所有土地は繁田が一六町弱、増田が三三町に及んでいた。そして増田は八二年設立の入間銀行の発起人となり、また川越鉄道の設立に際しては中心的な役割をはたした人物の一人であった。

狭山会社は政府の勧業資金による茶園造成資金の貸与のほか、一八七六（明治九）年三月以降には製茶の直輸出にものり出した。当時、製茶の輸出は開港場を「居留地」とする外商の支配下におかれていたため、狭山会社のほかにも新潟県の村松製茶会社、静岡県の有信社など全国各地で直輸出の試みがなされた。[12]しかし、海外市況の情報や再製技術の不十分さなどからほとんどが失敗をよぎなくされ、狭山会社の場合も資金回収の困難が加わり、短命に終わった。とはいえ、茶業者の結束、品質の向上などの点で、狭山会社のはたした役割は大であったといえよう。

次に、入間地方の生糸生産をみてみよう。幕末の埼玉県は日本有数の製糸地帯として知られており、開港後はいち早く生糸輸出にものり出し、群馬・福島両県に次いで全国第三位を記録した。いま、埼玉県の生糸生産の推移をみると、一八七五（明治八）年の一万二四三九貫に対して八四年には二万六六六三貫と二倍強の増加をとげていた。生糸貿易の発展と当局の奨励が与かって力あったことはいうまでもない。注目されるのは、この過程で入間地方の生糸生産が大きく伸長し、生産高では七五年の一七二七貫から八四年には七六〇九貫へと四・四倍に増大し、その埼玉県に占める比重は一三・九％から二八・五％へと上昇し、秩父郡に次ぐ地位に進出したことであろう⑬。

入間地方の生糸生産の発展を支えたのは、入間郡を中心とする座繰り製糸の改良と高麗郡を中心とする器械製糸の導入であった。そして、後者で先駆的な役割をはたしたのが高麗郡上広瀬村の豪農清水宗徳⑭であり、一八七七（明治一〇）年五月に清水ら一四名により設立された暢業社は埼玉県では最初の器械製糸工場（六〇人繰り）であった。そして、最新の機械設備を導入すると同時に、工女を群馬県の富岡製糸場に派遣して製糸技術の習得にあたらせるなど、富岡製糸場につぐすぐれた製糸工場となり、その製品は国内屈指の優良品として、外商によって高値で取引されたという⑮。

さらに、清水宗徳は一八八〇（明治一三年）年五月、暢業社をはじめ入間・高麗・北足立三郡の器械製糸場および一部の座繰り製糸場を結集して暢業会社を設立した。各製糸場の規模が小さく、市場での競争で不利な立場に立たされたため、各製糸場の生糸の品質改良をはかると同時に、共同出荷により輸出を拡大することが目的であった。そして翌八一年一月には、埼玉県令白根多助の呼びかけで埼玉県全域の製糸業者により直輸出を目的とする生糸改会社が設立されたが、ここでも清水は重要な役割をはたしたのである。

川越鉄道の設立にさいして中心的な役割をはたした清水宗徳は、明治一〇年代の埼玉県を代表する製糸家の一人であったのである。

以上、幕末開港以降の入間地方の製茶・生糸の生産と輸出についてみたが、この時期の入間地方は国内市場向けの綿織物の生産でも急速な発展をとげた地方であった。開港以後に急増した輸入は、イギリスなどの大工業生産による綿糸・綿織物が中心であり、関西や東海など在来の手工業による綿糸・綿織物業の中には大きな打撃を受けたものもあった。

しかし、入間地方の綿織物は他地方産の綿糸を原料としていたため、いち早く原料を洋糸に切り替え、また高機を導入することによって、農家の家内手工業にもかかわらず、輸入綿織物と競争しながら、国内市場に販路を拡大し、同地方の経済発展を支える役割をはたした。一八八六（明治一九）年当時、入間地方を始めとする埼玉県は綿織物（縞木綿その他）の生産高では大阪府・愛知県に次いで全国第三位、生産価格ではこれらの府県を抜いて第一位を占め、有数の新興綿織物産地へと進出していた。(16)

以上のような入間地方の綿織物業の発展で指導的な役割をはたしたのは、所沢の向山小平次であった。(17)家業の織物商を継いだ向山は一八七九（明治一二）年頃には八王子織物買次人仲間に加わって綿織物の仲買に従事し、八六年には所沢織物市場を開設して取引の改善、飛白の品質向上につとめた。川越鉄道の設立にあたっては中心的な役割をはたし、九六年頃には所沢付近一八カ町村より産出する綿織物の大部分を扱うこの地域最大の織物仲買商として知られた。(18)一九一一（明治四四）年当時、所沢銀行頭取、飯能銀行会長、所沢貯蓄銀行監査役をつとめ、地方金融の発展にも尽力した。

注目されるのは、明治一〇年代にかけての入間地方の急速な産業発展にともない、早くも江戸時代からの物資の集散地・川越の地位の相対的な低下が始まったことであろう。

まず製茶についてみると、江戸時代の入間地方の製茶は川越茶の名前が示すように、川越商人から江戸の問屋（山本嘉兵衛など）を通じて江戸市中ならびに周辺地域に出荷されていた。しかし、開港以降は外商に生糸などを売り込む八王子商人に外商から製茶の注文も出されたため、狭山茶の多くは八王子商人を通じて横浜に出荷されるようになった。当時、狭山茶が八王子茶または「八茶」と呼ばれた所以である。[19] もっとも、直輸出を試みた狭山会社の場合は八王子商人や外商の手を経由する必要はなく、一八七六（明治九）年、新河岸舟運を利用して東京経由で横浜へ出荷され、佐藤商店の手で船積みされている。[20]

次に、入間地方の綿織物を代表する縞木綿の流通径路を仲買商細渕家の資料についてみると、一八六〇（安政七）年の主な販売先は川越商人および扇町屋・飯能の在郷商人であった。しかし、七三（明治六）年になると販売先の大半は八王子商人が占めたという。[21] 八王子は国内各地を結ぶ集散地として成長していたため、国内向けの綿織物にとっても八王子市場は重要な流通径路となっていたからである。

なお、入間地方から東京その他への綿織物の輸送ルートの一つとして、川越の各河岸からではなく、志木街道を経て引又河岸から新河岸舟運を利用する方法があった。[22] 甲武鉄道や青梅鉄道が開通する以前、引又河岸は多摩地方やさらには甲信地方を東京と結ぶ重要な流通径路の一つとして繁栄し、とくに多摩地方から志木へ収斂するいくつかの街道は、広く志木街道と呼ばれていたのである。

3　入間地方の鉄道誘致運動

入間地方における製茶・生糸などの生産と流通の拡大にとって、道路を中心とする劣悪な輸送条件は、その障害の一つとなっていた。明治一〇年代にはいると、入間地方の有力者の間で鉄道の誘致が問題になったのは、当然の成行きであった。その一つが、一八八〇（明治一三）年七月、清水宗徳ら一三名による中山道鉄道誘致のための工部卿山尾庸三あての「建言書」[23] であり、次のように川越経由による中山道鉄道の建設を「建言」していた。

秩父……高麗、入間、比企、男衾ノ四郡物産ハ日ニ盛大ニ至ルトイヘトモ田圃ニ乏シク加フルニ船運ノ通スル所ナク道路ハ凸凹ニシテ車馬大ニ苦ミ運搬便ヲ得ス、従テ諸色ノ高価ナル挙テ算フヘカラス……剰ヘ右五郡ノ如キハ東京横浜等ヘ出荷スル生糸、製糸及絹綿織物ニ至リテモ運搬ノ不便ソノ費用ハ殆ト奥羽ノ遠国ヨリ輸出スルモノト同位ニ居ルヘシ……新聞紙上ヲ閲スルニ品川宿ヨリ上州高崎駅ヘ汽車御新築云々掲載アリ……該線路ノ地ヲ街ニ聞クニ或ハ内藤新宿西裏ヨリ川越町西裏ヲ以テ線路ニ定フルト云ヘソノ確実ヲ得ス、是蓋シ臆度ヨリ出ルモノトイヘトモ到底何レカニ帰着セスンハアルヘカラス……就テ概算スル、品川宿ヨリ高崎駅ヘノ直線ノ近キ事五里余ニ及フヘシ……。

この「建言書」には清水のほか増田忠順、向山小平次など入間地方の有力者一三名（表8-1参照）が名前を連ねているが、川越経由による「直線」の建設を要望しているにもかかわらず、綾部利右衛門をはじめとする川越町の有力者は一人も名前を連ねていない。その経緯は明らかではないが、入間地方の有力者が鉄道問題をめぐって、早くも川越町に対して独自の動きを示したものとして注目してよい。

ところで、中山道鉄道の路線については、R・C・ボイルや井上勝の調査によって中山道沿いの建設が予定されており、この「建言書」のいう川越経由の路線については、検討はされたものの、否定されていた。一八七六（明治九）年九月のボイルの「上告」は次のように述べていた。「東京熊ヶ谷間基本線ヲ位置スルニ付テ他ニ着目スヘキハ河越街道タルヘシトノ告知ニ依リ余ハ千八百七十五年ヲ以テ板橋駅近辺ヨリシテ戸田河ノ西方ニ在ル該街道筋ノ地方ヲ綿密ニ検査ス然ルニ其ノ中山道ニ比スレハ遙ニ劣リタルヲ発見セリ(24)」と。

当時は鉄道建設をめぐる地元への情報はいちじるしく限られており、たんなる風聞や憶測にもとづいてさまざまの忌避・反対や誘致の運動がおこなわれる場合が少なくなかった。入間地方の中山道鉄道の誘致運動も「臆度」によるものであったが、他方、次のような川越町の日本鉄道忌避の動きも、まことしやかに伝えられている。『川越市史』

表8-1　中山道鉄道誘致に関する「建言書」の賛同者

氏　名	住　所	備　　考
清水宗徳	高麗郡上広瀬村	暢業社発起人（77年），県会議員（79年）
長谷川五郎平	高麗郡柏原村	戸長（79年），聯合戸長（84年）
増田忠順	高麗郡柏原村	狭山会社発起人（75年），県会議員（79年），入間銀行発起人（82年）
繁田武平	入間郡黒須村	副戸長（72年），狭山会社発起人，入間銀行発起人
諸井与八	入間郡黒須村	副戸長（72年），狭山会社発起人，入間銀行発起人
綿貫清兵衛	入間郡入間川村	入間銀行発起人，聯合戸長（84年）
市郁久平	入間郡三ツ木村	地租改正議員（79年）
斉藤源四郎	入間郡下藤沢村	狭山会社発起人
下村泰作	高麗郡上広瀬村	暢業社発起人
曽我宗次郎	高麗郡根岸村	戸長（79年），狭山会社発起人，入間銀行発起人
北野正兵衛	高麗郡笹井村	戸長（79年），入間銀行発起人，聯合戸長（84年）
向山小平次	入間郡所沢村	戸長（75年），日本鉄道発起人（81年）
斉藤武左衛門	入間郡所沢村	副戸長（72年）

注）備考欄は『入間川町誌』（1955年），『所沢市史』（1957年），『狭山市史』（1995年）などにより作成．カッコ内は就任年．

第四巻に一頁にわたって紹介されている一古老の回顧談がそれであるが、要約すると次のようになる。

　日本鉄道が設立されて、東京上野を基点として板橋を経て川越へ来たり熊谷にいたり……の設計でありし処、川越町の諸民は……汽車が尚川越を通過する場合は、一朝にして貨物を持去るを以て、川越の地は直に貧乏にいたるから、断然其の通過を謝絶するにしかずと決議したが、其の事を日本鉄道へ申込む……のは北野小六郎という人が引受け……株式三十株を引き受けるから……と談判した。先方の会社でも止むを得ず川越を通過することを変更……[25]。

　日本鉄道は当時、公称資本金二〇〇〇万円の日本最大の会社であった。その日本鉄道がわずか三〇株（一株の額面は五〇円）で経営方針を変更したとは、まったく荒唐無稽の話といわなければならない。しかも、日本鉄道設立時（一八八一年五月）の発起人五一六名（一〇〇株以上）の中には埼玉県から四八名、入間・高麗両郡からは一〇名が名前を連ねていた。その中には、第八十五国立銀行の発起人にもなった横田五郎兵衛、綾部利右衛門など旧川越藩御用商人で町の有力者四名のほか、所沢の向山小平次、飯能の小能俊三も含まれていた[26]。日本鉄道は中山道鉄道の建設計画を継承してその高崎までの路線を建設しており、川越経由の計画は当初から存在しなかったのである[27]。

他方、いま一つの入間地方への鉄道誘致としては、甲武（馬車）鉄道の所沢経由への誘致運動が伝えられている。『所沢市史』（一九五七年）によると、「所沢を今日のように発展させた力の一つ……鉄道の敷設に努力した産みの親に斉藤与惣次がある。……偶々甲武鉄道の敷設計画を聞き、東奔西走して所沢経由に尽力したが、遂にその功がなかったので、落胆の余り病魔に襲われる程であった。その後健康が回復したので、同志と相談して川越鉄道の敷設計画を樹立……竣成を見ることができた……[28]」。

斉藤与惣次は府中の生れで、代々木炭業を営む所沢の豪商・斉藤家の養子となった。与惣次の代に米穀・肥料商を興す一方、一八八〇（明治一三）年には所沢地域では初めての演説会を開いて自由民権思想の紹介に努め、八九年には自由党結社である所沢倶楽部の結成に参加するなど民権運動家として活躍した[29]。

ところで、斉藤与惣次による甲武（馬車）鉄道の誘致運動については、これを裏付ける資料は今のところ見当たらない。また、甲武（馬車）鉄道の路線計画は一八八三（明治一六）年以来何回かの変更を経ており、かりに所沢からの誘致運動が、おこなわれたとすると、もっとも所沢寄りの路線（玉川上水沿い）をとった八三年から八六年にかけての時期ではないかと思われるが、誘致の時期も今のところ不明である。

４　川越鉄道の成立

以上みてきたように、幕末開港から明治一〇年代の前半にかけて、製茶・生糸などを中心にめざましい産業発展をみせた入間地方では、劣悪な輸送条件を打開するため、中山道鉄道や甲武（馬車）鉄道を誘致する試みがなされたが、いずれも成功をみなかった。そこで浮上したのが、入間地方の有力者自身が独自に鉄道を敷設する問題であった。当初計画されたのは馬車鉄道の敷設であったが、このことについては清水宗徳は一八九二（明治二五）年七月に次のように述べている。

川越鉄道ノ布設ノ計画アルコト年已ニ久シ、然レトモ時機ノ未タ至ラサルト一方ニハ馬車鉄道ノ計画熾ニシテ、地方ノ有志者多ク之ニ重キヲ置ケルトニヨリ躊躇シテ今日ニ至レリ、而シテ馬車鉄道ノ計画ハ年ヲ経月ヲ重ヌルモ遂ニ其成功ヲ見ス、漸次消滅シテ跡ヲ絶チ……。[30]

清水がここであげている馬車鉄道の敷設計画については、発起人の顔ぶれや資本金額、路線など具体的な内容を明らかにする資料は、今のところ見当たらない。斉藤与惣次による甲武馬車鉄道の誘致をさしている可能性もあるが、入間地方で独自に計画したとすると日本鉄道の大宮（または上尾）まで、あるいは東京までの馬車鉄道の敷設を計画した可能性もあろう。前者は荒川への架橋など工事が困難であったこと、後者は距離が長く多額の資金を必要としたことから、計画は暗礁にのり上げたものと考えられる。

このような中で、局面を大きく転換させることになったのが、一八八九（明治二二）年四月の甲武鉄道の新宿―立川間の開通、そして南に府中、北に所沢をひかえる国分寺駅の開設であった。甲武鉄道への連絡であれば、入間地方から国分寺駅までの距離は短く、馬車鉄道ではなく蒸気鉄道によるにしても、その間は「頗ル平坦ニシテ一川一岳ナキ畑及林地ニ付、工事モ容易……費用モ尋常鉄道布設ノ半額[31]」ですむからである。こうして、川越鉄道敷設の計画が具体化することになったが、その間の経緯を清水は次のように述べている。

夫ノ前途成功ノ目的ナキ馬車鉄道ノ如キヲ依頼シテ空シク日月ヲ経過シ、以テ此ノ一大事業ヲ躊躇スル秋ニアラサルナリ、余輩有志ノ者夙ニ茲ニ悟ル所アリ、曩ニ数十名連合シテ甲武鉄道国分寺停車場ヨリ小川、所沢、入間川ヲ経テ川越ニ至ル十八哩間鉄道布設ノ計画ヲ為シ、予メ設計ヲ立テ東京ノ豪商米倉氏ヲ始メ数名ノ豪商紳士ニ謀リタルニ、幸ニ此ノ挙ニ賛同セラレタルヲ以テ明治廿三年十二月廿三日私設鉄道条例ニ拠リ出願……。[32]

注目すべきは、「数名ノ豪商紳士」の筆頭に米倉一平をあげていることであろう。米倉は甲武鉄道の大株主でもあったところから、雨宮敬次郎などとともに甲武鉄道系の人物と誤解されることが多いが、大分県出身の米倉は東京米穀取引所頭取をはじめ幅広い事業活動をおこなっていた東京の有力実業家で[33]、甲武鉄道以外にも多くの会社に関係しその株式を保有していた[34]。また、増田忠順の岳父という関係から[35]、清水が興した暢業社を買収して米倉製糸場を経営し、また米倉板紙製造所を設立するなど、入間地方とも強い結びつきをもっていた。米倉は、清水ら入間地方の有力者と雨宮など甲武鉄道系の間を橋渡しするのに、最適の人物であったのである。

事実、一八九一（明治二四）年四月に仮免状が下付された直後の発起人総会は創立委員を選出しているが、委員長は米倉一平、四人の委員は清水宗徳、増田忠順、斉藤与惣次、向山小平次といずれも入間地方の有力者が占めていた。そして九二年に六月には免許状が下付され、八月に会社が設立されたのちは雨宮敬次郎、岩田作兵衛、菅原恒覧などいわゆる甲武鉄道系が取締役あるいは監査役として経営に参画するが、専務取締役、そして社長には米倉が就任し、一九〇四（明治三七）年六月の死去までその地位にあったのである。

問題は、入間地方だけでは創業に必要な資本金二五万五〇〇〇円を調達できなかったことであろう。いま、一八九一（明治二四年）年三月の西郷従道内務大臣あての「上申書」[36]に記載されている発起人を東京在住者と入間地方在住者とに分け、それぞれの引受け株数をみると次のようになる。東京在住者は米倉一平、雨宮敬次郎、岩田作兵衛など六名で、その引受け株数は一六二三株（六二・〇％）、これに対して入間地方在住者は清水宗徳、向山小平次など三一名で、その引受け株数は九九六株（三八・〇％）となっている。注目されるのは、入間地方の発起人のなかには二株、五株しか引き受けていない者も少なくなかったことであろう。

このように、発起人段階から入間地方の資本力の相対的な弱さは明らかであった。その要因の一つとして、明治一〇年代後半の産業活動の不振と沈滞があげられよう。すなわち、製茶については一八八二（明治一五）年のアメリカの恐慌により同市場での茶価の暴落と紅茶・コーヒーの進出、そして国内産地間のはげしい競争により狭山茶は大きな打撃を受けたこと、[37]また生糸についても同じく価格の低落のために器械製糸場や座繰り製糸場の多くが倒産をよぎなくされたことがあげられる。[38]そして折からの「松方デフレ」にともなう金融の逼迫がこれらに追打ちをかけたことはいうまでもない。

その結果、会社の設立にさいしても「地方ノ諸君ハ挙テ之ヲ賛助セラレ其株主成ルヘク地方ニ多カランコトヲ切望[39]」した清水宗徳らの積極的な勧誘にもかかわらず、川越鉄道は甲武鉄道系など東京在住者の資本力に依存をよぎなくされ、さらに建設工事や運輸営業についても甲武鉄道に委託するなど、甲武鉄道の支線・子会社としての性格は決定的となったのである。

また、川越鉄道の設立のさい、川越町の有力者のうち誰一人として発起人に加わらなかったことも、問題の一つにあげられている。そればかりでなく「事業着手に臨んで敷地の買収困難及び、線路工事の妨碍等幾多の迫害を蒙り、ついに妨害者を官に羅致せるなどの騒ぎさへありし程にて、株主に川越町民を見ざるの変象《ママ》を余義なくせり……[40]」という。

実体は入間鉄道であるにもかかわらず、川越町の賛同なしに川越の名前を鉄道名に冠したことに対する感情的な反発は別としても、その根底には新河岸舟運と競合する川越鉄道の建設は、その経済的基盤の沈下を意味すると受けと

表8－2　川越鉄道の埼玉県内駅別乗客・貨物数　（人，トン）

年度	所沢		入曽		入間川		南大塚		川越	
	乗客	貨物	乗客	貨物	乗客	貨物	乗客	貨物	乗客	貨物
1899	91,355	6,300	27,506	2,077	93,411	21,974	13,689	1,059	131,782	6,924
1900	92,187	6,018	32,057	7,796	102,327	28,601	14,659	4,673	139,693	7,373
1901	89,001	6,146	30,778	4,197	107,898	28,558	16,097	2,006	126,595	6,725
1902	90,332	4,815	28,336	2,533	106,778	20,596	15,756	804	128,299	5,261
1903	90,186	6,559	29,119	3,023	101,839	17,491	15,073	18	127,687	5,756
1904	80,319	7,978	23,569	3,181	98,170	11,627	13,103	2	119,307	11,951
1905	89,975	8,075	25,341	2,193	104,487	13,927	13,554	1	129,214	6,933
1906	92,587	5,959	28,990	2,775	110,206	24,664	14,187	2,164	120,904	4,816
1907	89,084	7,050	32,299	1,847	122,086	51,859	16,359	1,448	118,368	5,031

注）『鉄道局年報』『鉄道院年報』各年度版より作成.

られたことがあげられよう。このような入間地方（鉄道）と川越町（舟運）との対抗関係は、川越鉄道の計画・発起よりも古く、すでにみたように一八八〇（明治一三）年七月の中山道鉄道の誘致運動のさいにも見られた。

しかし、川越町民の態度は鉄道の敷設が現実化したのちは大きく変化し、川越駅の位置をめぐって連雀町有志と六軒町有志との間で誘致運動さえ展開されたのである。一八九四（明治二七）年八月の「線路一部変更願」[41]は次のように述べている。

本線ノ実測ノ当時川越町ニ於テ弊社ノ線路布設ヲ喜バズ種々故障有之到底円滑ニ用地買収ノ見込無之止ムナク川越町端ノ畑中ニ相止メ置候所本免状御下付後ニ至リ同町ノ有志停車場敷地全部ヲ寄附シ同町ノ中央連雀町ニ停車場設置ノ要求有之同所ニ線路ヲ変更スルトキハ会社従来ノ希望ヲ達スルノミナラズ川越町ノ為メ至極便益ノ地位ニモ有之……。

また、開通後の川越町民の態度の変化を示すものとして、川越鉄道の利用状況があげられる。貨物輸送についてはなお新河岸舟運が利用されたものの、町民の間には川越鉄道の利用が急速に普及していった。

一八九九（明治三二）年度以降の駅別乗客数をみると、表8-2のように川越駅は一九〇六年度までは入間川（現狭山市）駅や所沢駅を上回って一位を保っていたのである。

第二節　川越鉄道の展開

1　開業後の経営状態

川越鉄道の成立以降の経営状態は、一九〇六（明治三九）年一〇月に親会社ともいうべき甲武鉄道が国有化され、川越鉄道が独立・自営をよぎなくされるまでの約一四年間（前期）と、一九二〇（大正九）年六月に武蔵水電に合併されて会社が消滅するまでの約一四年間（後期）の二つの時期に区分して検討することが必要であろう。

まず、前期の経営状態をみると表8-3のようになる。営業係数は私鉄の平均を若干上回ってはいたが、資本金利益率は平均一〇・五%を維持し、全体として良好な成績をあげていたといえよう。とくに、一八九七（明治三〇）年の日清戦後恐慌とそれにつづく不況の過程では、営業収入と利益は停滞したにもかかわらず、この期間を含め平均一〇%の配当を継続することができたのである。関東地方のローカルな私鉄で、当時の日本鉄道や甲武鉄道のような幹線鉄道あるいは準幹線鉄道並みの配当を支払っていたのは川越鉄道だけであった。

川越鉄道により甲武鉄道の国分寺駅と連絡する川越の町は、江戸時代から「小江戸」と呼ばれていたように、関東地方では商工業が発達した有数の城下町であった。しかし、川越と国分寺の間は、かつて宿場町としてある程度商工業の発達をみた入間川や所沢を除けば、大部分は農村地帯であり、鉄道輸送の需要は必ずしも十分ではなかった。このことは、川越鉄道の輸送密度（一日平均の旅客数・貨物量）が、たとえば一八九七（明治三〇）年度で旅客は七一九人（私鉄の平均は一一三四人）、貨物は八一トン（同じく四二三トン）であったことからも明らかであろう。[42]

にもかかわらず、川越鉄道が良好な営業成績をあげることができた最大の要因は、国分寺と川越の間は平坦な武蔵野の田畑・山林から成り、そのため建設費は他の私鉄の平均にくらべて二分の一以下ですんだこと、そして明治末期まで競合する有力な鉄道その他の交通機関がなく、新河岸川舟運を別とすると、周辺の交通市場の中で独占的な地位を維持できたこと、によるものであった。

表8–3　川越鉄道の経営状態

年度	営業収入	営業費	利益	営業係数(私鉄平均)	資本金利益率
	円	円	円		%
1895	56,697	25,139	31,558	44.3(39.3)	8.8
1896	58,917	29,367	29,550	49.8(42.3)	8.2
1897	72,740	39,004	33,736	53.6(45.1)	9.4
1898	78,821	49,764	29,057	63.1(55.4)	8.1
1899	91,400	49,439	41,961	54.1(50.0)	11.1
1900	101,167	53,736	47,431	53.1(47.0)	13.2
1901	101,442	58,764	42,678	57.9(47.7)	11.9
1902	96,543	57,853	38,690	59.9(48.6)	10.7
1903	100,302	61,392	38,910	61.2(46.2)	10.8
1904	102,325	61,799	40,526	60.4(45.8)	11.3
1905	108,064	66,004	42,060	61.1(46.8)	11.7

注）鉄道院『鉄道局年報』（1907年）より作成.

鉄道を建設するための費用は、トンネルや橋梁の大小・多寡によって大きく変動する。たとえば、一八九八（明治三一）年一二月に開通した北越鉄道の場合、直江津―沼垂間のトンネルは一二カ所、橋梁は一三三カ所を数えた[43]。そのため建設予算に占めるこれらのトンネル費、橋梁費は実に三二・一%に達し[44]、このことが北越鉄道の経営を大きく圧迫する要因になった。これに対して、川越鉄道の場合はトンネルは一カ所もなく、橋梁は柳瀬川鉄橋や国分寺陸橋など五カ所を数えたが、最大の柳瀬川鉄橋も当初の予定では長さが一二メートルであり、そのため建設予算に占める橋梁費はわずかに四・一%にすぎなかった。

もっとも、柳瀬川への架橋については入間郡吾妻村の住民の間から、集中豪雨などによる増水時に川越鉄道の鉄橋が流れを遮る役割をはたし、周辺または上流で洪水をひき起こすと、反対運動がおこった。その結果、川越鉄道は工事の中止と設計の変更をよぎなくされ、橋梁費は当初の予算を上回ることになったが、それでも建設費の全体は他の私鉄の平均とくらべて二分の一以下ですんだのである。いま一八九五（明治二八）年度についてみると、私鉄全体の平均で一哩あたり建設費は四万八七四円であったのに対して、川越鉄道は一万六二〇五円であった。このことが資本金利益率を大きく押し上げるのに役立ったことは、いうまでもない[46]。

次に、入間地方の交通市場における川越鉄道の地位をみるためには、新河岸川舟運との競合関係を考慮する必要があろう。まず旅客の輸送については、鉄道による場合、川越から国分寺経由で飯田町まで三時間近くですんだのに対して、舟運を利用する場合は、仙波河岸から花川戸まで一二時間以上を要したのである。もちろん、運賃は一九〇四（明治三七）年当時、鉄道の片道四四銭に対して舟運は一八銭と半分以下であったが[47]、旅客にとっては運賃以上に所要時間と乗り心地は重要な条件であり、その結果、川越鉄道の開通後は舟運の利用客は急速に減少していった。

これに対して貨物輸送については、新河岸川舟運は川越鉄道の開通からかなりの影響と圧迫を受けながらも、低廉な運賃を武器に、東上鉄道の開通までその地位を維持できたといえよう。同じく一九〇四年当時、川越―飯田町間の一駄（三六貫目）の鉄道運賃は約三〇銭であったが、舟運の場合は仙波河岸―花川戸間は二五銭、さらに特約によると一八銭ですんだのである[47]。貨物輸送にとっては運賃は販売上の重要なコストであり、新河岸川舟運は「明治四十年前後迄は隆昌なる状態を持続した[48]」とまでいわれていた。

しかし、川越鉄道にとっては所沢、入曽、入間川各駅の貨物取扱いの増加によって、川越駅の貨物取扱いの占める比重は、一八九八（明治三一）年度から一九〇七年度までをみると、平均して一六％程度であり、新河岸川舟運との競合は無視できないにしても、経営上の大きな問題ではなかったといえよう。

ところで、第二次「鉄道熱」以降、川越と東京を直結する鉄道計画がいくつも誕生したことは、川越鉄道にとって大きな脅威となった。そして一八九五（明治二八）年八月出願の毛武鉄道に対して、九六年五月、政府は板橋―川越間の仮免状を下付し、九月には資本金二二五万円の会社（社長は日本橋の茶問屋・久能木宇兵衛）の設立をみた。これに対して、九五年の三月に国分寺—川越間の全線開通にこぎつけたばかりの川越鉄道は同年一二月、川越から池袋を経由して万世橋に至る延長線を出願したのである。線路延長願は川越「地方東京間ニ於ケル運輸交通ノ利便ヲ加へ……」と述べているが、毛武鉄道の計画に対する妨害策であったことはいうまでもない。なお、延長線を万世橋までとしたのは、将来親会社である甲武鉄道の延長線との連絡を意図したものといえよう。(49)

以上のような川越鉄道の線路延長の出願に対して、政府は一八九六（明治二九）年三月、毛武鉄道の「線路ノ一部ト方向目的ヲ同フスルモノナルヲ以テ……却下」し、妨害策は失敗に終わった。しかし、川越鉄道にとって幸運だったことは、毛武鉄道が九七年以降の不況の中で資金調達難に陥り、九九年五月、会社解散の止むなきにいたったことであろう。そして池袋—川越間の東上鉄道が開通する一九一四（大正三）年五月、飯能・池袋間の武蔵野鉄道が開通する翌一五年四月までの二〇年近くの間、川越鉄道に対する有力な競争線の出現はみられなかったのである。(50)(51)

もっとも、一九〇六（明治三九）年四月の川越—大宮間の川越電気鉄道の開業は、川越鉄道に対してかなりの影響を及ぼした。川越電気鉄道は川越馬車鉄道と川越電灯が合併して〇三（明治三六）年一〇月に設立されたが、その中心になったのは川越の有力商人、いわゆる川越財界であり、彼らは一九〇〇（明治三三）年五月に誕生した川越商工会議所に結集して財界活動を展開していた。したがって、川越電気鉄道は当初から川越鉄道に対抗する性格をもっており、初代社長の綾部利右衛門（油商・回漕業）は当時は会議所の会頭の地位にあったのである。

のちに山崎嘉七（菓子商、初代会議所会頭）は、川越電気鉄道について次のように語っている。「交通に関しては、舟運は別として、川越鉄道……が唯一の東京への乗物であったが、何としてもボディーは小さく、一日僅に九往復、速力も遅く、国分寺で中央線に乗換へ約三時間を費して、漸く飯田町駅に着くのであるから、極めて不便であった。それ故、前記の川越電気鉄道……は上野方面の外、東北、高崎両線にも接続……殊に三十分間隔に運転し上野駅まで僅に二時間、而も上野には品川と浅草の両方面に鉄道馬車が通じて居たので、飯田町へ着くよりも遙に便利になった」[52]と。

事実、川越鉄道の川越駅の乗客数をみると一九〇五（明治三八）年度の一二万九二一四人から〇八年度には一〇万九八〇二人と、二万人近く減少していた。しかし、〇九年度以降になると川越駅の乗客は増大に転じており、川越電気鉄道の影響は一時的であったといえよう。とはいえ、川越電気鉄道の開業は当初は川越鉄道の営業基盤を切り崩すものと受けとられたことは事実であり、川越鉄道は電気鉄道との競争に対抗するため、運賃の割引（川越—東京間半額）のほかに、客車の腰掛け装置を改造して乗り心地の向上をはかるなど、乗客サービスにつとめただけでなく、重い機関車の使用に耐えるようレール一本当たり枕木本数を二本増やして一五本宛てとし、また土運車二〇両を新造するなど、貨物輸送でも改善をはかったのである。[53]川越鉄道がそれまでの保守的な経営方針を改め、サービスと効率の向上に積極的にとり組んだ最初であった。

以上のように、開業から一九〇六（明治三九）年度までの川越鉄道は、貨物輸送では新河岸川舟運と競争し、旅客輸送では川越電気鉄道の挑戦を受けながらも、周辺の交通市場の中で優勢な地位を保ち、良好な営業成績をあげることができた。平均一〇％の配当を維持し、表8-4のように株価が額面以下に低落することもなかったのである。

2　沿線町村の経済発展

川越鉄道の市場基盤を形成したのは、幕末開港以降の入間地方の産業発展であったが、同時に川越鉄道の開通は沿線の町村、とくに入間川や所沢などの経済発展にも大きく寄与した。中でも、いちじるしい発展をとげたのは、入間川と入曽の二駅を擁する入間川町であった。以下では、川越鉄道開通の沿線に及ぼした影響を、入間川（町）について検討してみることにしよう。

入間川の集落は早くも鎌倉時代に入間地方を南北に走る鎌倉街道が入間川を渡る地点に誕生し、その後も関東平野の南北交通の要地として発達してきた宿場町であった。江戸時代にはいると、江戸と川越を結ぶ新河岸川舟運が経済の動脈として発展し、入間川は青梅や飯能、豊岡などと川越の間を往来する貨物輸送の交通路としても新たな役割を担うことになった。また、飯能方面で筏に組まれた「西川材」の輸送は、入間川までが一日の行程で、ここで筏乗りは河岸に筏をつないで上陸し宿をとったという[54]。つまり、入間川は陸上交通だけでなく水上交通の要地でもあり、川越以西における物資の集散地として、一八九一(明治二四)年八月には町制を施行するほどとなった。

ところで、青梅の石灰や織物、飯能の木炭や織物、そして豊岡の生糸や製茶を川越や志木まで輸送するためには、舟運を利用できる木材を別とすれば、旧来の劣悪な道路上で馬力に頼る以外になく、このことは商品流通の拡大にとって次第に障害となっていた。

表8-4　川越鉄道株式の相場(長期取引)

年次	払込額	最高	最低	平均
	円	円	円	円
1894	45.00	49.50	39.00	45.11
1895	50.00	85.20	66.00	70.76
1896	50.00	95.00	50.00	72.03
1897	50.00	60.00	52.00	55.26
1899	50.00	75.00	54.50	66.40
1900	50.00	73.00	69.80	70.85
1901	50.00	62.00	55.00	58.25
1906	50.00	64.00	64.00	64.00

注) 東京株式取引所編『東京株式取引所五十年史』1928年, 同所刊による. 1898年, 1902～05年は売買なし.

そこで、川越鉄道が開通すると早くも青梅、飯能、豊岡と入間川を結ぶ局地鉄道の計画があいついで誕生した。一八九六(明治二九)年八月に出願された飯能—豊岡—入間川間の飯能鉄道、同年同月に出願された金子—豊岡—入間川間の金子鉄道がそれであった。いずれも地元の資本を糾合して計画されたが、政府は「現今地方ノ状況其必要ヲ認メサルニ依リ[55]」として認可しなかった。そこで、これらに代わるものとして、蒸気鉄道よりは規格が下で認可をえやすく、しかも少額の資本で建設できる馬車鉄道の建設計画が浮上することになった。

一八九九(明治三二)年四月には入間川—飯能間の入間馬車鉄道が資本金六万円で設立され(初代社長は増田忠順)、一九〇一年五月には開業した。また、九九年八月には入間川—青梅間の中武馬車鉄道が資本金七万円で設立され（初代社長は豊岡の元町長・横田伊兵衛）、一九〇一年九月には開業した。いずれも川越鉄道の入間川駅前を起点としており、そのため馬車鉄道の入間川駅で乗り換え、国分寺方面あるいは川越方面へ向かう川越鉄道の乗客がふえることになった。

しかし、狭軌・単線・馬力・小型車両による馬車鉄道の輸送力は弱体であり、いずれも開業当時の不況と日露戦争の影響を受けてほとんど収益をあげることができず、加えて戦争中の馬匹の徴用もあり、経営は困難をきわめた。とくに貨物輸送については、いずれも数年で中止をよぎなくされている。入間馬車鉄道の場合は「行違線の不備が改善できずに貨物輸送を断念……一部の貨車を貸し出すこととした[56]」という。

二つの馬車鉄道の開通以上に、入間川駅の物資集散などの交通機能を高めたのは、鉄道輸送を不可欠の条件とする砂利採掘業の発達であった。川越鉄道の発起人であった清水宗徳が入間川の砂利採掘業を始めたのは、一八九六（明治二九）年のことであるが、一九〇〇（同三三）年一月には事業を資本金五〇〇〇円の合資会社に改めた。同社の定款第二条は会社の目的を「入間川砂利ヲ採掘シ川越鉄道入間川停車場ヨリ東京其他ニ運搬販売ノ業ヲ営ム」とわざわざ川越鉄道の利用をうたっていた。同社は合資会社とはいえ、清水と長男の真治の二人だけが無限責任社員であり、事実上清水家の単独経営の性格が強かった。そして、一九〇〇年七月には新たに有限責任社員九名をつのり資本金を一万円に増額するなど、事業は順調に発展していたといえよう[57]。

他方、川越鉄道は一九〇〇（明治三三）年八月には入間川駅構内の改築（荷物庫の移転、乗車場の延長、砂利側線の増設）にのり出しているが、次のような逓信大臣あての願書からも、砂利をはじめ同駅構内の貨物の輻輳ぶりをうかがうことができよう。「弊社入間川停車場ハ近来貨物ノ販路大ニ開ケ在来ノ荷物（「庫」が脱落——引用者）ニテハ取扱上不便不尠且ツ同線構外（川越寄）ニハ百分一ノ勾配有之貨車入換ニ危険ノ恐モ有之[58]」と。当時は日清戦後の不況にぶつかっていたが、入間川駅から搬出される砂利は大きく増加していたという。

事実、川越鉄道の駅別の運輸数量の推移をみると、表8-2のように、入間川は乗客数では川越に次ぎ、貨物数では他を圧倒していたのである。入間川から東京方面に搬出されたのは砂利、木材、甘藷、雑穀類、逆に搬入されたのは肥料、食塩、石油、雑貨などであった。そして鉄道利用の増加にともなって、入間川町は急速に発展し、「駅前には鉄道貨物を取り扱う運送店が開業し、かつての宿場には料理屋、米穀商、糸繭商、材木商、肥料商、雑貨商などが三〇〇軒近くも軒を連ねるほどになった」(59)という。

表8-5　貨物輸送の所要路線と日数

駅　　間	距離	路　　線	所要日数
	哩		
横浜—沼垂	286	官線，日鉄線，官線，北越線	6
横浜—若松	200	官線，日鉄線，岩越線	5〜6
横浜—長野	158	官線，日鉄線，官線	5〜6
横浜—甲府	98	官線，日鉄線，甲武線，官線	3
横浜—入間川	47	官線，日鉄線，甲武線，川越線	3

注）『鉄道時報』290号（1905年4月8日）および295号（05年5月13日）による．

以上のように、川越鉄道の開通によって入間地方の町村の中でとくにいちじるしい発展をとげたのは入間川であり、その結果、新河岸川舟運とともに繁栄してきた川越町の物資の集散機能、したがって経済的地位はかなりの低下をよぎなくされた。当時は全国で鉄道網の建設が進められていたが、私鉄と国鉄（官鉄）とに分立し相互に混交して統一に欠けていたため、積替えや運賃計算の手数などが貨物輸送にとっての隘路の一つに数えられていた。一九〇五（明治三八）年頃、貨物輸送の遅延との関連で、貿易港の横浜と主な貨物駅との間の路線数と所要日数が問題になったが、注目されるのは表8-5のように、川越鉄道については川越ではなく入間川が比較上の貨物駅にあげられていたのである。これからも、川越の地位の相対的な低下は明らかであったといえよう。

3　競争線の出現と経営危機

川越鉄道成立後の展開は、一九〇六（明治三九）年から翌年にかけての一七私鉄の国有化を境に、前期と後期に分けることができる。後期は親会社ともいうべき甲武鉄道が国有化された結果、川越鉄道は独立「自営」をよぎなくされた上に、東上鉄道、武蔵野鉄道という強力な競争線があいついで入間地方の交通市場に参入し、川越鉄道の独占的ともいうべき地位は大きく蚕食されることになった。川越鉄道としては、競争線に対抗して生き延びるためには抜本的な対策が必要になるなど、その経営には重大な転機が訪れたのである。

鉄道国有化の政府案決定までの過程では、一時、甲武鉄道や川越鉄道を含む三二私鉄が対象となったことがあるが、最終案では一七私鉄に削減・修正され、一九〇六（明治三九）年一〇月、甲武鉄道を皮切りに国有化が開始された。その結果、甲武鉄道の子会社であった川越鉄道は、独立「自営」という困難な道を選ぶ以外になくなったのである。たとえば、川越鉄道の本社は鉄道国有化までは東京市内飯田町の甲武鉄道本社構内にあっただけでなく、課長以下の職員はほとんど甲武鉄道の職員が兼務する(60)など、川越鉄道の経営は甲武鉄道の経営と一体化していた。そのため、私鉄経営に必要なノーハウや実務はほとんど甲武鉄道に依存し、逆にそのことで川越—飯田町間の直通列車の運転や通し運賃の割引など、多くのメリットを享受することができた。

また、川越鉄道は毛武鉄道の敷設計画に対抗するため、一八九六（明治二九）年三月に川越—万世橋間の延長線建設を出願したが、その際、資本金三六万円を一挙に一四六万円に増額するという超大幅増資案をあわせて決定した。日清戦後の鉄道株を中心とする株式ブームのさなかではあったが、増資案は甲武鉄道の大株主・経営者で同時に川越鉄道の大株主でもあった雨宮敬次郎や岩田作兵衛の事前の諒解と賛同なしには不可能であったであろう。延長線建設の認可はえられなかったとはいえ、当時の川越鉄道が資金調達の上でも、甲武鉄道に大きく依存していたことを物語るものであり、それだけに独立・自営はその後の川越鉄道の資金調達にも影をなげかけることになった。

しかし、鉄道国有化後の川越鉄道の経営にとって独立・自営以上に大きな問題となったのは、東上鉄道と武蔵野鉄道という二つの強力な競争線の出現であった。毛武鉄道が挫折したのちも、川越を東京に直結する鉄道の設立計画は、一九〇二（明治三五）年八月に川越財界の高山仁兵衛（織物商）、綾部利右衛門、山崎嘉七らが出願した池袋―川越間の京越鉄道、そして〇三年一二月には鉄道家の根津嘉一郎や原六郎、それに上野伝五右衛門（上練馬の地主・旧村長）らが東京・北越間の連絡をめざして出願した巣鴨―川越―渋川間（一期線）の東上鉄道とあいついだ。

政府は以上のうち、東上鉄道の出願に対して一九〇八（明治四一）年一〇月に仮免状を下付し、同鉄道は一四（大正三）年五月に下板橋―川越間で開業した。新河岸川舟運とはもろに競合する東上鉄道の開通は、同舟運の「致命傷とも云ふべきもので急激なる此一の大打撃に依って沿岸各河岸の現状は殆んど衰微の極に達した」(61)ほどの打撃となったが、川越鉄道に対しても少なからぬ影響を及ぼしたことはいうまでもない。しかし、川越鉄道の市場基盤を大きくゆるがす競争線となったのは、翌一五年四月の飯能―池袋間の武蔵野鉄道の開通であった。

武蔵野鉄道設立の背景の一つとなったのは、明治末期の入間地方、とくに飯能、豊岡などの産業発展であった。一、二の例をあげれば、飯能の特産品である杉檜などの西川材は当時、筏流しの方法で荒川下流の千住まで運ばれており、需要の増大によって一九〇四（明治三七）年の千住の輸入額はおよそ一六万円を数え、(62)〇八年五月には西川材木商同業組合が結成されることになった。また、豊岡は狭山茶の中心的な産地であったが、一時不振に陥り、製茶の輸出港として清水港が抬頭したこともあって、市場基盤を国内市場に転換して挽回につとめていた。しかし〇七年以降、生産は急速に回復し、一二年までに生産高は二倍近くに増大した。製茶技術の向上と茶園栽培の改良が与って力あったといえよう。(63)さらに、〇四年以降は埼玉県でも器械製糸が座繰り製糸を凌駕する質的な転換を迎えるとともに、長野県など県外資本の製糸工場が進出していたが、その中で豊岡の石川組は日本有数の製糸工場としてその地位を維持し発展していたのである。(64)

武蔵野鉄道設立のいま一つの背景としては、以上のような入間地方の産業発展に加えて、政府の鉄道政策が国有化を機に変化したことがあげられよう。国有化の結果、国鉄の比重は飛躍的に上昇し「一地方ノ交通ヲ目的トスル」

（鉄道国有法第一条）私鉄は国鉄を補助する培養線の地位に低落した。その結果、幹線の私鉄などの設立を規制する私設鉄道法は実情に合致しなくなり、新たな法的枠組みとして一九一〇（明治四三）年四月に軽便鉄道法が制定され、あわせて地域社会の交通需要にこたえるため、翌年三月には軽便鉄道補助法も制定された。第二次「鉄道熱」の過程では、一八九六（明治二九）年七月に出願された飯能―目白間の中央武蔵鉄道など、飯能・豊岡を東京に直結する鉄道も計画されたが、いずれも政府の認可をえることはできなかった。その点で、武蔵野鉄道の設立の認可については、以上のような軽便鉄道法の制定にみられる規制緩和が一定の寄与をしたといえよう。

ところで、武蔵野鉄道設立の目的は、飯能や豊岡など鉄道の便からとり残されていた「飯能地方ヲ交通上ニ於テ東京ニ近邇セシメ併セテ従来河流ニ依リ迂回シテ搬出セラレタル貨物ヲ直ニ鉄道ニ依リ搬出セントスル」[65]ことにあり、入間地方の産業発展の要求にも根ざしていた。出願されたのは一九一一（明治四四）年二月であるが、注目されるのは同年一二月の発起人一四〇人をみると、飯能・豊岡など埼玉県在住の七三名の引受け株数は四七・四％、東京府の北多摩郡と北豊島郡在住の五三人の引受け株数は三二・九％、これに飯能出身者（平沼専蔵、阪本喜一）の分を加えると、実に九一％強を沿線在住者と出身者が占めていたことであろう。[66]

武蔵野鉄道は飯能、豊岡、所沢、保谷、練馬など沿線の商人、製造業者、地主などが中心になって設立された点で、川越鉄道の場合とは趣を異にしており、これらの地域の二〇年近くにわたる産業経済の発展と資本蓄積の進展によるものといえよう。そして初代社長の平沼専蔵は飯能出身の横浜の実業家、二代目社長の小能五郎は飯能在住の銀行家（入間銀行取締役など）、そして三代目社長の石川幾太郎は豊岡の石川組の社長であった。また設立直後から二〇年余にわたって取締役をつとめた高橋源太郎・文太郎親子は保谷の大地主であった。

川越鉄道とは所沢で交差する武蔵野鉄道の設立計画は、実現したあかつきには川越鉄道の強力な競争線が出現することを意味していた。そこで、かつて毛武鉄道の設立計画に対して並行線の出願で対抗したのと同じく、川越鉄道は今度も入曽と飯能を結ぶ支線建設を出願して対抗しようとしたのである。仮にこのような支線建設の計画が認可された場合は、部分的であれ競合する武蔵野鉄道の設立は認可されない可能性があり、その意味では支線建設の計画は川越鉄道の妨害策であったといえよう。しかし、一九一一（明治四四）年一〇月、川越鉄道の支線建設は不許可、武蔵野鉄道の設立は許可となり、川越鉄道の妨害策は失敗に終わったのである。

川越鉄道にとって、東上・武蔵野両鉄道に対する残された対抗策は、川越鉄道自体が東京の中心部またはその周辺へ進出すること、そのための延長線または支線を建設すること以外になかった。その場合、延長線または支線の分岐点となるのは、地理的にみて武蔵野鉄道の所沢以南、そして東京中心部の終点としては山手線の目白以南または中央線の新宿寄り以外になく、分岐点に東村山が選ばれたのは当然の成行きであった。早くも一九一二（明治四五）年五月の臨時株主総会は、東村山から田無を経て中野に至る延長線（軽便鉄道）の敷設と五〇万円の増資を満場一致で決議した。しかし、この延長線敷設の出願は同年七月、政府より「聞届ケ難キ旨指令アリ」と不発に終わった。[67]

一九一五（大正四）年四月、武蔵野鉄道は開通し、予想された通り、川越鉄道の経営に大きな打撃を与えることになった。一九一五年度上半期の減収は実に一万九四九五円余にのぼったが、「是全ク競争線ノ頻出ニ原因スルモノニシテ……彼等（東上・武蔵野両鉄道――引用者）ニ対抗シテ貨客ノ収集ニ努力シタルモ尚上記ノ如キ大減収ヲ生スルニ至リ」[68]、そして同年度下半期も一万四八〇四円余の減収となった。[68] そして長期にわたって平均一〇％以上を維持してきた配当は、一五年度上半期から一六年度上半期まで六・五％へと大きく低落した。川越鉄道の経営が重大な危機に直面したことは、明らかであった。

4　西武鉄道の成立

第一次世界大戦の勃発は日本経済に「漁夫の利」をもたらし、大戦中から戦後にかけて、めざましい好況が現出した。東上・武蔵野両鉄道の開通によって経営危機に見舞われた川越鉄道の業績は好況の中で急速に回復し、運輸収入は一九一五（大正四）年度下期から一九年度下期までの間に二・八倍、配当は一八年度上期には一〇％、下期には一二％まで増大した。しかし、このことは東上・武蔵野両鉄道からの競争と圧迫が消滅したことを意味するものではなく、東京の中心部への進出、延長線の建設は川越鉄道の存立にとっていぜんとして避けられない課題になっていたのである。

その上、一九二〇（大正九）年四月以降、武蔵野鉄道がスピードアップなど旅客サービスの向上のために電化計画にのり出したことは、川越鉄道にとって新たな脅威となった（池袋・所沢間の電化は二二年一一月に完成）。すでに乗客や貨物の一部を武蔵野鉄道に奪われていた川越鉄道は対抗上、同年六月に電化にふみ切り、その当然の結果として懸案の延長線は最初から電化新線として建設することになった。しかし、新線建設と電化には多額の設備資本（完成時で約六六〇万円）が必要であり、資本金五〇万円の川越鉄道にとってその調達は容易ではなかった。

当時、川越から所沢、さらには県境を越えた東村山にかけての広大な地域を営業基盤とする電力会社に武蔵水電があった。一九一二（明治四五）年二月設立の神流川水力電気（社長は綾部利右衛門）を母体に誕生し、当初の資本金は七〇万円であった。その後、一四（大正三）年一二月には川越電気鉄道を合併するなど、順調に電灯・電力の供給を拡大し、二〇年三月には資本金五〇〇万円の大会社へと成長した。当時の社長は綾部利右衛門、専務は鶴田勝三（浅野總一郎の女婿）、取締役は山崎覚太郎（川越の茶商）などで、川越財界が深く関与していた。

川越鉄道は大部分の路線を武蔵水電の営業区域内にもち[69]、駅構内などの電気施設のために武蔵水電から電灯・電力の供給を受けていた。他方、武蔵水電は安定した電力の供給先を求めており、その結果、一九二〇（大正九）年一〇月、武蔵水電と川越鉄道との間で前者が後者を合併することが決まった。川越財界にとっては、長年にわたって対抗関係にあった川越鉄道を一時的であれ支配下におくことに成功したといえよう。

武蔵水電は懸案となっていた東京中心部への電化新線の建設ルートとして、当初は東村山から荻窪を経て新宿に至るルートを選び、一九二一（大正一〇）年一〇月、淀橋―荻窪間の青梅街道上で電気軌道を営業していた西武軌道を合併した（新宿線）。そして、東村山―荻窪間に電化新線を敷設してこの新宿線に接続または連絡することができれば、川越財界にとっては念願の東京中心部へ直接進出できる――これが当初の武蔵水電の計画であった。しかし、道路を利用した新宿線は時速が二四キロ以内に制限されて高速電車化に適さないという問題があり、しかもこの計画が具体化する以前に、武蔵水電は電力業界再編成の渦中にまき込まれ、二二年六月、帝国電燈により合併されてしまった。

しかし、関東地方を中心に北は北海道、西は兵庫県に至る広範な地域を営業基盤とする帝国電燈は武蔵水電から引き継いだ鉄道・軌道部門（川越線・大宮線・新宿線）を自ら経営する意思をもたず、一九二二（大正一一）年八月、資本金六〇〇万円をもって武蔵鉄道を設立し、鉄道・軌道部門を分離・独立させることにした。武蔵鉄道は同年一一月、社名を西武鉄道と変更し、こうして武蔵野鉄道に対抗する電化と新線建設はすべて西武鉄道の手にゆだねられることになったのである。

以上のように、国分寺―川越間の鉄道を経営する主体は第一次世界大戦後に川越鉄道から二つの電力会社の手を経て西武鉄道へとめまぐるしく変転したが、帝国電燈時代はわずか二カ月と短く、西武鉄道は実質的には鉄道や軌道だけでなく、株主や役員の多くも武蔵水電から引き継ぐことになった。たとえば、武蔵水電の役員一二名のうち、指田義雄（埼玉県人、大日本製糖などの役員）や綾部利右衛門、山崎覚太郎など六名が西武鉄道の取締役・監査役に就任したのである。以上のうち、指田義雄は西武鉄道の初代社長になった。

しかし、西武鉄道の役員には新たに根津嘉一郎（東武鉄道社長）や大川平三郎（埼玉県人で王子製紙などの役員）といった大物財界人が加わり、綾部利右衛門など川越財界の影響力はいちじるしく減退することになった。西武鉄道は川越鉄道を母体に成立したとはいえ、資本系統からみると、当初の岩田作兵衛ら甲武鉄道系から鉄道国有化後は川越財界を中心とした武蔵水電系を経て、埼玉財界系へと約三〇年の間に大きく変転したのである。

ところで、西武鉄道による電化新線の建設は、当初、東村山から目白までを予定していた。国鉄山手線の目白駅は貨物取扱い駅であったことによる。しかし一九二五（大正一四年）年一月、次のような理由で起点は目白から高田馬場に変更された。「山手線トノ連絡ハ勿論市内交通機関トノ連絡ハ、目白駅ニ比シ高田ノ馬場駅ノ方便利ニシテ、且地形上工事施行ニ於テモ容易ナリト信ジラレ、加之他日或ハ市内ヘ乗入レ得ル可能性モアリ……」(70)と。この市内乗入れは、その後市電の終点である早稲田までの延長線として計画され、二六年二月に免許を得たが、実現をみることなく終わった。そして、二七（昭和二）年四月に電化新線の村山線の建設と東村山—川越間の電化が完成し、高田馬場—川越間を直通の高速電車が走ることになったのである。(71)

おわりに

第一次から第二次にかけての「鉄道熱」の時代には、幹線鉄道ともいうべき大私鉄と並んで、地方的な市場圏を基盤とする多数の中小私鉄が計画された。関東地方についてみても、東京へ収斂する日本、甲武、総武などの縦断型の私鉄に対して、地方都市を幹線鉄道に連絡し、あるいは地方都市同士を結ぶ横断型の中小私鉄が計画され、そのうちのいくつかは成立をみた。注目されるのは、中央集権国家の形成と発展をめざしていた明治政府が、これらの横断型の中小私鉄のいくつかに対して、設立の免許を与えていることであろう。両毛鉄道や川越鉄道などのほか、一八九七（明治三〇）年一一月成立の武州鉄道（八王子—高崎間および飯能—川越間）もその一つであった。

問題は、横断型の私鉄にとっては、私鉄として自立できるために必要な市場・収益基盤はかなり狭隘であったことであり、そのために明治中期までの関東地方の中小私鉄をみると、幹線鉄道に従属する培養線として辛うじて存立し、結局は両毛鉄道や水戸鉄道のように幹線鉄道（この場合は日本鉄道）によって合併されたもの、武州鉄道のように日清戦争後の恐慌の中で資金調達難に陥り、解散をよぎなくされたもの[72]など、横断型の私鉄が経営的に自立し発展できる条件と基盤はきわめて限られていたといえよう。

ここでとり上げた川越鉄道も、準幹線鉄道ともいうべき甲武鉄道に従属する培養線であった。良好な成績をあげていたといえ、大私鉄による中小私鉄の合併・統合が続出する中で、株主の中には甲武鉄道との合併を希望するものも出た[73]。しかし、市街線を建設中の甲武鉄道にはその余裕はなく、しかも甲武鉄道の国有化によって川越鉄道は独立・自営をよぎなくされた上に、あいつぐ競争線の出現によって重大な経営危機に直面することになった。結局、川越鉄道は電化とのからみで電力会社によって合併されることになるが、逆にそのことで資本基盤を拡大・強化し[74]、西武鉄道として再び自立した上で、東京中心部へ進出する電化新線を建設し開通させることができた。規模は小さいが、縦断型私鉄へと転化することで存続・発展できた私鉄の一つといえよう。

川越鉄道の歴史は、関東地方の横断型私鉄が成立し発展できる条件を検討する上で参考になるところが少なくない。ここでは地域社会との関連を中心にとり上げることにした。

（1）運輸日報社編『明治運輸史』、同社、一九一三年。
（2）日本国有鉄道編『日本国有鉄道百年史』第四巻、同鉄道、一九七二年、三五八頁。
（3）菅原恒覧『甲武鉄道市街線紀要』甲武鉄道株式会社、一八九六年、四頁。
（4）甲武鉄道の設立過程については、佐藤正広「明治二〇年代における鉄道網形成の諸要因」（『社会経済史学』五四巻五号、一九八九年）を参照されたい。
（5）鉄道省編『日本鉄道史』上、同省、一九二一年、九〇九頁。

(6) 乾丈夫編『岩田翁記功碑』淡江社、一九七八年による。
(7) 所沢市史編さん室編『所沢市史』近代史料I、同市、一九八二年、六六五頁以下。
(8) 埼玉県茶業協会編『狭山茶業史』同協会、一九七三年、九三頁。
(9) 狭山市編『狭山市史』近代資料編、同市、一九八八年、一四九頁。
(10) 同上『狭山市史』通史編II、一九九五年、一七〇頁。
(11) 埼玉県教育委員会編『埼玉人物事典』県政情報センター、一九九八年、など。
(12) 山口和雄「茶貿易の発達と製茶業」(小原敬士編『日米文化交渉史』2、洋々社、一九五四年)。
(13) 一八七五年は『武蔵国郡村誌』、八四年は農務省編『農務顛末』より算出、前掲『狭山市史』通史編II、八八頁参照。
(14) 古谷喜十郎編『清水宗徳翁小伝』沼崎栄吉刊、一九一四年がある。
(15) 前掲『狭山市史』通史編II、八九頁。
(16) 埼玉県編『新編・埼玉県史』通史編5、同県、一九八八年、四五三頁。
(17) 前掲『埼玉人物事典』、帝国興信所編『帝国銀行会社要録』同所、一九一〇年。
(18) 埼玉県属・藤田幸年の知事宛「復命書」(一八九六年)——入間市史編さん室『入間市史』近代資料編I、一九八八年に所収。
(19) 前掲『狭山茶業史』七五頁以下。
(20) 前掲『狭山市史』近代資料編、一四六頁以下。
(21) 谷本雅之『日本における在来的経済発展と織物業』名古屋大学出版会、一九九八年、七七頁以下。
(22) 老川慶喜『産業革命期の地域交通と輸送』日本経済評論社、一九九二年、三〇頁以下。
(23) 早稲田大学図書館蔵『大隈文書』A二八七三、前掲『新編・埼玉県史』資料編21に所収。
(24) 前掲『日本鉄道史』上、四一六—四一七頁。
(25) 川越市総務部市史編纂室編『川越市史』四巻、近代編、一九七八年、一〇二—一〇三頁。
(26)『工部省記録・鉄道之部』巻二二(復刻版、⑤、一九六九年)掲載の「鉄道会社創立願書」による。

(27) 川越街道沿いの日本鉄道の建設計画が当時広く流布していたことは、一八九五（明治二八）年一二月の志木の西川武佐衛門らによる「中武鉄道会社路線敷設冀望ノ請願」が次のように述べていることからも明らかである。「往年日本鉄道会社ハ……武州ノ中心ヲ貫通スル川越街道ニ依リ線路ヲ敷設スルノ内議ニテ我々共深クソノ設計ノ適当ナルヲ信シ……シニ中途ソノ議一変セシヤニテ遂ニ中仙道ニ線路ヲ定ムルコトト相成候……」志木市編『志木市史』近代資料編、一九八八年、三一六頁。

(28) 所沢市史編纂委員会編『所沢市史』同市、一九五七年、五四〇頁。

(29) 前掲『埼玉人物事典』などによる。

(30) 清水宗徳述「川越鉄道布設ニ付地方諸君ニ謹告ス」前掲『狭山市史』近代資料編、四三一頁以下に所収。

(31) 「川越鉄道布設仮免状願」前掲『所沢市史』近代史料Ⅰ、六六五頁以下。

(32) 前掲「川越鉄道布設ニ付……謹告ス」。

(33) 『鉄道時報』二四七号（明治三七年六月一一日）。

(34) 米倉一平の各会社の持株をそれぞれの株主名簿でみると、日本鉄道一一〇株（一八八七年六月末）、甲武鉄道二六八株（九二年三月末）、帝国商業銀行七〇株（九六年六月末）東洋汽船八〇〇株（九八年一二月一一日）などとなっている。

(35) 西武鉄道総務部編『西武』二一号（一九五九年九月一五日）。

(36) 埼玉県立文書館蔵。なお一八九〇年一二月の「仮免状願」記載の発起人と「上申書」記載の発起人との間には若干の変動があり、たとえば本荘一行（日本運輸副社長で東京在住）は「上申書」で初めて登場する発起人。

(37) 前掲『狭山市史』通史編Ⅱ、三二三頁、および古谷喜十郎編『豊岡町史』同町、一九二五年、四九頁。

(38) 同上『狭山市史』一〇〇―一〇二頁。

(39) 前掲「川越鉄道布設ニ付……謹告ス」。

(40) 川上竜太郎『鉄道業の現状』経済新聞社、一九一一年、五六頁。

(41) 東京都公文書館蔵。益井茂夫「公文書からみた川越鉄道」『多摩のあゆみ』七三号、たましん地域文化財団。

(42) 鉄道院『明治四十年度鉄道局年報』(一九〇九年)附録より作成。
(43) 今泉省三『長岡の歴史』第五巻、野島出版、一九七二年、一八二頁。
(44) 北越鉄道『起業目論見書』——『第四回鉄道会議議事速記録』第五号(一八九四年五月一一日)による。
(45) 鉄道院文書「川越鉄道建設費予算書」(主任技術者菅原恒覧)による。
(46) 『東京朝日新聞』(一八九四年一月一九日)によると、川越鉄道はレールなどの購入でも費用の節約をはかったという。「川越鉄道に於る用品買入の方法は一旦内地に於て入札せしめ尚欧州在留の領事に依頼して彼地屈指の製造所に入札せしめ内外入札の結果を比較せし上遂に外国より直接に買入れ伊里斯商会の手を経て引取る事とした」。建設費が私鉄平均の二分の一以下ですんだこととあいまって「年一割二三分の配当を為すは最も容易なり」と見られ、「昨今株式市場に於て三十円払込の同鉄道株が五十円内外を往来する」こととなったという。
(47) 川越商業会議所「煙草製造所設置方ニ関シ意見上申」(一九〇四年三月)——『川越商業会議所第八回報告』(一九〇五年四月)による。
(48) 山田勇雄『東上鉄道案内』大日本交通協会、一九一五年、九頁。
(49)(50) 『第七回鉄道会議議事速記録』第一〇号(一八九六年三月三〇日)による。
(51) 竜門社編『渋沢栄一伝記資料』九巻、同刊行会、一九五七年、三一二頁。
(52) 山崎嘉七「川越の今昔」——『川越商工会議所五十年誌』(一九五二年)附録。
(53) 前掲『西武』五三号(一九六二年五月一五日)。
(54) 入間川町誌編纂委員会編『入間川町誌』同刊行委員会、一九五五年、三八八—三八九頁。
(55) 『第八回鉄道会議議事速記録』九号(一八九七年三月三一日)。
(56) 前掲『狭山市史』通史編II、二四二頁。
(57) 前掲『清水宗徳翁小伝』二四頁、「入間川砂利合資会社定款」(埼玉県立公文書館蔵)による。
(58) 川越鉄道の逓信大臣子爵芳川顕正あて願書(東京都公文書館蔵)。
(59) 前掲『狭山市史』通史編II、二二七頁。

(60)鉄道時報局編『第参版・帝国鉄道要鑑』（同局、一九〇六年）による。
(61)前掲『東上鉄道案内』一〇頁。
(62)山林局『東京外十一市場木材商況調査書』（同局、一九〇六年）三頁。
(63)前掲『狭山市史』通史編II、三二六頁。
(64)前掲『新編・埼玉県史』通史編5、八七七頁。なお、一九一一年当時、石川組三工場（豊岡二、川越一）の釜数合計は九六二釜で、長野県両角組の富国館の八七〇釜を上回り、埼玉県下では群を抜いていた（同、八七四頁）。
(65)前掲『日本鉄道史』下、六六一頁。
(66)前掲『所沢市史』近代史料II、一三八頁以下より作成。
(67)川越鉄道『第四十回営業報告書』（一九一二年度上半期）。
(68)同上『第四十六回営業報告書』（一九一五年度上半期）、『第四十七回営業報告書』（同年度下半期）による。
(69)逓信省電気局『第十三回電気事業要覧』（逓信協会、一九二一年）による。
(70)豊島区史編纂委員会編『豊島区史』資料編4、同区、一九八一年、八二六―八二七頁。
(71)旧西武鉄道については拙稿「旧西武鉄道の経営と地域社会」『東村山市史研究』四号（一九九五年三月）を参照されたい。
(72)武州鉄道は大株主に徳川篤敬（侯爵・旧水戸藩主、三〇〇〇株）、上杉茂憲（伯爵、旧米沢藩主、二二〇〇株）など多くの資産家を擁し、（『武州鉄道株式会社株主名簿一覧表』）、一八九七（明治三〇）年一一月、創立総会を開いた資本金二四〇万円の鉄道であったが、「当時財界の事情許さゞるものあり、同年十二月二十三日、終に解散するに及べり」（足立栗園『今村清之助君事歴』小谷松次郎、一九〇六年）四七三頁。
(73)『鉄道時報』一六四号（一九〇二年一一月八日号）。
(74)川越鉄道の株主数は一九一九年度下期末で僅かに一六九名にすぎなかったが（野村商店『株主年鑑』一九二〇年度版）、西武鉄道の一九二三年度上期末の株主数は一二三四名（『第二回営業報告書』）を数えていた。

第九章　京阪電気鉄道の展開と地域社会の動向

——沿線守口地域の動向を中心として——

はじめに

鉄道国有化の結果、「確実なる放資物」であった鉄道株の大部分が一挙にして消滅することになったために、全国の投資家層が南満州鉄道の株式募集に殺到し、「満鉄株」を中心として、いわば第三次鉄道ブームが到来したといえる。この点、国有化後の株式投資の対象としては二次的な地位を占めるにすぎなかったものの、ブームの一翼を担ったものとして関西地方における電気鉄道熱をあげ得る。国有化の決まった阪鶴鉄道の旧重役（大株主）らによる箕面有馬電気軌道の設立計画は第三次鉄道ブームと鉄道国有化の密接な関連を端的に示すものとされている。この時期には、南海鉄道の電化を含め、大阪市域と郊外を結ぶ、今日の関西大手五大電鉄が創業している。一九〇五（明治三八）年開業の阪神電気鉄道をトップに、その実現をみるが、かつて蒸気鉄道に投資していた大阪の資本家たちは、鉄道の国有化によって得た公債の投資先を考えていたといえよう。

阪神電鉄は、わが国で最初に専用軌道によって都市間を高速で結んだ鉄道として注目されるが、開業までには随分と曲折があった。というのも、官設鉄道と競争線となるこの路線（摂津電気鉄道として再出願）は私設鉄道法では許可にならず、発起人の追加が相次ぎ、軌道として広軌専用路線のまま出願されるほどであったからである。[1] そして、「軌道」と「鉄道」は格が違う、つまり軌道の直接の監督官庁である内務省の見解が逓信省鉄道局を押さえた形で特許を得ることになる。この内務省の措置が、これ以後、各地の都市間電気鉄道を軌道として認める先例となり、実質的に国有鉄道の競争線をいたるところで登場させる端緒になったのである。一八九九年七月、社名を阪神電気鉄道と改称、開業は会社創設七年半後のことであった。

本章は、主として、大阪府北河内郡の守口地域（現守口市域）の人たちが身近に利用できるようになる京阪電気鉄道の成立と展開について、若干の検討を試みようとするものである。第一に、日露戦争後の電鉄ブームの中で誕生するこの電鉄企業の特質、第二に、沿線ルートの決定に際して守口地域の人たちの対応、第三に、この電鉄企業と守口地域のかかわり、これらを視野に入れながら、地域社会の側から、昭和前期にいたる京阪電鉄の歩みを時代の変化の中であとづけることにしたい。さらに、必要に応じて大阪市電の守口延長についても多少言及することになろう。

第一節　京阪の開業と沿線守口地域

現在の京阪電鉄と阪急電鉄の前身である箕面有馬電気軌道はほぼ同時期に開業したが、京都―大阪間は、江戸時代から貨客の往来が盛んであり、明治維新以後は蒸気船が投入され、また一八七七（明治一〇）年前後には、すでに官設鉄道の開業をみていた。一八八九（明治二二）年七月には、東海道線新橋―神戸間が全通した。その後、電鉄ブームの中で京都―大阪間は輸送需要も大きいと見込まれていたため、社会的要請として、いくつかの計画が持ち上がった。明治三〇年代には東西の実業家による二つの有力な計画が浮上するが、一つは、渋沢栄一や佐分利一嗣など東京側のグループが私設鉄道法により免許を出願した京阪鉄道であった。もう一つは、村野山人や松本重太郎など京阪神地方（関西側のグループ）の実業家が軌道条例により出願した畿内電気鉄道であった。両グループの計画線はともに淀川左岸の旧京街道筋を中心にレールを敷設しようとするものであったので、両社は合同して一本化され、改めて軌道条例により、一九〇三年一一月に畿内電気鉄道として特許を申請した。起点は大阪市東区高麗橋詰、終点は京都市下京区朱雀五条町五条大橋東詰と定めていた。なお東京側グループの中には政友会の有力者岡崎邦輔も入っている。

しかし、この計画線には、すでに官線（東海道線京都─大阪間）が開通しており、競争関係に立つため、また鉄道国有法制定への関心も高く、特許には不安もあり、実際政府当局も難色を示していた。このため、「鉄道」ではなく、規制のゆるやかな「軌道」を選んだのであろう。一九〇四年一二月、大阪府郡部会は、京阪間の鉄道について、「官設一線のみにては交通不便なり」と内務大臣あてに意見書提出を決議している。(2) この特許申請は政府部内で二年ほど「お預け」を食ったが、東京側の発起人が中心となって政府と折衝した結果、一九〇六年八月内務大臣原敬によって特許が与えられた。畿内電気鉄道の発起人たちは、渋沢栄一を創立委員長として会社創立の準備を進めた。創立総会において社名を京阪電気鉄道と改称、資本金は七〇〇万円であった。

京阪は東京側主導で会社創立にこぎつけたが、翌一九〇七年八月には帝国鉄道庁から、太田光凞が転身して総務課長に就任し、路線の選定や用地買収に取り組むことになる。一九一〇年に取締役に選任されるまでそのポストにあって、多事多難な開業前後の社務の第一線に立って活躍した。(3)

ところで、京阪は大阪側ターミナルとして東区高麗橋東詰を起点に免許を受けたが、大阪市電の路線延長計画絡みで、その路線の起点を天満橋南詰に後退させた。また京阪は、いったん大阪市との間に市電軌道共用の契約を結んで市内都心部への進入を考えたが、明治末期にこの計画はご破算となった。

京阪の沿線となる地域は低湿地のためルートの選定に難航した。計画当初から、路線変更は十数カ所に及んだ。しかし、実務を担った太田光凞が帝国鉄道庁出身であり、岡崎邦輔取締役も政界とのパイプが太く、予想以上に順調に進んだという。たとえば、京阪では特許されたルートのうち道路併用区間の距離を三分の一に縮減し、残る三分の二を専用路線敷という形に緩和することができたのである。(4)その他、木津川と宇治川の大橋梁の架設位置の変更も含め、線路改良のための変更申請はすべて認可されたが、これらは確かに政友会ルートを通じての運動の結果とみてよかろう。なお中西健一氏は、京阪電鉄を「政商型あるいは政治的権益志向型」(5)の鉄道と位置づけている。

京阪電鉄と守口地方の関係についてみれば、電車の開通に地主が猛反対した面もある。元・庭窪村長吉川長衛の回顧によると、「当初の計画では庭窪の中心部を佐太へ出て、それから枚方へ通じるようになっていた。ところが、その時分から百姓仕事はえらいと人に敬遠されがちでしたから、きっと電車が通ったら沿線のみんなは大阪方面へ出ていってしまう。そうなると地主は田をたがやすスベも知らないので、たちまち困ってしまうじゃないかと開通に地主が猛烈に反対したんです。だから庭窪を通らずに門真へ抜けてしまった。考え方が単純だったんですね」(6)という。

京阪の大阪側の起点は、はじめは高麗橋であったが天満橋に変更となり、一九〇八（明治四一）年一〇月、全路線を四工区に分けて軌道工事を開始した。第一工区は高麗橋東詰―大阪府東成・北河内両郡界まで、第二工区は両郡界―牧野村大字上島、第三工区は上島―京都府紀伊郡淀町、第四工区は淀町―五条大橋東詰までであり、工事は鹿島組、志紀組、大丸組など九業者に発注された。難工事が予想された木津川、宇治川の両架橋はとくに慎重を期し、直営工事としている。(7)こうして、一九一〇年四月、天満橋―五条間の開業にこぎつけた。

この間、当時の情勢から自前の発電所を保有する必要上、淀川の毛馬閘門付近に土地を入手して守口変電所および枚方・伏見各変電所を建設した。京阪電鉄は四月一日開業をめざしていたが、直前に守口変電所の変圧器の一部が従業員の不注意から焼損するという事故に見舞われたため、開業は一五日に延期された。

天満橋―五条間の所要時間は一〇〇分、当時の国鉄の普通列車は京阪間を五〇―七〇分で走っていたので、スピードの点では劣ったが、中間駅を数多く設けたところに特徴があり、起終点両駅を合わせると、その数は守口駅を含め、三〇に達した。開業時の乗車運賃は一区五銭とする一方、当初天満橋―五条間を三五銭とする考えであったが、すでに開通していた官線の大阪―京都間が四〇銭であったため、この区間はこれと同額とした。また開業に先立って、運転手八九人、車掌七三人を採用し、阪神電鉄に依頼して実習教育を行っている(8)。

開業に先立っての試運転でもトラブルがあったが、ともかく四月一五日の開業にこぎつけ、開通から三日間は全線で運賃を五割引とした。京阪開通式の当日は沿線地域でも開業ムードを盛り上げた。当時の新聞報道は、「守口は氏神の報告祭を行ひ、提灯国旗等を以て全町を飾り、且附近の佐太来迎寺に於ては去る十二日より宗祖大師の遠忌就行中にして、同所天満宮の桜もポチポチ咲き初めたれば定めて賑ふ事なるべし(9)」と伝えている。京阪は電気供給事業にも進出し、一九一一年一〇月第一期電気供給区域として森小路―香里間の守口町と付近三カ村に送電を開始した。

四月中旬開業の京阪には、予想以上の乗客が押しかけた。元・守口市教育長の日野俊導は、「五歳か六歳であったわたしは電車が通るというので、弁当持ちで見に行ったのを覚えています」という。また元・守口郵便局長の西田寛三は、「開通のときは、とても守口から京都行きに乗れなかった。大阪からすでに満員でしたから」と語っている(10)。しかし、開業当日から運転事故が起こったり、また大阪市の中心部への接続ができなかったこともあって、人気は下り坂となり、当初の営業は不振であった。

その後、一九一三（大正二）年に宇治線を開通させたが、それは京都方面への観光輸送体制の整備への第一歩であった。宇治地区一帯の観光市場を制圧するための足場を固めると同時に、桃山御陵の参拝にも便利なので、乗客は全国から殺到したという。電車開通で便利となった名勝地宇治と京都とを回遊する旅客のために、全線回遊券および一〇区券を発売した。同年上半期の成績は順調な伸びをみせた。

なお京阪の開通は淀川の定期船にも大きな影響を及ぼしたが、同社では開業まもない六月一日より、八幡―五条間の各駅から大阪巡航船の大阪市内各停車場との間に連帯運輸を開始している。これは京阪の開業当時、まだ京阪間の往来については旧来の淀川航運への依存度が高かったからとも考えられる。[11]

第二節　急行電車の運転と三条への延長

京阪間の輸送連結サービスに重点をおく京阪電鉄は、大正初期に同業他社に先がけて急行列車の運転を開始した。開業当時の天満橋―五条間の所要時間は一〇〇分であったが、同年七月には九〇分、その後八八分、八五分から、一九一三年には八〇分にまで短縮してスピードアップを重ねていた。その間にあって、常務取締役の太田光凞は急行電車の運転を強く主張していた。当時の乗客には高速列車に不安を感じる人もいたくらいで、また役員や運転関係者は消極的であったといわれるが、検討の結果、最終列車の出発後に相当な間隔をとっての運転なら可能であると判断した。一九一四年五月一五日午前〇時三〇分、天満橋と五条の両端から同時にテスト運転を開始することになった。途中の停車駅はなく、所要時間は六〇分であった。この深夜に出発する急行列車は心配していた事故もなく、乗客の評判もよかったという。[12] 急行電車運転の一方で、同年六月には「追々夏期に向ひ夜中の乗客増加したれば二十五日より天満橋発守口行に限り夜十二時三十三分迄運転する事」[13] と天満橋―守口間に夜間の増便を実施した。

この間、監督官庁の要請を受けて自動閉塞信号機の設置について検討した結果、京阪では運転保安の上からも運転能率の上からも有効性がきわめて高いと判断し、設置の方針を固めた。そして、前年のテスト運転でその安全が確認された急行電車運転は、一九一五（大正四）年四月一日から色灯三位式自動信号機のシステムによって万全を期しながら、本格的なダイヤグラムを組んで実施されることになった。そのダイヤは一日四本、午前八時・九時、午後五時・六時に天満橋および五条発というものであった。

京阪電鉄の京都側ターミナルの延長については、京都府と京都市との間の紛議で一時足踏みを余儀なくされたが、結局は床次竹二郎ら政友会系の政治家の仲裁もあって、市電路線を五条—三条間に短縮し、三条で京津電軌に接続させるということで府知事との間で折り合いがついた。この点にも政友会の影がさしていたといわれる(14)。その後京阪は京都市との契約に基づいて五条—三条間の京都市営軌道線路使用許可を監督官庁から受け、工事に着手、一九一五年一〇月、五条・四条・三条を結ぶ鴨川線を完成させた。これに伴い、急行電車も三条まで運転、天満橋—三条間とし、新設の四条駅にも停車させるとともに、同年一二月下旬には午後の急行電車を上り、下り二列車ずつ増発した。

さらに、広く沿線乗客へのサービスをはかるために、一九一六年四月から従来の急行電車を四条のみ停車、六〇分運転の最急行電車とし、新たに全線七〇分運転の別の急行電車を設けた。この急行電車は、沿線の社寺参拝・史跡名勝遊覧の拠点となる八カ所（枚方東口・八幡・中書島・伏見桃山・稲荷・七条・五条・四条）に途中停車させるもので、天満橋、三条両駅から二四分（のち二〇分）間隔で運転された。大阪側ターミナルに近い守口駅は通過駅で、この地の人たちに直接の恩恵はなかった。しかし、大阪—京都間の乗客に限られた最急行電車に比べると、新設の急行電車はそれなりの役割を担ったであろう。

大正後期以降、京阪電鉄は京都—大阪間を中核に、北は京津電軌を吸収合併して湖国観光輸送の一元化へ、南は和歌山県下へも進出するなど広域的な展開をみせ、「京阪王国」の名をほしいままにすることになった。和歌山県への進出は、電力事業の拡大を背景としたもので、一九二二（大正一一）年和歌山水力電気を合併したことによる。現地和歌山市内に和歌山支店を設け、電灯電力供給事業と和歌山市街の電気軌道事業の経営に乗り出した。さらに、一九二六（大正一五）年には阪和電気鉄道（現JR阪和線）設立の有力出資者となった。

第三節　京阪の積極策と沿線守口地域

大正後期になると、京阪では開業以来の沿線の発展と電車利用者の増加などによって、根本的な輸送力増強策をたてなければならなかった。一九二四（大正一三）年七月の大阪市電乗務員の高野山籠城ストで代表されるように、当時関西の交通業界は待遇改善を要求する労働運動が高まりをみせていた。京阪でも、以前からあった慶弔親睦を目的とする同志会（深草出張所）と電友会（野田橋詰所）という運輸従業員だけの集まりを合体して、この年六月に京阪同友交通労働組合が誕生した。ただ市電や他の私鉄でみたような顕著なスト騒ぎは起こらなかった。この点、当時京阪の運輸従業員の採用は、「沿線居住者で、社員の推薦のあることを不文律の条件として、これに該当する者のなかから選考してきたので、従業員の多くは沿線の農家出身者が大半を占め、いわゆる純朴・穏健な思想のものが多[15]」かったこととも関係があろう。会社側は待遇改善策を示し、また岡崎邦輔社長は労使協調の徹底を訓示した。そして、懸案の輸送力アップ、つまり連結運転や複々線計画などへの取り組みが目立ってきた。

連結運転は、一九二一年一二月に天満橋―守口間に二両連結の運転許可を申請し、一九二三年一月に許可を受けた。連結運転の目標を年内に置き、連結用車両一〇両を新造する計画をたて、制御機器はイギリス、台車はアメリカへ、車体は国内車両会社に発注した。この間、毛馬発電所の新設、天満橋―守口間の饋電線二線の増設、橋梁の補強などの工事を完了したが、新造車１０００型の完成は一九二四年八月にずれ込んでしまった。このため、二両連結車が初めて天満橋―守口間に登場するのは、一〇月一日となった。一九二五年一月一五日には枚方東口まで、一九二六（昭和元）年一二月三一日からは全線で連結運転を実施することになった[16]。

複々線計画から複々線高架計画への変更については、後述することにし、次に運輸面の状況をみると、一般産業界が深刻な不況に直面しているときの一九二七年八月、京阪は全鋼製のロマンスカー一二両をデビューさせた。ダークグリーンの新車の出現は、その豪華さと重量感に、私鉄業界だけではなく、世間もびっくりしたという。その後順次数をふやすが、「京阪のロマンスカー」は人気の的となった。当時運転課長であった村岡四郎（のち社長）は、ロマンスカーについて、こう語っている。[17]

私が京阪に入社（大正一四年四月一四日）した当時からの模様を簡単に申し上げてみますと、まず車両についていえば大正一二年頃には今の100号型が京阪の戦闘艦であった。単車運転のために季節になると団体は予約以外は絶対におことわり、割引率も人員に関係なく均一の二割引で、従って季節になると当時の乗客掛はお客を断るのに苦労したという嘘みたいな話でした。

大正一三年に初めて300号型が現われ、次いで500号型が出現、これと前後して守口までの連結運転が枚方、八幡と延び、三条までこぎつけるようになったのは大正一五年一二月の頃であったが、昭和二年秋、600号型がその雄姿を現わし、当時その人気の素晴らしさは私の今尚記憶に新たなるところです。当時この新車を『ロマンスカー』と銘打ったが、これをどう取り間違ったのか、よく電話で『寝て行ける電車』といって来たものがあって面喰った笑話もある。とに角この新車の出現が当時の運輸収入増加に寄与した功績は、けだし永劫不滅のものがあると確信しております。（中略）

600号型に続いて颯爽と登場したのが700号型の戦闘巡洋艦であるが、この前後を通じて運輸収入は従来半期二八〇万円程度のものが、一躍して三四〇万円に達し、実に春風駘蕩の趣があった。その後財界の不況から会社は整理時代に入ったため、新鋭車両の出現を見なかったことは残念なことであるが、今日1000号型の登場を見るまで、いかに700号車までの各車両が会社の業績向上と交通機関の使命達成のため獅子奮迅の働きをなしたかを思う時、厚い感謝と深い愛着を感ずるのであります。

昭和の御大典拝観者輸送では、京阪をはじめ関西の公営・私鉄は厳重な検査を受け、改修命令が出されたりもした。京都市では、岡崎公園を中心に、大礼記念博を開催しており、京阪では、同会場に会社特設案内所を設けるとともに、博覧会と枚方菊人形との入場割引券をつけた京阪間乗車券を発売した。さらに、豪華な大礼記念特別乗車券をつくって京阪間一般旅客に発売している。御大典関係の輸送のあった一九二八年下期の旅客数は前年同期に比べ約二六五万人増加、運賃収入も約七〇万円ふえたという。なかでも特別輸送期間の終りに近い一九二九年四月一五日の運輸収入は、当時の一日の運賃収入の平均約二万円を大幅に上回り、会社はじまって以来の最高記録である五万四八二円を示した。(18)

これまでの京阪の積極策を瞥見してきたが、このほか、一九二二年六月、系列の新京阪鉄道を設立し、淀川両岸の京阪間鉄道輸送体制の掌握をめざすことになる。大阪側ターミナルは、十三—淡路—千里山間の開業路線と淡路—天神橋間の免許（未開業）を持つ北大阪電鉄の鉄道事業を買収して天神橋と決め、一九二五年一〇月天神橋—淡路間が開通した。京都側ターミナルは、一九二八年一一月に京都西院までを開通させ、四条大宮への地下線工事は御大典後に着工することにした。一九三一年三月に西院（駅名改称）—四条大宮間の運輸営業を開始、これは関西初の地下鉄であった。この新京阪線では、大阪—京都間を三四分で走破する高速電車を走らせた。

しかし、新京阪鉄道をはじめとする「京阪王国」の建設をめざした京阪の積極的な拡大戦略は、巨額のつけが廻ってきたといわねばならない。しかも、未曾有の経済不況がこれに追い討ちをかけた。社史も「わが国財界が低迷と動揺とを繰り返す不安定な経済事情のなかで、会社は営業圏を拡大し、京阪二府、さらに滋賀・和歌山二県に羽翼をひろげた姿は、世評に京阪王国と称せられたほどの偉容であった。資本金は膨張し、資産も増加した。しかし一方では、輸送力増強のための全線的設備の改善、新車両の建造、変電所の増設、蒲生・守口間複々線建設のほか、新京阪鉄道の建設に対する直接・間接の援助などのために、借入金と社債は増加の一途を辿ってきた。（中略）そこで会社は、自主的に会社自体の財政整理と、このままでは独立経営の行き詰りに逢着する新京阪鉄道の債務整理のために、非常な措置を講ぜねばならなくなった[19]」と述べているほどである。

一九三〇（昭和五）年には、不本意ながら和歌山支店を三重合同電気へ譲渡したのに続き、財政上の問題から今度は京阪と新京阪鉄道の合併を断行することになる。京阪は新京阪鉄道を合併したことにより、二度にわたって人員整理を余儀なくされた。こうして、財政再建に乗り出したものの、世界大恐慌下、金利負担にあえぐ京阪の苦難の道は続き、一九二二年上期から続けてきた一割一分配当も、一九三〇年上期は五分、一九三一年上期は三分と減配、そして一九三二年から一九三四年までの三年間は連続無配に転落してしまった。さらに、一九三二年末から一九三三年春にかけて六〇人強の高級職員を整理している[20]。また歴史に残る一九三四年九月二一日の室戸台風による被害も大きく、復旧には相当な日時を要した。守口検査場も被害を受けた。会社債務の整理の努力と景気の回復を背景に、復配に転ずるのは、一九三五年上期のことであった。

積極策が災して困難な状況に陥った京阪とは別に、当時関西の他の大手四社は兼営部門の割合が高く、本業（電車）の打撃を兼業でカバーできた面が大きい。景気が回復した一九三四年上期のデータであるが、阪急と阪神は本業よりも兼業の割合が高く、それぞれ一割、九分の配当を行っている。南海の本業は六四％弱で、配当率は一割、大軌は本業が八五％、配当率は八分であった[21]。もっとも、関西の主要電鉄の特徴である副業経営の重要性は、戦時中次第に失われていった。とくに電力国家管理による打撃が大きなものとなる。

この時期における守口地域と京阪の関係について付言しておくと、一九三一年一一月に北河内郡守口町から京都八幡町までの京阪沿線の料理屋・八百屋・生魚商五〇〇名で組織していた京阪商業連盟組合が魚菜貨車の運賃値下げを同社に陳情している。これは、当時、同組合は天満配給所で買い出しを行っていたが、大阪中央卸売市場開設以後は中央市場まで出かけることになるため、運賃が現行よりも高くつくことから陳情が行われた。運賃の高騰分はそれだけ需要者に高く売らねばならぬので、善後策を協議した結果、京阪の魚菜貨車の運賃を一個あたり三割値下げを要求して、これで埋合わせをしようとした動きである。(22)

また「京阪守口駅へ急行電車を停車せよ」との要望は、守口町と三郷・庭窪両村のかねてからの懸案であったが、一九三六（昭和一一）年八月庭窪村会は、京阪へ要望する決議を行った。ただ京阪側としては、守口駅に急行を停車した場合には京都方面からの乗客を市電に奪われる恐れもあるので、この実現には相当の曲折を経ることも予想された。(23)

第四節　守口―蒲生間の高架複々線

京阪電鉄は軌道条例で敷設されたので、道路上を走っている部分、いわゆる併用軌道があった。その中でも守口から野江の辺りまでは、軌道と道路の間に明確な境はなかった。この辺りはもともと「七曲り」といわれていたが、京阪開通後は、「京阪電車の七曲り」といわれ、「電車が通った後には砂煙がもうもうとして、煙の中に電車が消えていくような光景でした(24)」と語られている。

守口―蒲生間の複々線計画は二転三転したが、当初は輸送力の増強・スピードアップのため、蒲生―森小路間の七曲り併用軌道を移設、これを直線とする計画であった。一九二一（大正一〇）年八月に特許を得て、一九二三年五月には工事施工認可も受けた。しかし、旅客数の増加傾向をみて、たんに蒲生―森小路間を直線にするだけでは遠からず輸送力が限界にくると判断して、やがて区間も蒲生―守口間に伸ばし、複々線に変更することにした。変更の大き

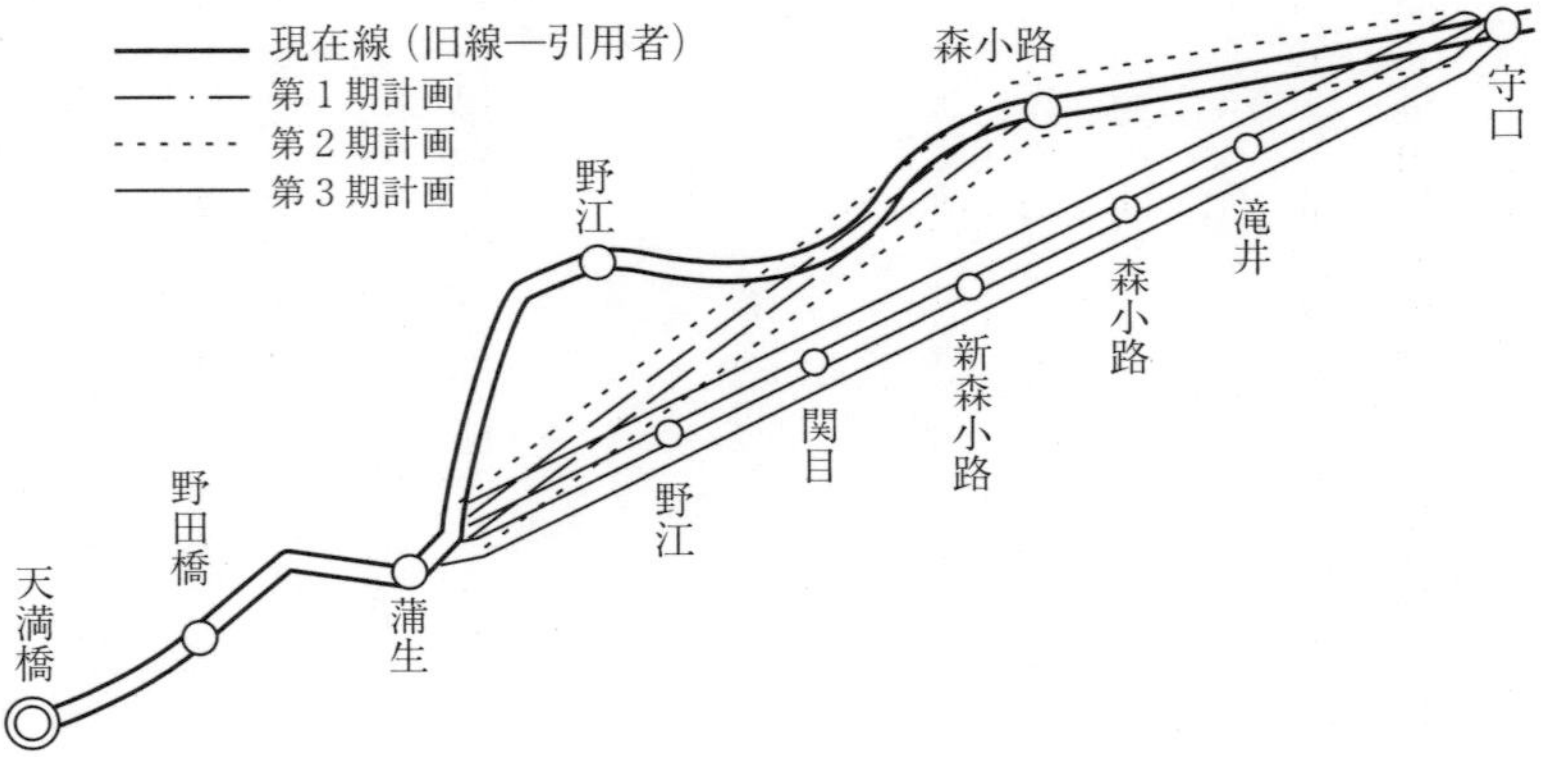

注）京阪電気鉄道株式会社『鉄路五十年』160頁による．

図９－１　守口―蒲生間の複々線計画変遷図

な理由は、沿線の開発、とくに香里園の住宅地化、枚方公園、寝屋川の京阪グラウンドなどの整備が進んでおり、やがて限界がくるだろうと予測されたからであった。

この複々線計画に伴って、会社側は蒲生―守口間の土地買収に乗り出し、一九二三年一一月守口町地内では坪最高六〇円、最低一五円の買収価格を発表した。地主間にはこの買収価格に満足しないものが多く、買収交渉は難航したとみられる[25]。こうした困難を抱えつつも、一九二四年二月に複々線変更の認可を受け、一九二七年一月から工事を開始した。

ところが、工事を始めていくうちに新路線のほとんどが耕作地帯で排水が悪く、完成後の軌道の強度や保守のうえからも好ましくないことがわかった。また複々線で多くの踏切りを持つことは運転保安上からも問題であり、そこで、思い切って新路線を高架とする方針が打ち出された。高架線への変更申請は、一九二八年一二月に認可された。複々線で、しかも高架というのは、わが国民営鉄道史上最初の大工事であった。

このように計画は二転三転したが、将来の輸送量の増加を考えて、図9-1の第三期計画に落ち着いたのである。新しい計画は七曲り併用軌道を移設して、守口―蒲生間を高架複々線の直線軌道とする画期的なものであった。

ただ守口町では、大阪府が軌道法施行の規程を無視して同町への諮問をしなかったため、「自治権の蹂躙だ」と主務省へ抗議する一幕がみられた。また京阪側へも「遮断される道路にガードを充分作れ」などの要請も浮上した。[26]

この工事は、正式には京阪の社内では「築堤式高架複々線軌道工事」と呼んだが、一般には「改良線」という略称で呼ばれた。踏切路の平面交差を廃した高架複々線分の一七メートル幅の築堤は、両側にコンクリート擁壁を構築して、内部を土盛りとする方法で行われた。築堤区間には膨大な量の土砂が必要であった。[27]

高架用の土を取ったあとが京阪池で、現在の守口市民球場であることはよく知られている。京阪土木部ＯＢの一人は、「当時は土地の買収が容易であったのか、蒲生から滝井までまったく一直線の線路を測量しました」という。また「三郷村の高瀬に土取り用の土地を買収して、この土を現在の土居駅の所まで貨車で運んで集積し、人夫がトロッコで大阪方へ運びました。土が固まるのをまって逐次、貨車の線を大阪方へ延長してゆきました」と語っている。さらに、守口市土居町在住の古老は、「高架用の土運搬には本格的な蒸気機関車が十数両の貨車を牽引して行い、土汽車と呼ばれていた」という。

当時の工法では、現在のようにコンクリートの柱を立てて高架線構築をする方法がなかったので、高架下を商店街や駐車場・駐輪場などに活用できなかった。しかし、それはそれとして、現在でもその高架線は、特急電車の時速一〇〇キロを越す高速運転を可能にしている。

その他、高架複々線化工事には困難も少なくなかったが、まず一九三一年一〇月に蒲生―守口間の線路移転と築堤式高架複線軌道工事の複線分を完成させた。未完成の区間（守口―滝井間一・一キロ）は仮線を利用し、一四日から改良新線で開業した。新線には野江（新築移転）、関目、新森小路（一九四二年森小路に改称）、森小路（新築移転、森小路千林をへて、一九四二年千林に改称）、滝井の各駅を設け、旧線にあった野江、森小路の両駅は廃止された。[28]

旧線にはなく、改良線の高架化工事に伴い新設された滝井駅は、一九三二（昭和七）年に開院した現在の関西医科大学附属病院（当時は大阪高等女子医学専門学校附属病院）への最寄り駅として開設された。

滝井―守口間開通の八カ月後の一九三二年六月には、両駅の中間に土居駅が新設された。守口町字土居の帝国女子薬学専門学校付近の住民が、さきに京阪電鉄へ薬専西方の京阪沿線に敷地三〇〇坪を寄附するから停留所を設置してもらいたいと運動をしていた。[29] また同所からほど遠からぬ同じ土居の京阪商業学校の初代校長であった福田一光は、学校の近くに新駅をつくるべく京阪電鉄側に強く働きかけ、土居駅の開設になったという。最初の土居駅は、現在の土居駅（一九三三年一二月高架複々線の工事竣工により移転）より国道一号線寄りであるが、守口駅・滝井駅から歩くことを思えば大変楽になり、在校生の喜びもひとしおであったという。[30]

一方、蒲生―守口間の複々線工事と並行しながら、一九三一年五月から大阪の起点天満橋の大改築工事が進められた。一九三二年三月に改築を終えて全面使用となった。この年一一月、別会社として京阪デパートを設立、天満橋で営業を開設することになった。

この間、一九三二年一〇月に蒲生駅（一九四九年一〇月京橋駅と改称）を省線城東線（現ＪＲ大阪環状線）の京橋駅の近くに移設改築している。大阪市が都市計画で国道一号線の拡幅を企画し、その道路と京阪の軌道とが蒲生駅で平面交差することになったからである。この仮設していた蒲生駅は存置されることとなり、城東線の高架改築工事など幾多の変遷をへて、今日の京橋付近の発展につながっている。

改良線の中央部に複線軌道を増設して、複々線が実現するのは、最初の複線分の使用を始めてから二年余の一九三三年一二月のことであった。さきに開通した外側線をＢ線、真ん中の線をＡ線と名づけ、Ｂ線は各駅停車の走る線、Ａ線は急行電車用と決めている。この方式は、当時国鉄中央線の御茶の水―中野間で実施された急行運転とならぶもので画期的な壮挙であった。[31]

画期的な大工事により「七曲り」といわれた旧線が直線の高架となり、天満橋—三条間の急行電車は八分短縮され、五五分となった。一九三四年六月からは蒲生駅にも急行が停車するようになった。また京阪間の省線電化対策としては、職制の大改正を実施し、合理化・効率化をめざした。具体的には、列車の増発、運賃の値下げ、旅客サービスの向上などを行っているが、一九三六年には準急行電車を新設、急行電車も増発された。準急は急行の停車駅のほかに、守口・枚方・橋本・淀に停車した。

第五節　大阪市電の守口延長

さらに、大阪市営電気軌道（大阪市電）の守口延長についても少し言及しておきたい。大阪市は、この路面電車について、最初から市有市営の方針を採り、まず一九〇三（明治三六）年に築港線（第一期線）を開業、続いて、大正期にかけて第二期線、第三期線、第四期線を建設していった。そして、大阪市は、一九二一年以来都市計画事業を進めていたが、この頃には、大阪市電も期外線建設の時代に入り、波乱含みながら、都島—守口線もその一環として建設されることになる。都島車庫から大阪市の東北守口方面へ市電を延長するこの計画は、かねて住民側の陳情もあり、市側もその必要性を認めていたが、一九二六年五月城北土地株式会社や沿道地主等からの用地寄附の申し出を機会に具体化した。寄附者の願書によると、「本電車線路ノ内旧市部ヲ除キ道路敷地三万三千坪、車庫敷地七千坪ヲ寄附スル」ほか、建設費約二〇〇万円を年五分五厘の低利で全部引き受けようとなっていた。しかし、軌道敷となる箇所は、主として淀川廃川敷で盛土をする必要があり、相当金がかかることがわかった。確かに、当時都島車庫から東は一面の水田で葦がはえており、水の深い所もあった。このため、一般からも疑惑の眼でみられ、大阪市会の一部には、市電の守口延長に強硬に反対する動きが出てきた(32)。

六月七日の大阪市会に、都島―守口間の市電延長計画が上程された。沿線の上辻、千林、今市、赤川各町民は大挙して傍聴に押し寄せていた。議案説明後、三島三郎兵衛、林田増太郎らの議員から、①市電の経営は営利主義に陥っておりはせぬか、②市は用地寄附者に利用されているのではないか、③森小路方面には既定の放射路線があるにも拘らず荒野のようなところを通る案の如き計画線を以て当局は適当と認めるか、④建設費に要した公債の利払及び営業が立ち行くまでの損失を何によって補塡するか、などの質問が出た。これに対し、角電気局長は、大要次のように回答した(33)。

一　市電も営業であるから欠損のないように経営しなければならぬ。

二　新市方面に対する市電の延長は急務であるから、適当の寄附があり、市の財政状態が許すようなら将来ドシドシ延ばす考えである。

三　寄附者が利益を得ることは予想されるが、その利益は邪道に陥らねばよい。殊に今回の如きは大なる土地を持っている者の寄附があってこそ実現するものである。

四　路線の選定について既定の都市計画路線と併行するのは市郡界を越える附近に過ぎぬ。この併行するところまで計画線を延ばしたのは将来守口附近に車庫を設ける必要があり、堤防などに防げられて都計路線では適当の地点を求め得ないからである。

五　起債の元利償還は二一カ年の計画で、その財源は竣工初年度に一万二〇〇〇人の乗客を得、その後年々四五分の増加を予想し、その収入を償還財源に充てる予算をたてている。

六　本計画は起債の引受け手が確定しているから主務省の特許を得ることは容易と思う。

右の新線計画は委員会付託となった。委員会は前後七回開かれ、実地調査も二回行われた。そこでの議論をみると、一部議員から、市側が新線敷地三万三〇〇〇坪と終点守口町付近に建設される車庫の用地七〇〇〇坪をそれぞれ七一万一〇〇〇円、一〇万五〇〇〇円と見積った根拠を問う声が上がり、「余りに高く見積りすぎている」「沿道の地主へもう少し建設費を余計にもたせてはどうか」との質問が出た。同時に、同線が城北土地の荒野に等しい所有地を通過するために、ワザワザ線路を屈曲せしめて通過する点にも非難が集中していた。さらに、寄附者は城北土地以外にも関係会社があることが暴露されるにいたり、市の理事者に調査書提出を要求した。(34)

これらの点に関する理事者側の回答は、大要次のとおりであった。第一に、該地は耕地整理を行っている関係から、実際問題として直線敷設は実行不可能である。寄附用地の見積りは淀川旧堤防に添う川から北を坪一五円、南を坪二七円と概算して算出した。これ以上の寄附を寄附者に求めることはできない。ただ公債利子については再交渉の余地ありとした。第二に、「寄附願」に名を連ねたのは寺西円治郎ほか九人と城北土地で、豊国、都両土地会社が欠落していた問題である。この点は願書の第二項に「用地のうち出願者以外の所有に係わるものあるときは一旦出願者の所有に移すか、又はその所有者より直接御市に寄附せしむるか、何れも出願者一同の責任をもって御市の所有に移すこと」の一項を添えてあり、体裁は整っているとした。

七月中旬から下旬にかけて、委員会メンバーの現地視察が行われたが、土地の評価などで再びゴタゴタを繰り返すことになった。委員会の質疑応答をみると、継続審議となった延長線を旧堤防以南にすることは用地寄附者（城北土地）との関係上できないが、設計にあたってはなるべく南の方、旧堤防に寄ったところを通るようにすると答えた。都島車庫から荒生にいたる区間はわざわざ人家のないところを選んでいるようだが、これは軌道を直線にすることと人家の立退きを避けたためであるという。さらに、古畑銀次郎が「埋立てを要する土地を坪十七円に評価したのはあまり城北土地の肩を持ちすぎる」と突込んだのに対し、角局長は「大阪を離れるほど地価は下がるから……」と「埋立てのことはぬきにして現在の地価で評価した」と述べている。[35] 沼田嘉一郎も鋭い追及を繰り返した。理事者側の回答の大要は、次のようであった。[36]

一　議案と参考書で新線の起点が異なっているのは、実施にあたり設計に多少のユトリを存したからである。

二　市電東野田沢上江線と都島線の交叉点に新線の起点を置かず、わざわざ東方数丁のところに設けたのは王子製紙、鐘ヶ淵紡績両会社を中断することを避けたためである。また王子製紙の寄宿舎が少し掛る程度の新線も計画したが、かくては交叉点があまりに鋭角となり、交通上却って不便となる。数丁の間に交叉点二カ所を設けることは運輸上賞すべきことでないが、その線の場合は必ずしも支障を生ぜず、しかもかくする方が施工上容易であって、決して鐘ヶ淵、王子両会社所有地に対する土地収用法の適用をおそれたのではない。

三　新線沿道の土地所有者は総計三九名あり、軌道敷地はこれらの所有者から総て寄附を受けることとなるが、議案の寄附者連名にその内の一部をあげ、土地会社関係では城北土地のみを記し、豊国、都両土地を省いたのは他意があるわけではない。寄附者寺西円治郎氏などが「総ての土地所有者から一々証印をとることは手数がかかるから寄附連名にはあげぬが、用地寄附については吾等において責任を持つ」との証言を信じたからである。

理事者側の答弁はやや苦しい面もあるが、結局は水掛け論に終始した。市電の守口延長問題については、委員会で沼田嘉一郎や古畑銀次郎が辛辣な質問をしたので、委員の一人、宮武茂平は「守口線古畑沼田で脱線し」と駄句ったという。多数委員の意向は、沿線土地会社などからの申し出の寄附をできるだけ市に有利な条件に改めるべく原案の修正を迫まったといえよう。この問題の発端は、城北土地と沿線地主等が土地の開発により、土地の値上がりを見越して市電の延長を願い出、軌道敷、車庫地等は寄附するという申し出であった。それに対し、土地会社および地主の受ける利益の方が非常に大きい点を追及する市会の動きがあり、さらに寄附は新市だけでは不徹底であるから、旧市も共に軌道敷全部を寄附せしめようというのが市会多数の主張であったとみられる。いずれにせよ、理事者と市会は意見を異にしたが、最終的には委員会の修正決定どおり、八月五日の市会で次の条件を付して可決された(37)。

一　出願線ノ全部ニ亘ル用地並ニ地上物件移転料全部ヲ出願人ヲシテ寄附セシムルコト
二　城北土地会社ノ所有ニ係ル地域ハ全部盛土シテ寄附セシムルコト
三　終点附近ニ於テ軌道ガ放射路線上ニ変更サレタル場合ニ於テハ車庫用地ハ市ノ指定スル適当ナル位置ニ於テ之レヲ寄附セシムルコト

以上、さまざまな憶測を呼んだ都島守口線問題について交通当局の年史は、「寄附者は初めから延長線全部の寄附を申出たら市会は上述のような条件をつけなかったであろうが、都市開発の名にとらわれ寄附を出し渋ったため市会から追加を要求されたような形となり、これがため委員会が七回も開かれたのであった(38)」と記している。

大阪市会で幾多の波乱を呼んだ都島本通を起点に大宮町経由守口町にいたる都島―守口線は、まず一九二九（昭和四）年八月赤川町―今市町間の開通をみた。この一部開通に続いて、一九三一年一〇月に守口町字土居までの延長線が開通することになるが、これに先立って、一九三〇年一一月守口町会は、さらに京阪守口駅までの延長を全会一致で決議して大阪市へ陳情書を提出していた。この乗り入れに要する費用は約二五万円の見込みで、翌一九三一年にかけて猛運動を展開したのである。当時の菊田町長は、「市電が町の入り口までついただけでは町としては頗るものたらぬので今度京阪の停留所まで乗入方を運動したわけで、僅か七町余のところに市電が延長されるとされぬとでは町の繁栄にも重大な影響があり、その上京阪電車と市電の連絡は最も必要なことと思ふ。今のところ実現するかどうか判らぬ為、極力当局に運動して実現に努めるつもりでゐる[39]」と語っていた。

大阪市東成区今市町から北河内郡守口町字土居までの延長線は一六日に開通した。この日午前一一時半から、守口町および城北土地、その他関係団体主催の開通式祝賀会が催された。都島守口線の全通によって、森小路から守口町にかけての住民は、従来大阪市内に出るのに京阪電車を利用することが多かったが、京阪が一部改良新線になった結果、不便を感ずるものが多く、市電延長線は上々の人気でスタートした[40]。その後、一九三六年九月には、午前と午後のラッシュアワーに守口から市中心部への直通運転（運転系統二線）が行われることになった。これは付近住民が数次にわたって陳情したものである。運転時間は午前六時から八時までと午後四時から七時までで、運転系統は守口より天六、阪急前、南北線、堺筋、天六経由守口にいたるものと守口より天六、堺筋、難波、阪急、天六経由守口にいたるものとの二系統であった[41]。

以上、昭和期に入って、路面電車は大阪市の市域拡張を背景に都市計画事業と関連して建設されるようになり、守口町にも市電は延長された。しかし、この時代の路面電車は、一方で新線建設費の捻出問題があり、他方では大阪乗合自動車と市営バスに乗客を奪われはじめ、まったく苦難の試練期でもあった。市電経済は未曾有の危機に直面した。

昭和恐慌のどん底にあった、一九三二年度の市電は、一日平均乗客数六八万二〇〇〇人、同収入三万七八〇〇円に低落、年収では一三一一万円となり、一九二六年度に比して四四二万円、三三・七％の激減となった[42]。当時、全国私鉄二六五社のうち実に六九・四％に当たる一八四社が無配となっていたが[43]、大阪市電もまた破滅的危機に直面していたのである。

おわりに

日中戦争から太平洋戦争の時期、日本は暗黒の戦時体制に突入した。この時期の守口地域を取り巻く交通機関の動向や戦時輸送の象徴的な風景をみておこう。

本格的な戦争の時代に入り、軍需景気に支えられて国内経済は活気を取り戻すが、公共輸送サービスとしての電鉄企業も、軍需景気を謳歌した。すでに昭和初期の不振から脱し、業績の回復をみせ始めた京阪は、沿線に社寺・史蹟が多くあったため、敬神崇祖・戦勝祈願・心身鍛錬などの参拝客、歴訪客のアクセスとして利用客が増加した。通勤定期旅客もふえ、会社の業績は伸びた。関西の私鉄では、そのエリアに橿原神宮、伊勢神宮などを持つ大阪電気軌道・参宮急行電鉄の伸長が注目される。

日中戦争勃発以降、現業員の応召が目立ってきた京阪では、その補充のため、一九三八（昭和一三）年三月大量五〇人にものぼる女子改札係を採用した。九月には、国民精神総動員運動のもとで京阪勤労奉仕団を結成し、各種の勤労奉仕にあたった。第一回勤労奉仕は伏見桃山陵両表参道付近の道路拡張であり、延べ一三八四人の奉仕でこれを完成させた(44)。

一方、この頃から不足する電力に対処するため、電力節減につとめ、天満橋—三条間の急行電車の運転時間も五五分から五九分、一九三九年九月には六三分に延長、列車数・連結車両数も減らした。一〇月には電力調整令が制定され、電力制限が強化された。京阪では、二一日から深夜の終電を繰り上げている。一九四〇年一月になると、市電をはじめ、各郊外電鉄も節電ダイヤに踏み切った。京阪では、朝夕ラッシュアワーの時間の切りつめを行ったほか、昼間は極力車両数を減じ、夜間も運転回数を減らし、一部の電車は当分休止の措置をとっている。京阪電鉄主催の国体明徴史蹟めぐりなどは、この時代を象徴するものであり、また紀元二六〇〇年記念乗車券を発売した。

第二次世界大戦末期の交通統制とならんで、この時代の電鉄企業に大きな影響を与えたものに逓信省の進めた電力国家管理があった。一九三八年八月の発送電事業の日本発送電株式会社への統合に続いて、一九四二年四月には配電事業も全国九社の配電会社に統合された。近畿地方では関西配電株式会社の設立をみた。同社の発足にあたっては、大阪・京都・神戸の三市と主要五私鉄などは現物出資を命ぜられるとともに、京阪からも五一一人の社員が移籍した。(45)この結果、関西の電鉄企業にとって相当高率の利益を上げていた電力部門を失うことになり、非常な痛手となった。

他方、大いに議論を呼び、昭和初期に守口まで延長された大阪市電は、一九四〇年二月、ラッシュ時の急行運転を始めた。輸送力増強のため二両連結運転も実施している。一九四二年一二月急行運転はさらに強化され、始発から一〇時、一五時から二〇時に拡大された。また、軍需工場の多い大正橋から鶴町方への路面電車に女子工員の通勤のための婦人専用列車も走らせた。この年一二月、警戒警報が午後一〇時以降発令された場合には、郊外電車・市電・地下鉄で深夜非常運転をするとした。さらに、市電の座席を撤去・供出し、座席なしの市電を走らせ、一挙に定員の倍増をはかったのは、この時代の象徴的な風景であろう。車内の吊広告は軍国調一色であった。一九四三年秋の京阪主催の枚方遊園地の菊人形展も、「戦力増強決戦人形」として開催されるほどであった。遊園地の鉄骨建本館なども軍用資材として供出しなければならなくなり、開業の年からの菊人形も、この年の開催を最後に一時中断された。

大阪市電乗務員は成年男子労働力の不足から、学徒および学童報国隊の車掌就業が目立ってきた。そして、一九四四年二月には女子車掌の中から適任者を選び、市電教習所で運転実習を施し、翌一九四五年一月紺色のズボンに戦闘帽姿のりりしい女子運転士が登場した。戦後男子運転士の復員とともに女子運転士は姿を消すことになるが、終戦前後の乗客も改札係などの女子職員もモンペ姿であり、駅のポスターも戦時下の厳しい生活ぶりをうかがわせていた。(46)

最後に、国策により、一九四三年一〇月京阪と阪急は合併し、京阪神急行電鉄の誕生をみるが、この頃になると、同様に、軍の召集と軍需産業へ徴用されていく男子社員が日増しにふえ、熟練従業員は減少する一方であった。一般事務、出改札係などはほとんど女性となった。学徒動員令や女子挺身隊勤労令に基づいて、京阪線には信愛、相愛、帝国、新京阪線には梅花、浪花などの高等女学校の生徒が動員された。また寝屋川、守口などの国民学校高等科の男子生徒も正雀、守口の車両工場や電気関係などの作業を応援した(47)。

将来の補充のため、一九四四年六月には女子運転士の養成を開始し、一九四五年一月に京阪線、新京阪線で女子の運転士が登場した。また男山ケーブルをはじめ、供出の対象となった施設も少なくなかった。電車は激増する軍需産業の工員輸送のためのものとなり、朝夕のラッシュ時には一般の乗客は制限されることになった。

一九四四年八月には終電が八〇分繰り上げとなった。一九四五年三月以降は大阪空襲が激化したため、そのたびに電車は休止した。六月七日の空襲では、一九一八（大正七）年に京阪電鉄本社事務所として建設された天満橋運輸事務所、天満橋駅と付属設備などが焼失した。梅田の京阪神急行電鉄本社の東別館も全焼、天神橋ビル周辺にも相当な被害が出た。また天神橋ビルに勤務中の女子事務員四人が退避の途中に爆撃の犠牲になるという痛ましい出来事もあった。

（1）詳しくは、日本経営史研究所編『阪神電気鉄道八十年史』阪神電気鉄道株式会社、一九八五年を参照。
（2）『大阪朝日新聞』一九〇四年一二月一一日付。
（3）太田光凞の事績については、同『電鉄生活三十年』（一九三八年）が詳しい。
（4）京阪電気鉄道株式会社『京阪七十年のあゆみ』（一九八〇年）三―四頁。
（5）中西健一『日本私有鉄道史研究』増補版、ミネルヴァ書房、一九七九年、二七八頁。宇田正「総説」（宇田正・浅香勝輔・武知京三編『民鉄経営の歴史と文化』西日本編、古今書院、一九九五年）を参照。
（6）「守口市広報」第四〇九号（一九六八年一月一日付）。

(7) 前掲『京阪七十年のあゆみ』五頁。
(8) 京阪電気鉄道株式会社『鉄路五十年』(一九六〇年) 七五―七六頁。
(9) 『大阪朝日新聞』一九一〇年四月一五日付。
(10) 前掲「守口市広報」。
(11) 田中真人・宇田正・西藤二郎『京都滋賀鉄道の歴史』京都新聞社、一九九八年、二一一頁。
(12) 前掲『京阪七十年のあゆみ』一七頁。
(13) 『大阪朝日新聞』一九一四年六月二三日付。
(14) 前掲『京都滋賀鉄道の歴史』二一〇頁。
(15) 前掲『鉄路五十年』一五二頁。
(16) 前掲『京阪七十年のあゆみ』三〇頁。
(17) 同上、三八―三九頁。
(18) 同上。『大阪朝日新聞』一九二八年六月二日付。
(19) 前掲『鉄路五十年』二一二―二一三頁。
(20) 同上、二一八―二一九、二三八―二三九頁。前掲『京阪七十年のあゆみ』五二―五四頁。
(21) 大阪市役所『昭和大阪市史』第五巻 (一九五二年) 三四頁。
(22) 『大阪朝日新聞』一九三二年一月一三日付。
(23) 同上、一九三六年八月三〇日付。
(24) 佐藤博之・浅香勝輔『民営鉄道の歴史がある景観』III、古今書院、一九九九年、八六―八七頁。
(25) 『大阪朝日新聞』一九二三年一一月三〇日付。
(26) 同上、一九二九年五月二二日付。
(27) 以下、前掲『民営鉄道の歴史がある景観』III、一〇六―一〇九頁による。
(28) 前掲『鉄路五十年』二四二―二四三頁。

(29)『大阪朝日新聞』一九三一年一月一三日付。
(30)大阪府立守口高等学校『六十年史』（一九八二年）一二頁。なお土居駅は、終戦直後の一九四五年九月一五日から約一年半の間、輸送混乱防止、車両復旧促進のために使用を中止している。
(31)前掲『京阪七十年のあゆみ』五九―六一頁。
(32)大阪市交通局『大阪市交通局五十年史』（一九五三年）八五頁。『大阪朝日新聞』一九二六年五月一五日付、六月二日付。
(33)同上、一九二六年六月八日付。
(34)同上、一九二六年六月二五日付、六月二七日付。
(35)同上、一九二六年七月二二日付。
(36)同上、一九二六年七月二八日付。
(37)前掲『大阪市交通局五十年史』八六―八七頁。
(38)同上、八七頁。
(39)『大阪朝日新聞』一九三一年一月一四日付。
(40)同上、一九三一年一〇月一七日付。
(41)同上、一九三六年九月一九日付。
(42)前掲『大阪市交通局五十年史』九八頁。
(43)野田正穂・原田勝正・青木栄一・老川慶喜編『日本の鉄道――成立と展開――』日本経済評論社、一九八六年、二二八頁。
(44)前掲『京阪七十年のあゆみ』七二、七四―七五頁。
(45)同上、七九頁。
(46)詳しくは、前掲『大阪市交通局五十年史』、大阪市交通局『大阪市交通局七十五年史』（一九八〇年）などを参照。
(47)以下、前掲『京阪七十年のあゆみ』八二―八四頁による。

あとがき

本書の編者の一人野田正穂先生は、名著『日本証券市場成立史――明治期の鉄道と株式会社金融――』（有斐閣、一九八〇年）をはじめ、優れた鉄道史研究を進めてこられた。先生は、本書の母体となった「明治期鉄道業の総合的研究」の共同研究を始めてから二年目の一九九八年に古希を迎えられた。本書は、先生の古希をお祝いする意味も込めて出版される。諸般の事情で出版がおくれてしまい、先生には本当に申し訳なく思っている。

先生は、鉄道史学会の設立と運営に中心的な役割を果たされ、今日まで日本の鉄道史研究を牽引してこられた。本書の執筆者は、私も含めて鉄道史学会などで先生から多くの学恩を受けている。先生の研究の魅力は、鋭い問題意識と丹念な実証にある。また、気負いのない淡々とした、それでいてきわめて論理的な文章も先生の研究の大きな魅力である。古希を迎えられても先生の鉄道史研究への情熱は少しも劣えることなく、最近は西武コンツェルンの研究を精力的に進めておられる。その成果は、おそらく近い将来にまとめられることと思われる。

共同研究の過程で、先生とは本書の執筆者とともに、鉄道史資料を求めて福島県、秋田県、新潟県、富山県、岐阜県など日本各地の文書館や資料館を訪問した。この調査の過程で、伏木の市立図書館の片隅に所蔵されていた伏木商工会関係の史料など、大変貴重な資料を発掘することができた。先生との調査旅行は楽しかったし、実に多くのことを学ばせていただいた。また、発掘した資料は今後の研究の中で生かしていきたい。

最後に、改めて先生の学恩に感謝し、筆をおくことにしたい。

二〇〇三年三月

執筆者を代表して　老川慶喜

執筆者紹介

（＊は編者）

野田正穂＊（のだ　まさほ，第８章担当）
1928年生まれ。東京大学大学院経済学研究科（旧制）退学。現在法政大学名誉教授。著書に『日本証券市場成立史――明治期の鉄道と株式会社金融――』（有斐閣，1980年），『多摩の鉄道百年』（編著，日本経済評論社，1993年）等。

老川慶喜＊（おいかわ　よしのぶ，第１章担当）
1950年生まれ。立教大学大学院経済学研究科博士課程単位取得。現在立教大学経済学部教授。著書に『産業革命期の地域交通と輸送』（日本経済評論社，1992年），『鉄道』（東京堂出版，1996年）等。

小風秀雅（こかぜ　ひでまさ，第２章担当）
1951年生まれ。東京大学人文科学研究科博士課程単位取得退学。現在お茶の水女子大学大学院人間文化研究科教授。著書に『帝国主義下の日本海軍』（山川出版社，1995年）等。

三木理史（みき　まさふみ，第３章担当）
1965年生まれ。関西大学大学院文学研究科博士後期課程単位取得。現在奈良大学文学部助教授。著書に『近代日本の地域交通体系』（大明堂，1999年），『地域交通体系と局地鉄道』（日本経済評論社，2000年）等。

中村尚史（なかむら　なおふみ，第４章担当）
1966年生まれ。九州大学大学院文学研究科博士後期課程単位取得。現在東京大学社会科学研究所助教授。著書に『日本鉄道業の形成』（日本経済評論社，1998年）等。

小川　功（おがわ　いさお，第５章担当）
1945年生まれ。神戸大学経営学部卒業。現在滋賀大学経済学部教授。著書に『企業破綻と金融破綻――負の連鎖とリスク増幅のメカニズム――』（九州大学出版会，2002年）等。

片岡　豊（かたおか　ゆたか，第６章担当）
1953年生まれ。早稲田大学大学院経済学研究科後期博士課程単位取得。現在白鴎大学経営学部教授。主要業績に『日本経済の200年』（分担執筆，日本評論社，1996年），「明治中期の投資行動」（『社会経済史学』第49巻第3号，1983年）等。

渡邉恵一（わたなべ　けいいち，第７章担当）
1964年生まれ。立教大学大学院経済学研究科博士後期課程単位取得。現在鹿児島大学法文学部助教授。主要業績に “Cement Industry Use of Railways ca.1890-1930 : The Case of Asano Cement”, *Japanese Yearbook on Business History*, No.16, 1999,「大正期東京のセメント流通構造」（老川慶喜・大豆生田稔編『商品流通と東京市場――幕末～戦間期――』日本経済評論社，2000年）等。

武知京三（たけち　きょうぞう，第９章担当）
1940年生まれ。大阪府立大学大学院経済学研究科博士課程単位取得。現在近畿大学経済学部教授。著書に『近代日本交通労働史研究』（日本経済評論社，1992年），『地域経済と企業家精神』（税務経理協会，2000年）等。

日本鉄道史の研究――政策・金融/経営・地域社会――

2003年4月15日　第1刷発行

編　者　野　田　正　穂
　　　　老　川　慶　喜

発行者　片　倉　和　夫

発行所　株式会社　八《はっ》　朔《さく》　社《しゃ》
東京都新宿区神楽坂2-19　銀鈴会館内
振替口座・東京00120-0-111135番
Tel 03-3235-1553　Fax 03-3235-5910

印刷・平文社／製本・山本製本
ISBN-4-86014-014-1